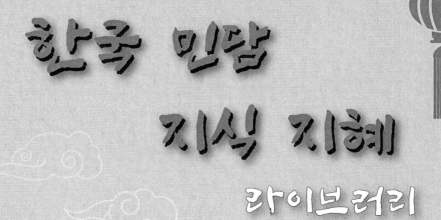

한국 민담 지식 지혜

라이브러리

편 역 권순우

KB057466

민담은 구전되는 이야기이므로 그것이 만들어진 시대와 지역,
그리고 전하는 사람의 개성에 따라서 많은 영향을 받고 변하여
전해지고 있으나, 그러한 변화 속에서도 변하지 않는 보편성을
지니고 있다. 그것은 시대와 장소를 초월하여 공감되는 불변의
진리이며 우리 민족정신의 정수로서, 앞으로도 여러 사람들을
거치며 언제까지나 전해 내려갈 것이다.

법문북스

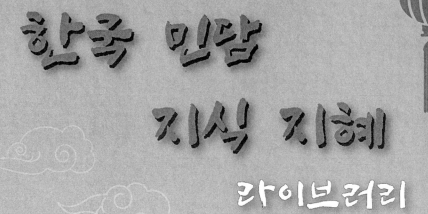

한국 민담 지식 지혜 라이브러리

편 역 권순우

민담은 구전되는 이야기이므로 그것이 만들어진 시대와 지역,
그리고 전하는 사람의 개성에 따라서 많은 영향을 받고 변하여
전해지고 있으나, 그러한 변화 속에서도 변하지 않는 보편성을
지니고 있다. 그것은 시대와 장소를 초월하여 공감되는 불변의
진리이며 우리 민족정신의 정수로서, 앞으로도 여러 사람들을
거치며 언제까지나 전해 내려갈 것이다.

법문북스

머리말

민담은 언제 누가 지었는지 모르게 그저 아득한 옛날부터 사람들 사이에서 입으로 꾸준히 전해 내려오는 옛날이야기이다. 이러한 이야기들은 재미있는 반면, 다소 허무맹랑하고 유치한 면도 있어 문학적 가치와 예술성은 희박하다. 그러나 유순하면서도 의롭고 인정 많은 우리나라 사람들의 따뜻한 마음씨가 깊게 배어 있어 우리 민족의 살아 숨 쉬는 맥박과 호흡을 이해하고 느끼는 데 없어서는 안 될 귀중한 문화유산 중의 하나이다.

민담은 구전口傳되는 이야기이므로 그것이 만들어진 시대와 지역, 그리고 전하는 사람의 개성에 따라 영향 받고 변천되어 전해지고 있으나, 그러한 변화 속에서도 변하지 않는 보편성을 지니고 있다. 시대와 장소를 초월하여 누구에게나 공감되는 보편성은 불변의 진리이며 우리 민족 정신의 정수精髓로서, 앞으로도 여러 사람들을 거치며 자손만대 언제까지나 전해질 것이다.

민담을 읽다 보면 어느덧 어린 시절 할머니, 할아버지 품에 안겨 재미있는 이야기를 듣고 있는 것처럼 마음의 긴장이 풀리면서 구수하고 익살스럽고 너그러운 정취에 흠뻑 젖어들게 된다.

이 책은 『대동야승』, 『기재잡기』 등의 고전과 근래의 여러 저작물 등에서 비교적 유익하고 교훈적인 내용을 중심으로 모아 엮었다. 민간에 흩어져 전하는 그 숱한 이야기들을 이 책을 통해 대략이나마 엮어본 것은 잊혀가는 우리 민족의 곱고 아름다운 정신을 되살리고 계승하여 현대인들의 지혜로운 삶에 보탬이 되고자 하는 데 그 뜻이 있다.

출전해제

<기재잡기寄齋雜記>

조선 인조 때 기재寄齋 박동량(朴東亮, 1569~1635)이 조선 초부터 명종 때까지의 구전되는 일화와 기타 사실史實들을 모은 책.

<대동야승大東野乘>

조선시대의 패관문학서. 연대와 저자 미상. 조선조 개국 초부터 인조 때까지 약 250년 동안의 야사, 일기, 전기, 설화 등이 수록된 책으로 당시의 풍속과 세정을 살필 수 있는 귀중한 자료.

<역옹패설櫟翁稗說>

고려 말 충혜왕 때 역옹櫟翁 이제현(李齊賢, 1287~1367)이 지은 시화문학서詩話文學書로, 역사책에 보이지 않는 이문異聞, 기사奇事, 시문詩文 등을 비평한 글을 싣고 있다.

<연려실기술燃藜室記述>

조선 정조 때 연려실燃藜室 이긍익(李肯翊, 1736~1806)이 지은 조선시대 야사총서野史叢書.

<오산설림초고五山說林草藁>

조선 선조 때 오산五山 차천로(車天輅, 1556~1615)가 명인名人들의 일화, 사적事蹟 등 군신君臣들에 관한 이야기를 주로 엮은 책.

<용재총화慵齋叢話>

조선 세조 때 용재慵齋 성현(成俔, 1439~1504)이 문담文談, 시화詩話, 서화書畵, 실력담實歷談 등을 모아 엮은 책.

<지봉유설芝峰類說>

광해군 때 실학의 선구자 지봉芝峰 이수광(李睟光, 1563~1628)이 세 차례에 걸친 중국 사신에서 얻은 견문을 토대로 엮은 우리나라 최초의 백과사전적인 저술.

<청구야담靑邱野談>

조선 말기의 한문 야담집으로 작자, 연대는 미상. 민담과 야담을 소설 형식으로 기록하여 언어, 풍속, 관습 등을 연구하는 데 좋은 자료가 되는 책.

<청파극담靑坡劇談>

조선 성종 때 청파靑坡 이륙(李陸, 1438~1498)이 명나라 사신으로 갔을 때 보고 들은 바를 기록한 견문기.

<태평통재太平通載>

조선 성종 때 일재逸齋 성임(成任, 1421~1484)이 중국 송대宋代의 『태평광기太平廣記』를 본떠 우리나라의 여러 이문기설異聞奇說을 수록한 책.

<태평한화골계전太平閑話滑稽傳>

조선 성종 때의 학자 서거정(徐居正, 1420~1488)이 엮은 설화집.

<필원잡기筆苑雜記>

서거정이 예로부터 전하는 일사逸事와 한담閑談 중에서 후세에 전할 만한 것을 추려 모아 엮은 책.

머리말 • 4
출전해제 • 5

가난뱅이 모자母子 • 11
가재와 굼벵이 • 12
까만 강아지와 죽순 • 13
감응사 • 15
개성 사람과 수원 사람 • 16
거북이의 보은 • 17
거울을 모르는 사람들 • 21
거짓말 잘하는 사위 • 23
게으름뱅이 • 25
겨울의 딸기와 뱀 • 26
경제골의 구두쇠 • 28
고수레의 기원 • 29
고유와 그의 아내 • 31
고지古池 • 36
꼬리 빠진 호랑이 • 38
공처가 • 40
과거 보러 간 선비 • 41
과부 며느리 개가 시킨 시아버지 • 46
꾀 많은 미녀 • 49
꾀 많은 원님 • 51
꾀 많은 하인 • 53
구렁덩덩 시선비 • 55
구렁이가 된 시어머니 • 61
구렁이의 복수 • 63
귀신이 곡할 노릇 • 65
기른 자식이 낳은 자식보다 낫다 • 67

기특한 사람들 • 72
김안국의 부인 • 79
김안로의 욕심 • 93
김후직의 묘 • 95
나이 자랑 • 96
남매의 혼인 • 98
노옹翁의 황소 • 100
달래고개 • 102
닭 쫓던 개 지붕 쳐다보기 • 104
당산나무와 삼대독자 • 106
땅 속의 백금 항아리 • 107
대신 잡은 호랑이 꼬리 • 111
때리는 효도 • 113
도깨비 방망이 • 115
도깨비 비碑 • 117
도깨비 징검다리 • 119
도둑의 꾀 • 121
돌호박 • 123
두꺼비 사위 • 125
뚜껑 바위 • 130
말하는 염소 • 132
머리 깎은 효부 • 134
메뚜기와 개미와 물새 • 135
명의名醫 허준 • 136
모래 돛대 • 139
못난 사위 • 141

● 한국 민담에서 배우는 황금열매 차례

물 건너가는 중 • 143
미련한 놈 • 149
민 감사와 그의 매제 • 150
바다와 육지의 유래 • 152
바닷물이 짠 이유 • 153
바보 세 자매 • 155
바보 며느리와 메뚜기 • 156
박문수 • 157
박치기와 물기 시합 • 159
방귀 뀌고 쫓겨나다 • 161
방귀 시합 • 163
뱀의 보은 • 165
법룡사의 유래 • 167
벼룩과 이와 빈대 • 169
부산釜山 • 170
북두칠성의 유래 • 171
불우한 충신 • 172
붓돌이와 두꺼비의 의리 • 177
비슬산의 나무꾼 • 181
사돈 • 183
사람 잡아먹는 구렁이 • 185
사명당과 불상 족자 • 187
사명당과 서산대사 • 192
사슴을 구해 준 총각 • 194
산돼지를 구해 준 머슴 • 196
산삼과 욕심 많은 사나이 • 200
삼년 일하여 갚은 나락 한 알 • 202

삼대독자 • 204
새의 보은 • 206
생원님 볼기 • 208
서울과 왕십리 • 209
서천군의 내기바둑 • 211
선돌上人石 • 216
소년 이수남의 지혜 • 218
소년 정충신 • 223
소 선비 이야기 • 229
시묘막侍墓幕의 기적 • 234
시어머니 버릇 고친 며느리 • 237
시주할 것 없는 두 과부와 스님 • 238
신숭겸 장군 • 240
신주神主 개 물어 간다 • 242
신 참판과 유척기 • 244
아내보다 떡 • 250
아내의 슬기 • 251
아진포阿珍浦 • 257
안동 권 참봉 • 259
암행어사 박문수 • 267
어변魚變 장군 • 277
여의주 • 279
염시도 이야기 • 281
영오랑과 세오녀 • 290
영조 임금과 무수옹無愁翁 • 291
옹기장수 • 294

● 한국 민담에서 배우는 황금열매 차례

용감한 신부 • 296
용의 보답 • 299
우렁미인 • 301
우정 깊은 친구 • 304
우정의 길 • 305
월화정月花亭 • 310
의로운 개 • 312
의로운 머슴 • 316
이기축과 그의 아내 • 321
이 부인의 절개 • 328
이상진과 전동흘 • 332
이 세상에서 제일 높은 고개 • 338
이항복의 어린 시절 • 340
일식과 월식 • 342
자막깍지의 신통 • 344
적선으로 잡은 명당 • 348
점 귀신 함 판수 • 349
쥐의 사위삼기 • 352
지네와 두꺼비 • 355
지렁이 장수 • 358
지성이와 감천이 • 361
지장보살의 유래 • 363
진실한 친구 • 364
짐승의 소리를 알아듣는 사람 • 366
차처車處의 오이 • 367

천관사天官寺 • 370
천안 삼거리 • 372
최 부자네 개 무덤 • 374
출세한 옛날 종 • 376
충의단의 기적 • 381
침인연沈印淵 • 384
털투성이 난쟁이 이근 • 385
토라진 삼형제 • 390
토정土亭과 한음漢陰 • 392
통제사 유진항 • 394
퇴계 선생의 외조부 • 401
한석봉과 기름장수 • 404
함정에 빠진 호랑이 • 406
해님 달님 • 408
행운의 사람까치 • 412
허 부자와 객실지 • 416
호랑이 가죽 벗기는 법 • 418
호랑이와 곶감 • 419
호랑이의 모성애 • 421
호랑이 팔촌 • 422
호원사虎願寺 • 423
호조판서 정홍순 • 426
홍의장군과 부인의 내조 • 433
활로 새 잡기 • 436
황보 장군과 용마자국 • 438
효부로 변한 불효부 • 439
효성에 감동한 호랑이 • 441

가난뱅이 모자母子

옛날 어느 마을에 아랫목에서 먹고 윗목에서 싸고, 잠만 자는 게으름뱅이가 살고 있었다. 이를 보다 못한 어머니가 어느 날, 게으름뱅이 아들에게 나가서 빌어서라도 먹으라고 등 떠밀어 내쫓으니 아들은 하루 종일 돌아다니다가 끼니때가 되자 들어와 먹고 자는 것이었다.

하루는 나가서 어디까지 가는 줄도 모르고 가다가 길가에서 낮잠이 들었다. 꿈에 한 스님이 나타나 커다란 수탉 한 마리를 주면서,

"너는 생전 빌어먹을 팔자니까 이거나 가지고 가서 한 푼 나와라, 해서 먹고살아라."

하고는 사라졌다.

꿈에서 깨고 보니 정말 커다란 수탉이 있었다. 너무 좋아서 얼른 집으로 가지고 가 꿈속에서 스님이 시킨 대로 해 보니 정말 돈이 닭의 입에서 쏟아져 나왔다.

그러다 닭이 돈을 게워내는 모습이 재미있어 나중에는,

"세 푼 나와라."

"네 푼 나와라."

하며 자꾸 나오라고 했다. 마침내 닭은 한꺼번에 너무 많이 돈을 게워내다가 그만 목이 막혀 죽고 말았다. 그 모자母子는 다시 전처럼 가난을 면치 못했다고 한다.

가재와 굼벵이

옛날 가재와 굼벵이가 우연히 만나게 되었다. 가재는 수염을 자랑하고 굼벵이는 눈을 자랑했다. 가재는 제 수염을 자랑하기는 했으나 굼벵이의 밝은 눈이 부러웠고, 또 굼벵이는 가재의 긴 수염이 위엄 있게 보여 부러웠다. 그래서 둘은 서로 눈과 수염을 바꾸기로 했다.

먼저 굼벵이가 눈을 빼서 가재에게 주었다. 가재는 굼벵이의 눈을 달고 보니 자신의 모습이 더 멋지게 보여 수염을 굼벵이에게 줄 생각이 없어졌다.

"눈도 없는 놈이 수염은 달아서 무엇해?"

가재는 굼벵이에게 쏘아붙이고 돌아섰다.

마침 옆에서 이 광경을 지켜보던 개미는 굼벵이가 가재에게 당하는 꼴이 너무도 우스워 배를 잡고 웃다가 그만 허리가 끊어질 듯 가늘게 되었다고 한다.

🥚 까만 강아지와 죽순

🔴 어느 마을에 두 형제가 살았는데, 형은 잘살고 동생은 못살았다.
하루는 동생이 배가 몹시 고파 형의 집을 찾아가 밥 좀 달라고 부탁했다.
그러자 형수는,

"나무를 해 준다면 밥을 주겠어요."

라고 말했다. 그리하여 동생은 나무를 해 주고 형수에게 밥을 얻어 집
으로 오던 길에 재를 넘다가 너무 힘이 들어 잠시 쉬었다. 동생은 형수가
준 보따리를 끌러 주발놋쇠밥그릇을 열어보았다. 그런데 이게 웬일인가. 주
발 안에 밥은 없고 똥만 가득 들어 있었다.

"허어, 어찌 이리 야박할 수 있을꼬!"

동생은 이렇게 한탄하며 똥을 버렸다. 그런데 어디서 까만 강아지가
오더니 똥을 널름널름 주워 먹었다. 동생은 그것이 신통하여,

"복순아! 복순아! 이리 오너라!"

하여 강아지를 집으로 데리고 왔다.

그런데 신기하게도 강아지가 집에 들어온 뒤부터 동생은 배도 안 고프
고 집 안에는 웃음꽃이 피었다.

한편, 형은 동생이 그렇게 가고 난 후 아무 소식이 없어 궁금해 견딜
수가 없었다. 그래서 동생의 집을 찾아갔는데, 동생의 집식구들 얼굴이
하나같이 뽀얗고 웃음이 가득했다. 형은 배고픈 동생을 생각하며 왔다가
뜻밖의 모습에 놀라 그 이유를 물었다.

"강아지 하나를 얻어 집에 데리고 왔는데, 그 뒤부터는 배도 안 고프

고 이렇게 집안에 웃음이 돌아 잘살고 있습니다."

동생의 말에 배가 아픈 형은 그만 강아지를 죽여 버리고 말았다. 동생이 죽은 강아지를 불쌍히 여겨 사당 밑에 묻었는데, 강아지 무덤에서 커다란 죽순이 자라나더니 지붕을 뚫고 하늘로 올라갔다. 그리고 이튿날 하늘에서 쌀이 떨어지는 것이었다.

동생의 이런 모습에 또 배가 아픈 형은 땅을 파헤쳐 죽은 강아지를 가져다가 자기 집 사당 밑에 묻었다. 역시 커다란 죽순이 자라나 하늘로 올라갔다. 그런데 거기서는 똥이 하염없이 떨어졌다고 한다.

감응사

신라 때 어느 왕이 아들을 얻었는데, 태어나서 석 달이 넘도록 왕자가 눈을 뜨지 않았다. 근심한 나머지 왕과 왕비는 전국 명찰을 돌아다니며 기도했으나, 왕자의 눈은 뜨이지 않았다.

그러던 어느 날, 왕비가 잠을 자는데 꿈에서 한 노인이 나타나,

"밖을 내다보면 독수리 한 마리가 있을 것이다. 그 독수리를 따라가면 샘을 발견하게 될 것인즉, 그 샘의 물을 찍어 왕자의 눈에 바르면 왕자의 눈이 뜨일 것이다."

왕비가 밖을 내다보니 과연 나무 위에 독수리 한 마리가 앉아 있었다. 급히 왕자를 안고 마차에 올라 독수리가 날아가는 곳으로 따라갔다. 날이 어둑할 무렵 성주 대산동에 당도하고 보니 마침 독수리가 한 바위 위에 내려앉는데 그 바위 밑에 조그만 샘이 있었다. 샘물을 떠 왕자의 눈에 세 번 찍어 바르자 왕자의 눈이 반짝 뜨이는 것이었다.

왕비와 눈을 뜬 왕자가 경주에 돌아오자 왕이 기뻐하며,

"이는 모두 부처님의 은덕이니 그 바위 곁에 절을 지어라."

하고 명하였다. 그렇게 해서 지은 절이 감은사였는데, 그 뒤 몇 차례 중창하면서 감응사로 바뀌었다. 그 후 이 절의 부처님께 빌면 눈 먼 사람이 모두 눈을 떴다고 한다.

개성 사람과 수원 사람

● 옛날부터 개성 사람과 수원 사람은 규모 있고 인색하기로 이름이 나 있었다. 개성 사람들은 대체로 치부致富를 잘할 뿐 아니라, 여자들도 살림을 알뜰히 잘하여 낭비하는 일이 없다는 것이었다. 그래서 개성 여자와 혼인을 하면, '살림은 틀림없겠군.', '입이 들어왔다.'라고들 해 왔다. 수원 사람 역시 살림에 빈틈이 없다고 전한다. 따지기를 잘하고 경우를 엄격히 밝히며 절약에는 누구한테도 지지 않으려 든다. 어떤 사람들은 수원 사람이 개성 사람보다 더 지독하다고도 하는데 아마도 다음의 이야 기에서 그런 말이 나온 것이 아닌가 싶다.

옛날 우연히 개성 사람과 수원 사람이 함께 길을 가게 되었다. 이런저 런 이야기를 주고받으며 가는데, 짚신이 닳을까 염려되어 둘 다 짚신은 허리에 차고 맨발로 길을 걸어가는 것이었다. 그렇게 한참을 가는데, 저 만치서 이름 있는 가문의 규수가 이쪽을 향해 걸어오고 있었다.

두 사람은 체면상 짚신을 신지 않을 수 없게 되었다.

두 사람은 짚신을 신었다. 그런데 개성 사람은 짚신을 신고 몇 발짝 걸어가다 규수 일행이 지나가자 곧 짚신을 벗어 먼지를 털고 얼마나 닳 았나, 살펴보더니 다시 허리에 찼다.

반면 수원 사람은 길옆에 멈춰 선 채 짚신을 신더니 먼 곳을 두리번거 리는 척하며 딴전을 피웠다. 그러다 일행이 지나가기를 기다려 곧 짚신 을 다시 벗어 먼지를 털고 허리에 차는 것이었다. 이리하여 개성 사람보 다 수원 사람을 더 인색하게 여겨 왔다고 전한다.

거북이의 보은

아주 먼 옛날 한 한량이 있었다. 이 한량이 어느 날 바닷가 모래밭을 거닐고 있는데, 저 멀리 마을의 소년들이 모여 무슨 일인지 시끄럽게 떠들고 있었다. 한량이 궁금하여 가까이 가 보니 꼬리가 셋 달린 큰 거북이 한 마리를 잡아 놓고 일곱 명의 소년들이 서로 다투고 있었다. 소년들은 그 거북을 서로 자기가 갖겠다고 다투었지만, 일곱 명이 함께 잡은 것이었기에 서로 양보하지 않는 한 타협의 기색이 보이지 않았다. 옥신각신 끝에 한 아이가 일곱 사람이 잡은 것이니 일곱 등분으로 나누어 가질 수밖에 없다고 제의했다. 그러자 모두 그 말이 옳다며 칼을 들어 거북이의 몸을 일곱 토막으로 자르려 했다.

꼼짝없이 죽게 된 거북은 슬픈 표정으로 애원하는 듯 소년들을 바라보았다.

이를 본 한량은 거북의 신세가 너무 딱하여 소년들에게 돈을 주고 거북을 사 바다에 놓아 주었다. 그랬더니 거북은 고마운 표정을 지으며 신기하게도 말을 하는 것이었다.

"나는 바다의 용왕입니다. 오늘은 마침 육지를 구경하려고 바닷가에 나왔다가 하마터면 죽을 뻔했으나 당신 덕으로 살게 되었습니다. 앞으로 당신에게 어려운 일이 생기면 이곳에 와서 나를 찾으십시오. 그러면 내가 반드시 당신을 도와 오늘의 은혜를 갚겠습니다."

거북은 그렇게 말하고 바닷속으로 사라졌다.

그 후 한량은 오랜 여행을 하게 되었다. 어느 날 길을 가다가 해가 저

물어 주막에서 하룻밤을 묵게 되었다. 주막집 노인은 한량을 반갑게 맞이했다.

저녁을 먹은 후 이런저런 이야기 끝에 한량은 방랑길을 나섰으니 내일은 뒷산에 올라가 보겠다고 말했다. 뒷산에 올라간다는 말에 주막집 노인은 깜짝 놀라며 하는 말이,

"나는 원래 뒷산의 산신이었는데 지금 산을 차지하고 있는 악녀 때문에 산에서 쫓겨 내려와 이 꼴이오. 당신이 그 산에 올라가면 큰 화를 당할 것인즉, 이제까지 뒷산에 올라갔다가 살아서 돌아온 사람은 없다오."

하며 만류하는 것이었다.

그러나 한량은 사내대장부가 그런 것을 두려워해서야 어찌 사내냐고 큰소리쳤다. 그리고 다음 날 아침, 악녀가 산신으로 있다는 산으로 올라갔다. 산속 깊은 곳이어서 그런지 날은 빨리 저물었다. 하루 노숙할 만한 곳을 찾지 못한 상황에서 밤이 되니 한량은 살짝 걱정이 되었다. 그때 먼 곳에서 불빛이 보였다. 한량이 불빛을 찾아가니 아담한 집 한 채에서 젊고 어여쁜 여인이 나와 반갑게 맞이해 주었다. 한량이 하룻밤 묵기를 청하니 여인은 흔흔히 응해줄 뿐 아니라 저녁 밥상까지 진수성찬으로 차려 주었다.

밤이 깊어 갔다. 한량이 잠자리에 들려 하니 악녀는 동침을 청하면서,

"나는 이곳 산신이니 함께 살면 어떻겠어요?"

하는 것이었다. 한량은 속으로 놀랐지만, 미리 들은 게 있으므로 마음속으로 '이제부터 수작을 하는구나.' 생각하고 호통을 쳤다.

"허어, 어디 아녀자가 부끄러움도 없이 이러는 게요!"

그러자 악녀는 시퍼렇게 되어 입가에는 흰 거품을 내면서 한량을 노려보았다.

"네가 나를 싫어한다면 어디 두고 보자."

악녀가 주문을 외우며 중얼거리니, 갑자기 천지가 먹칠한 것처럼 암흑 세계로 변하고 천둥소리와 함께 번갯불이 번쩍거렸다. 마치 칼을 휘두르는 것 같았다. 한량은 정신을 차릴 수가 없었다. 도저히 악녀에게 대항할 수 없다는 것을 깨달았을 때 문득 자신이 구해준 거북이 생각이 났다. 한량은 다급히 악녀에게 며칠 동안 생각할 여유를 달라고 청했다.

악녀는 한량이 굴복하는 것을 보고 비웃으면서 이레 동안의 여유를 주었다. 그러나 만일 자기를 속이고 달아나거나 하면 죽이겠다고 협박했다.

한량은 거북을 살려 준 바닷가로 달려가 용왕을 불렀다. 잠시 후 바닷속에서 예쁜 동자가 나오더니 주문을 외웠다. 그러자 바닷물이 양쪽으로 갈라졌다. 한량은 동자를 따라 들어가 용왕을 만났다.

용왕은 한량의 어려운 사정을 듣고는 악녀를 치는 데 도와주도록 세 명의 장수를 딸려 보냈다. 한량은 세 장수와 함께 악녀를 치러 갔다. 장수들이 술수를 쓰니 천지가 암흑으로 변하고 비바람이 쳐서 걷잡을 수 없게 되었다.

이 광경을 본 악녀는 한량을 무섭게 노려보며,

"네가 용왕의 힘을 빌려 왔으나 나의 술법에는 당하지 못할 것이다."

하면서 다시 종이에 주문을 써서 소지를 올리니 웬일인지 장수들이 무참히 죽고 말았다.

한량은 이제 꼼짝없이 악녀의 청을 들어줄 수밖에 없게 되었다. 그러나 다시 한 번 시간을 달라고 간청했다. 악녀는,

"네가 아무리 꾀를 내어도 별수 없을 것이다."

하면서 한 달의 여유를 주었다.

한량은 다시 용왕에게 달려갔다. 용왕은 크게 걱정하면서 하늘에 있는 옥황상제의 힘을 빌려야겠다고 하늘로 올라갔다. 옥황상제가 세 장수를 내려보내니, 세 장수는 술수를 써서 비바람과 벼락을 치게 했다.

악녀는 비웃으면서,

"네가 하늘의 힘을 받고 있구나. 이제 내 무궁무진한 술수를 보아라."

하면서 다시 종이에 주문을 써서 소지를 올렸다.

그러나 아무런 변화 없이 비바람과 벼락은 여전했고, 마지막엔 큰 벼락이 악녀 위에 떨어져 악녀는 죽고 말았다. 악녀의 시체는 곧 커다란 늙은 여우로 변했다.

여우가 여자로 둔갑하여 사람들을 괴롭혔던 것이다.

하늘나라의 세 장수가 떠나자 한량은 주막집 노파에게 들러 겪을 일을 전하고 용왕을 찾아가 고맙다는 인사를 하고 돌아왔다고 한다.

거울을 모르는 사람들

옛날 한 시골 선비가 서울로 과거를 보러 갔다가 거울을 사 가지고 돌아왔다. 제 모습을 비추어 주는 거울을 보니 너무나 신기하여 많은 돈은 주고 사 온 것이다. 선비는 거울을 감추어 두고 아침저녁으로 몰래 꺼내 제 모습을 비추어 보곤 했다.

그런 모습을 눈여겨 본 선비의 아내는 남편을 수상히 여겼다. 어느 날, 남편이 나간 사이 장롱 속에서 슬그머니 그것을 꺼내 들여다보았다.

그 순간 아내는 깜짝 놀랐다. 거기에 젊은 여자의 모습이 불쑥 나타났기 때문이었다. 질투심이 머리끝까지 치민 아내는 시어머니에게 쫓아가 거울을 보이며 남편이 서울에서 젊은 첩을 얻어다 몰래 장롱 속에 감추어 두었다고 울며불며 넋두리를 늘어놓았다.

"애야, 그럴 리가 있느냐?"

시어머니는 며느리를 달래면서 거울을 받아들고 들여다보았다. 거기에는 늙은 여인의 모습이 비치고 있었다. 시어머니는,

"애, 아가. 어디 첩이 있느냐? 건넛마을 할머니가 마실 와서 여기 있구면."

했다.

옆에서 이 광경을 보고 있던 시아버지가 무엇을 가지고 수다를 떠느냐고 나무라면서 자기도 거울을 들여다보았다. 이번에는 늙은 할아버지의 모습이 비치고 있었다. 그 모습을 본 시아버지는 갑자기 무릎을 꿇고 말씨도 공손히 하며 절을 했다.

"아버님, 무슨 일이 있으시기에 이렇게 현령顯靈하셨습니까?"

며느리는 분명 젊은 첩의 모습을 보았는데, 이게 도대체 어찌된 일인가 싶어 다시 거울을 들여다보았다. 여전히 아까의 젊은 첩이 그대로 나타났다. 화가 치민 며느리가 첩에게 요사 부리지 말라고 야단치자 첩도 지지 않고 며느리가 하는 대로 흉내를 냈으므로 나중에는 끝내 거울을 깨고 말았다는 이야기다.

거짓말 잘하는 사위

● 아주 옛날 서울의 한 부자가 딸 하나를 데리고 살았다. 딸이 얼마만큼 나이가 차자 부자는 사위를 보아야겠다는 맘을 먹고, 거짓말 잘하는 사람은 잘살 테니 거짓말 잘하는 사람을 사위 삼기로 했다. 그리하여 방을 붙이게 되었는데 내용은 이러했다.

<거짓말 잘하는 사람을 사위로 구한다. 다만 본인의 입에서 그건 거짓말이다 하는 얘기가 나와야만 한다.>

한 청년이 찾아와 이야기를 시작했다.
"저희 동네에서는 모를 심은 후 갈대로 짠 자리로 덮습니다. 이삭이 자리 위로 나와서 익게 되면 넷이서 사방 끝을 잡고 훑어서 벼를 거둡니다."
그러자 부자는,
"그건 사실일세."
라고 말하여 실패했다.
또 한 청년이 찾아와 이야기했다.
"마당에 백 길이 되는 미륵이 있는데, 그 미륵의 머리에 배나무가 있어 배가 누렇게 익었습니다. 그래서 백 길 되는 장대로 돌미륵의 콧구멍을 쑤시니 미륵이 간지러워 머리를 흔들므로 배가 떨어져서 배를 먹었습니다."

이번에도 부자는,

"그건 그럴 수도 있겠네."

하여 그 청년도 퇴짜를 맞았다. 그쯤 되자 이제는 장가들겠다고 찾아오는 청년들의 발길이 뜸해졌다. 그러기를 며칠, 한 청년이 찾아왔다. 그런데 그 청년은 대뜸 울음을 터트리는 것이었다. 부자가 이유를 묻자,

"이 집과 살림이 원래 우리 것이었기에 감개무량해 웁니다."

하고 대답했다.

부자가 생각하니 큰일이었다. 사실이라 하면 재산이 원래 그 청년의 것이라 인정하는 것이 될 것이고, 거짓말이라 하면 사위로 삼아야 하기 때문이다. 부자는 할 수 없이,

"그건 거짓말이네."

라고 말하고는 그 청년을 사위로 삼았다고 한다.

게으름뱅이

옛날 어느 마을에 게으름뱅이가 살고 있었다. 얼마나 게으른지 일을 하지 않는 것은 물론이요, 마당을 나서거나 이웃 간의 왕래도 없었고, 심지어는 귀찮아서 세수도 하지 않았다. 그래서 그의 아내가 옷을 입혀 주고 밥도 먹여 주어야 했다. 때로는 입에 든 밥도 씹어 삼키기조차 귀찮아할 정도였으므로 게으름뱅이는 오직 아내만 의지해서 살고 있었다.

그러던 어느 날, 장모가 죽었다는 부고가 왔다. 사위는 게을러 못 가지만, 아내는 친정어머니 장사에 가지 않을 수 없었다. 남편 혼자 두고 친정 갈 생각을 하자 아내는 걱정이 되었다. 게으른 남편이 밥을 지어 먹을 리 만무했기 때문이다.

'내가 친정에 다녀올 동안 저이를 어떻게 할 것인가.'

아내는 궁리 끝에 떡을 잔뜩 해서 그릇에 담아 방에 들여놓고, 찰떡은 구멍을 뚫어 끈에 꿰어 남편의 목에 걸어 주면서 일렀다.

"내가 친정에 다녀올 동안 떡을 먹고 지내세요."

그러나 게으름뱅이 남편은 말하기조차 싫은지 떠나는 아내를 멀거니 보고만 있었다. 친정에서 장례를 치른 아내는 모처럼 온 친정이고 또 동기간의 만류도 있고 해서 닷새를 더 묵고 집으로 돌아왔다. 아내가 사립문을 들어섰으나 인기척이 없었다. 방문을 열어 보니 남편은 떡을 목에 건 채 죽어 있었다. 그릇에 담아 둔 떡도 목에 걸어 준 떡도 전혀 줄지 않고 그대로 남아 있었다. 굶어 죽은 것이다.

겨울의 딸기와 뱀

● 조선왕조 때 있었던 일이다. 어느 고을에 성질이 매우 고약하고 까다로운 원님이 부임했다. 그런데 그의 밑에서 시중을 들고 있는 이방이라는 사람은 그와는 반대로 마음씨 착하고 의리가 두터운 사람이었다. 전임 원님 때부터 일해 온 그는 억울한 일, 불의한 일을 그냥 보고 넘기는 일이 없었다.

새로 부임한 원님은 그런 이방을 못마땅하게 여겼다. 부임한 지 얼마 되지 않은 시점에서 터무니없는 이유를 들어 파면을 시킬 수도 없었다.

부임 후 한 달쯤 지난 어느 날 드디어 원님은 구실을 삼아 이방을 파면시키기로 마음먹었다.

"여보게, 이방. 지금부터 한 달 이내에 뱀과 딸기를 구해 오도록 하게. 만일 구해 오지 못하면 큰 벌을 내릴 것이요, 구해 오면 큰 상을 내릴 것이다."

때는 한참 추운 겨울이었다. 한겨울에 뱀과 딸기를 어디서 구한단 말인가. 없는 줄 뻔히 알면서도 이방은 감히 사또의 분부를 거스르기 어려워 뱀과 딸기를 찾아 나서기로 했다.

이튿날부터 흰 눈으로 덮인 산천을 뱀과 딸기를 찾아 헤맸다. 그러기를 며칠 어느 산속을 헤매다가 그만 병이 나서 드러눕게 되었다. 이방이 병석에 눕자 그의 아들들이 물었다.

"아버님, 어디 편찮으시옵니까?"

이방은 아들들에게 자초지종을 이야기했다. 그러자 큰아들이 나서서,

"아버님, 너무 걱정 마십시오."

하더니 옷을 입고 밖으로 나갔다.

그 길로 큰아들은 동헌에 나가 원님에게 면회를 요청했다. 원님은 이방의 아들이 왔다고 하니 뱀과 딸기를 가지고 왔나 싶어 들어오라 일렀다. 큰아들은 원님 앞에 나아가 여쭸다.

"아버님은 지금 구렁이에게 물려 앓고 있사옵니다."

이 말을 들은 원님은 크게 노하면서,

"이놈! 이 추운 겨울에 어디 구렁이가 있단 말이냐?"

하고 호통쳤다. 이 말을 받아 큰아들은,

"그러면 이 겨울에 뱀은 어디 있으며 딸기는 어디 있사옵니까?"

하고 되물으니 원님은 아무 말도 못했다. 이렇게 하여 아들의 지혜로 이방은 파면을 면할 수 있었다고 한다.

경제골의 구두쇠

● 옛날 경제골이라는 마을이 있었는데, 이곳 사람들은 살림을 무섭게 해내는 것으로 소문이 나 있었다. 이 경제골에 갓 시집온 새댁이 있었는데 어느 날 고기장사가 '고기 사소!'를 외치며 새댁의 집 앞에서 고기를 팔고 있었다. 새댁은 사고 싶어도 씀씀이가 아까워 차마 고기를 살 수가 없었다. 고심 끝에 새댁은 꾀를 내어 고기를 고르는 척하면서 이리저리 들어보고 주물럭거리다가,

"애고, 고기가 안 좋아 못 사겠소."

하면서 집으로 들어가는 것이었다. 집으로 들어온 새댁은 잽싸게 비린내가 물씬 풍기는 손을 물에 정성껏 씻고는 그 물로 국을 끓였다. 그날 저녁 식구들이 모여 앉아 국을 먹는데 시어머니가 물었다.

"애야! 이전의 국과는 맛이 다르구나. 어찌된 일이냐?"

"다른 게 아니라, 오늘 고기장사가 왔었는데 고기는 못 사고 대신 주물럭거린 손을 씻어 국을 끓였어요."

"그러면 그렇지! 역시 국 맛이 확실히 다르구나."

그런데 한참 맛있게 국을 떠먹던 시어머니가 무슨 생각이 났는지 고개를 들어 이렇게 말했다.

"아이고, 생각이 짧았구나. 네가 국솥에 손을 헹구지 않고 동네 우물에 손을 헹구었으면 동네 사람들이 두고두고 맛있는 고깃국을 먹었을 텐데…… 왜 그 생각을 못했을꼬."

하며 안타까워했다. 그 며느리에 그 시어머니였다.

고수레의 기원

송제마을에서 1킬로미터쯤 떨어진 곳에 부처바위고을이 있었다. 옛날 이 고을의 부처바위 안에서 성진 도사라는 사람이 공부를 하여 풍수지리에 대통하였다. 성진 도사가 바위 안에서 공부하는 동안 묵계의 전씨와 만음의 옥씨라는 사람이 양식과 의복을 대 주었으므로 대성한 후 은혜를 갚기 위해 각각 묏자리로 낚시혈과 목탁혈을 두 집안에 잡아 주었다.

낚시혈에서는 낚시의 미끼를 갈아 줘야 하는 것처럼 가매장 묘를 하나 더 써서 자주 묘를 옮김으로써 옥씨네 집안은 나날이 번성했다. 집안이 번성하자 옥씨는 거기에 비석을 세웠는데, 갑자기 옥씨 집안에 재액이 일어났다. 낚시에 돌을 얹으면 가라앉는 것처럼 그렇게 낚시혈의 운이 다하여 망했다.

목탁은 중의 것이므로 목탁혈을 가진 전씨 집안에서는 중이 되는 사람이 있어 그 사람은 똑똑하고 잘난 사람이 되었다.

성진은 계속 전국 각지를 돌아다니며 남의 묏자리를 잡아 주었다. 불교에 귀의한 그는 결혼도 하지 않고 자손도 없으므로 부모의 제사를 받들어 줄 사람이 없게 되자, 죽은 모친의 뼈를 추려서 짊어지고 묏자리를 찾아 각지를 헤매었다. 어머니의 묏자리를 좋은 데 잡음으로써 자식 없이도 제사를 받게 하려는 것이었다.

어느 날, 성진 도사는 논산 지방의 어느 집 추녀 밑에서 명당을 발견하고 밤에 몰래 땅을 파고 있었다. 그때 방안의 부부가 이야기하는 중에

부인이,

"성진 도사가 묘를 파는 소리가 들리는구나. 거기에 묘를 써선 안 될 터인데…… 앞들의 한복판에 있는 조그만 돌무지 속에 묘를 쓴다면 좋을 것을……"

하는 소리를 듣고 크게 놀라 들판으로 나아갔다. 과연 거기에는 돌무지가 있을 뿐 아니라 그 부부가 말한 대로 명당이었다. 성진은 그곳에 모친의 뼈를 묻었다.

그런데 그 후로 이상하게 그 들판의 곡식만 잘 여물지 않았다. 사람들이 알아보니 성진 도사 모친의 무덤 때문이며, 곡식이 잘되게 하기 위해서는 그 들판에서 밥을 먹을 때 먹기 전에 한 술 떠서 던지며 '고수레' 하고 먹어야 한다는 것이다. 과연 그랬더니 곡식이 잘됐다. 이리하여 성진 도사의 어머니는 영원히 제사를 받게 되었고, 이것이 전국에 퍼져 '고수레'의 기원이 되었다.

고유와 그의 아내

고유는 전라도 광주 사람으로 그의 조상은 충신이며 문장가로 유명했던 고경명이다. 고유는 불운하여 여남은 살 때 부모와 가족들을 모두 잃고, 혈혈단신 떠돌이 신세가 되었다. 이렇게 10여 년을 장가도 못들고 남의 집 머슴살이를 하며 돌아다니다가 어느 해 경상도 고령 땅에까지 흘러왔다.

고령 땅에서 고유는 김 첨지라는 인심 좋은 사람을 만나 부지런히, 그리고 진심으로 농사일을 도왔다. 그래서 김 첨지나 그의 식구는 물론 온동네 사람이 모두 '착한 도령'이라고 입을 모아 칭찬했다.

고유는 비록 글공부는 못했지만 모든 면에서 재주가 비상했고, 더구나 장기를 썩 잘 두어 동네 사랑방에 드나들며 그 솜씨를 한껏 부렸다.

이 동네에 가난하지만 인복이 있는 박 좌수라는 노인이 있었다. 박 좌수는 장기를 무척 즐겼기에 자연히 고유를 불러다 상대했고, 또 그래서차츰 한 식구처럼 정답게 지내게 되었다. 정답다고는 하나 점잖은 노인과 머슴살이 총각이니 아무래도 박 좌수가 고유를 귀여워하고, 고유는그런대로 예의를 지키며 존경했음이 분명하다.

이렇게 얼마를 지내다가 박 좌수는 마침내 고유를 사위 삼기로 했다. 고유의 행동 하나하나에 마음이 흠씬 쏠렸을 뿐 아니라 동네 사람들의권고도 간절했기에 외동딸을 주기로 한 것이다. 박 좌수는 그래도 떠돌이 머슴인지라 딸에게 좀 미안했는지,

"애야, 고 도령이 지금은 비록 하찮은 머슴살이를 하고 있지만, 보아하

31

니 문벌 있는 집안의 자손이고 장래에 꼭 잘될 사람 같은데, 너의 뜻은 어떠냐?"

하고 일단 물어보지 않을 수 없었다. 그런데 딸은 의외로 선선히 대답했다.

"실은 저도 그분이 장래성 있는 사람으로 여겨졌습니다. 그보다도 부모님께서 정하시는 일을 자식 된 몸으로 어찌 감히 거역하겠습니까?"

이렇게 해서 두 사람의 혼례식이 서둘러 거행되었다. 박 좌수의 살림도 넉넉한 편이 아니었고, 또 고유도 머슴살이를 하고 있는 처지인지라 혼례식이라고 해야 그야말로 물 한 그릇 떠 놓고 하는 것이었다. 그러나 온 동네가 모두 자기 일처럼 기뻐하며 거들어 주었다.

그 후 한 사흘쯤 지나 고유의 아내가 갑작스러운 말을 꺼냈다.

"우리가 이렇게 인연을 맺은 것은 저와 저희 아버님이 당신의 장래를 바라본 때문입니다. 당신은 앞으로 좋은 글방 선생님을 찾아다니며 열심히 공부하십시오. 저는 무슨 짓을 하든지 집안 살림을 꾸려가겠습니다. 앞으로 10년 동안 반드시 크게 되실 날까지 견디며 기다리겠습니다."

고유는 아내의 이 뜻을 더없이 고맙게 여겼다.

"그렇게 합시다. 내 맹세코 성공하리다."

그렇게 아내와 작별한 고유는 얼마 안 되는 노자로 집을 나섰다.

고유는 우선 경상도 합천 어느 시골 서당을 찾았다. 여기서 코흘리개 어린이 틈에 끼여 난생처음 글을 배우기 시작했는데 고유는 역시 유명한 학자의 후손답게 총기가 뛰어났다. 게다가 밤낮을 가리지 않고 부지런히 공부했기 때문에 금세 두각을 나타냈다. 천자문을 열흘에 뗀 고유는 순서를 따라 차곡차곡 어려운 학문을 열심히 익혀 갔다.

그렇게 5, 6년을 지내는 동안 고유의 학문은 스승의 힘으로는 도저히 더 가르칠 수 없을 만큼 성장했다.

"여보게, 고 서방. 이만하면 과거에도 합격하겠네."

이렇게 말하는 선생의 말에 고유는 다시 어려운 책들을 짊어지고 합천 해인사로 찾아들었다. 그리고 절 뒤꼍 헛간 같은 방 하나를 얻어 피나는 고학을 시작했다. 돈이 없었던 까닭에 아침저녁 절 마당을 쓸고 때로는 나무도 해 주면서 끼니를 얻어먹었다. 졸음이 오면 송곳으로 무릎을 찌르고, 등잔불 대신 개똥벌레나 창 밖에 쌓인 눈빛을 이용해 책을 보았다.

이렇게 하여 아내와 약속한 지 꼭 10년, 마침 숙종 임금의 특별 과거 시험 령이 내려졌다. 고유는 즉시 서울에 올라가 과거에 응시하여 보기 좋게 급제하고 예에 따라 가주서라는 벼슬을 얻었다. 지금으로 따지면 서기관이랄까, 임금 곁에서 조회 때의 일을 즉시즉시 기록하는 관리였다. 이 가주서의 벼슬을 고유는 정성껏, 그리고 재주껏 했다. 그동안 글 솜씨가 뛰어났기 때문에 그는 숙종 임금의 아낌을 받게 되었다.

어느 날, 숙종 임금이 고유를 가까이 불러 과분한 칭찬을 내린 일이 있었다. 그리고 이 자리에서 고유의 조상이 학자 고경명이라는 것을 알고는 새삼 감탄해 마지않았다. 더구나 경상도 고령 땅에서 아내를 얻고, 또 그 아내와의 언약을 끝끝내 지킨 사실에는 숙종 임금도 지극히 감동이었던 모양이다.

"10년 동안 한 번도 집에 돌아가지 않았다니, 참으로 놀라운 일이다."

숙종 임금은 무슨 생각을 했는지, 그 자리에서 고유를 경상도 고령의 현감으로 임명했다. 고령은 말할 것도 없이 고유가 10년 전에 아내를 두고 떠나온 고을이다. 이를테면 금의환향의 영광을 얻은 것이다. 이 얼마나 감격할 만한 임금의 처분인가!

고유는 서둘러 서울을 출발하여 열흘 후쯤 고령고을에 낭도했다. 서기서부터 함께 가던 관속들과 떨어져 일부러 초라한 나그네 차림을 한 고유는 부랴부랴 박 좌수 집을 찾아갔다.

10년이라면 강산도 변한다더니, 살던 마을은 그대로인데 하필이면 그리운 아내가 있는 박 좌수의 집만이 형편없이 허물어져 있지 않은가! 사람 기척 하나 없는 집터 앞에서 고유는 정신이 아득했다.

'아내와 장인에게 무슨 일이 생겼단 말인가?'

고유는 하늘이 무너지는 것 같았다. 그동안 박 좌수는 병들어 세상을 떠났지만, 그의 아내는 결코 고유가 생각한 것처럼 불행하게 되지는 않았다.

고유가 여기저기 수소문하여 알게 된 사실은 다음과 같았다. 물론 여러 사람의 말을 하나로 묶은 것이다.

"10년 전에 박 좌수가 딸을 고 도령이란 머슴살이 총각한테 주었더니, 그 신랑이 며칠 후 어디론지 가버렸다. 하지만 다행이 박 좌수의 딸이 어질고 부지런하여 손수 길쌈을 하며 돈을 벌어 지금 큰 부자가 되어 저산 너머에서 고래 등 같은 기와집을 짓고 살고 있다. 게다가 또 올해 열 살 되는 아들이 아주 똑똑하고 효성이 지극해 칭찬이 자자하다. 그리고 또 그 집에서는 지나가는 나그네는 물론이거니와 가끔씩 거지를 불러들여 음식 대접을 하고, 그럴 때마다 10년 전에 떠난 고 도령의 소식을 자세히 묻는다. 당신도 보아하니 어려운 나그네 같은데 한번 찾아가 보라."

이 말에 고유는 얼마나 반갑고 감격했는지 눈물이 날 지경이었다. 고유는 발길을 돌려 산 너머 마을로 급히 달려갔다.

"오, 저 집이다!"

고유는 저도 모르게 소리쳤다.

소나무 숲을 엇비슷이 등지고 서 있는 기와집은 마치 서울의 큰 부잣집 같았다. 그 좌우로 즐비한 초가집은 아마 그 집에 딸린 일가나 하인의 집이리라. 고유는 설레는 마음을 진정시키며 대문 안으로 들어섰다. 그 날도 거지 잔치를 하는 듯 수많은 거지 떼가 차일 친 마당에 꽉 차 있었다. 고유도 남루한 모습인 까닭에 그 거지 중 하나로 알았는지, 하인은 말도 묻지 않고 음식상 앞으로 인도했다.

그러나 고유는 일부러 의젓한 태도로 바깥 큰 사랑방으로 쓱 들어갔다. 사랑방에서는 지금 늙은 선생이 한 아이에게 글을 가르치는 중이었다. 고유는 그 아이가 한 번도 보지 못한 자기 아들인 줄 짐작했다. 생각 같아서는 대뜸 얼싸안고 싶었지만 억지로 마음을 가라앉히며,

"네가 주인 도령이냐? 나는 길가는 나그네인데 한 끼 밥이나 얻어먹을 생각으로 찾아왔다."

하고 말했다. 어린아이는 고유를 쳐다보더니 물었다.

"손님께서는 성함이 어떻게 되십니까?"

"나는 고가 성을 가진 사람이다."

고유의 대답을 듣자 어린아이는 바로 벌떡 일어나 안으로 들어갔다가 이내 다시 뛰어나왔다.

"저, 실례이오나 손님의 처가댁은 어디에 사시는 뉘십니까?"

하고 숨 가쁘게 물었다.

"음, 나의 장인은 박 죄수란 분이시다."

고유의 말이 채 떨어지기도 전이다. 별안간 사랑방 뒷문이 열리며 고유의 아내가 울음소리와 함께 달려 들어왔다.

10년 동안 그리던 남편을 다시 만난 아내와 생전 처음 보는 부친의 품에 안기는 아들의 기쁨은 그들이 10년의 괴로움을 참고 서로 노력한 보람이었다.

고지古池

● 경기도 안성군 미양면 고지리 보촌 앞에 약 50평가량 되는 못이 있으니, 이 못이 고지古池이다.

지금으로부터 약 250년 전 이 동네에 고몽룡이라는 사람이 있었는데, 그는 부친이 돌아가자 지관을 불러 묏자리를 정했다. 그런데 지관은,

"이곳—지금의 고지—에 매장한 후 벼 한 말을 찧어 쌀이 다시 한 말이 되거든 큰일을 시작하시오."

라고 말했다. 그는 지관이 정해 준 터에 장사를 지냈다.

그런데 그 후로 고몽룡의 가세가 점점 번영했을 뿐만 아니라, 신기하게도 몽룡의 손금에는 벼슬금이 점점 자라 가운데 손가락 셋째 마디까지 올라갔다. 이것을 본 그는 임금이 되려면 손금이 손가락 끝까지 올라간다는 말을 듣고 일부러 칼로 손가락을 째어 손금을 만들었다. 그리고 그해 농사를 지어 쌀을 되어 보니, 벼 한 말에서 쌀이 아홉 되가 나왔다. 그는 한 되쯤 부족한들 어떠랴 하고 임금이 되어 보고자 군사를 모아 길을 떠나려는데, 그의 누이가 굳이 말리며 달랬다.

"한 해 농사를 더 지어 때를 기다리는 것이 좋다."

그러나 그는 누이의 말이 귀에 거슬려,

"대장부가 큰일을 하려고 길을 떠나는데, 요망스럽게 계집년이 무슨 참견이냐."

하고 칼을 빼 누이의 목을 한칼에 베어 버리고 길을 떠났다.

몽룡의 무리가 평택을 지나 소새 부근에 이르렀을 때 갑자기 거느리고

가던 군사들의 말굽이 땅에 붙어 떨어지지 않아 쩔쩔매었다. 그 바람에 관원들에게 발각되어 관군들이 몽룡의 군사를 치니, 그들은 삽시간에 산산이 흩어지고 말았다.

말할 것도 없이 몽룡은 패하고 말았다. 그 뒤 관군은 몽룡의 가족은 물론 근친까지 멸족시키고 몽룡을 잡으려 하였으나, 그의 행방은 묘연할 뿐이었다. 관군들은 그의 집 안을 이 잡듯 샅샅이 뒤졌는데, 그가 거처하는 방 선반위에 큰 망충이 한 마리가 있었다. 이것을 본 관군이 칼로 망충을 내려치니, 그 망충은 갑자기 몽룡으로 변하여 허리가 두 동강으로 잘려 죽고 말았다. 몽룡을 죽인 관군들은 연이어 그의 집을 헐고 그 자리에다 큰 못을 파 몽룡의 시체와 집 세간들을 모조리 못에 던져 넣었고, 또 산소까지 파내어 버렸다. 그런데 이상한 것은 산소에서 한 마리의 송아지가 세 발을 세우고 앞발 하나만 꿇고 있었다는 것이다.

이러한 전설에 따라 이 근방 사람들은 이 고지의 물을 퍼내지 않는다고 하는데, 지금으로부터 약 수십 년 전 가뭄이 심한 어느 해 한 농부가 이 못물을 논에 대다가 못물이 거의 없어질 즈음, 전설을 떠올리며 한번 못 속을 보고픈 마음에 남은 물마저 다 퍼내자 별안간 뇌성벽력이 치며 소나기가 내리퍼부었다. 겁이 난 농부는 물 퍼내기를 그만두고 동네로 뛰어가다가 벼락을 맞아 죽었다고 한다. 이리하여 이 못 바닥은 아무도 보지 못한다고 전해 내려오고 있다.

🌑 꼬리 빠진 호랑이

● 호랑이가 깊은 산속을 둘러보니 토끼가 혼자서 무언가를 빠작빠작 먹고 있었다. 호랑이는 토끼 옆으로 다가가,

"무얼 그렇게 맛있게 먹고 있는 게냐? 나한테 주지 않으면 널 잡아먹 겠다."

하고 으르렁거렸다. 토끼가 가만히 생각해 보니 잘못하면 잡아먹힐 판 이었다.

'에라! 이놈의 호랑이, 너 오늘 혼 좀 나봐라.'

토끼는 이렇게 혼잣말로 중얼거리고는 거짓말을 둘러대기 시작했다.

"사실은 제가 물고기를 잡아먹었습니다. 그런데 이미 다 먹어버렸으니 같이 가서 더 잡아먹도록 하지요."

"물고기를 어떻게 잡아먹니?"

"아주 쉽습니다. 엉덩이를 얼음 구멍에 들이대고 꼬리를 물속에 푸욱 담가 놓고 기다리고 있으면 무언가가 당기는 느낌이 들면서 무거워집니 다. 그렇게 좀 더 박아 두었다가 당기면 고기가 꼬리에 딸려 올라오지 요."

그도 그럴 듯하여 호랑이는 토끼를 따라갔다. 이 바보 같은 호랑이는 토끼가 시키는 대로 얼음 구멍에 꼬리를 담가 두었다. 호랑이가 조금 있 다가 일어서려고 하니 토끼는 좀 더 있어야 한다고 호랑이를 주저앉혔 다. 그렇게 얼마나 있었을까, 호랑이는 멍청하게 졸다가 정신을 차려 보 니 엉덩이가 당기는 것 같았다.

"이키! 이제 정말 고기가 많이 달렸는가 보다."

하고는 엉덩이를 들어올렸다. 그런데 이게 웬일인가, 물속에 잠겨 있던 꼬리가 꼼짝없이 꽝꽝 얼어버린 것이다.

이때 토끼란 놈이 깡충깡충 뛰어나오며 약을 올렸다.

"헤, 바보 호랑이 좀 보래요. 진작 나왔으면 살 수 있었는데, 이제 똥구멍이 빠지게 됐구나!"

화가 난 호랑이는 억지로 힘을 써서 일어나려다가 그만 꼬리가 쏙 빠져 버렸다. 그리하여 그 호랑이는 꼬리 없이 평생을 지냈다고 한다.

공처가

어느 때 한 부대의 병사들을 이끄는 대장이 있었는데 그는 지독한 공처가였다. 하루는 이 대장이 교외에다 붉은 기와 푸른 기를 세워놓고 명령하기를,

"공처가는 붉은 기 쪽으로 가고 공처가가 아닌 사람은 푸른 기 쪽으로 가라."

했다.

결국 모든 사람이 붉은 기 쪽으로 모이고 푸른 기 쪽은 한 사람뿐이었다. 대장이 그 사람을 장하다 하면서,

"내가 백만 대군을 이끌고 적과 마주쳐 적을 무찌르고 싸우며 화살과 돌이 비 오듯 하여도 한 번도 꺾여 본 적이 없지만, 일단 집 안에 들어가기만 하면 언제나 애정에 못 이겨 아내에게 지고 마는데, 그대는 어찌하여 부인을 두려워하지 않는가?"

라고 물었다. 그런데 뜻밖에도 그 사람은 이렇게 대답했다.

"처가 언제나 경계하기를, '세 사람이 모이면 반드시 여색을 이야기할 것이니 당신은 가지 마라.' 하였습니다. 지금 붉은 기 아래는 사람이 많이 모였으므로, 이 때문에 가지 않았습니다."

대장은 한바탕 파안대소를 하며,

"공처가가 이 늙은이뿐만은 아니구나."

했다.

과거 보러 간 선비

● 옛날 어느 시골에 한 선비가 살았는데, 평생소원이 과거에 붙어서 여러 친구들과 함께 주연을 베풀고 과거 급제한 자랑을 한번 해 보는 것이었다. 돈과 먹을 것은 아쉬운 것이 없었으므로 오직 그것만이 유일한 평생소원이었다. 하여 시골에서 서울로 부지런히 과거를 보러 다녔으나 보는 족족 낙방하고 말았다. 그렇게 여러 번 과거에 떨어지다 보니 가지고 있던 재산도 모두 탕진하고, 이제 다시 과거를 치를 만한 여유가 없는 지경에 이르렀다.

아홉 번 낙방 끝에 어렵게 마련한 돈으로 이번 과거를 치르게 되었는데 또 낙방을 하고 보니 너무도 허무하여 집에 돌아갈 생각조차 나지 않았다. 그런 허무한 생각에 이끌려 이리저리 방황을 하다가 어느 곳엔가 이르고 보니 남산골이었다. 이 남산골에는 남산골샌님이라 불리는 가난한 사람들이 모여 살고 있었다. 날이 어두워져 선비는 불을 밝혀 놓은 근처 주막에서 하룻밤 묵기로 작정하고 주모를 불러 이런 부탁을 했다.

"주모, 내가 청이 하나 있소. 들어주오."

"무슨 일인데요?"

"오늘 저녁에는 다른 손님일랑 받지 말고 물 한 동이와 빈 상에 잔 하나와 수저를 준비해 주오."

"그거야 뭐, 어려운 부탁도 아니니 해드리지요."

선비가 부탁한 것을 주모가 놓고 나갔다. 밤이 이슥해지자, 선비는 상 앞에 의젓이 앉아 마음을 한곳에 모았다. 선비는 그렇게 앉아서 고향 친구들을 기리는 것이었다.

"아, 김 생원, 자네도 오게. 원, 친구도. 자네도 오고, 박 생원 자네도 오게."

이렇게 혼자서 중얼거리며 물동이에 담긴 물을 한 잔 떠서는,

"친구, 자네도 한잔 들게. 어이, 고맙네. 과거 급제 축하하이. 어이, 박 서방도 한잔 들게. 예, 감사합니다. 샌님의 급제를 축하드립니다."

하고 허공에 대고 대화를 나누는 것이었다. 마치 선비가 과거에 합격하여 고향에 돌아가 주연을 베풀고 여러 친구들과 술을 마시며 축하를 받는 것 같았다. 이렇듯 흥내를 내다보니 어느덧 자기 스스로 도취되어 밤 가는 줄도 모르고,

"아, 친구, 한잔 들지. 참 그대는 김 생원이지. 어서 들게. 어이, 친구 급제를 축하하네."

하면서 흥에 겨워하는 것이었다.

때는 조선시대의 태평성대였던 숙종 17년이었다. 이때의 숙종은 백성이 과연 잘살고 있는가를 살피기 위해 남몰래 암행을 나오고는 했다. 그날도 숙종 임금이 암행을 나와 이리저리 다니다가 마침 선비가 묵고 있는 주막 앞을 지나고 있었다. 이미 밤이 깊어 모든 집들이 깊은 어둠 속에 잠겨 있으나 유독 그 주막만이 불이 밝혀져 있고, 더욱 괴상한 것은 이상스런 중얼거림이 끊이지 않고 들려오는 것이었다. 숙종이 좀 더 가까이 다가가 엿들어 보니 난데없이,

"어이, 이 생원 이제 오나. 자네도 들어와 한잔 들지. 어이, 과거 축하하이."

라는 알 수 없는 소리가 들려오는 것이 아닌가.

무슨 일인지 호기심이 동한 숙종 임금이 태연히 문을 열고 들어서니

웬 선비 혼자 상을 앞에 하고 물 잔을 기울이다 말고 물끄러미 바라보며 자신을 맞이하는 것이었다.

"뉘시오?"

"예, 나는 지나가는 나그네인데 잠시 쉬려고 들렀습니다."

숙종 임금이 자신의 신분을 숨기고 인사했다.

"나는 시골 사는 박 생원이라 하오만, 댁은 어디 사시는 뉘신지요?"

"예, 나는 서울 사는 이 생원이라 하오."

"아, 그러오."

그렇게 서로 인사를 나누고 앉아 이런저런 이야기를 하다 보니 아, 이 선비의 평생소원이 과거에 붙어 친구들과 주연을 베풀고 술 한 잔을 나누는 것이라는 것이다. 그런데 번번이 과거에 낙방하여 이렇게 넋두리를 하고 있다는 것이 아닌가.

숙종이 가만히 보니 글공부깨나 한 것 같고, 인물 됨됨이도 쓸 만한데 과거에 열 번씩이나 떨어졌다니 한편으로 의문이 가기도 하고 또 측은한 생각이 들기도 했다.

그러한 생각에 숙종은 선비를 도우려는 심사로,

"아, 박 생원. 내일 임시 과거를 본다고 하던데, 우리 마지막으로 한 번 더 응시해 보지요. 이번 과장에서는 높다란 대나무 장대에 작은 글자 하나가 쓰인 기를 달아 놓고 그 글자가 무엇인가를 알아맞히는 것이 문제라 합디다. 아마도 비둘기 구鳩자를 써 놓는다고 하지요."

라고 말하고는 그 자리를 나왔다.

그러자 박 생원이라는 선비는 밤새도록 비둘기 구, 비둘기 구, 비둘기 구, 하면서 암기를 하고는 아침녘에 과장에 나가 보니 먼저 온 사람들이 그 문제를 풀려고 달려들었다가 낭생원패를 보고 있는 중이었다. 그 글자가 집 우字자라느니, 갈 지之자라느니 애를 써 보지만 아무도 제대로 알아맞히는 사람이 없었다.

　그러다 박 생원 차례가 왔는데, 운이 없는 놈을 할 수 없는지 밤새 외워 둔 비둘기 구자는 까맣게 잊고, 구자는 구자인데 도대체 생각이 나지를 않는 것이었다. 과장의 높은 자리에 앉아 있던 숙종 임금은 그 모습을 바라보며 걱정을 아니할 수가 없었다. 그런 숙종의 표정을 살핀 시관이 담뱃대를 들고 있다가 딱딱 두드리면서 속히 대답하라고 재촉하니 이 멍청한 박 생원이 엉겁결에,

　"또두락 구짭니다."

　하고 대답하고 말았다.

　"낙방!"

　시관의 이런 판결을 듣자 박 생원의 머릿속에 순간적으로 '비둘기 구'자가 생각나는 것이었다. 박 생원은 '나는 참 과거에 운이 없는 놈이구나.'라고 생각하면서 힘없이 과장을 되돌아 나오지 않을 수 없었다.

　그렇게 발길을 돌려 나오는데 멀리서 한 젊은이가 헐레벌떡 달려오고 있었다. 과장으로 가는 것이 분명했다.

　"여보, 젊은 선비는 날 좀 보고 가오."

　"왜 그러시오. 나는 지금 과장으로 가는 길이라 시간이 없는데 왜 붙드십니까?"

　"아니, 내가 젊은이에게 이를 말이 있소. 사실은 어제 어떤 양반이 시험문제의 답을 알려 주었는데, 난 그만 시험장에서는 생각이 나지 않아 또두락 구자라 하여 낙방을 했소만, 지금 생각해 보면 그 답이 비둘기 구자인 것 같소. 비둘기 구자가 분명하니 그렇게 대답하면 당신은 반드시 합격할 것이오."

박 생원은 이렇게 생전 보지도 못한 젊은이에게 답을 알려 주었다. 결국 과거에 붙을 운은 이 젊은이에게 있었던 것이다. 답을 들은 젊은 선비는 몹시 기뻐하면서,

"그렇다면 선비님도 이곳에서 기다리고 계십시오."

당부하고는 과장으로 달려가 시관에게 비둘기 구자라고 대답하여 그야말로 행운의 합격을 했다. 그런데 이 젊은 선비의 대답은 박 생원이 가르쳐 준 것과 아주 똑같은 것은 아니었다. 그의 대답은 이러했다.

"그 글자는 시골 사투리로 말하면 또두락 구자요, 서울 사투리로 말하면 비둘기 구자입니다."

이 말을 들은 임금은 박 생원의 운수 없음에 비탄하지 않을 수 없었다.

"여봐라."

"예."

"아까 또두락 구자라고 대답한 사람이 서울 사람이냐, 시골 사람이냐?"

시관들이 명부를 들춰 보니 또두락 구자라고 대답한 사람은 시골 사람이었다.

"시골 사투리로 또두락 구자이면 아까 그 선비의 대답도 맞은 것이 아니냐?"

그래서 비둘기 구자를 또두락 구자라고 대답한 박 생원도 젊은 선비와 함께 과거에 합격하게 된 것이다.

박 생원 덕에 과거에 붙게 된 젊은 선비의 지혜로운 은혜갚음으로 박 생원도 과거에 붙어 평생소원을 풀고 고향에 돌아가 친구들에게 이번에는 진짜로 주연을 베풀었다고 한다.

과부 며느리 개가 시킨 시아버지

● 옛날 어느 마을에 사는 한 노인이 아들 하나를 키워 며느리를 보게 되었다. 며느리를 잘 맞아들여 살림솜씨며 시부모에 대한 효심이 깊어 흠 잡을 데가 없었다.

그런데 며느리를 본 지 3년 만에 갑자기 아들이 죽고 며느리는 청상과부가 되고 말았다. 며느리는 남편이 죽은 뒤 문밖에도 안 나가고 수절하고 지냈지만, 항상 시부모의 마음에는,

'저 며느리가 내 집에 계속 있을까. 과연 우리 집 귀신이 되어 줄까?'

하는 걱정이 들었다. 그래서 밤만 되면 시아버지는 며느리가 기거하는 방을 한 번씩 휘익 둘러보고는 했다.

하루는 며느리 방에 불이 환하게 밝혀져 있어 가만히 살펴보니, 며느리가 세워놓은 베개에 살아있을 때 남편이 입던 옷과 갓을 씌워 놓고 품어 보기도 하고 끼고 눕기도 하는 것이었다. 그것을 지켜본 시아버지는 애통해하지 않을 수 없었다.

'새아기가 오죽하면 저런 허수아비를 만들어 놓고 품고 누울까?'

'내 집이 이제는 망했구나!'

누구에게도 이런 일을 말하지 못하고 혼자 한탄하고 있는데, 부인이 이 모습을 보고 이상히 여겨,

"당신 하룻밤 사이 낯빛이 심히 안 좋으시니 대체 어찌된 일인지요?"

하고 물었다.

"이제 우리 집은 망했소. 내가 엊저녁에 보니 새아기가 베개에 제 남

편의 옷을 입혀 놓고는 끌어안고 몸부림치질 않겠소. 그 아이가 그렇게 마음이 동하여 참담한 짓을 하고 있으니, 이제는 우리 집 귀신이 되지도 않을 것이고, 도대체 이 일을 어쩌면 좋단 말이오. 내가 살아서 무엇하나. 며늘아기의 마음처럼 나는 지금 죽고만 싶소."

"세상에, 그렇다고 내 목숨을 끊어가면서까지 집 걱정을 하면 어쩝니까? 좋은 방법이 있으니, 그렇게 해 보시지요."

"그 좋은 방법이란 것이 대체 무엇이오?"

"이제는 우리 집 귀신이 되기는 틀렸으니 말 먹이고 소 먹이는 마부에게 돈을 주고 데리고 가서 살라고 합시다. 그리고 허장虛葬을 합시다. 시체를 만들어 밤새 배를 앓다가 죽었다고 하면서 다른 사람들 손을 빌리지 말고 당신이 직접 가짜 시체에 염을 하여 장사를 지내면 세상 사람들이 어찌 알겠소."

시아버지가 가만히 들어보니 좋은 방법이라 여겨졌다.

"당신 말에 일리가 있군."

양주는 아무도 모르게 마부를 불러,

"내가 부탁할 말이 있는데 나의 청을 들어줄 텐가?"

하면서 이야기를 꺼내니, 마부는 뜻밖의 행운에 몹시 기뻐했다. 장가도 못 들고 말이나 몰던 처지에 달 같은 새댁을 준다니 얼마나 좋은가.

"당장 그렇게 하겠습니다."

"내가 살림 밑천은 장만해 줄 테니 멀리 데리고 가서 잘살아야 하네."

시아버지는 그렇게 신신당부를 하고 마부를 보냈다.

그리고 그날 밤부터 시아버지는 며느리가 아프다면서 이 집 저 집을 돌아다니며 약방문을 구하고 다녔다. 며칠 동안을 그렇게 다니니 동네 사람들은 모두 며느리가 크게 아픈 것으로 믿게 되었다. 그렇게 소동을 피우고 얼마 뒤 며느리가 죽었다고 야단하여 온 집안사람들을 오라고 청했다. 그리고 가짜 시체를 만들어 놓고 염을 하게 되었을 때에는,

"이 불쌍한 것에게 다른 사람들은 절대 손대지 마라. 내가 직접 하겠다."

하면서 두 내외가 들어가 염을 하고 관에 넣었다. 친정집에서도 딸이 죽었으니 오히려 다행이다 싶어 그냥저냥 넘어갔다.

세월이 흘러 3년이 지난 어느 날 시아버지가 서울에 다니러 가는 길에 날이 어두워져 어느 집에 머물게 되었다. 저녁상을 받아먹다 보니 희한하게도 자기 입맛에 꼭 맞는 것이었다. 지난날 며느리가 해 주던 바로 그 음식 맛이었다. 이상하다는 생각에 밤새 뒤척이다 아침에 일어나 세수를 하는 척하며 안채를 기웃거려 보니 아, 바로 자신이 내보낸 며느리가 마루에 앉아 다듬이질을 하고 있는 것이 아닌가.

결국 시아버지는 죽은 아들의 모습이 떠올라 아침을 먹을 수가 없었다. 하지만 들어온 아침상을 그대로 물릴 수도 없어 몇 수저 뜨고는 그대로 아무 말도 하지 않고 그 집을 나와 버리고 말았다. 그리고 솟구치는 죽은 아들 생각에 길옆에 쌓아 놓은 짚단에서 지푸라기를 하나 뽑아 목구멍 깊숙이 밀어 넣고 먹은 것을 모두 토해냈다.

그 뒤 시아버지는 그 길로 서울에 올라가 높은 벼슬을 하여 잘살았고, 며느리는 며느리대로 마부를 남편 삼아 잘살았다고 한다.

꾀 많은 미녀

어느 시골에 예쁘기로 소문난 처녀가 있었는데, 갑자기 부모를 잃고 혼자가 되었다. 인물 좋고 솜씨 좋은 처녀였으니 자연 여러 곳에서 청혼이 들어왔으나 처녀는 부모의 삼년상이 끝날 때까지 시집갈 생각이 전혀 없다고 거절했다.

아름다운 처녀가 혼자 살고 있다는 소문을 듣고 마음씨 고약한 사내 하나가 자기가 한번 그녀를 꾀어 보겠다고 마음먹었다.

사내는 그녀를 찾아가 온갖 선심을 다 써가며 꾀어 봤으나 그녀는 쳐다보지도 않았다. 화가 난 사내는 위협까지 했으나 그녀의 마음을 움직일 수는 없었다. 급기야 최후 수단으로 밤중에 찾아가 강제로라도 제 아내로 삼아야겠다고 결심하기에 이르렀다.

사내의 속셈을 미리 알아챈 처녀도 궁리 끝에 무슨 생각을 했는지 큰 게를 물동이에 넣어 놓고 부엌 아궁이에는 밤을 묻어 놓았다. 그리고 뜰에는 개똥을 잔뜩 주워 놓고 대들보에는 절구통을 매달아 두었다. 마당엔 멍석을 펴두고, 그 옆엔 지게를 놓아두었다.

드디어 밤이 되었다. 비치던 달빛마저 구름에 가려지고 사방이 고요해지자 사내는 살그머니 사립문을 열고 마당으로 들어섰다. 사내는 완력으로 문고리를 빼고 방으로 들어갔다. 처녀도 이제는 어쩔 수 없게 되었다.

사내가 막 덮치려 할 때 처녀의 나직한 음성이 들려왔다.

"내 얼굴이 고운 것에 반해서라면 당신은 마땅히 불을 밝히고 내 얼굴을 보아야 할 것입니다."

사내는 과연 그렇다고 생각하면서 부엌으로 불씨를 가지러 갔다.

사내는 불을 밝히기 위해 아궁이의 불씨를 뒤적이며 입으로는 바람을 불었다. 그 순간 잿더미 속에 묻어 두었던 밤이 익으며 탁! 하고 튀는 바람이 사내는 눈을 한 대 얻어맞고 말았다. 그리고 온통 재로 뒤범벅이 되었다. 사내는 갑작스런 일에 놀랐을 뿐 아니라 앞도 보이지 않고 얼굴이 화끈거려 견딜 수가 없었다.

사내는 어둠 속에서 물동이를 찾았다. 찬물로 씻으면 뜨거운 기운이 없어질 것이므로 두 손으로 부뚜막을 더듬자 물동이가 손에 닿았다. 물을 뜨려고 손을 넣는 순간 게란 놈이 사내의 손가락을 꽉 물었다.

"어이쿠!"

사내는 견딜 수 없는 아픔에 펄쩍 뛰다 엉덩방아를 찧었다.

문득 속았다는 생각이 든 사내는 그녀를 죽일 결심으로 부엌에서 나왔다. 화도 나고 급하기도 하여 급히 내딛다가 그만 개똥을 밟아 미끄러졌다. 엉덩방아를 찧은 사내는 아픔보다도 냄새가 고약해 더욱 화가 치솟았다.

사내는 벌떡 일어나 마루로 올라섰다. 그 순간 대들보에 매달아 두었던 절구통에 이마를 부딪치면서 무거운 절구통이 아래로 떨어졌다. 사내는 절구와 함께 마당으로 나뒹굴어 기절하고 말았다. 이때 마당에 펴져 있던 멍석은 사내를 똘똘 말고 지게는 그 멍석을 지고 저절로 가더니 개울 낭떠러지에다가 사내를 내던져 버렸다. 이렇게 해서 아름다운 처녀는 화를 면하고 부모의 삼년상이 끝난 다음 양반집 도련님에게 시집가 아들 딸 많이 낳고 잘살았다고 한다.

꾀 많은 원님

옛날 어떤 사람이 산에서 나무를 하다가 잠깐 쉬는 틈에 잠이 들었다. 곤히 잠을 자는데 하늘에서 큰 용이 내려와 자기의 도포 속에 머리를 묻는 것이었다. 놀라 깨어 보니 꿈이었다.

얼마나 오래 잤는지 캄캄한 밤중이었다. 부랴부랴 집으로 오려는데 한 치 앞도 구별이 어려워 더듬거리며 걸었다. 갈 길은 멀고 낭패한 생각에 더 갈 생각을 못하고 사방을 둘러보니 멀리 희미한 불빛이 보였다. 겨우 그 불빛을 찾아가니 아담한 집 한 채가 있어 주인을 찾으니 한 젊은 색시가 나왔다.

"지나가는 나그네인데 하루 저녁만 재워 주시지요."

그러나 방이 하나뿐이므로 할 수 없이 색시와 한 방에서 자고, 아침이 되자 터덜터덜 집으로 돌아왔다.

그런 일이 있은 후 1년쯤 지나 한 여자가 갓난애를 안고 와 당신의 아이이니 잘 기르라고 하고는 어디론가 사라졌다. 그 어린아이가 바로 '강감찬'이라고 하는데, 아이가 자라니 지리에 그렇게 능통할 수 없었다.

이 무렵, 경주고을 사람들은 말도 많고 탈도 많아 강감찬을 원님으로 보내게 되었다. 하루는 어떤 사람이 와 말하기를 개구리가 어떻게나 울어대는지 잠을 이루지 못하겠다고 하소연했다. 강감찬은 해결 방법을 생각하다가 이 고을에서 헤엄을 잘 치는 사람을 불러오라고 하고는 그 사람에게 못 속에 들어가 제일 큰 개구리를 잡아오라고 했다.

개구리가 잡혀오자 강감찬은 개구리에게 한바탕 호령을 한 다음 개구리 몸통에 온통 먹칠을 하고 부적을 붙여 도로 못 속에 넣어 버렸다. 이것을 본 고을 사람들은 이상한 원님도 다 있다고 웃었다.

그러나 이듬해부터는 개구리 우는 소리를 들으려 해도 개구리 소리가 들리지 않았다. 그때부터 사람들은 이 꾀 많은 원님에게 꼼짝도 못했다고 전한다.

꾀 많은 하인

옛날 어떤 양반집 도령이 과거를 보러 서울을 가는데, 집에서 부리던 하인에게 말고삐를 잡게 했다. 그 하인은 겉보기에는 무식하게 생겼지만 꾀 많기로 유명한 앙글장글대라는 종이었다.

서울로 가던 중 도령은 하인에게 이렇게 주의를 주었다.

"앙글장글대야, 서울에 도착해서는 매사에 조심하여야 한다. 서울이라는 곳은 눈 뜨고 있어도 눈알을 뽑아가는 무서운 동네이니 그리 알아라. 눈알이 뽑히면 너는 평생 앞 못 보는 장님이 되는 게야."

서울에 당도하여 객주에 묵게 된 도령은 냉면이 먹고 싶어 하인에게 사 오라고 시켰다. 잠시 후 냉면을 사 온 앙글장글대는 주인이 먹기도 전에 젓가락을 집어 들고는 냉면가락을 휘저으며 무언가를 찾았다.

"이 녀석, 앙글장글대야. 왜 그렇게 휘젓느냐!"

"예, 도련님. 냉면을 사 오다가 냉면에 제 콧물을 빠뜨렸는데 영 찾을 수가 없군요."

이 소리를 듣고 누가 냉면을 먹을까. 결국 냉면은 꾀 많은 앙글장글대가 먹게 되었다.

그렇게 얼마를 지내다 보니 떠날 때 받아온 노잣돈이 다 떨어지고 말았다. 앙글장글대는 돈을 융통해 쓸 욕심으로 타고 왔던 말을 주인 몰래 팔아치웠다. 그리고 주인이 묵고 있는 방 앞에서 두 눈을 꼭 감고 허리춤에 빈 말고삐를 묶어 놓고는 뒷짐을 진 채 종일 서 있는 것이었다.

마침내 말을 타고 일을 보러 나가려던 주인이 앙글장글대를 보고는,

"이 녀석아, 말은 어찌하고 말고삐만 허리에 묶고 있느냐? 눈을 떠 봐라. 이놈!"

하고 소리를 쳤다.

"아니, 이놈의 말이 어디를 갔나? 나는 도련님이 서울에선 눈 뜨고 있어도 눈알을 뽑아 간다고 하시기에 두 눈을 꼭 감고는 말고삐를 단단히 허리에 묶어 두었는데요."

하인의 말에 주인은 너무도 어이가 없어서 그만 입만 떡하고 벌릴 따름이었다.

구렁덩덩 시선비

옛날 한 여인이 있었는데, 밤낮 아들 낳기가 소원이었다. 그러다가 다 늙어 태기가 있어 아이를 낳았는데 놀랍게도 구렁이였다. 그런데 구렁이가 어디론가 사라져 버렸다. 그래도 어미인지라 구렁이 자식을 찾아다니다가 뒤뜰에 있는 독에서 구렁이를 발견했다.

"왜 여기 와서 있니?"

여인이 묻자 구렁이는 방으로 스르르 기어 들어왔다.

한편, 옆집에는 한 대감이 사는데, 그 대감에게는 딸이 셋 있었다. 어느 날 대감 집 맏딸이 와서,

"할멈, 아이를 낳았다는데 어디 보여 주세요."

하기에 뒤뜰 독에 있다니까 열어 보고는,

"아이고머니나! 구렁이를 낳았네."

하고 호들갑을 떨며 갔다. 다음에 둘째 딸이 와서,

"할멈, 아이 낳았다더니 아이는 어디 있소?"

하기에 뒤뜰 독 안에 있다고 했더니 또 가서 열어 보고는 놀라,

"아이고, 망측해라."

하고는 달아났다. 그리고 막내딸이 아이 보러 왔다고 하기에 뒤뜰에 가보라고 일러 주었더니 가서 열어 보고는,

"점잖기도 하다."

하고 돌아갔다. 구렁이는 이 소리에 어머니한테로 가,

"어머니, 나 옆집 막내딸한테 장가를 보내 줘요."

하고 졸라댔다. 그 말에 어머니는 펄쩍 뛰며 만류했다.

"구렁이의 몸으로 어떻게 대감 댁 색시한테 장가를 가겠느냐?"

"만약 그 색시한테 장가를 보내 주지 않으면 한 손에는 칼을 들고 한 손에는 불을 들고 어머니 몸 안으로 도로 기어들어 가겠어요."

라며 반 협박조로 말했다. 할 수 없이 어머니는 대감 집 대문 앞에 서서 근심만 하다가 말도 못하고 돌아오곤 했다. 사흘째 되던 날, 역시 한 발짝도 들이지 못하고 대감 집 대문 앞에서 근심스럽게 서 있으려니 대감이 이를 보고 있다가,

"할멈, 무슨 근심이 있기에 이렇게 매일 와서 서 있는고?"

하고 물었으나 차마 그 말을 할 수 없어서 머뭇거리기만 했다.

"무슨 말인데 그렇게 어려워하는고? 어떤 말이라도 괜찮으니 말해 보게."

그리하여 구렁이의 어머니는,

"다름이 아니라 제가 아이를 낳았는데 댁의 아가씨들이 와서 보시고는 첫째 아가씨와 둘째 아가씨는 망측스럽다고 하며 갔는데 막내 아가씨는 점잖다 하시고는 돌아가셨습니다. 그런데 저놈이 글쎄 대감 댁 막내따님에게 장가를 보내 달라며 떼를 씁니다. 그렇게 하지 않을 것 같으면 한 손에 칼을 들고 한 손에 불을 들고 어미 몸 안으로 도로 들어간다고 하니 어떻게 합니까?"

하고 말했다. 이 말을 들은 대감은 딸들을 불러 놓고 맏딸에게,

"너 이 옆집으로 시집갈 테냐?"

하니 맏딸은 펄쩍 뛰며 싫다고 했다. 둘째 딸에게 물으니 역시 펄쩍 뛰었다. 막내딸에게 물으니 대답하지 않고 가만히 있었다. 대감은 재차 그 집으로 시집갈 테냐고 물었으나 역시 대답이 없었다. 그래서 혼인을

하기로 하고 택일을 했다.

혼인날이 다가왔다. 구렁이는 어머니더러 문안드릴 때 상 옆에 따뜻한 물을 갖다 놓으라고 했다. 혼례식 전 구렁이가 스스로 기어 나와 따뜻한 물에 들어가 휘휘 돌아 나오니 허물을 벗고 훌륭한 청년이 되어 갓 지은 옷을 입고 문안드리는 것이었다.

첫날 밤, 신랑이 색시 저고리 속옷고름에 구렁이의 허물을 달아 주면서,

"이것은 아무한테나 보여 줘서는 안 되는 것이오. 이것을 다른 사람에게 보여 주면 나와 헤어지게 될 것이오."

하며 몇 번씩 다짐을 받았다. 이튿날 신랑이 밖으로 나가면서 다시 한 번 색시에게 다짐을 받았다.

"구렁이 허물은 아무한테나 보여 주지 마시오. 그리고 그 냄새를 내가 맡게 해서는 안 되오."

그런데 색시는 구렁이 허물 좀 보여 달라는 언니들의 성화에 못 이겨 어쩔 수 없이 보여 주었다. 자매들한테 보여 주는 것은 괜찮으려니 하는 마음에서였다. 이것을 본 언니들은 구렁이 허물을 가지고 나가 불을 살라 버렸다. 구렁이 허물은 바지지하고 고약한 냄새를 내며 타버렸다.

그날 신랑이 돌아와서는,

"당신이 그 허물을 다른 사람에게 보여 주고 그 냄새까지 맡게 했으니 당신은 나하고 살 수 없소."

하고는 비루먹은 말을 타고 어디론지 가 버렸다. 그렇게 버림을 받은 색시는 곰곰 생각하다가 남편을 찾으러 길을 떠났다.

얼마만큼 가니 어떤 사람이 밭을 매고 있었다.

"여보시오. 구렁덩덩 시선비 비루먹은 말 타고 가는 것을 보았소?"

색시가 물으니, 그 사람은 이 밭을 다 매 주면 가르쳐 준다고 했다. 밭을 다 매 주고 나니 이 길로 쭉 가면 거기 빨래하는 사람이 있을 테니 그 사람한테 물어보라고 하여 얼마만큼 가니 빨래하는 사람이 있었다.

"구렁덩덩 시선비 비루먹은 말 타고 가는 것을 보았소?"

색시의 물음에 흰 것은 검게 만들고 검은 빨래는 희게 만들면 가르쳐 준다고 했다. 색시가 그 빨래를 다 해 주니 길을 가르쳐 주면서,

"이 길로 쭉 가면 요강을 닦는 사람이 있을 것이니 물어보오."

했다. 얼마만큼 길을 가니 요강을 닦는 사람이 있어 또 물었다.

"구렁덩덩 시선비 말 타고 가는 것을 보았소?"

요강을 다 닦아 주면 가르쳐 준다 하여 색시가 요강을 은빛같이 닦아 주니 요강 뚜껑을 굴려 주면서 이 뚜껑이 가는 대로 쫓아가라고 했다. 물로 들어가면 물에라도 쫓아 들어가야 된다고 했다.

뚜껑은 떼굴떼굴 잘 굴러갔다. 기를 쓰고 쫓아가는데 한참 후 큰 강이 앞을 막았다. 요강 뚜껑은 강물 속으로 들어가고 색시 또한 강물을 두려워하지 않고 뚜껑을 쫓아가니 고래 등 같은 기와집이 나왔다. 그 집으로 들어가니 뒤뜰에 큰 회나무가 있어 그 나무 위로 올라갔다.

밤이 되자 달빛이 비쳐 그림자가 땅에 비치니 개가 짖었다. 안에서,

"개가 짖으니 나가 보오."

하여 큰 첩이 나와 보더니 아무것도 없다며 도로 들어갔다. 또 개가 멍멍 짖어 작은 첩이 나와 보고는 도로 들어갔다. 개가 여전히 짖으니 이번에는 남편이 나왔다. 나무 위에 올라가 있던 색시는 뛰어내려 남편의 어깨를 덥석 붙들며,

"여보, 어떻게 이곳에 와 있었어요?"

했다.

"아니, 당신이 여길 어떻게 알고 왔소?"

남편의 물음에 색시는 그동안의 이야기를 쭉 했다. 그런데 남편은 색시의 말을 모두 듣더니 그냥 방으로 들어갔다.

하는 수 없이 색시는 날이 밝기를 기다렸다. 날이 밝자 구렁덩덩 시선비는 내기를 해서 아내를 삼겠노라며, 먼저 첩들에게는 질동이에 왕발 짚신을 주고 색시에게는 놋동이에 짚신을 주어 빙판길이 십 리나 되는 곳에서 물을 한 동이 이고 오면 색시를 삼겠다고 했다.

첩들은 질동이에 왕발 짚신을 신었기 때문에 잘 가지만 색시는 놋동이에 짚신을 신었기 때문에 잘 걷지를 못했다. 그런데 첩들은 신이 나서 빨리 오다가 그만 넘어져 둘 다 물동이를 깨뜨리고 말았다. 그러나 조심조심 걷는 색시는 기어이 물을 한 동이 이고 왔다.

다음 날, 남편은 다시 첩들과 색시에게 호랑이 눈썹을 구해 오라고 했다. 색시는 여기저기 돌아다니다가 한 노인을 만나 자기의 처지를 말하면서 걱정하니 노인은,

"염려 마시오. 우리 아들이 호랑이인데, 조금 있으면 사냥에서 돌아올 것이니 여기에 숨어 있으시오."

하고는 벽장에 숨겨 주었다.

얼마 후 호랑이가 들어왔는데, 사람 냄새가 난다며 코를 킁킁대고 야단을 했다. 그러자 노인은,

"냄새는 무슨 사람 냄새냐? 나한테서 나는 냄새지. 애야, 그나저나 네 눈썹에 뭐가 붙었다."

하며 호랑이의 눈썹을 뽑았다. 그렇게 해서 색시는 노인한테서 눈썹을 얻어 가지고 집으로 돌아왔는데, 첩들은 하루 종일 돌아다니다가 그냥 돌아왔다. 얻어오다

다음 날에는 호랑이 발톱을 구해 오라 하여 색시는 그 노인을 찾아가 사실을 이야기하고 호랑이 발톱을 얻어 돌아왔는데 첩들은 그날도 그냥 돌아왔다.

그리하여 시험을 끝낸 남편은 색시와 살기를 기약하고 쌍학을 타고 하늘로 올라갔다.

구렁이가 된 시어머니

옛날 옛적에 시어머니와 며느리가 있었는데, 며느리가 뭘 만들어 먹든지 적게 먹으라고 '작작' 했다. 그 시어머니는 죽으면서도 '작작' 하면서 죽었다.

시어머니가 죽고 어느 날 광에 쌀을 가지러 들어가자 또 '작작' 소리가 났다. 이상히 여긴 며느리가 소리 나는 곳을 쳐다보니 구렁이가 '작작'거리고 있었다. 며느리는 살아서도 작작거리더니 죽어 구렁이가 되어서도 작작거린다고 끓는 물을 한 바가지 끼얹어 버렸다. 그러자 구렁이는 데어서 허물이 군데군데 벗겨졌는데, 이윽고 앞뜰 배추밭을 다니면서 배추에다 슬슬 몸을 문지르고 있었다. 그 모습을 본 남편은 아무 말 없이 지푸라기로 둥우리를 만들었다. 그리고는 구렁이에게로 가서 어머니의 혼령이거든 이 둥우리 안으로 들어가라고 하자 스르르 들어갔다.

아들은 그걸 짊어지고 절마다 찾아다니며 염불 소리를 들려주었다. 하루는 산 고개를 넘는데 구렁이가,

"나를 이곳에다 내려놓으려무나. 그리고 돌아갈 때 벼락이 쳐도 절대 뒤를 돌아보지 말거라. 또 여기서 한 십 리쯤 가면 거기에 너의 진짜 연분이 있으니 거기서 그 여자와 살아라. 그리고 마루 밑을 파 보면 네가 평생 먹고살 것이 나올 게다."

라고 말했다. 아들은 구렁이를 내려놓고 얼마를 가려니까 별안간 천둥번개가 치고 벼락이 내렸다. 아들은 구렁이의 말대로 뒤돌아보지 않고 앞만 보고 가니 오막살이가 나타났고, 거기에는 한 젊은 여인이 살고 있

었다. 아들은 그 여인과 인연을 맺고 살다가 그 집 마루 밑을 파 보았는데, 과연 구렁이의 말대로 평생 먹고 쓸 만큼의 금독이 나와 아들딸을 낳고 잘살았다.

그렇게 살던 어느 날 전처가 생각나 전처가 살고 있는 집에 찾아가니 빈 터만 남아 있었다. 동네 사람들이 말하길 갑자기 벼락이 치더니 모두 죽고 이 꼴이 되었다고 했다. 그래서 아들은 도로 집으로 돌아와 잘살다 죽었다.

구렁이의 복수

● 아주 옛날, 깊은 산중에 할아버지와 할머니가 살았는데, 이 양주에 겐 자식이 없었다.

하루는 할아버지가 나무하러 산에 갔다가 큰 구렁이가 꿩을 칭칭 감고 막 잡아먹으려는 것을 발견하고는 활을 놓아 구렁이를 죽이고 꿩을 살려 주었다.

얼마 후에 할머니에게 뜻밖의 태기가 있더니 아들을 낳았다. 그 아들 이 자라 장가를 가는데 마침 방죽 옆을 지나게 되었다. 방죽 물이 뱅뱅 돌더니 그 속에서 구렁이가 쑥 나와서 하는 말이,

"내 남편이 너의 아버지 손에 죽었으니 너는 내 손에 죽어라."

하면서 대들었다.

"내가 지금 장가를 가는 길인데 내가 가지 않으면 신부 집에서 야단이 날 것이오. 또 나를 기다리는 신부가 딱하니 죽을 때 죽더라도 혼례를 올 리고 죽게 해 주오."

젊은이의 이런 간곡한 사정을 들은 구렁이는 뜻밖에도 허락해 주었다.

첫날밤을 근심 속에 치르고 이튿날 새벽 신랑은 신부 몰래 처갓집을 빠져나와 구렁이와 약속한 곳으로 갔다. 신부는 얕은 잠결에 신랑의 거 동을 이상하게 여겨 신랑의 뒤를 쫓았다. 신부가 신랑을 붙들고 무슨 일 인지를 물으니, 신랑은 하는 수 없이 사실을 이야기했다. 그러자 신부는,

"나에게 좋은 수가 있으니 염려 마세요."

하고는 방죽으로 갔다.

약속한 방죽에 이르니 구렁이가 나왔다. 신부가 구렁이에게 남편을 제발 살려 달라고 애원했다. 그러나 구렁이는 듣지 않으면서,

"신부가 딱하니 내가 백 년 동안 먹고살 수 있도록 마련해 주지. 다만 신랑만은 꼭 잡아먹어야겠다."

라고 했다. 그러면서 둑에 있는 구멍 셋을 가리키며,

"첫째 구멍에서는 쌀이 나오고, 둘째 구멍에서는 옷이 나온다."

했으나 셋째 구멍에 대해서는 아무 말이 없었다.

"세 번째 구멍은 무엇에 쓰는 겁니까?"

신부가 그렇게 물었으나 뱀은 가르쳐 주지 않았다. 신부는 이를 이상히 여기고 구렁이를 졸라댔다. 과도하게 조르니 뱀은 견디다 못해 그 구멍은 죽음을 주는 구멍이라고 사실대로 말하고 말았다.

그 말을 듣자 신부는 그 구멍으로 달려가 구멍에 대고,

"구렁이를 죽여주세요."

하고 외쳤다. 그랬더니 이제까지 싱싱하고 큰소리치던 구렁이가 힘없이 쓰러지더니 죽어 버렸다.

신부의 재치 있는 기지로 남편을 살리고 부부는 아들딸 많이 낳고 오래오래 잘살았다고 한다.

귀신이 곡할 노릇

옛날 어느 마을에 가난한 사람이 살았다. 두 부부가 슬하에 자식이 없어 항상 쓸쓸하게 지내면서 부부는 열심히 정성을 들였다. 어느 날 삼신산에서 부인이 빌고 있다가 잠깐 잠이 들었는데 한 노인이 나타나,

"너의 정성이 지극하니 점지해 주겠다. 네가 돌아가는 길에 산삼이 한 뿌리 있을 터이니 그것을 캐 먹으면 자식을 갖게 될 것이다."

하고는 사라졌다. 부인이 깜짝 놀라 깨어 꿈에서 가르쳐 준 곳으로 가 보니 과연 삼이 있었다. 그것을 캐 가지고 집으로 와 남편한테 꿈 이야기를 한 후 삼을 달여 먹었다. 그랬더니 정말로 태기가 있어 옥동자를 얻게 되니 두 부부는 웃음 속에서 세월 가는 줄 모르고 살아갔다.

그 아이가 자라 칠팔 세가 되어 서당을 보냈는데 하라는 공부는 하지 않고 활을 메고 사냥만 하러 다녀 항상 부모에게나 선생에게 매를 맞기 일쑤였다. 나이 십칠팔 세가 되어도 제 이름자 하나 똑똑히 쓰지 못했다. 그러던 중 어느 날 아들은 아버지 앞에서 무릎을 꿇고 무과를 보러 가겠다며 허락을 구하니 아버지는 가산을 털어 과거를 보러 가도록 했다.

그리하여 과것길에 오른 아들은 어느 날 날이 저물어 어떤 집에서 묵게 되었는데, 그 집에는 예쁜 처녀가 있었다. 주인 영감이 아이를 보니 매우 똑똑하게 생겼는지라 일부러 딸에게 접대를 시켰으나, 아이는 처녀가 들어오기만 하면 호통을 쳐 내보냈다.

그 다음 날, 길을 떠나려고 문을 여니 처녀가 문턱에서 목을 매어 죽어 있었다. 놀랍고 당황스러웠지만, 과거를 포기할 수 없어 과거장으로

향했다. 시험은 다섯 개의 화살을 과녁 정중에 맞혀야 하는 것이었다. 시험 당일이 되자 자신만만한 아이는 자기 차례를 기다려 활을 쏘니 조금도 빈틈없이 세 개의 화살이 명중되었다. 그리고 네 번째 화살을 쏘는데 난데없는 회오리바람이 일어 화살이 중간에서 꺾어지고 말았다. 결국 과거에 떨어지고 말았는데, 이 과거는 3년 만에 한 번씩 보는 것이었다. 이후 과거를 볼 때마다 세 개의 화살은 명중되고, 네 번째 살에 가서는 꺾어지는 것이었다. 과히 이상하여 점쟁이에게 물으니 처녀귀신이 쏠 때마다 방해를 놓는다고 했다.

나이 서른이 넘어 또 과거시험을 치르게 되었다. 화살 세 개는 여전히 정중에 맞히고 네 번째 화살을 쏘려는 순간 갑자기 서러운 생각이 들어 눈물을 흘리니 원님이 이상히 여겨 곡절을 물었다.

이제까지의 일을 자세히 아뢰니, 원님은 정중에 맞힌 것을 거두고 다시 쏘라 하여 두 번을 쏘아 백발백중하였다. 먼저 거둔 살과 합해 과거에 급제하였는데, 갑자기 공중에서 처녀귀신이 울면서 원님 꾀에 넘어갔다고 원통해하며 도망쳤다. 이때부터 신기한 꾀를 내면 귀신이 곡할 노릇이라는 말이 생겨났다고 한다.

기른 자식이 낳은 자식보다 낫다

● 옛날 경상도 어느 마을에 조 부자가 살고 있었다. 슬하에 딸 셋을 두고 행복하게 살았는데, 단지 아들이 없다는 것이 가슴 아픈 일이었다.

어느 날 조 부자는 이웃 마을에 일을 보러 갔다가 오는 길에 거지꼴을 한 사내아이를 데려왔다. 조 부자는 이 아이를 자식삼아, 머슴삼아 키웠다. 그럭저럭 세월이 흘러 조 부자는 딸 셋을 모두 시집보내고 데리고 온 아이도 어느덧 성장하여 장가들 나이가 되었다.

"너도 이제 장가들 나이가 되었구나. 그동안 너에게 정도 들었다만 어차피 너는 내 혈육이 아니니, 장가들거든 네 사람과 함께 이 집을 나가서 살아라."

조 부자는 약간의 돈을 주고 쫓아내다시피 하여 장가를 보냈다. 그리고 세 딸을 집으로 불러 토지문서를 나눠 주면서 말했다.

"재산을 너희에게 모두 주었으니, 나는 이제 너희에게 얹혀서 살아야 겠다."

딸들은 재산이 탐이 나서,

"아버지, 그렇게 하셔요. 아버지가 좋아하시는 것은 무엇이든지 해드리겠습니다."

라고 콧소리를 했다. 딸들의 말에 조 부자는 흐뭇한 마음이 되었다. 그리하여 제일 먼저 큰딸의 집으로 갔다. 그런데 며칠간은 잘해 주는 듯했으나 열흘을 넘기지 못하고 큰딸이 하는 말이,

"아버지, 둘째 집에 가서 며칠 쉬시다 오셔요."

하는 것이었다. 그리하여 조 부자는 둘째 딸 집으로 갔다. 둘째 딸도 처음은 잘해 주는 듯했으나 며칠 가지 않아 싫은 눈치를 보이며,

"아버지, 막내에게 한번 가 보셔요."

하고 말했다. 조 부자는 괘씸하고 분하나 아무 말 없이 막내에게 갔는데, 막내 역시 며칠간은 대접이 좋더니 나중에는 구박이 심했다.

분한 마음을 안고 막내딸 집을 나온 조 부자는 옛날 살던 집으로 돌아오고 말았다. 하루 종일 방 안에 앉아서 생각을 이리저리 굴리고 있던 조 부자는 데려다 키운 아들 생각이 간절했다. 어디서 얼마나 고생을 하며 살까 생각하니 자기의 잘못이 뉘우쳐지기도 했다. 그러다가 불효한 딸들에게 준 땅을 찾아 고생하는 아들에게 주어야겠다는 생각에서 인편으로 딸들에게 다음과 같은 내용의 편지를 보냈다.

"딸아, 보아라. 내가 전에 너희에게 나누어 준 토지는 좋은 땅 나쁜 땅이 서로 공평하게 되지 못했다. 공평하게 다시 나누어 줄 터인즉 모일까지 꼭 오너라. 누구 땅이 좋은 것인지 나쁜 것인지는 보아야 알겠다. 아비의 말을 어기는 일 없이 꼭 오너라."

딸들은 편지를 받은 즉시 자기 것이 나쁘게 돌아온 것이 아닌가 하고 날짜에 맞춰 토지문서를 들고 부랴부랴 달려왔다. 딸들이 내놓은 토지문서를 받아 쥐자 조 부자는 딸들을 향하여 일장 호령을 했다.

"당장 집으로 가거라. 꼴도 보기 싫다. 아비 밥해 주는 것이 그리도 아깝고 싫더냐! 꼴도 보기 싫으니 얼른 가거라!"

조 부자는 그렇게 딸들을 쫓아 버린 후 괴나리봇짐을 꾸려 토지문서를 챙겨 들고 아들을 찾아 정처 없이 방랑길을 떠났다. 오늘은 이 고을, 내일은 저 고을, 이럭저럭 돌아다니기를 한 달여, 옷은 남루해지고 얼굴은 핼쑥하게 변했다. 그러나 조 부자는 꼭 찾을 수 있을 것이라는 기대감 속

에 피곤한 줄도 모르고 계속 찾아다녔다.

때는 점심나절, 어느 마을에 당도해 아들 내외를 찾아 들어갔다. 그런데 마을의 집들을 살피던 중에 웬 젊은 아낙이 물동이를 이고 나오다 조 부자를 보고 반갑고 놀라워하며,

"아버님 아니십니까?"

하고 반색하는 것이었다. 아낙을 자세히 보니 며느리가 틀림없었다.

"애야, 이 마을에 사느냐? 나는 그런 줄도 모르고 한 달 이상이나 너희를 찾아 헤맸구나. 자, 집으로 가자."

며느리는 조 부자를 집으로 모시고 가 목욕을 시키고 옷을 갈아 입혔다.

"애야, 아범은 어디 갔느냐?"

"예, 아버님. 산에 나무하러 갔습니다."

"여기에 누워 있는 아기는 아들이냐, 딸이냐?"

"예, 아버님. 아들입니다. 곧 돌이 다가옵니다."

"허, 고놈. 똑똑하게 생겼구나. 이제 손자를 봤으니 죽어도 한이 없다."

"아버님, 진지를 해 올릴 테니 잠깐만 참으시고 기다리셔요."

며느리는 밥을 하기 위해 다시 물동이를 이고 나갔다. 그 사이 조 부자는 손자 옆에 누워 있다가 깜빡 잠이 들었다. 잠결에 이상한 소리가 들리는 듯하여 눈을 떠 보니 손자가 언제 일어나 기어갔는지 화로에 엎어져 죽어 있지 않은가.

"아아, 장차 이 일을 어이할꼬!"

어쩔 줄 모르고 있을 때 며느리가 돌아오는 기척이 들렸다.

"하, 이 일을 어이할꼬! 이 일을……."

낭황한 조 부사는 손사를 그내도 두고 누워 사는 적했나. 소금 있나가

며느리가 방문을 열고 들어오는 기척이 나고 얼마 후 다시 나가는 기척이 들렸다. 조 부자가 화로 쪽을 보니 죽은 손자의 시체가 없어졌다. 이윽고 아들이 돌아오는지 대문 앞에서,

"이제 오십니까? 많이 시장하시지요?"

하는 소리가 들렸다. 연이어,

"아버님이 오셨습니다."

"뭐라고! 아버님이 오셨어! 빨리 뵈어야지."

하는 소리가 들렸다. 그리도 뒤이어,

"여보, 잠깐 할 말이 있어요."

하는 소리가 들렸다. 그러더니 삽을 들고 나가는 기척이 들렸다. 영감은 사건의 진상을 알고 있기에 아들 내외의 효성스러움에 감동하여 눈물이 핑 돌았다. 그리고 얼마 후 아들과 며느리가 돌아왔다. 아들은 방 안에 들어와서,

"아버님, 오랫동안 찾아가 뵙지 못한 불효자가 문안 올립니다."

하고 넙죽이 절을 했다.

"오냐, 그동안 고생이 많았지? 그런데 아가, 손자가 어디 갔느냐?"

하고 넌지시 물어보았다. 그때 며느리는 다음과 같이 말했다.

"예, 아버님 주무시는데 시끄러울까 봐 옆집 아이에게 업혀 놀러 보냈습니다."

조 부자는 그때서야,

"나는 다 알고 있으니 자초지종을 말하여라."

아들과 며느리는 손자가 죽어서 뒷산에 묻고 왔다고 사실을 말했다.

"아버님, 자식은 또 낳을 수 있으니 심려 놓으십시오."

"너희의 효성에 나는 고개를 들 수가 없구나. 손자가 죽은 것은 내 불

찰도 있느니라."

"그런 말씀은 마십시오. 아버님의 불찰은 조금도 없습니다."

아들 내외는 진심으로 그렇게 말했다.

"너희의 효성은 참으로 갸륵하구나! 이처럼 효심 깊은 너희를 내가 낳은 자식이 아니라 해서 구박한 걸 용서하기 바란다. 그 효성의 보답으로 여기 나의 전 재산을 준다."

조 부자는 토지문서를 내주었다. 그러나 아들 내외는 극구 사양하며 받지 않았다.

"조금도 미안하게 생각할 필요 없다. 내가 여기서 살다 죽을 것이니 나를 봉양하는 대가라 치고 받아주어라."

그러나 아들은,

"재산이 없어도 나를 길러 주신 부친인데 마땅히 모셔야지요."

하고 말했다.

"오, 고맙구나. 그러나 제발 받아다오."

하고 사정하다시피 주었다.

그 후 조 부자는 양아들의 효성 속에 행복하게 여생을 보냈으며, 양아들의 효성에 하늘도 감동한 모양인지 손자손녀들이 많이 태어나 행복하고 부유하게 오래도록 잘살았다.

기특한 사람들

강원도 강릉 땅에 김신조라는 선비가 살고 있었다. 이 선비의 집안은 옛날에는 그 고장에서 제법 잘살던 집안이었다. 그러나 부친이 세상을 떠난 후부터 갑자기 몰락하기 시작하여 그즈음에는 하루하루 끼니 걱정이 끊이질 않았다. 그런 중에도 그가 가장 마음이 괴로웠던 것은 홀로 계신 어머니를 제대로 봉양하지 못하는 것이었다.

그런 어느 날, 모친이 무슨 문서 보따리를 한 뭉치 찾아내 아들에게 내밀었다. 김신조가 펼쳐 보니, 그것은 전날 자기 집에서 부리던 종들의 문서, 즉 종문서였다. 종문서라는 것은 종이 된 사람들의 신분과 가족관계 따위를 자세히 적어 주인이 가지고 있는 문서이다. 따라서 이것이 있는 한 그 종은 물론이거니와 가족과 자손까지도 주인과의 관계를 끊지 못하고 충성을 바쳐야 한다. 그리고 명목상으로 설혹 인연이 끊겨 다른 곳에서 다른 일로 성공하더라도 이 문서가 있는 이상 떳떳이 행세할 수 없게 되어 있었다.

김신조의 집안도 전에 잘살았던 만큼 이러한 종들이 많았다. 그러다가 하나둘씩 내보내고 스스로 나가고 해서 이제는 늙은 할멈 한 사람만 남아 있었다. 김신조의 모친은 원래 착하고 인자한 성품이었다. 그래서 종문서를 진작 태워 버리려고 했지만 살림에 쪼들려 그럭저럭 지내왔던 것이다. 오늘 그 종문서를 꺼낸 김신조의 모친은 차마 못할 말처럼 아들에게 이렇게 말했다.

"이 사람들 대부분이 지금 전라도 나주 땅에서 농사를 크게 지으며 잘

산다고 한다. 우리가 아무리 몰락하였어도 옛날에 부리던 종한테 구차한 말을 하고 싶지 않으나, 그들도 앞으로 행세를 하려면 이 종문서를 제 손으로 없애는 것이 홀가분할 것이고 그래서 우리에게 진정으로 무슨 도움이 된다면 그것도 아름다운 일이 아니겠느냐? 그러니, 너는 이것을 가지고 찾아가 보아라. 하지만 절대로 이쪽에서 무엇을 바라는 눈치를 보여서는 아니 된다."

모친의 당부대로 나주에 내려간 김신조는 옛날 종들의 도움으로 돈 천 냥을 부조 받고 돌아왔다. 그들은 주인의 처지와 자신들의 체면을 아울러 생각하고 뜻밖에도 많은 돈을 거두어 주었던 것이다.

김신조는 돈 포대를 실은 나귀를 끌고 충청도 공주 금강 나루터에 다다랐다. 마침 날이 저물어 급히 배를 매어둔 쪽으로 가려고 할 때였다. 무심코 강 위쪽을 보니 세 사람의 인영이 눈에 띄었다. 그들은 울음 섞인 아우성을 치며 얽혔다 흩어지고, 흩어졌다가는 다시 얽히고 하는 것이다.

'해괴한 일도 다 있구나.'

김신조는 달빛을 빌려 자세히 살펴보니 그들은 늙은 내외와 젊은 아낙네였다. 그런데 괴상하게도 그중의 하나가 강물에 풍덩 들어가면 두 사람이 기겁을 하고 쫓아 들어가 기슭으로 끌어내고 또 다른 하나가 강에 뛰어들면 또 쫓아 들어가 끌어내곤 하는 것이었다. 이렇게 번갈아 붙잡아 내고 뿌리치며 뛰어들기를 되풀이했다. 그럴 때마다 한 번씩 얼싸안고 슬프게 울었다.

김신조는 더는 참을 수가 없어서 냉큼 뛰어가 뜯어 말려 놓고,

"잠깐 참으시오. 대체 왜들 이러는 거요?"

하고 물었다.

그러자 그중이 노인이 한숨을 폭 내쉬고는 김신조의 물음에 대답했다.

"내 외아들이 관가의 돈을 천 냥이나 축내어 갚지 못하고 붙잡혀 간즉 내일까지 그 돈이 장만되지 않으면 큰 벌을 당하게 되었다오. 아들놈이 모진 매를 맞는 꼴을 볼 수 없어서 물에 빠져 죽으려 했더니, 늙은 아내와 며느리가 저마다 대신 죽는다고 이렇게 법석을 피우지 않겠소."

말을 마친 노인은 또 어느 틈에 강으로 뛰어들려고 했다. 김신조는 얼른 그 옷자락을 잡아끌었다.

"내 말 좀 들으시오. 그만한 돈으로 네 사람이 모두 목숨을 버린다면 되겠소? 여기 이 돈을 드리겠소."

"예? 뭐라고요?"

노인의 식구들은 모두 꿈인가 싶어 입을 떠억 벌렸다. 그동안 김신조는 돈 포대를 내려놓기가 바쁘게 돌아가 버렸다. 그제야 노인이 정신을 번쩍 차리며 쫓아갔다.

"여보시오. 잠깐만 기다리십시오. 대체 어디 사시는 누구시오?"

김신조는 뒤도 돌아보지 않고,

"강원도 사는 사람이라고만 알아 두시오."

하면서 나귀를 몰고 부리나케 가 버렸다.

빈손으로 집에 돌아온 김신조는 금강 나루에서 생긴 일을 모친한테 솔직히 고했다. 이야기를 다 듣고 난 모친은 조금도 노하지 않고,

"과연 내 아들이다. 참 잘하였구나!"

하면서 인자하게 말했다.

이후에 모친은 여전히 가난에 쪼들렸고, 그러다 마침내 나이 85세에 잠들듯이 편안하게 세상을 떠났다. 이때 김신조에게 다급한 일이 생겼다. 무엇보다도 모친을 장사지낼 산소 자리가 없었다. 대를 물려 내려오

던 산도 남은 것이 없고, 남의 산을 사자니 돈이 부족했다.

'그렇다고 아무 데나 모친을 모실 수는 없다.'

생각다 못한 김신조는 가깝고 먼 곳을 가리지 않고 산소 자리를 얻으러 다녔다. 행여 마음에 드는 좋은 곳을 값싸게 살 수 있을까 해서였다. 그런 어느 날 강릉 남쪽에서 보기 드물게 훌륭한 산소 자리를 발견했다. 김신조는 그 산 임자가 있다는 옆 마을을 찾아갔다. 울창한 소나무 숲을 등지고 양지바르게 자리 잡은 기와집이 보였다. 기와집 앞과 좌우에 즐비한 초가집들도 모두 아담했다. 기와집은 어느 부자의 집이요, 둘레의 초가집들은 그 하인의 집들임이 분명해 보였다.

'이토록 잘사는 집이라면 산소 자리쯤 떼어 주겠지.'

김신조는 집주인을 찾았다.

젊은 주인은 초면인데도 불구하고 김신조를 사랑방에 정중히 맞아들였다. 뿐만 아니라,

"어디 사시는 분인지 모르지만, 마침 때가 되었으니 식사나 하고 가십시오."

하고 이내 푸짐한 음식상을 차려 내왔다.

바로 이럴 때였다. 사랑방 안쪽 미닫이문이 갑자기 열리면서 한 젊은 아낙네가 조용히 들어오더니 한쪽 옆에 엎드려 머리를 숙인 채 말을 못하고 흐느껴 울었다. 김신조는 깜짝 놀랐다. 초면에 음식까지 대접하는 일이 우선 어리둥절할 만큼 수상한데, 이제 또 그 집 안주인이 나와서 희읍하니 놀라움이 커져 김신조는 얼른 몸을 피하려고 일어섰다. 그동안 젊은 주인도 눈이 휘둥그레져 울고 있는 아내를 흔들었다.

"여보, 어떻게 된 일이오? 혹시 이분이 바로……."

아낙네는 남편의 말을 가로막듯이 하며 머리를 겨들었다. 눈물에 짖은

얼굴에는 오히려 말할 수 없는 반가움과 고마움이 듬뿍 담겨 있었다.

"예, 바로 이 어른이십니다. 금강에서 우리를 구해 주신 어른이십니다. 날마다 밤마다 향을 피우고 하늘에 빌었더니 이렇게 오늘에서야 만나 뵙게 되었습니다."

아낙네는 반가움에 목이 메는지 겨우 말하고는 계속 눈물을 흘렸다.

그제야 김신조는 아주 잊었던 옛날 일이 머리에 떠올랐다. 그러나 그보다 앞서 젊은 주인의 손이 김신조의 옷소매를 붙잡고 있었다.

"오! 손님이 바로 우리의 은인이셨군요. 자, 절부터 받으십시오."

젊은 주인은 자기 아내를 일으켜 세우고 김신조를 아랫목에 앉게 했다. 그리고 김신조가 미처 맞절을 할 겨를도 없이 쌍으로 큰절을 하고 지내 온 이야기를 꺼냈다.

"저희는 관가에서 풀려 나온 후 농사일을 열심히 하여 10년 만에 큰돈을 모으게 되었습니다. 그렇지만 어떻게 해서든지 은혜를 갚고자 강원도에 사신다는 말만 믿고 여기 와서 널리 수소문했지만 성함을 알 도리가 없어 정말 초조하게 지냈습니다. 그래서 집에 손이 오면 누구를 막론하고 정중히 대접하면서 안식구를 시켜 문틈으로 엿보게 했는데, 오늘에서야 저희의 뜻이 이뤄졌습니다."

그러나 김신조는 보답을 바라기보다 당장 급한 산소 자리 이야기를 해야 했다.

"실은 나도 그간 무사히 지냈으나 모친을 모실 산소 자리 때문에 우연히 찾아왔소. 방금 오다가 본 그 산 한 구석을 싸게 떼어 줄 수 없겠소?"

"원 별말씀을 하십니다. 어찌 산소뿐이겠습니까. 이 동네 이 근처 논밭은 사실 모두 은인께 드리고자 하여 마련된 것입니다. 그래서 부모님은 고향에 남게 하고 저희 내외만이 와 있었습니다. 자, 여기 문서까지 다

되어 있고 은인께서 성함만 써 넣으시면 되도록 이렇게 비워 두었습니다."

젊은 주인은 벽장에서 두툼한 문서 뭉치를 꺼내 펼쳐 보였다. 김신조는 그러나 그 호의를 냉큼 받으려 들지 않았다.

"정 그렇다면 우선 산소 자리를 보아주시고 그래도 마음이 덜 풀린다면 당시에 빌려 준 천 냥만 갚아 주시오. 그대들의 뜻은 물론 고맙고 갸륵하나 애초 내가 한 일이 그런 뜻이 아니었고, 돌아가신 모친께서도 내가 한 일을 기뻐하셨으니 부디 더는 보답하겠다는 생각은 말아 주오"

젊은 주인은 무엇을 생각했는지,

"듣고 보니 옳으신 말씀이십니다. 이르신 대로 하겠지만 단지 이번 장례식은 저희가 지성껏 치르게 허락해 주십시오."

하고 말했다. 물론 장례비용을 모두 부담하겠다는 뜻이다. 김신조는 이것마저 사양할 수 없었다. 이렇게 해서 김신조는 모친의 장례를 성대하게 그리고 정성껏 치렀다. 그리고 10여 년 전에 주었던 돈 천 냥도 따로 돌려받았다.

'허, 세상에는 이렇게 착한 사람도 다 있구나! 그렇더라도 이제는 서로가 마음의 부담이 없어졌으니 다행이다.'

김신조는 마음이 사뭇 기뻤다.

그런데 며칠 후 젊은 내외는 종들도 모르게 단둘이서 공주로 돌아가 버렸고, 이 소식을 알리러 온 종 하나가 준 편지에는 천만뜻밖의 내용이 담겨 있었다.

"은인께서 아무리 사양하셔도 저희는 애초의 뜻을 이루지 못하고서는 세상에 살 염치가 없습니다. 이제 원래 생각대로 전답과 가옥, 그리고 종 문서들 아울러 은인 앞으로 고쳐 싣고 가오니 부디 외람되나 나시고 지희의 마음을 편히 여겨 주십시오."

김신조는 당장 사람을 공주로 보냈다. 젊은이의 거처를 알아내 끝까지 사양하자는 것이었다. 그러나 이것도 허사였다. 공주로 젊은 내외가 돌아온 것도 사실이고, 또 그의 늙은 부모도 부유하게 편히 살았던 것도 사실이었으나, 젊은 내외는 강원도에서 돌아온 직후 식구들을 모두 데리고 어디론가 이사를 가 버렸다는 것이다.

"하 참, 기특하기도 하다. 기어코 은혜를 갚으려고 종적마저 감추다니!"

이리하여 김신조는 별 수 없이 그 집에서 살게 되었다.

김안국의 부인

옛날 대제학이라는 벼슬이 있었다. 지금의 국립서울대학교 총장 격이어서 당시 모든 학문에 대한 권위가 매우 컸다. 그러니까 대제학 하면 나라에서 으뜸가는 문장가이면서 학자이며, 덕망도 높아야 했다.

이 대제학의 벼슬을 할아버지 때부터 대를 물려받다시피 하여 내려온 집안이 있었다. 바로 김숙의 집안이다. 김숙에게는 두 아들이 있었다. 맏아들을 안국이라 하였고, 둘째를 안세라 했다.

김안국은 태어나면서부터 그야말로 귀한 집 옥동자답게 용모가 뛰어나고 행동이 영악스러웠다.

'이만하면 글재주도 있어 보이니 김씨 가문을 더욱 빛낼 게다.'

부친 김숙은 기대가 큰 만큼 사랑도 대단했다.

그러나 이 기대와 사랑은 몇 해를 가지 못했다. 안국이 말을 하게 되자 글을 가르치기 시작하였는데, 석 달이 지나도 '하늘 천天' '따 지地' 두 글자조차 익히지 못했던 것이다. 참으로 뜻밖의 일이었다.

'이처럼 총명한 아이가 어째서 그럴까?'

부친 김숙은 매우 안타까웠다. 하지만 몇 해 기다렸다가 다시 가르쳐 보기로 했다. 그러나 나이 일곱 살이 되어 다시 시작한 글공부는 역시 처음과 마찬가지였다. 부친은 기가 막혔다.

'이럴 수가 있는가!'

정말 그럴 수는 없는 일이었다. 사내답게 잘생긴 얼굴과 몸집을 보면 슬기롭기 짝이 없을 것 같은데, 일단 책을 펴면 꼭 바보천치가 되었다.

'허 참, 변괴로구나!'

부친 김숙은 이렇게 의심이 근심으로 변하고 또 안타까움으로 변했다. 그래도 혹시나 하고 때를 기다리며 꾹 참았다가 꾸준히 가르쳐 보았다. 인내심을 갖고 별의별 방법을 다했다. 그러나 안국은 도무지 단 두 자를 익히지 못하는 것이었다. 한 해 두 해, 그리고 자그마치 나이 열네 살이 되었어도 매일반이었다.

마침내 부친은 두 손을 들고 말았다. 동시에 참아오던 노여움이 한꺼번에 폭발했다. 그것은 마치 원수를 대하는 것 같은 미움이었다. 심지어 아들 안국의 얼굴만 보아도 정신이 아찔해졌다.

'차라리 없는 것만도 못하다.'

참다못한 부친은 아들을 멀리 시골구석으로 쫓아낼 생각을 했다. 마침 경상도 안동 땅에 도백(지금의 도지사격)으로 가는 안국의 당숙한테 떠맡겨 보내자는 것이었다. 말하자면 부자의 인연마저 끊고 귀양살이를 보내는 격이었다.

"만약 내 허락 없이 서울에 오면 용서치 않겠다!"

부친은 단단히 일렀다. 평소의 성격으로 보아 정말 안국이 명을 어기면 무슨 벌을 내릴지 모르는 일이었다. 그리하여 당숙을 따라 안동으로 내가간 안국에게 당숙은 다시 한 번 글을 가르치기로 했다. 안국이 글을 못하여 쫓겨난 줄은 알지만, 그래도 한번 시험해 볼 생각에서였다. 그러나 안국은 여전한 천치였다. 반년이 지났어도 역시 '하늘 천' '따 지' 두 글자를 외우지 못했던 것이다.

그 후 당숙은 신기한 일을 발견했다. 안국과 사귀게 된 수많은 고장 선비들이 한결같이 안국을 위하고 기꺼이 대하는 일이었다. 안국이 그 고을의 으뜸인 도백의 당질인 까닭만은 아니었다. 또한 뛰어나게 잘생긴 용모와 풍채 때문도 아니었다. 당숙이 그 신통한 까닭을 알게 된 것은 얼마 후의 일이었다.

안동 땅에서는 안국이 글 모르는 천치인 줄 아는 사람은 하나도 없었다. 물론 당숙이 그런 부끄러운 말을 절대 입 밖에 내보내지 않았기 때문이다. 그런데 안국에게는 하나 놀라운 재주가 있었다. 뉘 집이거나 사랑방에서 어울려 놀 때 글하는 선비들은 으레 학문에 관한 이야기로 꽃을 피우게 마련이다. 이럴 경우 어떤 어려운 학문의 내용이라도 그것을 구수한 이야기로 주고받게 된다. 그러면 안국은 그 숱한 말을 하나도 빼놓지 않고 기억하는 것이었다. 그뿐인가, 안국은 여기에다 자기의 의견도 올바르게 발표하여 다른 선비들의 감탄을 받았다. 참으로 놀라운 기억력이며 색다른 재주였다.

그러나 처음에는 당숙도 안국의 이런 점을,

"그저 놀기 좋아하는 젊은 애의 입버릇이지. '하늘 천' '따 지'도 모르는 주제가 뭐 그리 대단하랴."

하고 대수롭지 않게 여겼다. 물론,

'허긴 남들 조롱을 받는 것보다는 나으니 그나마 다행이다.'

하며 다소 마음을 놓은 것이 사실이었다.

그렇게 안국은 아무 탈 없이 지냈고, 당숙도 별생각 없이 지내다가 어느 때 혼기 찬 안국에게 아내를 얻어 주었다. 상대되는 집은 마침 안동 땅에서도 문벌 좋고 부유하기로 이름난 이씨 집안이었다.

아내를 얻은 안국은 얼마 후 당숙 집에서 나와 살림을 따로 꾸미게 되었다. 새 살림을 차린 후 안국은 석 달 동안 방 안에 처박혀 있었다. 아무 데도 가지 않고 그저 멍하니 천장만 바라보며 지냈다. 이렇게 되자 부인도 차츰 수상한 생각이 늘 수밖에 없었다.

"어찌하여 장래 공을 세워 이름을 떨칠 생각을 안 하십니까? 지금부터라도 글공부를 열심히 하십시오."

어느 날 아내는 이렇게 말했다. 그러자 안국은 눈살을 찌푸리며,

"바로 말하지만, 나는 책만 펴면 머리가 쑤시고 정신이 멍해진다오."

라고 말문을 열어 지금까지의 일을 솔직하게 다 말했다. 부인은 속으로 깜짝 놀랐다. 그러나 겉으로는 조금도 그런 기색을 보이지 않고 태연하게,

"그런 줄 몰랐습니다."

하고 싹싹하게 물러갔다. 앞으로 어떻게 하자는 것인지 알 수 없지만 안국에게는 '다시는 글을 권하지 않겠노라'라는 뜻으로 여겨졌을 것이다.

그런데 알고 보면 이 부인은 보통 여인이 아니었다. 출가하기 전 집에서 혼자 힘으로 글공부를 남자 못지않게 했다. 부모들마저 전혀 눈치 채지 못했지만, 이 부인의 학식은 남자였다면 과거에 합격할 만한 실력이었던 것이다. 그런 이 부인이 글 못하는 남편을 그저 보아 넘길 리가 없었다. 더구나 이 부인으로서는 매우 민망한 일이 있었다. 그것은 친정 오라버니들이 어떻게 알았는지,

"'하늘 천' '따 지'도 모르는 사람을 매부로 삼다니 참말이지 집안 망신이다."

하고 안국을 괄시하게 된 일이다.

그러나 이 부인은 무슨 결심을 했는지 조용히 때가 오기만 기다렸다. 원래 못할 따름이지 말이나 태도는 다른 누구보다 훌륭하다. 더구나 한 번 듣고 본 일은 절대로 잊지 않는다. 그러니 재주는 비상한데 다만 글을 가르치거나 배우는 방법이 나빴을지도 모른다.

'무슨 도리가 없을까?'

어느 날 안국이 혼자 멍하니 방에 앉아 있을 때 이 부인이 상냥하게 말했다.

"그렇게 심심하시면 어디, 저하고 이야기나 하실까요?"

"그거 좋은 말이오. 그렇지만 나는 이야깃거리가 있어야지."

"그러면 제가 옛날이야기를 해 드리지요."

"어디 들어 봅시다."

안국은 껄껄 웃으며 바로 앉았다. 처음 있는 일이기에 호기심도 어지간히 일어났다. 부인은 안국에게 역사이야기를 들려주었다. 이 부인의 이야기는 정말로 재미가 있었다. 안국은 마치 사랑방에서 듣던 옛날이야기처럼 정신을 놓고 귀를 기울였다. 신 나는 대목이 나오면 저도 모르게 연신 손뼉을 치고 흥분하였고 안타까운 대목에서는 탄식해 마지않았다. 한 줄거리 이야기를 끝내면 이 부인은 그때마다 이렇게 물었다.

"모처럼 재미있게 들으셨는데 그새 다 잊으신 건 아니지요?"

안국은 펄쩍 뛰며 말했다.

"잊다니! 내 비록 글은 못하지만 한 번 들은 것을 잊는 일은 없소."

"그러시면 어디 제가 이야기한 대로 말씀해 보시겠어요?"

"그래 봅시다."

안국은 아내에게 들은 이야기를 그대로 외기 시작했다. 정말이지 놀라운 기억력이었다. 그토록 긴 이야기 줄거리를 처음부터 끝까지 한 구절도 빼놓지 않고 술술 외우는 것이었다. 게다가 감동할 만한 대목에서는 자기 의견을 섞어 힘주어 말하는 것이었다.

'내 생각이 옳았구나!'

이 부인은 가슴이 벅차올랐다. 이보다 더한 반가움이 또 어디 있으랴! 하지만 이 부인은 남자 못지않게 꿋꿋했다. 남편의 이야기를 늘으며 절

로 흘러나오는 눈물을 참느라 애를 썼다. 그리고는 활짝 웃어 보이면서,

"참 용하십니다."

하고 칭찬을 해 주었다.

이런 날이 그 후 매일처럼 계속되었다. 안국이 서둘러 이야기를 재촉하였고, 또 그래서 이야기 줄거리는 갈수록 재미가 났다. 그러나 부인은 무턱대고 이야기만 한 것이 아니었다. 속마음에 꾀하는 바가 있었던 까닭인지 하루에 한 줄거리 이야기를 들려주고는 그때마다 반드시,

"오늘도 전처럼 외어 보셔요."

하고 남편의 말에 귀를 기울였다. 그런 후에는 또 대강의 뜻에서 그 골자에 대한 의견을 서로 주고받았다. 안국의 기억력은 여전했다. 다만 다른 것이 있다면 이야기에 대한 생각과 의견이었다. 다시 말하면, 안국은 이와 같은 이야기 하나만으로 옛날 역사에 관한 지식이 차츰 더해 갔던 것이다. 이렇게 10여 일이 지난 후 이 부인은 문득 생각난 듯이,

"이젠 옛날이야기는 그만하겠어요."

하고 말했다.

안국은 마치 맛있게 먹던 음식을 빼앗긴 아이처럼 되었다.

"뭐라고?"

하면서도 내심으로는 민망했는지,

"얘기가 끝났으면 할 수 없지. 그런데 대체 어디서 그런 이야깃거리를 배웠소?"

하고 매우 신기한 눈치를 보였다.

"사실 이것들은 모두 역사책에 있는 일이어요. 그러니까 글에서 얻은 것이지, 결코 함부로 제가 꾸며낸 이야기가 아니랍니다. 누구나 글을 배우게 되면 자연히 알게 되니까요."

이 부인의 말을 들은 안국은 눈이 휘둥그레졌다.

"허, 참 신기하다. 그렇게 재미있는 이야기가 알고 보니 글에서 생긴 것이란다. 아니, 이야기 자체가 곧 글이라니!"

이렇게 깨달은 안국은 아무 말도 않고 부인의 손을 잡았다.

"고맙소. 이젠 알았소."

말은 간단했지만 그 속에는 천만 가지 생각이 담겨 있었다.

그중에서도,

"여보, 나는 이제부터 글을 열심히 배우겠소."

하는 말은 안국의 결심을 그대로 나타내고 있었다.

이날부터 안국은 큰 뜻을 앞에 두고 글공부에 열중했다. 우선 아내를 스승으로 삼고 그 학식을 차례로 옮겨 받듯이 공부했다. 바보 천치는커녕 원래부터 타고난 재주가 비상한 김안국이다. 더구나 어질고 유식한 부인의 정성이 여기에 곁들여졌으니 얼마 안 가서 집에 쌓인 책을 모조리 읽고 또한 훤히 외운 것은 당연한 일이다.

그뿐만 아니었다. 안국은 글 짓는 재주도 대단히 훌륭했다. 문장은 원래 글공부에 따르게 마련이라지만, 그러나 안국의 문장은 옛날 대가에 비할 수 있을 만하였던 것이다.

어느덧 10년의 세월이 물처럼 흘러갔다. 마침내 안국은 이 부인의 지식으로나 집에 있는 책으로는 더 배울 것이 없을 만큼 학문이 깊은 경지에 이르게 되었다. 그런데 그동안 안국의 이런 일을 아는 사람은 하나도 없었다. 본인은 물론이거니와 이 부인도 절대로 입 밖에 내지 않았기 때문이다. 따라서 이 10여 년 동안 세상 사람은 안국이 그저 집에 처박혀 지냈으려니 생각하고 누구 하나 관심을 가지지 않았던 것이다.

그런 어느 날 안국은 우연히 저잣집에 찾아갔다. 오래간만인 까닭에 먼저 장인이 반가워해 주었고 사랑에 있던 처남들 역시 다정히 맞아 주었다. 아무리 글 천치라 괄시했어도 10년이나 만나지 않았으니 그럴 수밖에 없었다. 한동안 이런저런 이야기를 하다가 처남들은 갑자기 매부를 한번 글로 놀려줄 생각을 했다.

"매부, 안방 생활 10년에 무슨 공부를 하셨소?"

"아니, 그것보다 오늘은 무슨 바람에 이렇게 실려 왔나?"

처남들은 한바탕 껄껄대며 안국을 슬슬 놀리기 시작했다. 그런데 안국은 뜻밖의 말을 하는 것이었다.

"처남들이 글짓기를 한다기에 나도 한몫 거들까 하고 왔소"

말이 끝나자 모두 입을 딱 벌렸다. 안국의 그동안 일을 그들이 알 리가 없었다. 그뿐인가? 누이의 글 실력도 까맣게 모르는 터였다. 때문에 처남들은 안국이 오랜만에 와서 농담을 지껄인다고 생각했다. 그러나 차마 대놓고 놀리지는 못하고,

"그거 마침 잘되었소. 매부부터 어디 한 수 지어 보시오."

하면서 아무렇게나 글 제목을 내어 주었다.

안국은 서슴지 않고 붓을 들었다. 그리고는 별로 생각도 하지 않고 펼친 종이에 글귀를 지어 내려갔다. 한 줄 두 줄에서 열여섯 줄짜리 긴 시가 종이를 메웠다. 아, 얼마나 아름답고 씩씩한 글씨인가! 아니, 그것보다도 얼마나 기이하고 훌륭한 시문인가. 글씨체나 문장 격식 모두가 옛날 대가의 그것보다 나으면 나았지 못하지 않았다. 모두들 또 한 번 눈이 종지만 해졌다. 이번에는 놀라고 또 감탄해 버린 것이다.

이 일이 있은 후 또 몇 해가 지났다. 김안국은 더욱 학문을 닦아, 이제는 경상도 일대에서 당할 사람이 없게 되었다. 이 부인은 안국에게,

"이제는 서울에 가서서 과거를 보도록 하십시오."

하고 권했다. 그러나 안국은 서울이라면 기겁할 만큼 무서웠다.

'일평생 내 앞에 나타나지 마라. 만약 허락 없이 서울에 올라오면 너는 큰 벌을 받을 것이다.'

부친의 이 말은 그저 홧김에 한 말이 아니었기 때문이다.

"마침 서울에 큰 과거가 있어 나도 한번 치러 볼 생각은 간절하오. 그러나 만약에 아버지께서 아직도 노여움을 풀지 않고 계시다면 나를 매질해 죽일 것이오. 나는 관계치 않지만, 아버님께 아들을 매로 죽였다는 소리를 듣게 할 수는 없는 일이오. 용서를 받을 때까지 여기서 얌전히 기다릴 수밖에 없소."

그러나 이 부인의 생각은 또 달랐다.

"그렇더라도 원래 글을 못하여 생긴 일이오니, 당신께서 장원으로 급제하신다면 자연히 용서를 받게 될 것입니다. 하물며 장차 나라에 큰 공을 쌓으시면 사소한 부자지간의 죄가 문제 되겠습니까? 부모님께 알리지 말고 과거를 보셨다가 결과에 따라 일을 정하십시오. 도리에는 좀 어긋나지만 이 길밖에는 없습니다."

안국은 아내의 의견을 옳다 생각하고 마침내 부모 몰래 과거를 보기로 결심했다. 합격을 하면 용서를 빌겠고, 설혹 떨어지더라도 한번 떳떳하게 사죄하자는 생각이었다.

일부러 초라한 차림으로 안국은 서울로 올라갔다. 그리고 우선 유모의 집에 남몰래 몸을 의탁했다. 그러나 눈물로 반겨 준 유모에게 모친의 소식을 듣는 순간, 안국의 마음이 달라졌다.

"말 못할 슬픔으로 어머님께서 10년이나 눈물로 지내셨답니다. 서방님, 제가 살짝 모셔다 드릴 테니 어머님만은 잠깐 만나 보셔야 합니다."

안국은 밤이 이슥해서 집 뒷문으로 가만히 숨어 들어갔다. 때마침 안

방에 앉아 있던 모친은 깜짝 놀랐다가 겨우 정신이 들었다. 말보다도 눈물이 앞섰다. 그리고 초라한 모습으로 꿇어 엎드린 아들의 손을 힘주어 꼭 붙잡았다. 10년 만에 만난 두 모자는 기쁨과 슬픔으로 오히려 정신이 산란했다. 모친은 어느새 백발이 성성하고 이마에 주름이 겹으로 새겨져 있었다. 모두가 용렬한 자식 때문에 생긴 슬픔의 자국이었다.

안국은 소리 없는 울음으로 목이 메었다.

"용서하십시오, 어머니!"

모친은 안국의 손을 더욱 꼭 잡았다.

그런데 이때 안마당에서 발걸음 소리가 났다. 모친은 그 경황에도 둘째 아들 안세가 들어오는 줄 알고 기겁했다.

"자, 어서 숨어라. 아버지께서 네가 온 줄 아신다면 큰일이다."

그러나 안세는 벌써 방으로 쑥 들어와 있었다. 안세 역시 눈이 휘둥그레지더니, 곧 반가운 웃음을 지으며 옆에 다가앉았다.

"허 참, 희한도 하지. 방금 아버님께서 갑자기 잠에서 깨어 꿈에 형님을 봤다 하시며 또 머리가 아프다 하셨는데, 이제 보니 정말로 형님이 오셨구려!"

모친은 안세의 입을 손으로 냉큼 막았다. 말소리가 컸기 때문이다.

"너한테 어미가 부탁한다. 제발 이 일은 입 밖에 내지 말아다오."

안세는 싹싹했다. 생각하면 형의 신세가 너무도 딱해서 동정을 하지 않을 수 없었던 것이다. 10년 만에 만난 세 모자는 그러나 무슨 말부터 해야 될지 몰랐다. 게다가 안국은 총총히 나와야 했다. 안국이 또 한 번 눈물로 작별하고 유모 집에 돌아왔을 때는 먼동이 트기 시작했다.

이튿날 안국은 해 뜨기를 기다렸다가 과거장으로 떠났다. 마치 어설픈 시골 선비 같은 옷차림이었다. 물론 아무도 김안국의 정체를 아는 이가 없었다. 심지어 저만큼 앞서 가는 아우 안세조차 눈치 채지 못했다.

과거장의 넓은 뜰에는 선비들이 구름처럼 많이 모여 있었다. 이윽고 시제가 나붙자 많은 선비들은 일제히 글을 지어 나갔다. 평생의 힘을 다하자는 모습은 보기에도 안타까울 만큼 진실했다. 그런 중에서 글을 벌써 다 써서 가져다 바치는 사람이 있었다. 김안세가 무심코 보니 바로 형안국이 아닌가! 안세는 깜짝 놀라며 고개를 갸웃거렸다.

'이제 보니 형은 몰래 과거를 보러 올라왔구나. 그렇더라도 글 천치였던 형이 어떻게 공부를 했을까?'

안세는 글을 지으면서도 줄곧 이런 의심에 사로잡혔다. 하지만 안세가 정작 놀라야 할 일은 그 후에 일어났다.

얼마 후 과거에 급제한 사람의 방이 나붙었는데, 그 맨 앞에 장원급제한 사람의 이름이 바로 김안국이었던 것이다.

"아, 형이다. 장원급제한 사람은 우리 형이다!"

안세는 펄쩍 뛰며 집으로 돌아왔다. 큰 대문을 들어서며 보니 바깥사랑에 사람들이 꽉 차고 떠들썩하게 웃고 지껄이는 중이었다. 손님들은 입을 모아 같은 말을 하고, 부친 김숙은 그때마다 싱글벙글 웃으면서 고개를 끄덕이고 있었다. 손님들의 말인즉,

"축하드립니다. 아드님이 장원으로 급제하셔서 얼마나 기쁘시겠습니까?"

하는 칭찬인데, 김숙은 이것을 둘째 아들의 일로 잘못 알고 있었다. 이름을 말하지 않고 그저 '아드님'이라고만 하였기 때문이다. 이 때문에 안세가 들어가서 사실을 고하자 갑자기 큰 분란이 일어났다.

우선 부친 김숙이,

"뭐라고?"

하며 입을 딱 벌리더니 노발대발했다.

"음, 해괴한 일이다. 아비의 명령을 어기고 감히 과거를 보러 올라오다니! 또 설사 급제를 했더라도 그 천치 바보 놈이 10년 동안에 공부를 했으면 얼마나 했겠느냐? 틀림없이 남의 글을 도둑질했거나 아니면 대신 쓰게 하여 바쳤을 것이다. 제 죄를 모르고 더구나 집안망신까지 시키려 드는 놈을 그대로 둘 수 없다. 내 당장 매로 때려죽일 터이니 냉큼 붙잡아 들여라!"

김숙이 길길이 뛰며 호통치는 바람에 손님들은 깜짝 놀라 도망치듯이 가버렸다. 둘째 아들 안세는 그런 부친 앞에 자기가 죄인인 듯 꼼짝도 못하고 꿇어앉았다. 그러자 바깥마당에 안국이 와서 엎드렸다.

"저의 죄를 용서하여 주십시오."

부친은 화가 머리끝까지 올라,

"네 이놈! 죽어 마땅하렷다!"

호통을 치며 매를 들고 섬돌 아래까지 뛰어내리려 했다. 이때 마침 과거장의 시험관이 찾아왔기에 망정이지, 그렇지 않았더라면 정말로 큰일이 날 뻔했다. 까닭을 안 시험관은 우선 김숙을 진정시켰다.

"정말 자신이 썼는지 안 썼는지 내가 알아볼 터이니 그 결과에 따라 처분하시오."

그래도 김숙은 여전히 펄펄 뛰었다.

"내가 내 자식을 벌주는데 무슨 참견이오!"

하지만 안세를 비롯한 여러 식구들이 한사코 뜯어 말리는 통에 조금은 가라앉힐 수가 있었다.

"그렇더라도 나는 옛날부터 이놈의 얼굴만 보면 머리가 쑤시고 속이 뒤집히니 방에 들어가 있겠다."

하더니 방으로 들어가 자리에 누어버렸다. 그제야 시험관은 툇마루에서 김안국을 내려다보며,

"지금부터 내가 묻는 말에 바른대로 대답하라."

하고 엄숙히 말했다. 과거에 일단 뽑힌 사람을 또 한 번 시험하게 된 것이다.

"예, 무슨 말씀이든 물어보십시오."

안국은 꿋꿋하게 대답했다.

"이번의 글은 그대가 손수 지었는가?"

"예, 그러하옵니다."

"다른 사람의 글을 베끼거나 또는 대신 쓰게 한 것이 아니란 말이지?"

"결코 그렇지 않습니다."

"그러면 그 글 구절을 처음부터 끝까지 외워 보라."

안국은 자세를 바로잡고 꿋꿋이 앉았다. 그리고 목청을 가다듬더니 글을 외기 시작했다. 비유하면 흐르는 물 같다 할까, 정말이지 거침없이 맑고 깨끗한 목소리였다. 아니, 그 글 구절에 담긴 뜻과 뜻을 엮은 격식은 더욱 놀랍기만 했다.

시험관은 그 엄한 얼굴을 펴며 저도 모르게 사뭇 끄덕였다. 앞서 그 글을 뽑았을 적의 감동이 새삼 곱절로 커지는 모양이었다. 하지만 시험관의 감동은 아우 안세의 반도 못 되었다. 방 안에 누워 있던 부친의 감동은 더욱 형용할 말이 없었다. 부친의 노여움이 놀라움으로, 다시 커다란 기쁨으로 바뀔 때까지는 오래 걸리지 않았다.

"오, 내 아들 안국이가!"

하고 외친 한 마디에 천만 가지 감격이 담겨 있었다. 더 무슨 말을 할 필요도 겨를도 없었다. 버선발로 와락 내달아 안국을 밍에 끌어들이는

것이 고작이었다. 비로소 아버지 앞에 꿇어 절하는 안국은 벌써 그 아버지의 뜨거운 눈물을 몸으로 느꼈다.

"안국아, 못하는 글이 미웠지 귀여운 아들이 미웠겠느냐!"

부친의 축축해진 얼굴에 웃음이 번졌다. 온 집안 식구가 모두 같은 얼굴이 되었다. 곁에 있던 시험관은 하려던 말을 꿀꺽 삼켰다. 그리고 벅찬 감동을 참듯이 가만히 물러나 돌아갔다.

이후 김안국은 글과 재주와 덕을 닦아서 마침내 대제학에 올랐다. 그리고 부모를 비롯한 온 가족이 어찌지 못했던 남편의 재주를 혼자 힘과 슬기로 깨우쳐 준 이 부인에 대해,

"세상에 보기 드물게 어질고 착한 부인이다."

라고 청찬이 끊이질 않았다. 안국이 장원급제한 후 바로 서울로 불려 올라온 이 부인은 자기의 공은 물론이거니와 학식마저 내세우지 않았다. 더욱 겸손하게 더욱 착하게 시부모를 모시고 남편을 섬겼다.

훗날 많은 아들딸을 거느리게 되었을 때 이 부인은 처음으로 이런 말을 했다.

"사람이란 누구나 한 가지씩은 재주가 있게 마련이다. 그러니까 첫째는 노력해야 되겠지만, 그것보다 어떻게 그 재주를 찾아내는가를 잊어서는 안 된다. 너희 아버지께서 한때 고생하신 것도 숨은 재주를 얼른 찾지 못한 때문이다."

김안로의 욕심

김안로는 오랫동안 정승자리를 차지하고 있었다. 그는 간사하고 욕심이 많아 뇌물의 적고 많음에 따라 반드시 얼굴빛이 달랐다.

황침이라는 사람이 충청병사가 되어 참깨 20말을 안로에게 보냈다. 그 후 과만瓜滿이 되어 돌아와 첫새벽에 안로의 집에 가서 명함을 들여보냈으나 안로는 아무런 답이 없었다.

황침은 오랫동안 피로한 몸으로 문밖에 서서 나아갈 수도 물러날 수도 없는 곤혹을 겪었다. 해가 높이 오르자 임천손이 또한 충청수사로서 벼슬이 갈려 왔다. 명함을 들여보내니, 안로는 곧 청사에 나와 맞이했다. 황침도 따라서 들어갔다.

안로가 임천손에게는 정답게 웃고 말하며 덕으로 여기는 기색이 있었으나, 황침에게는 쌀쌀하게 한 마디 위로하는 말조차 없었다. 그 후 황침은 총부의 부총관이 되었고, 임천손도 삼청위장으로 가게 되었다.

황침은 임천손을 만나 서로 말하다가,

"전에 정승이 그대를 은근히 대하였는데, 어떻게 한 것이오?"

라고 물었다. 천손이 처음에는 말을 아꼈으나 황침이 거듭 대답을 재촉하자 마침내 웃으면서 말했다.

"내가 수영에 있을 때 정승이 혼숫감을 요구하기에, 큰 나무를 베어 큰 배를 만들고 모든 소용되는 일체의 물건을 가득 실어 보냈는데, 반드시 이 때문에 기뻐한 것이오. 그밖에 다른 것이 없소."

황침은 손뼉을 치고 주저앉으면서 중얼거렸다.

"나의 참깨 스무 말은 큰 바다에 던진 것이었구나."

너무 사소한 물건이어서 그 욕심에 차지 않았을 것이므로 자취도 찾을 수 없다는 뜻이었다.

김후직의 묘

● 경주 공설운동장에서 북으로 200미터 정도 떨어진 한 마을에 김후직이라는 사람의 묘가 있다. 이 김후직은 신라시대에 많은 공을 세우고 나라에 대한 충성이 그지없던 충신이었다. 당연히 임금의 총애를 한 몸에 받게 되었는데, 이를 시기한 간신의 무리들이 김후직을 모함하여 공직에서 물러나게 했다. 그리하여 김후직은 초야에 묻혀 살다 나이 들어 죽게 되었는데, 자손들에게 남긴 말이 다음과 같다.

"나는 아직도 나라를 위한 충성된 마음을 가지고 있는데, 왕이 간신의 꾐에 빠져 나를 공직에서 쫓아냈다. 왕이 그대로 있으면 간신들에 의해 곤란을 당하게 될 것이니 내가 죽고 나면 왕이 자주 출입하는 길목에 나를 묻어 주기 바란다. 멀리서나마 왕의 혼이라도 보호해야겠다."

그리하여 그가 죽자 자손들이 그의 뜻을 받들어 행했는데, 그 후부터 왕이 말을 타고 그 앞을 지나가면 말이 묘 가까이에서 섰다고 한다. 왕이 말에서 내려 묘 앞에 절을 한다든가, 혹은 미안하다든가 하면 그때서야 비로소 말이 갈 수 있었다고 한다. 그리하여 왕이 그의 충성된 뜻을 알고 후에 직접 김후직의 비석을 세웠다고 한다.

📀 나이 자랑

🔵 옛날 호랑이 담배 피우던 시절의 이야기이다. 산속에 사는 여러 짐승들이 모여 잔치를 하게 되었다. 많은 음식이 차려지고 짐승들이 모이니, 잔치에 앞서 이중에서 가장 큰 어른을 상석에 앉히는 게 도리라 하여 누구를 상석에 앉힐 것인가 하는 문제가 논의되었다.

짐승들은 서로 제가 어른이라고 우기고 나섰으나 의견의 일치를 보기 힘들었다. 그래서 어른의 증거로 누가 제일 나이가 많은가 제각기 나이 많은 자랑을 하기로 했다.

맨 먼저 노루가 나이 자랑을 했다.

"이 세상이 처음 생길 때 하늘에 해와 달과 별을 만들어 박았는데, 그 일을 바로 내가 했다."

노루의 이야기는 천지개벽할 때 그 작업을 제가 했다는 것이니 자기 나이가 바로 천지개벽만큼 오래됐다는 것이다. 이 말을 들은 여우가 나섰다.

"이 세상이 처음 생길 적에 하늘에다 해와 달과 별을 노루가 박았는데, 하늘이 너무 높아서 사다리를 놓고 박았다. 그 사다리를 만든 나무는 3천 년이나 자라 겨우 하늘에 닿을 정도였는데, 그 나무는 바로 내가 심은 것이다."

여우의 이야기는 노루보다 3천 년 이상 많다는 것이었다. 이때 옆에서 여우의 이야기를 듣던 두꺼비가 훌쩍훌쩍 울기 시작했다. 여러 짐승들은 이상하게 여기며 그 까닭을 물었다. 두꺼비는 울음을 멈추고 이야기를 시작했다.

"나는 여러 자식과 수많은 손자를 두었으나 운수가 불길해서 다 죽었다. 여러 손자 중 맨 막내 손자가 늘 말하기를, '이 세상이 처음 생길 때에 하늘에다 해와 달과 별을 박았는데 너무 높아서 사다리를 놓고 일을 했습니다. 그 사다리의 나무를 심은 자가 바로 제 친구입니다.'라고 했는데 자네들의 이야기를 들으니 죽은 막내 손자 놈이 생각나서 그렇다."

두꺼비 이야기는 여우가 막내 손자의 친구라는 것이니, 여우보다 나이가 많은 것은 뻔한 이치였고, 짐승들은 두꺼비의 이야기에 질려 더는 나이 자랑을 하지 못하고 두꺼비를 상석에 모셨다고 한다.

남매의 혼인

● 옛날 어느 해, 석 달 열흘 동안 비가 내려 큰 적림積霖에 들었다. 마치 하늘에서 큰 물동이를 쏟아 붓듯 비가 오는 통에 이 세상은 온통 물바다가 되었다. 평야는 물론, 높은 산들도 물속에 잠겼으며 인가人家도 하나 남김없이 떠내려가고 말았다. 사람들은 모두 죽고 단지 남매만 살아남게 되었다. 이 남매는 다행히 홍수를 피해 높은 산으로 일찍 피난했기 때문에 겨우 살아남았던 것이다.

몇 달이 지난 뒤 물이 모두 빠지자 남매는 마을로 내려왔으나 산야는 모두 황폐해지고 살아남은 사람은 자기들뿐이니 적막하기 짝이 없었다. 남매는 살 길을 찾기 위해 열심히 일을 했다. 집도 새로 짓고, 농사도 새로 시작했다.

그러나 남매는 곧 난처한 문제에 봉착했다. 남매인 까닭에 결혼할 수도 없고 자식이 없으니 적적할 뿐 아니라 일손도 모자랐다. 더군다나 이렇게 살다가는 인종이 끊어질 염려가 있었다. 남매는 맷돌을 가지고 높은 산으로 올라갔다. 그리고는 산꼭대기에서 두 손을 모아 하느님께 빌었다.

"우리는 남매이니 서로 혼인할 수도 없고 그렇다고 인종을 끊어지게 할 수도 없으니 어찌하면 좋습니까?"

오라버니는 수맷돌을 동쪽으로 굴리고, 누이동생은 암맷돌을 서쪽으로 굴려 보내고 두 사람은 산을 내려왔다. 산을 내려와 보니 이상하게도 동서의 정반대 쪽으로 굴렸던 맷돌이 공교롭게도 포개져 있었다.

남매는 '이것은 분명 두 사람이 결혼을 해도 좋다는 하늘의 뜻'이라고 해석하고 혼인했다. 두 사람의 혼인으로 인류의 멸종을 면했으며, 오늘날의 사람들은 모두 그 남매의 후예들이라고 한다.

📀 노옹翁의 황소

● 익성공 황희는 고려 말기에 적성훈도積城訓導로 있었다.

어느 날, 적성에서 송경으로 가다가 길에서 한 노옹을 만났다. 노옹은
누렁소와 껌정소 두 마리를 이끌고 밭을 갈다가 방금 쟁기를 벗기고 나
무 그늘 아래에서 쉬던 참이었다. 황희 또한 그 곁에서 말을 쉬게 하고
노옹과 말을 나누게 되었다.

이런저런 애기를 나누다가 황희가 노옹에게 물었다.

"노옹의 두 마리 소가 모두 살찌고 크며 건장합니다. 밭 가는 힘도 또
한 우열함이 없습니까?"

하고 물었다. 노옹은 가까이 다가앉으며 황희의 귀에 대고 목소리를
낮추어 말했다.

"검정 빛깔인 소가 낫고 누런 빛깔인 소가 못하오"

노옹이 귓속말로 하는 것을 이상히 여긴 황희가 물었다.

"노옹은 어찌 소를 두려워하여 이같이 가만히 말하오?"

그러자 노옹은,

"심하다. 네가 나이 젊어서 들은 것이 없음이여! 짐승이 비록 사람의
말은 통하지 못하나, 사람의 말이 좋고 나쁜 것쯤은 모두 알아듣는다. 만
약 제가 못하여 남을 따르지 못한다는 말을 듣는다면 불평스런 마음이
어찌 사람과 다르겠는가? 심하다, 네가 나이 젊어서 들은 것이 없음이
여!"

라고 말했다.

황희는 이 말을 듣고 놀라움을 금치 못했다. 황희의 일평생 인후한 도량은 이 노옹이 한 말에서 영향을 받은 것이 아닐까.

고려가 망하려 하자 군자로서 숨어 농사일을 하는 사람이 많았는데, 노옹도 그중의 한 사람이었다.

달래고개

● 옛날 조실부모한 남매가 오순도순 살고 있었다. 마음씨 착하고 의좋기로 소문나 사람들은 누구나 칭찬을 아끼지 않았다. 그러나 부모가 없는 탓으로 과년하도록 혼인을 하지 못했다.

어느 무더운 여름날 두 남매는 재 너머 밭으로 일을 나갔다. 땀 흘리며 일하다가 점심을 먹으러 집으로 돌아오는 길에 고갯마루에서 소나기를 만났다. 갑자기 쏟아지는 비어서 피할 인가도 찾지 못한 채 남매는 큰 나무 밑에 서 있게 되었다. 그러나 세찬 비로 옷이 흠씬 젖어 버렸고 그런 남매의 꼴은 가관이었다. 여름 모시옷을 입었는데 비에 젖은 옷이 몸에 착 달라붙어 알몸이 다 들여다보이는 것이었다.

오라버니는 누이동생에게서 새로운 사실을 발견했다. 여태껏 느끼지 못한 복잡한 감정이 솟아오른 것이다. 비에 젖은 살결과 머리카락이며 연적처럼 둥글게 솟은 젖무덤을 보니 참을 수 없이 흥분되었다. 오라버니는 그런 마음을 억누르지 않을 수 없었다.

이윽고 비가 갰다. 오라버니는 누이에게 빨리 앞서 가라고 했다. 누이는 제 살결이 들여다보이는 것이 부끄러워 앞서 길을 재촉했다. 누이는 집으로 돌아와 옷을 갈아입고 점심을 차려 놓고 오라버니를 기다렸는데, 아무리 기다려도 오라버니가 오지 않았다. 한참을 기다려도 오지 않자 누이는 이상히 여겨 비를 피했던 고갯마루로 가 보았더니, 나무 밑에 오라버니가 피투성이가 되어 죽어 있었다.

오라버니는 누이를 앞세워 보내고 육친에게서 춘정을 느낀 자신이 부

끄럽고 죄스러워 돌로 자기 생식기를 찍어 죽었던 것이다. 이 모습을 본
누이는,

"죽지 말고 차라리 달래나 보지."

하며 울었다고 한다.

이런 일이 있은 후 마을 사람들은 이 고개를 '달래고개'라 부르게 되었
다고 한다.

닭 쫓던 개 지붕 쳐다보기

화창한 어느 날 마당에서 쌀 낱알을 쪼아 먹고 있는 닭에게 황소가 말을 건넸다.

"나는 매일 농사를 짓기도 하고 무거운 짐을 나르기도 하고 온갖 힘든 일을 도맡아 하면서도 먹는 것은 겨우 콩 껍데기 아니면 짚인데, 너는 하루 종일 하는 일도 없이 맛있는 쌀만 먹으니 도대체 어찌된 일이냐?"

그러자 모이를 쪼아 먹던 닭이 황소를 쳐다보면서,

"황소님, 그게 무슨 말씀입니까? 답답하군요. 황소님은 아무것도 배운 것이 없잖소. 그래서 힘든 일을 해도 먹는 것은 변변찮은 것이 아닙니까. 나는 학문이 많아 별로 힘든 일을 안 하고도 좋은 쌀만 먹는 것이오."

라고 말했다. 그때 옆에 있던 개가,

'흠! 그 녀석 아는 체하는군. 지가 뭐가 잘났다고 그런 소리를 함부로 지껄이누?'

하는 생각이 들어 말참견하기를,

"요놈, 닭 녀석아! 주제넘게 그따위 말을 어디다 함부로 하느냐? 황소님은 말할 것도 없지만 나만 해도 밤잠을 못 자고 도둑을 지키면서 겨우 누른 밥이나 얻어먹는데, 너는 학문이 좋아서 쌀만 먹는다고?"

개는 아니꼽다는 투로 말했다. 그러자 닭은 도리어,

"나는 이 세상에서 시간을 알리는 벼슬을 하고 있단 말이오. 잠도 제대로 못 자고 새벽에 시간을 가르쳐 주는 일은 다른 친구는 못할 거요."

하고 거만하게 말했다. 닭의 말에 개는,

"흥! 그까짓 벼슬 가지고 그러나? 난 무슨 큰 벼슬이나 하는 줄 알았더니, 그 정돈가?"

하고 이죽거렸다.

"그 정도라니? 나는 요렇게 비단옷을 입고 머리에는 붉은 관을 쓰고 눈알에 주먹 같은 육관지를 붙였으니 벼슬양반이 아니고 뭐란 말인가?"

"흥! 잘도 끌어다 붙이네."

"그리고 황소님이나 개님은 잘 모르겠지만, 내가 먼동이 틀 때마다 '꼬끼오' 하는 것도 글자로 쓰면 고할 고告 자와 그 기其 자, 중요 요要 자, 즉 '고기요'는 중요한 것을 알린다는 것이오."

하면서 닭은 뽐냈다.

"개님이 짖는 소리엔 아무 뜻도 없잖습니까?"

닭의 말에 개는 고개를 설레설레 흔들면서 말했다.

"천만의 말씀, 내가 멍멍하고 짖는 것은 멍텅구리란 뜻이야. 그러니 나야말로 양반이다."

"듣기 싫다. 네가 무슨 양반이냐?"

닭은 발끈 화를 냈다.

"나는 개 팔아 두 냥 반이다."

"별 소릴 다 듣겠네. 개 팔아서 두 냥 반이라니 그럼 개장수에게 팔려 갈 때 마지막으로 양반이 된다는 말이냐?"

닭이 이렇게 놀려대자 화가 난 개는 달려들어 닭의 벼슬을 물어뜯었다. 그러자 닭은 홱 뿌리치고 지붕으로 올라가 개를 내려다보고 말했다.

"이 자식아, 여기는 올라올 수 없지?"

개는 닭을 놓치고 멍하니 지붕만 쳐다보았다. 지금의 닭의 벼슬이 톱니처럼 생긴 것은 그때 개에게 물어뜯긴 자국이라 한다.

🥚 당산나무와 삼대독자

🔵 옛날 경상북도 달성군 성서면 갈산동 주변의 당산이라는 곳에 오래전부터 한두 아름이 넘는 당산나무가 있었다. 마을 사람들은 해마다 정월 대보름이면 한 해 동안 무사태평을 기원하는 뜻의 제사를 지냈다.

그 어느 해인가, 어느 한 집에서 제사를 준비하기로 되어 있었다. 그 집은 삼대 째 외아들로 내려온, 자손이 아주 귀한 집으로 마침 그 외아들의 나이가 서너 살이었다.

보름날이 되자, 그 집에서는 장보랴 음식 장만하랴 제사 준비로 한창 분주했는데 그 삼대독자 어린아이가 제사 음식을 차린 상에서 밤 한 개를 부모 모르게 먹었다. 그런데 아이가 원인 모르게 열이 올라 앓다가 그만 죽고 말았다. 제사를 준비하던 그 집에서는 제사 장만하는 정성은 간 곳 없고 귀한 아들이 죽어 야단법석이 났다. 아이의 아버지는 제사 음식이고 뭐고 다 팽개치고는 도끼를 들고,

"내 아들 살려라."

하고 당산나무를 찍어 넘어뜨렸다.

그 후 동네 사람들은 삼대독자 귀한 아들을 아무 연유 없이 죽였으니 그런 당산에는 제사 지낼 필요가 없다 하여 당산나무를 톱으로 베고 도끼로 찍어 내버린 후 일체 그 당산에 제사를 지내지 않았다고 한다.

땅 속의 백금 항아리

옛날 김씨 성을 가진 어진 재상이 있었다. 이 재상이 젊었을 때에 집안이 가난하여 어느 한 절에서 가까스로 끼니를 때우며 글공부를 해야 했다. 그런데 그 절 뒤에는 늙은 회화나무 한 그루가 있어 마치 큰 우산처럼 드리우고 있었다.

김 선비는 이 회화나무 그늘에서 때때로 피곤한 몸을 풀었다. 하루는 지팡이로 땅을 두드렸더니 뜻밖에도 괴상한 소리가 울려나왔다. 순간 이상한 생각이 들었다.

'혹시 무엇인가 귀한 게 묻혀 있지 않을까?'

김 선비는 흙을 조금씩 긁어내 보았다. 그러자 얼마 후 큰 항아리 세 개가 나왔는데 뜻밖에도 항아리 속에는 백금이 그득그득 담겨 있었다.

"오호, 이게 대체……!"

김 선비는 크게 놀랐지만, 그러나 무슨 생각에선지 얼른 흙으로 전처럼 묻어 놓고 부랴부랴 돌아왔다.

이런 일이 있은 후 김 선비는 이 일에 관하여 누구에게도 말하지 않고 그렇게 몇 달이 지났다. 선비는 공부를 마치고 그 백금항아리를 그대로 둔 채 집으로 돌아왔다.

그런데 얼마 후 그 절의 중이 찾아왔다.

"뜻하지 않게 화재가 나서 절이 모두 타 버렸습니다."

중은 절을 재건하려고 이렇게 부조를 얻으러 다니는 중이었던 것이다. 이 말을 들은 김 선비는 문득 회화나무 밑에 묻힌 세 항아리의 백금을

생각하고,

"나는 가난하기 때문에 절에서 신세를 졌으면서도 오래도록 갚지를 못하였소. 그러나 이제 백금 세 항아리를 부조할 생각인데, 어떻겠습니까?"

하고 말했다.

중은 벌린 입을 다물지 못했다. 말할 것도 없이 너무도 엄청난 말이었기 때문이다.

'혹시 농담이 아닐까?'

중은 잠깐 이런 의심도 들었지만, 차마 입 밖에 내지 못하고 멍하니 쳐다보기만 했다. 김 선비는 상관 않고 자기가 할 말을 계속했다.

"절 뒤 회화나무 밑에서 일찍이 백금 세 항아리를 발견하여 그대로 묻어둔 일이 있소. 그것을 가지고 절을 다시 짓도록 하오."

중은 반신반의하면서도 절에 돌아와 회화나무 밑을 파 보았다. 과연 백금 세 항아리가 나왔다.

"과연 그분은 천인이구나!"

크게 감동한 중은 그 길로 다시 김 선비를 찾아갔다.

"이 금은 절을 짓고도 남습니다. 바라건대 반을 가져다 바치겠으니 받아 주십시오."

그러나 김 선비는 웃으며 머리를 가로저었다.

"내가 돈에 욕심이 있었으면 이미 모두 가졌을 것이지 그대들에게 쓰도록 하였겠소? 어서 가서 한 푼도 헛되게 쓰지 말고 전보다 훌륭한 절을 지으시오."

중은 감지덕지하여 어찌할 바를 몰랐다.

"예, 분부대로 하겠습니다."

"다만 절을 짓는 데에 소비한 금액은 하나도 빼놓지 말고 낱낱이 적어 그날그날 나에게 알리도록 하오."

중은 물론 이 말을 거절할 리가 없었다.

그렇게 불타 버린 절의 재건 공사가 거창하게 시작되었다. 절을 지을 때 중들은 소용되는 돈의 금액을 일일이 적어 바쳤다. 따라서 돈은 꼭 쓸 데에만 쓰고, 또 재료는 좋고 값싼 것을 골라 사들였다. 이리하여 100여 칸의 새로운 절이 훌륭하게 세워졌다. 돈은 생각보다 훨씬 덜 들어 아직도 한 항아리 이상이 남아 있었다. 남은 돈으로는 다시 좋은 전답을 사들여 불향답(수확한 것으로 불공드리는 데 쓰는 전답)으로 삼았다.

이리하여 산속의 작은 절이었던 절은 다른 유서 깊은 큰 절에 못지않게 웅장하고 부유하게 변했다.

김 선비는 이듬해 봄, 오래도록 낙방만 하던 과거시험에 보기 좋게 장원으로 급제했다. 사람들은 김 선비가 절을 재건해 준 때문에 부처님의 은공을 입었다고 칭송해 마지않았다.

김 선비는 벼슬에 올라간 다음에는 근실하고 청렴한 관원으로 이름을 떨쳤다. 그리고 차츰 큰 고을의 원과 관찰사를 지내며 벼슬이 자꾸만 높아졌다. 김 선비는 처음 벼슬을 할 때부터 받은 나라의 봉록을 그 금액이 많고 적고 간에 모두 일일이 책에 적어 두었다. 또 웬만큼 금액이 높아진 후에는 옛날에 절을 지을 때 적어 두었던 금액과 비교해 보곤 했다. 애초 절 뒤에서 얻은 세 항아리 백금의 액수와 맞춰보았던 것이다.

이렇게 10여 년이 지났다. 나라에서는 이 김 선비에게 과연 정승의 높은 자리를 주게 되었다. 그런데 재상에 오른 지 얼마 안 되어 김 선비는 갑자기 집안 식구들을 한 자리에 모아 놓고 이런 말을 했다.

"내가 벼슬을 해 온 지도 벌써 오래되었다. 그동안 위로 임금의 보살 피심과 아래로 백성의 순종함에 힘입어 큰 실수 없이 오늘에 이르렀다.

이제는 위로 임금 한 분만 모시는 정승자리마저 하게 되었으나 내가 원래 뜻한 바가 모두 이루어졌기에 오늘로써 벼슬에서 물러날 생각이다."

뜻밖의 말이라 가족들은 깜짝 놀랐다. 그러나 다음과 같은 이야기를 듣고는 오히려 커다란 감동을 받았다.

"이제까지 말을 안 했지만, 나는 아무 해 아무 달 아무 날, 절 뒤에서 수십만 금을 얻었다. 그러나 사람이 까닭 없이 분에 넘치는 재물을 얻는 것은 아무리 하늘이 내리는 복일지라도 자칫 큰 재앙의 근원이 되기 쉬운 법, 하여 마침 절의 재건에 쓰게 하고 소용된 금액을 낱낱이 기록해 두었다. 그 후 나라에서 받은 녹을 모아 이제는 처음에 얻은 항아리의 금과 같은 만큼이 되었다. 이는 하늘의 복과 나의 노력이 일치되었음이다. 내가 원래 지녀야 할 복이 다 찬 셈이니 그 이상 무엇을 더 바라겠느냐."

재상은 그 후 한적한 시골에 들어앉아 여생을 편안히 보냈다고 한다.

대신 잡은 호랑이 꼬리

한 영감이 지팡이를 짚고 멀리 길을 가고 있었다. 가다가 어느 고개를 넘는데 웬 굴이 하나 덩그렇게 드러나 보이는 것이었다.

"허어, 이게 무슨 굴인데 저렇게 뚫려 있을꼬?"

동굴 입구에 서서 안을 들여다보니 호랑이란 놈이 엎드려 있다가 '으르렁'거리는 것이 아닌가. 기겁을 한 영감은 좁은 굴 입구에 지팡이를 찔러 넣고는,

"이놈, 이놈!"

하면서도 뒤돌아 도망칠 생각은 할 수가 없었다. 곧 뒤쫓아 와 잡아먹을 것만 같았기 때문이다.

그렇게 '이놈! 이놈!' 하면서 하루 종일 지팡이를 휘두르고 있는데, 저아래에서 마침 중이 바랑을 메고 너풀너풀 올라오고 있었다.

"허, 대사. 마침 잘 왔네. 어서 오게."

"왜요?"

"아, 여기 너구리 한 마리가 들어갔는데 난 지금 뒤가 급해 그러니, 이것 좀 잠깐 휘두르고 있게나."

"예, 그러지요."

중이 지팡이를 받아 들고 영감이 아까 한 것처럼 휘두르며,

"이놈! 이놈!"

했다. 그러는 사이 영감은 '걸음아 날 살려라' 하고 잽싸게 도망쳐 버렸다. 한참을 기다려도 영감이 오지 않자 중은 궁금한 생각에, 이놈의 너

구리가 도대체 얼마나 큰가 하고 동굴 속을 들여다보니 웬걸, 호랑이 한 마리가 이빨을 드러낸 채 '으르렁'거리고 있는 것이 아닌가. 깜짝 놀란 중은 멈췄던 손을 내저으며,

"이놈! 이놈!"

하면서 지팡이를 휘젓는 것이었다.

한편, 도망갔던 영감은 그동안 제 볼일을 다 보면서 살다가 집안일 때문에 어디를 다녀오다가 다시 그 고개를 넘게 되었다. 그러다가 작년 호랑이 굴 앞에 남겨 놓고 온 중이 생각났다.

"내가 작년 봄에 여기 동굴에서 중에게 지팡이를 맡기고 갔었지. 하, 어떻게 죽지나 않았는지 모르겠네."

영감이 그 굴을 찾아가 보니, 그 중은 간 데 없고 웬 더벅머리 총각이 서서,

"이놈! 이놈!"

하고 있는 것이 아닌가. 그 중이 다른 사람으로 바꿔 세운 모양이었다.

"흠, 중은 어디 가고 네가 이러고 있느냐?"

하고 영감이 총각에게 물으니,

"내가 작년 가을에 와서는 여태 이러고 못 갔습니다."

라고 다급하게 답하면서 쉬지 않고,

"이놈! 이놈!"

하는 것이었다.

때리는 효도

깊고 깊은 산중에 두 내외가 아들 하나를 데리고 살았다. 두 내외는 외아들이라 응석받이로 길렀다. 장난삼아 아버지, 어머니를 때리면 고사리 손의 감촉이 귀여워 '잘한다. 잘한다. 네 어미 때려라.' 하고 오히려 사랑스럽게 여겼다. 자랄수록 들락날락 부모를 두들기는 것을 유일한 효도의 방법으로 알았으나 아무도 고쳐 주는 사람이 없었다.

그러던 중 아버지가 돌아가시고 어머니와 단 둘이 살게 되었다. 다 자라 청년이 된 아들은 아직도 어머니 때리는 것을 효도로 알았고 이웃 하나 없는 산골에서 이제 어머니는 맞아 죽게 되었다.

어느 날 외지에 사는 유복한 노인이 유람차 다니다가 이 집에 이르렀다. 마침 아들은 산에 나무하러 가고 무엇보다 사람이 그립던 어머니는 반갑게 손을 맞았다. 그리고 아들의 매에 죽게 된 사정을 호소하였다. 아니나 다를까, 산에서 돌아온 아들은 집에 들어서자마자 어머니부터 때렸다. 그러면서 놀라워하는 노인더러 이것이 효도가 아니냐고 물었다.

생각이 깊고 인자한 노인은 모자의 사정을 딱하게 여겨 아들의 그릇된 생각을 고쳐 주자 마음먹고 곰곰 생각하다 한 가지 꾀를 내었다. 노인이 청년에게 물었다.

"나를 따라 세상 구경을 하지 않겠느냐?"

산속에서만 자란 아들은 흔흔히 승낙하고 집 떠나 있을 동안 며칠의 몫을 한꺼번에 몰아 어머니를 때려 주고 노인을 따라 나섰다.

길을 떠난 이들은 먼저 그 노인의 집에 들렀다. 그런데 이상한 것은 아들 손자가 마루 밑에서 문안을 드리고, 딸 며느리가 밥상을 들여와 시중을 들었다.

들락날락 어머니를 때려만 주던 아들은 그만 놀라고 말았다.

"아니, 댁에서는 왜 늙은이를 때려 주지 않습니까?"

아들이 이렇게 물으니 노인은 웃으면서 대답했다.

"몽둥이질은 구식 효도고 신식 효도는 이렇게 한다네. 이제는 자네도 신식 효도를 좀 하게나."

이리하여 집에 돌아온 아들은 나쁜 버릇을 버리고 노인의 아들들이 하듯 어머니를 섬기는 착한 아들이 되었다 한다.

🥚 도깨비 방망이

🔵 옛날 어느 마을에 한 가족이 단란하게 살고 있었는데, 하루는 아버지가 아들더러 나무를 해 오라고 시켰다. 아들이 산에 가서 갈퀴로 나무를 하는데, 어디선가 개암이 하나 굴러왔다. 아들은 얼른 주워 주머니에 넣으며,

"우리 할아버지께 갖다 드려야지."

하고는 다시 갈퀴로 긁는데 개암이 또 나왔다.

"이건 할머니께 드려야지."

하고 계속 긁으니 개암이 또 나와,

"요건 아버지 거야."

하고 다시 긁으니 또 개암이 굴러 나와서,

"어머니 갖다 드리자."

하며 주머니에 넣고 나무를 하다 보니 어느덧 해가 저물었다.

집에 가려고 주위를 둘러보다가 저만치 불빛이 보여 가 보니 불만 환하게 켜진 빈 집이었다. 넓은 방 안에 들어가 휘둘러보는데 도깨비들이 쾅쾅거리며 오는 소리가 들렸다. 아들은 얼른 다락으로 숨었다. 도깨비들은 금방망이와 은방망이를 두들기며,

"맛있는 음식과 술아 나오너라."

하니 그가 한 번도 보지 못한 맛난 음식이 한 상 가득 차려져 나왔다. 도깨비들이 먹고 노는 것 보니 아들도 배가 고파 개암 먹을 생각에 한 개를 깨뜨렸더니 탁 하며 큰소리가 났다. 도깨비들은 대들보가 무너지는

줄 알고 금방망이와 은방망이를 두고 도망쳤다. 아들은 다락에서 내려와 금방망이와 은방망이를 가지고 집으로 돌아왔다. 그리하여 그 집은 부자가 되었다.

한편, 같은 마을에 사는 욕심쟁이가 그 아들에게 부자가 된 사연을 듣고는 자기도 나무를 하러 산에 올라갔다. 역시 개암이 또르르 굴러오는데, 개암이 나올 때마다 욕심쟁이는 저것도 내 것, 이것도 내 것하며 자기만 먹겠다며 주머니에 넣었다. 그렇게 나무를 하다 보니 날이 저물었고 불빛을 따라 그 빈 집으로 갔다. 다락에 앉아 있으니 도깨비들이 와서 또 술을 마시고 놀았다. 욕심쟁이는 기회를 엿보다가 개암을 딱하고 깨뜨렸다. 그런데 도깨비들은 전에 우리가 속았던 놈이라고 하며 다락에서 끌어내어 욕심쟁이를 실컷 두들겨 주었다.

도깨비 비碑

지금도 구만 리에 살고 있는 정형태 씨의 3대조에 정 병사가 있었다. 정 병사가 소년 시절 글공부할 때 가끔 도깨비가 나타났다. 도깨비는 소년이 혼자서 공부하는 밤이나, 혼자서 거닐 때만 나타나 엎드려 절하며 말하기를,

"병사님, 안녕하십니까?"

라고 말했다. 이런 일이 자주 생기자 철없는 소년도 아마 내가 자라서 병사님이 되는가 보다 생각했다.

스무 살의 청년으로 자란 정 병사는 금강산에 들어갔다. 용하다는 도사를 찾아서 소년 시절의 도깨비이야기를 하고 연유를 물었다.

"그대는 병사 벼슬을 꼭 할 것이다. 그런데 목사를 먼저 지내야 병사가 될 것이네. 그러려면 한 가지 비수를 꼭 몸에 품고 다녀야 하네."

이 말을 듣고 난 그는 명주 한 필을 비수와 바꾸고 도사에게 무술을 배웠다.

한 해가 지나갈 무렵 도사가 하는 말이,

"이제 그만하면 되었네. 지금이 그대가 나설 때인즉 잠깐 고향에 들렀다가 서울로 가게. 그곳에 가면 그대가 출세할 길이 나설 걸세."

라고 했다. 이리하여 며칠 후 괴나리봇짐을 진 청년 정 병사가 원주에 들어섰다. 집에 막 들어서는데, 키가 장승같은 놈이 앞을 막더니,

"병사님! 이제 오십니까?"

하고 엎드려 설했다.

"너는 누구냐?"

정 병사가 묻자 그 장승같은 놈은,

"저는 김 공이올시다."

하는 것이었다. 그리고는 곧 일어서서

"안녕히 가십시오"

하고 사라졌다. 집에 들렀던 청년은 다음 날 서울을 향해 떠났다. 이때 서울의 조정에서는 제주도 목사가 될 사람을 구하고 있었다. 그런데 제주도에 목사로 가는 사람은 웬일인지 부임하기 바쁘게 죽었다. 지금까지 여섯 사람의 목사가 가는 길로 죽었다 하니 더는 제주목사가 되려는 사람이 없었다.

정 청년은 곧 제주목사를 자청했다. 몇 명의 길잡이를 데리고 배에서 내리니 제주 관가에서 신관 사또님이 오신다고 정중하게 마중했다. 안내를 받아 관가에 들어간 정 목사는 자기를 마중했던 관원들의 태도가 수상하다 여기고 잠자리에 들지 않고 기다렸다. 아니나 다를까, 수 명의 괴한이 몰려들었다. 그중에서 우두머리 되는 놈이 하는 말이,

"지금 우리가 살고 있는 탐라국 사람들은 예부터 육지서 오는 사람을 싫어한다. 그래서 육지서 오는 지배자를 모조리 우리 손으로 죽였으니 그대도 오늘 죽을 수밖에 없다."

라고 했다. 듣고 있던 정 목사는 재빠르게 품었던 비수를 우두머리의 가슴팍에 던졌다. 가슴에 비수가 꽂힌 우두머리가 그 자리에 쓰러지자 따라온 졸개들이 무릎을 꿇고 항복했다.

정 목사는 그곳에서 치적을 쌓아 병사 벼슬을 얻었는데, 새로 병사가 된 정 병사는 자기가 병사가 된 것은 역시 도깨비의 도움이라 하여 '김공선정지비'라는 도깨비 비碑를 세웠다 한다.

도깨비 징검다리

다사읍 박곡리와 방천리 사이를 가로지르는 다리가 하나 있으니, 이 다리를 동네 사람들은 '도깨비 다리'라고 부른다. 지금 이 곳에는 잠수교가 놓여 있으며, 해랑교라는 이름이 붙어 있다. 동네 사람들은 이 다리를 도깨비들이 사흘 밤 동안 놓았는데 돌을 움직이는 소리가 시끄럽게 났으며, 아무리 심한 홍수가 나도 떠내려가지 않는다고 한다.

영남 사람들이 서울로 가는 길목에 놓여 있는 이 다리는 동민은 물론 많은 선비들이 왕래하면서 고마움과 편리를 주고 있다 한다.

이 다리에 흐뭇하고 아름다운 이야기가 전해진다.

옛날 낙동강 상류까지 배가 왕래하던 시절, 부산에서부터 만선의 배들이 들어오니 자연히 이 강가에 나루터가 생기게 되었다. 사람들은 이곳을 여진이라 했는데 나루터가 생기니 사람들이 많이 모이게 되고 응당 장터가 생기게 되었다.

어느 날 부산에서 오는 소금배가 여진에 당도했다. 배에서 풍상에 시달렸으나 생김새가 얌전한 한 여인이 어린 계집아이의 손을 잡고 내렸다. 초라한 차림의 여인은 남편을 잃고 의지할 곳을 찾아 떠돌다가 마침내 이곳으로 오게 된 것이다.

얼마 되지 않아 여인은 나루에 주막을 차리게 되었는데, 동네 사람들은 이 여인을 해랑어미라 불렀다. 어린 계집아이의 이름이 해랑이었기 때문이다. 해랑어미는 장사에도 열심이었고 동네에서도 인심을 얻게 되었으나, 석석하게 지내기는 어려웠다. 그러나 뭇 홀아비의 청혼도 거질

하고 오로지 돈벌이와 딸자식 키우는 데에만 힘을 썼다. 지성이면 감천인지 해랑은 점점 예쁘고 착하게 커가고 해랑어미는 돈도 많이 모으게 되었다. 어언간 여진으로 흘러들어온 지도 10년이 되었다.

해랑어미는 강 건너에 땅을 사 농사를 짓기 시작했다. 데릴사위를 보아 해랑을 혼인도 시켰다. 이제 한시름 놓은 해랑어미는 농사짓는 데에만 전념하게 되었는데 하루는 연장을 들고 강을 건너다 건넛마을에 사는 홀아비를 보게 되었다. 해랑어미는 문득 자기 신세에 대한 외로움이 솟구쳤다. 이후로부터 강을 건널 때마다 해랑어미는 그를 보게 되고 한층 더 서로의 마음을 위로하게 되었다. 두 사람은 서로의 심정을 이해하고 가까워지게 되니 해랑어미의 얼굴은 한층 밝아졌고 어느덧 남의 눈을 피해 밤에 만나게 되었다.

어머니의 밤 외출이 잦자 해랑과 그의 남편은 궁금히 여겨 어머니의 행동을 주시해 사실을 알게 되었다. 해랑은 이 사실을 모르는 척했다. 물길이 세찬 내를 매일 건너는 어머니의 모습이 애처롭고 가여워 마음이 아팠다. 날씨가 차차 차가워지자 걱정이 된 해랑은 남편과 의논 끝에 몰래 징검돌을 놓기로 하고 며칠 만에 다리를 완성했다.

마침내 해랑어미는 자식들의 양해를 얻어 재혼하고 행복한 생활을 누리게 되었다.

동네 사람들은 며칠 밤사이에 놓인 징검다리를 고맙게 여겼지만 해랑 내외가 함께 놓은 줄 모르고 도깨비가 밤에 몰래 놓은 것이라 하여 도깨비 징검다리라 불렀다. 나중에 몇몇 사람이 해랑이 놓은 다리라는 것을 알게 되었다. 이후 다리를 놓을 때 해랑교라고 명칭을 붙이게 되었으니, 지금 다사읍 박곡리과 방천리 사이에 놓인 잠수교가 바로 이 효행의 다리이다.

도둑의 꾀

남소문동에 한 과부가 살고 있었다. 선대부터 보화를 많이 모았고, 또 항라 비단과 수놓은 비단을 모아 특별히 나무 궤 하나에 갈무리하였는데, 무게가 열 섬이나 되었다. 과부는 이 나무 궤를 단단히 봉하고 얽고 잠가 다락 위 처마 밑에 두었다. 도둑 떼들이 그 소문을 듣고 들고 가려 해도 무거워서 옮길 수 없고, 꺼내 가려 해도 잠근 것이 단단해 열 수가 없었다. 서로 돌아보고 침만 흘릴 뿐 꾀를 낼 수가 없었다.

이때 어떤 도둑이 열쇠 10여 개를 만들었는데, 크고 작은 것이 서로 같지 않고 만듦새도 각각 달랐다. 하루는 주인이 깊이 잠든 틈을 타 부하 두어 명을 데리고 담을 넘었다. 나무 궤에 여러 열쇠를 이리저리 맞추어 열고 갈무리한 것을 다 찾아내 옮겼다. 그리고는 곰 가죽을 뒤집어쓰고 궤 안에 들어가 누운 다음 쇠를 전대로 채우게 했다.

도둑은 궤 안에서 열쇠로 긁어 쥐가 씹는 소리를 냈다. 여종들이 그 소리를 듣고 주인에게 알리니, 주인은 불을 밝혀 들고 궤짝 문을 열었다. 그러자 곰 가죽을 뒤집어쓴 도둑이 소리치면서 뛰쳐나왔다. 종들은 놀라 등불을 내던지며 주저앉았고 도둑은 몸을 솟구쳐 뜰에 내리기도 하고, 마루 위에 오르기도 하며 온갖 괴상한 소리를 냈다. 온 집안사람들이 놀라 혼이 나가 있을 때 도둑은 어느새 재빠르게 도망쳐 버렸다.

날이 밝은 뒤에 보니 궤 안이 텅 비어 있었다.

주인은 진기한 보배가 오래되면 반드시 액이 생기는 것이라 여겨 무당을 부르고 소경을 맞이하여 빌고 액막이를 하여 장차 올 화만 면하려 하였고, 도둑의 짓이라고는 의심하지 않았다. 도둑의 꾀가 이토록 측량하기 어려우니 참으로 큰 도둑이라 하겠다.

돌호박

옛날 경상도 어느 산골에 어머니와 아들 둘, 세 식구가 살고 있었는데 살림이 가난해 어머니가 품을 팔아 겨우 살아가는 처지였다.

어머니가 어느 날 병으로 앓아눕자 품팔이조차 할 수 없게 되었다. 양식이 떨어져 굶게 되니 동생은 배고파 울고 어머니는 나을 기미 없이 앓으니 보다 못한 형이 산 너머 아버지 친구 집에 밥 동냥을 갔다. 그 집에서는 형을 사랑으로 들이고 밥을 차려 주었다. 형은 집에 어머니와 동생이 있으니 가지고 가야겠다고 하니 아버지 친구 되는 어른이,

"돌아갈 때 안에 이야기해서 밥을 주도록 할 테니 어서 먹어라."

하기에 배고픈 차에 맛있게 먹었다.

그런데 집에 가려고 하니 안채에서는 밥이 없다고 했다.

"애야, 미안하구나. 밥을 다 먹고 없단다. 다른 집으로 가 봐라."

형은 자기가 먹은 밥이 후회스러웠다. 얼른 다른 집으로 가 보았지만, 아무도 밥을 주지 않았다. 어머니와 동생 걱정으로 터벅터벅 산마루에 올라서는데 참으로 이상하게도 아까 갈 때는 보이지 않던 꽤 큼직한 돌호박이 눈에 띄었다. 밥 두 그릇은 들어갈 정도의 크기였다. 형은 그 돌호박에다 자기가 먹은 밥을 토하려 입에 손가락을 넣었다. 밥 한 알이 올라와 호박에 떨어졌다. 그런데 이게 웬일인가? 신기하게도 밥알이 호박에 가득 차는 것이었다. 형은 너무나 신기하고 기뻐서 천지신명께 감사하고 그 돌호박을 집으로 가지고 왔다. 돌호박 안의 밥은 모두가 먹고도 남았다. 이번에는 쌀 한 톨을 구해다 넣어 보니 또 가득 차는 것이 아닌

가? 쌀을 퍼다 판 돈으로 어머니 약을 지어 달여 드리니 어머니의 병환
도 나았다. 그리고는 쌀을 부지런히 퍼내어 팔았다.

그러다가 한 번은 돈 한 냥을 넣어 보니 또 가득 차는 것이었다. 이제
이 집은 아주 부자가 되었다. 집도 크게 짓고 비단옷을 해 입었다.

세월이 흘렀다. 형은 커서 장가를 갔고 아우도 장가를 가게 되었는데
동생에게 살림을 내주어야 했다. 그런데 이 돌호박이 말썽이 되었다. 형
은 자기가 주운 것이니 자기가 갖겠다고 하고 아우는 형은 이미 살림을
갖추었으니 새살림을 나는 자기가 돌호박을 가져야 한다고 주장했다. 그
리하여 서로 다투다가 한 가지 의견을 내놓았다.

"우리가 이렇게 싸울 것이 아니라 이 돌호박을 저 높은 산에서 굴린
다음 먼저 찾아내는 사람이 갖기로 하자."

형제는 돌호박을 가지고 산꼭대기로 올라가 굴리고는 각자 돌호박을
찾았지만 날이 어두워지도록 아무도 찾지 못했다. 다음 날 또 그 다음 날
도 찾았지만 찾을 수가 없었다. 결국 돌호박은 찾지 못했고 형제는 할 수
없이 있는 살림을 나누어서 살았다고 한다.

두꺼비 사위

옛날 한 영감이 낚시질을 해서 먹고 사는데, 하루는 나가서 종일 낚시질을 해도 고기가 물지 않았다. 다음 날도 물고기 한 마리 걸려들지 않았다. 사흘 째 되는 날 다시 바다에 나가 낚시를 담가 놓고 가만히 앉아 있으려니 낚싯줄이 팽팽해졌다. 아이쿠, 걸렸구나 하며 낚시를 잡아당기니 두꺼비 한 마리가 물려 있었다.

"제길, 사흘을 굶었는데 겨우 두꺼비야? 재수도 없구나."

영감은 두꺼비를 가지고 집으로 돌아왔다.

할멈이 물었다.

"오늘은 좀 잡았소?"

"오늘도 못 잡았는데 해가 다 질 무렵 두꺼비가 물렸잖아. 가져왔는데 어디 두고 보자고."

그리하여 두 내외는 두꺼비를 집에다 두고 키웠다.

얼마 지난 뒤 신기하게도 두꺼비가 영감에게 말을 하는데,

"부잣집 셋째 딸에게 장가보내 주시오."

하는 것이었다.

처음에는 당찮은 말이라고 거절했지만, 두꺼비가 조화를 부리니 노인은 할 수 없이 부잣집 주인을 찾아가 말했다.

"우리 두꺼비를 셋째 사위로 삼아 주시오."

기가 막힌 부잣집 주인은 하인을 시켜 영감을 결박시켜 버렸다.

"우리 두꺼비를 사위 삼지 않으면 이 집은 뿌리째 망할 것이오."

영감의 큰소리에 겁이 난 주인은 영감을 풀어 주고 할 수 없이 두꺼비를 셋째 사위로 삼기로 했다. 두꺼비에게 시집을 가게 된 셋째 딸은 낙담 상혼해 첫날밤에 두꺼비도 죽이고 자기도 죽을 결심을 했다.

혼인날이 되어 두꺼비가 벌룩벌룩하면서 장가들러 왔다. 식이 끝나고 첫날밤에 신부가 칼을 내놓으며 말했다.

"너를 죽이고 나도 죽을 것이다."

그 말에 두꺼비가 말했다.

"그럴 필요 없소. 내가 여기 누울 테니 살가죽만 잘 베시오."

신부가 그대로 하니, 훤칠하고 훌륭한 신랑이 두꺼비 가죽을 벗고 나오는 것이 아닌가.

"아침이 되면 내가 다시 가죽 속에 들어갈 테니 처음 같이 꿰매시오."

신부는 고개를 끄덕였다.

큰방의 부모는 두꺼비와 첫날밤을 지낼 딸 걱정에 한숨만 나왔다.

"아침까지 딸이 나오지 않으면 필시 죽은 것이다."

아침이 되어 신방에서 셋째 딸이 화색을 띠며 나오자 부모가 놀라 물었다.

"신랑이 두꺼비 아니더냐?"

"두꺼비예요, 아버지."

"두꺼비 신랑 보기도 싫다. 어서 시집으로 데려가거라."

부모가 진저리를 치며 말했다.

"예, 아버지."

그렇게 두꺼비 신랑과 함께 시집으로 왔다.

얼마 지난 뒤 장인의 환갑이 돌아와 두꺼비와 신부는 처가로 갔다. 사랑채 큰방에 여러 손님들이 둘러앉아 있는 가운데 윗목에 앉아 있던 장인이 두꺼비를 보고 물었다.

"너는 무엇 때문에 왔느냐?"

"장인어른 환갑에 제가 안 와 보면 되겠습니까?"

손님들이 하하하 웃어대니 주인은 두꺼비 사위가 더욱 부끄러워졌다. 손님들은 두꺼비를 비웃고 나가라며 아우성이었지만 두꺼비 사위는 꼼짝하지 않았다.

두꺼비 사위가 장인에게 말했다.

"장인 환갑이신데 고기나 잡아올까요?"

"무슨 고길 잡겠느냐?"

"꿩이나 토끼나 돼지나 노루나 잡아오겠습니다."

"아니, 네가 그걸 잡겠다고?"

"네, 잡아올 테니 말을 빌려 주십시오. 그리고 마부와 하인들도 함께 가겠습니다."

"좋다."

두꺼비 신랑은 마부와 하인을 따르게 하여 깊은 산속으로 들어갔다. 한참 가니 널따란 바위가 나타났다. 두꺼비 신랑은 부적 같은 것을 한 장 써서 하인에게 건네면서,

"이 편지를 가지고 저 산등성이를 넘어가면 중이 옷을 벗고 이를 잡고 있을 테니 그 중에게 주어라."

했다.

하인이 산등성이를 넘어가니 한 중이 웃통을 벗고 있었다. 하인이 편지를 읽고 나서,

"알았다. 먼저 가거라. 나는 옷을 입고 갈 테니."

했다. 그래서 하인은 먼저 돌아왔다. 그런데 잠시 후 꿩이 날아오더니

움직이지 못하는 것이었다. 또 토끼가 뛰어오더니 꼼짝 못했다. 뒤이어 돼지, 노루도 여러 마리 달려왔다. 두꺼비 신랑은 하인들에게 그것을 다 산 채로 묶어 말에다 싣도록 했다. 집으로 돌아오는 길에 첫째 사위와 둘째 사위를 만났다. 그들도 사냥을 나섰다가 허탕을 치고 돌아오던 중에 사냥거리를 잔뜩 잡은 두꺼비를 보자 이렇게 말했다.

"잡은 짐승을 우리에게 넘겨라."

두꺼비 신랑이,

"줄 수는 있지만 내 말을 들어야 합니다."

"좋다."

"그럼 웃통을 벗고 돌아앉으시오."

웃통을 벗고 나란히 돌아앉자 두꺼비 신랑은 어깻죽지를 꽉 물어 상처를 낸 다음 짐승들을 모두 첫째와 둘째 사위에게 나눠 주었다. 둘은 산 짐승들을 모두 죽여 자기들이 잡은 것처럼 해 가지고 처가로 갔다. 두꺼비가 빈손으로 돌아오니 사람들이,

"보라고, 두꺼비가 잡긴 뭘 잡아. 개 코를 잡아?"

하고 비웃었다. 민망한 부잣집 주인은 두꺼비에게 돌아가라고 성화를 댔지만, 두꺼비는 뻔뻔스레 주저앉아 일어날 생각을 안 했다.

"잔치가 끝나야 가지요."

마침내 환갑잔치가 끝나고 신부를 앞세워 집으로 돌아온 두꺼비는 영감을 마주했다.

"나는 이제 가야 할 때가 왔습니다. 사실 나는 옥황상제의 아들인데 너무 더워 바다에 내려왔다가 아버지의 낚시에 걸린 것입니다. 아버지 어머니가 팔자 고치려고 나를 잡은 것입니다."

놀라는 영감에게 처가에 잠시 다녀오겠다며 아뢴 뒤 두꺼비 신랑은 다

시 처가로 향했다.

장인에게 첫째와 둘째 사위를 불러 달라고 청하니 잠시 후 두 사람이 불려왔다.

두꺼비 신랑은 두 사위를 보고 말했다.

"지금 장인이 볼 수 있게 웃통을 벗으시오."

그들이 머뭇머뭇 옷을 벗자 상처가 보였다.

"이 상처는 내가 문 상처요. 이 두 놈은 원래 내 부하인데, 사냥은 이들이 한 게 아니고 내 것을 빼앗은 것이오. 너희는 이제 여기서 살 생각은 하지 마라."

두꺼비가 그렇게 말하고는 벌을 주자 그 둘은 그 자리에서 도망가 버렸다.

두꺼비 신랑은 다시 집으로 돌아와 영감에게 말했다.

"나는 하늘로 올라갈 텐데 여기 있는 뜰을 모두 논으로 만들어 줄 테니 농사를 지으며 오래오래 사십시오."

두꺼비 신랑은 허물을 벗고 동서남북에 사배를 한 뒤 앉으니 지금까지 청정하던 날이 별안간 번갯불이 나고 안개가 자욱해짐과 동시에 뜰이 들썩거리고 비가 마구 쏟아졌다. 이틀 후 비가 그치자 황폐했던 땅이 논이 되어 있었다. 그래서 돌로 경계를 삼고 어부 부부는 큰 부자가 되어 잘살았다.

뚜껑 바위

● 경북 영주군, 휴천동(속칭 광승)이라는 마을 뒷산 영주 시가지가 한눈에 훤히 내려다보이는 시원스러운 곳에 바위에 뚜껑을 덮어 놓은 듯한 이상하게 생긴 커다란 바위가 하나 우뚝 서 있다.

조선 초기 이 마을에 송석이라는 바보 같은 아이가 하나 있었다. 이 아이는 십 리나 떨어진 영주읍 문정리의 한천서당으로 글공부를 하러 다녔다. 그런데 송석은 너무나 바보 같아서 서당에서 같이 공부하는 동무들의 놀림감이 되어 따돌림과 뭇매까지 맞았다. 이를 한탄한 송석은 어느 날 글공부를 포기하고 서당에서 멀리 떨어진 연못 둑에서 낮잠을 잤다. 그런데 꿈에 한 노승이 나타나,

"이 못에 있는 잉어를 잡아먹으면 힘이 솟아나느니라."

하는 말에 정신이 번쩍 들어 연못 속을 들여다보니 과연 잉어가 있었다. 이에 이 잉어를 잡아먹고 나니 정말로 힘이 솟아났다. 그러고 나서 서당에 돌아오니 여러 글동무들이 마당에 있는 대추나무에 올라가 대추를 따먹고 대추씨를 던지며,

"이 바보 천치야. 어디 갔다 이제 왔니?"

하면서 놀려대는 바람에 송석은 화가 나 당장에 대추나무를 뽑아 버렸다. 그 후부터 송석의 힘은 세상에 알려져 송 장수로 불려졌다.

어느 날, 송 장수는 문정리 앞을 흐르는 남원천이 장마로 물이 불어 상여가 건너지 못하는 것을 보고 상주와 상여꾼을 두 손으로 성큼 들어 건너게 해 주었다. 그 일로 송 장수의 힘이 조정에까지 알려지자 일부 간

신들은 자기들의 자리를 지키기 위해 송 장수를 모함하였고, 집안에서까지 화를 면하기 위해 그를 죽이려고 애를 쓰기에 이르렀다.

그런 어느 날 송 장수는 어머니께 농담 삼아,

"아무리 나를 죽이려 해도 나는 죽지 않습니다. 하지만 나를 죽일 수 있는 딱 한 가지 방법은 내 겨드랑이 밑에 있는 잉어 비늘을 떼면 나는 죽습니다."

라고 말했다.

간신들의 모함에 빠진 송 장수의 어머니는 어느 날 아들이 잠자는 동안 겨드랑이 밑에 있는 잉어 비늘을 떼어내니 송 장수는 괴성을 지르며 곧 죽어 버렸다.

그가 죽은 날로부터 며칠 후 문정리 못 둑에서 송 장수를 태우고 하늘로 올라가려던 용마가 등에다 송 장수가 입었던 갑옷을 싣고 못 둑을 빙빙 돌면서 울다가 끝내는 갑옷을 이 뚜껑바위에 넣고 뚜껑을 닫은 후 어디론가 사라져 버렸다.

그 후부터 광승의 이 뚜껑바위 속에는 송 장수의 갑옷이 들어 있다고 지금도 전해 내려오고 있다.

이 마을 사람들의 말을 빌자면, 날씨가 맑은 날이라도 뚜껑바위를 해칠 마음으로 뒷산에 올라가면 당장에 번개와 천둥이 치고 소낙비가 내린다고 하며 마을 사람들은 이 바위를 보호하여 지금도 고사를 지내고 있다고 한다.

말하는 염소

옛날 형제가 살았는데, 동생은 잘살고 형은 가난하기 이를 데 없었다. 형이 동생 집에 가서 겨라도 얻을라치면 동생은 소 먹일 것도 없는데 줄 게 어디 있느냐고 야단이었다.

하루는 형이 지게를 지고 나무를 하러 갔다. 형은 눈이 쌓여 양지쪽에서 나무를 긁으며,

"설눈은 쌓이고 설밥은 없고 우리 부모 어떡하나?"

하고 소리를 쳤다. 그런데 건너편 골짜기에서,

"설눈은 쌓이고 설밥은 없고 우리 부모 어떡하나?"

하는 자기와 똑같이 흉내 내는 소리가 들렸다. 또 한 번 같은 소리를 했더니 역시 똑같은 흉내를 내 그곳으로 가 보니 염소란 놈이 있었다.

흉내를 냈느냐고 물었더니 그렇다고 하여 그럼 어디 다시 한 번 말을 해 보라고 하니 곧잘 했다. 형은 그 염소를 끌고 큰 동네로 가서 외치고 다녔다.

"말 잘하는 염생이 보쇼! 말 잘하는 염생이 보쇼!"

하나둘 동네 사람들이 모여들었다. 그리고 염소가 정말 말을 하는 것을 보고는 돈을 많이 던져 주었다. 형은 염소를 끌고 이 동네 저 동네 다니면서 돈을 잔뜩 모아 집으로 돌아왔다.

이를 본 동생이 형의 염소를 빌려서는,

"말 잘하는 염생이 보쇼."

하고 동네를 돌아다니니 사람들은 전에 왔던 염소가 왔다며 또 모여들

었다. 그러나 아무리 말을 시켜도 염소는 말을 하지 않았고 동네 사람들은 모두 투덜거리며 집으로 돌아가 버렸다. 동생은 화가 잔뜩 나서 염소를 끌고 산으로 가 바위틈에다 놓고 짓이겨 죽였다.

형이 동생에게 염소는 어찌했느냐고 물으니 말을 못해서 바위에다 놓고 죽었다고 했다. 형은 울면서 그곳으로 가 뼈다귀를 주워 울안에 묻었다. 그랬더니 거기서 대나무가 나 무럭무럭 자라 나중에는 하늘에 있는 돈보를 찔러 집 안에 돈이 가득 쏟아졌다. 이것을 안 동생은 또 뼈다귀를 주워 울안에 묻었다. 그랬더니 그곳에서는 대나무가 나서 하늘에 있는 똥보를 찔러 동생은 똥에 파묻혀 죽었다.

머리 깎은 효부

옛날 어느 마을에 늙은 홀아비와 아들, 며느리 그렇게 세 식구가 살고 있었다. 조석의 끼니 대기가 어려운 형편인데, 아버지의 환갑날이 닥쳐왔다. 아들과 며느리는 아무리 궁리를 해도 아버지 환갑잔치할 도리가 없었다. 그러나 홀로 계신 아버지의 환갑날에 아무것도 없으면 얼마나 섭섭할 것이며 아들, 며느리로서도 죄송스러운 일이 아닐 수 없었다.

며느리는 생각 끝에 소담한 자기의 머리를 잘라 팔아서 그 돈으로 쌀을 사고 반찬을 마련하여 정성껏 상을 마련했다. 저녁이 되었다. 저녁상을 올리고 홀아버지를 위로하기 위해 아들은 화로를 두드리며 장단을 치고 며느리는 장단에 맞춰 춤을 추자 아버지는 기가 막혀 울고 있었다.

마침 원님이 민정을 살피고자 순찰을 돌다가 이 집 앞을 지나게 되었다. 봉창에 세 사람의 그림자가 비치는 가운데 춤추는 모습이 보이고 장단 소리, 울음소리가 나니 이를 이상히 여겨 문을 열고 그 까닭을 물었다. 노인은 원님에게 사정 이야기를 해 주었다. 원님은 가족의 딱한 사정과 아들, 며느리의 효성에 감동되어 쌀과 옷감을 상으로 후하게 주어 위로했다고 한다.

메뚜기와 개미와 물새

옛날 메뚜기와 개미와 물새가 잔치를 벌이기로 했다. 개미는 밥을 마련하고 메뚜기와 물새는 찬을 마련하기로 했다. 개미는 들로 나갔다. 마을의 아낙네가 밥을 머리에 이고 들로 가고 있었다. 개미는 아낙네의 옷 속으로 들어가 여인의 넓적다리를 힘껏 물었다. 깜짝 놀란 여인이 머리에 이고 있던 밥 광주리를 땅에 떨어뜨렸다. 개미는 재빠르게 흘린 밥풀을 주워 달아났다.

메뚜기가 개울 옆 풀에 올라 있으니 물고기들이 메뚜기를 먹으려고 모여들었다. 지키고 있던 물새는 순간 날쌘 솜씨로 고기를 낚아챘다. 메뚜기와 물새는 서로 저 때문에 고기를 잡았다고 자랑하다가 드디어는 싸움이 벌어졌다.

서로 다투는 꼴이 얼마나 우습던지 너무 웃어서 개미의 허리는 잘록해졌으며, 물새는 메뚜기의 이마를 호되게 때렸으므로 뒤로 젖혀졌으며, 이때 메뚜기가 물새의 부리를 잡아당겼으므로 물새의 부리가 길어졌다고 전한다.

명의名醫 허준

● 선조 임금 때 허준이라는 명의가 있었다. 지금도 한방 의사라면 누구나 보배처럼 간직하는 의서 『동의보감』을 편찬한 사람이다. 선조 임금의 명을 받은 허준이 이 책을 완성한 것은 그 다음 임금인 광해군 때의 일이었다.

이 책에서 허준은 사람의 병을 과별로 분류하여 일일이 병명을 붙이고, 그 치료법도 자상히 적어 놓았다. 이것은 그 당시 의술의 집대성일 뿐만 아니라, 지금도 역시 세계에 자랑할 만한 한방의서라 할 수 있다.

이 이야기는 허준이 젊었을 때 사신을 따라 중국에 가다가 생긴 일이다. 허준을 포함한 사신 일행이 국경을 막 넘어서 으슥한 산골길에 닿았을 때다. 난데없이 큰 호랑이 한 마리가 나타났다. 여럿이 기겁하는 사이에 하필이면 허준 앞에 쭈그려 앉아 옷자락을 앞발로 잡아당겼다. 처음에는 모두 놀랐으나 이내 사람을 헤치려는 생각이 아님을 알고 진정할 수 있었다.

허준도 다른 사람들처럼 정신을 가다듬고 호랑이를 관찰했다. 자세히 보니 호랑이 눈에 어쩐지 눈물이 고인 듯 느껴졌다.

'꼭 무슨 곡절이 있을게다.'

허준은 이런 생각을 하면서 조심스레 물어보았다.

"너는 나를 해칠 생각이냐, 아니냐?"

호랑이가 사람 말을 알아들은 것일까? 좌우로 머리를 흔들더니 뒤를 멀리 돌아다보면서 발을 허비적거렸다.

'흥, 어디로 함께 가자는 게로구나.'

허준이 이런 생각으로 저도 모르게 고개를 크게 끄덕였다. 그러자 호랑이는 허준 앞에 등을 납작하게 엎드렸다. 허준은 용기를 내어 호랑이 등에 올라탔다. 그때부터 호랑이는 허준을 업고 우거진 숲과 험한 산길을 나는 듯이 달렸다. 얼마 후 어떤 동굴 앞에 서더니 거기서 또 푹 엎드렸다.

'여기가 호랑이 굴이구나!'

허준은 성큼성큼 굴 안으로 호랑이를 따라 들어갔다. 굴 안에는 호랑이 새끼 세 마리가 피투성이가 되어 자빠져 있었다. 아마도 무슨 사나운 짐승에게 해를 당한 모양이었다. 다행히도 아직 숨이 끊어지지 않은 채 낑낑거리므로 허준은 약주머니에서 고약을 꺼내 정성껏 발라 주었다.

이것을 본 어미 호랑이는 비로소 마음이 놓였는지,

"어흥!"

하고 부드럽게 울더니, 이내 어디론지 나가 버렸다.

좀 있으려니까 호랑이는 커다란 이리 한 마리를 물고 돌아와서 굴 밖에 놓고 무참하게 물어 죽였다. 죽은 후에도 발로 차고 입으로 물어뜯으면서 무서운 소리로 울부짖었다.

'오라, 새끼의 원수를 갚는구나!'

어쨌거나 허준은 급한 치료를 끝냈으니 돌아갈 요량으로 굴 밖으로 나왔다. 이를 본 호랑이는 기겁하고 앞을 막았다. 먼저 허준을 데려올 때와 마찬가지로 꿇어앉은 호랑이를 보고 허준은,

'상처가 아물 때까지 보아 달라는 뜻이다.'

하고 깨달았다.

이리하여 하는 수 없이 굴에 들어온 허준은 호랑이 새끼를 미처 사람

처럼 정성껏 치료하게 되었다. 그동안 밤이면 어미 호랑이가 물어다 펴준 마른 풀 더미에서 잤다. 낮이면 부리나케 잡아다 주는 산토끼, 노루새끼 따위를 불에 구워 먹었다.

한 사나흘이 지났을까, 새끼 호랑이들은 상처가 아물어 힘차게 뒹굴고 뛰고 하게 되었다. 그제야 어미 호랑이는 허준 앞에 큰절이라도 하듯이 꿇어앉았다. 그리고 일변,

"흐으, 흐으!"

하며 사뭇 기분 좋게 울어댔다.

"이젠 다 나았으니 나를 돌려보내다오."

하는 허준의 말이 통했는지, 어미 호랑이는 등을 내밀고 엎드렸다.

허준이 올라타자 호랑이는 또다시 나는 듯이, 그러나 몹시도 조심성 있게 달렸다. 오던 길과는 퍽 다르다는 생각이 들어 허준은 약간 겁을 먹었다. 하지만 어쩔 도리 없이 몸을 맡겼다.

이윽고 어느 큰 거리가 보이는 언덕에 올라서자 호랑이는 발을 멈추고 엎드렸다. 호랑이 등에서 내려온 허준은 주막거리로 내려갔고, 호랑이는 그 사이에 모습을 감추었다. 그곳 큰 여관에 찾아든 허준은 한 이틀 후에 전에 함께 가던 사절단 일행과 만나게 되었다. 그러니까 호랑이는 오히려 앞질러 데려다 준 셈이다.

이런 일이 있은 후부터 허준은 이름을 떨치기 시작했다고 한다.

모래 돛대

옛날 중국은 대국이라는 것을 뽐내기 위해 소국인 우리나라를 골탕 먹이는 일이 적지 않았다. 그러던 어느 해 어느 심술궂은 중국의 임금이 사신을 보내 까다로운 요구를 해왔다. 즉, 조선에는 한강이라는 큰 강이 있다는데, 그 한강의 물을 한 방울도 남기지 않고 한 척의 배에다 실어 보내라는 것이었다.

이런 어이없는 주문을 받은 우리나라 임금의 걱정은 태산 같았다. 흐르는 한강물을 한 방울 남기지 않고 퍼 올릴 수도 없거니와 또 그 많은 물을 퍼 올린다 해도 한 척의 배에다 실어 보낼 그런 큰 배는 있을 수도 없기 때문이었다. 보내라는 날짜는 다가오는데 아무리 생각해도 묘안이 생기지 않아 임금님은 괴로웠다.

그래 하루는 머리가 좋다는 조정의 신하들을 불러 의논을 했다. 그러나 한강물을 한 방울도 남기지 않고 한 척의 배에다 실어 보낼 수 있는 묘안은 나올 리가 없어 신하들도 어쩔 줄을 몰라 했다.

한참 후에 정승이 임금님 앞에 나아가 좋은 수가 있다고 아뢨다. 임금님은 희색하며 방도를 말해 보라고 재촉했다. 정승의 말을 다 듣고 난 임금님은 고개를 끄덕이며 뛸 듯이 기뻐했다. 그리고 곧 답장을 보냈는데, 중국의 천자에게 보내는 답장에는 이렇게 쓰여 있었다.

"한강물은 한 방울도 남기지 않고 퍼 보낼 준비가 다 되어 있나이다. 그러나 이 많은 물을 보내기 위해서는 한강물을 실을 만한 큰 배가 필요하며, 그 배는 모래를 3백 자 이상 쌓아 올려 돛대를 만들어야 하나이다.

우리나라는 아시다시피 소국이라 그런 많은 모래가 없으니 귀국에서 북
쪽의 사막이라도 헐어 3백자 모래 돛대를 만들어 배와 함께 보내십시오.
그러시면 곧 한강물을 한 방울 남기지 않고 실어 보내겠습니다."

이 답장을 받은 중국의 천자는 아무 말도 못했으며, 그 후 다시는 까
다로운 주문을 해 오지 않았다고 한다.

못난 사위

● 옛날 어떤 시골 양반이 딸을 하나 두었다. 이 시골 양반은 외톨박이 딸이니 시집이나 잘 보내 주어야겠다고 봇짐을 싸 갖고 사윗감을 고르러 다녔다.

그러다 어느 날 서당에 들어가 하룻밤을 쉬게 되었다. 그런데 글방의 아이들 중에서 퍽 잘생긴 아이를 하나 발견하고 마음에 들어 글방 선생에게 자기의 심중을 털어 놓았다. 선생은 쾌히 허락하며 그 애는 바로 자기 아들이라고 했다.

그래 택일까지 해 놓고 돌아와 그날을 기다렸다. 그날이 닥쳐와 장가오는 신랑을 보니 웬걸, 그때 본 아이가 아니라 지지리도 못생긴 다른 아이였다. 시골 양반은 당황했으나 할 수 없이 딸을 시집보냈다.

'어쩔 수 없구나. 제 팔자가 좋으면 잘살겠지.'

사실 사위는 글방 선생의 아들이 아니라 조실부모한 사동이었다. 지지리 못난 아이인지라 나무꾼 노릇을 시키며 맡아 기르는데, 장가도 못 들고 해서 아들 대신 보냈던 것이다.

그렇게 딸을 시집보낸 후 5년쯤 흘렀을까, 아버지가 찾아가 보니 생각보다 잘살고 있었다. 인사를 받은 아버지가 딸에게 시집 잘못 보내 주어 후회하고 있다고 하니, 딸은,

"별말씀을 다 하십니다, 아버님."

하면서 장을 열어 보이니 돈이 꽉 차 있었다. 나무 장사를 해서 모았다고 했다.

잠시 후 쿵하고 나뭇짐을 내려놓는 소리가 나더니 사위가 들어오는데 더없이 미더워 보였다.

　그 후 10년이 되던 해, 사위는 갑부가 되더니 아내를 돌보지 않고 산 속으로 들어가 3년간 공부한 끝에 장원급제하여 두 사람은 잘살았다. 그러나 글방 선생의 아들은 끝내 가난한 선비로만 지냈다고 한다.

물 건너가는 중

옛날 어느 산골에 커다란 절이 있었다. 하루는 어느 상좌가 바깥에서 뛰어 들어오며 숨찬 소리로 스님을 급히 불렀다. 스님이 놀라면서 왜 그러냐고 물었다. 그랬더니 상좌가 하는 말이,

"까치가요, 절문 밖 큰 대추나무에다 집을 짓는데 웬 옥비녀를 갖다 끼워요."

했다. 스님이 이상히 여겨 나가 살펴보는데 상좌가 올라가서 옥비녀를 꺼내라고 꾀었다.

스님은 잠시 생각하다가 신과 버선을 벗어 놓고 손에 침을 바르더니 대추나무를 오르기 시작했다. 이 가지 저 가지를 바꿔 디디며 막 까치집에 닿을 무렵 지키고 섰던 상좌가 소리쳤다.

"저것 보세요. 우리 스님이 까치 새끼를 생으로 뜯어 잡수시네요."

절이 떠나갈 듯한 고함에 절 안에 있던 중들이 일제히 나와 보니 대추나무 위에 있던 스님이 당황하여 급히 내려오다 가시에 온몸이 찢겨 피투성이가 되었다. 다른 중들에게 변명을 한 후 스님은 부끄럽기도 하고 분함을 참지 못해 상좌를 끌고 들어가 실컷 때려 주었다.

그러나 이 상좌는 원래 장난을 잘했으므로 또 골려 줄 방법을 생각했다. 이번엔 자기가 장난을 한 후에도 책망 받지 않게 하려고 신중하게 계획을 짰다.

때는 가을이었다. 어느 날 상좌가 절 아래에 있는 동네에서 돌아와 스님 곁에 앉으며 은근히 말을 꺼냈다.

"저 아랫마을 주막집에 젊은 과부가 하나 살지요."

"그래."

"아까 소생이 나오려는데 과부가 불러서 갔더니 절 근처 많은 감나무에 열린 감을 스님 혼자만 잡수시냐고 물어요."

"그래서?"

"그래서 대답하길 스님이 그럴 리가 있나요. 스님도 잡수시고 다른 사람도 나눠줍니다, 하였지요."

"그래서?"

"그랬더니 과부 말이 스님께 여쭙고 좀 얻어 달라고 합디다."

"그래? 그럼 먹을 만큼 따다 주려무나."

그리하여 상좌는 만족한 듯이 좋은 감을 골라서 따 가지고 내려갔다. 그 과부는 천하 미인이라, 은근히 탐을 내지 않는 사람이 없었다. 한편 스님도 그 과부를 은근히 생각하는 눈치였다.

'그 여자는 겉은 꽃 같으나 속은 얼음과 같이 찬 천하 미인이다. 감히 말을 해 본 사람도, 말소리를 들어 본 사람도 없는데 감을 맛보자는 것은 나와 통하자는 것이 아닐까? 그렇다면 감은 나에게 고마운 과일이다.'

이같이 속으로 중얼거리며 마음을 조였다.

얼마 후에 상좌가 웃으며 들어왔다.

"스님, 감을 갖다 주었더니 어찌나 좋아하는지 모르겠어요. 그런데 그 과부가 또 하는 말이 있어요."

"무슨 말인데?"

"저 불당의 옥병은 스님 혼자 잡수시냐고 물어요."

"그래서?"

"모두 나눠 먹는다고 했어요."

"잘했다."

상좌는 스님의 허락이 떨어지기가 바쁘게 불당으로 들어갔다. 그리고는 불상 앞에 고이 놓은 옥병을 전부 거두어 가지고 마을로 내려갔다.

스님은 또 과부를 생각하며 상좌가 오기를 고대했다. 그러던 중 저편에서 상좌가 오다가,

"스님."

하고 부르고는 절 뒤로 뛰어갔다. 스님이 초조한 끝에 쫓아가니 상좌는 뒷간으로 들어갔다. 닭 쫓던 개 지붕 쳐다보듯 스님은 걸음을 멈추고 상좌가 나올 때만 기다렸다. 이윽고 상좌가 나오며,

"아이고, 똥 쌀 뻔했네."

하곤 어려운 일을 처리한 듯 외쳤다. 스님은 자기가 뛴 일이 분하여 어찌된 일이냐고 물었더니 상좌는 기색을 살피며 왜 여길 오셨느냐고 되레 물었다.

"네가 뛰어오기에 영문도 모르고 왔지."

"소생은 여기까지 오시란 게 아니라 말씀을 전하려다 뒤가 급해서 뛰었습니다."

"그러면 말이나 하고 올 것이지……. 대관절 과부가 뭐라고 하더냐?"

"아이고, 과부 말씀은 하지도 마셔요. 제가 갔다가 맞아 죽을 뻔했어요."

"무슨 말인지 어서 해 보아라."

스님이 독촉했다.

"병을 갖다 놓고 얘기를 하려는데 과부의 아버지가 술에 취해서 작대기로 때리며 무슨 중놈이 고약한 짓을 하려고 이곳에 왔느냐고 하잖아요."

"그럼 아무 말도 들을 겨를이 없었겠구나."

스님이 재차 물었다.

"얻어맞고 뒤꼍으로 뛰어오는데 과부가 쫓아오며 이틀 후에 오라고 했습니다만, 다시는 못 가겠습니다. 맞아 죽으려고요?"

스님은 후일에 다시 오란 말에 정신이 번쩍 나서 상좌를 자기 방으로 데리고 들어가 돈을 주고 달래며 호감을 사느라고 애를 썼다. 상좌는 많은 돈을 타 가지고 마을에 내려가 놀다 돌아와서 스님을 가만히 불렀다.

"과부가 말하길 스님께 신세를 많이 졌다면서 조용한 곳에서 한번 만나자고 해요."

스님은 상좌의 말에 기뻐하며,

"어느 날 만나자고 하더냐?"

"모레 저녁에 스님더러 자리를 정하라고 하던데요."

그리하여 절 뒷방을 장소로 정하고 상좌는 마을로 내려가 과부에게 갔다.

"소인이 본래 가슴앓이가 있는데 의원에게 보이니 아낙네의 신짝을 따뜻하게 해서 대면 낫는다기에 헌 신짝을 얻으러 왔습니다."

상좌가 조심스레 청하니 과부는,

"내버릴 신짝은 없고 지금 신는 것을 줄 테니 어서 병이나 나으세요."

하고 대답했다.

상좌가 신을 들고 절 뒤 방문 앞으로 살금살금 오니 방 안에서,

"과부가 온다. 미인 과부가 온다. 저 과일을 내가 권하면 그녀가 나에게도 권하고, 후에는 인사도 하고, 내 요구도 들어줄 테지."

하고 중얼거리는 소리가 들렸다. 그때 상좌가 문을 벌컥 열고서는,

"다 틀렸소. 다 틀렸어."

했다. 스님이 영문을 몰라 하니 상좌는,

"과부가 오다가 스님이 중얼거리는 것을 듣고 여러 사람이 논다고 대단히 노하여 돌아가는 것을 붙잡지 못하고 신짝만 주워 가지고 왔어요."

하고 신짝을 보였다.

"다 잘된 일이 틀린 것은 모두 스님의 탓입니다."

하며 스님을 원망했다.

이를 듣고 있던 스님은 큰 실수나 한 듯이,

"옳다. 요놈의 주둥아리가 죄다. 몽둥이로 때려라."

하고 얼굴을 상좌 앞으로 내밀었다. 이에 상좌는,

"옳소이다."

하며 옆에 있는 목침으로 갈기니 스님의 이빨이 몽땅 빠졌다. 상좌는 여태껏 잘 속여 왔으니 앞으로도 들키지 않게 스님을 속일 궁리를 했다.

어느 날 스님에게로 가서,

"아랫마을 과부가 말씀 좀 전해 달라고 해요. 지난번에 왔다가 스님이 혼자 말씀하신 것인 줄 모르고 그냥 간 것이 미안하다면서 다시 뵙도록 해달라고 하던데요?"

"어떻게 만나자고 하든?"

하며 스님은 바싹 다가앉았다.

상좌는 빼기면서,

"이번에는 자기가 조용한 '예쁜네'로 처소를 정했으니 이 약을 잡수시고 오시래요. 이 약은 왕성한 약이래요."

라고 말했다.

스님은 일분일초 새롭게 고대하다가 먼저 가서 기다리고 있었는데, 이상하게 배가 꿈틀거리더니 실사가 날 듯했다. 침다못해 무릎을 끓고 발

뒤꿈치로 항문을 괴고 있는데, 과부가 문을 열고 들어오다가,

"사람이 들어오는데 괴이하게 앉아서 일어나지도 않아."

하며 스님을 두 손으로 떠밀었다. 자빠진 스님은 똥을 뿌지직 싸고 고개도 못 든 채 기어 나왔다. 상좌의 흉계로 약이 아닌 날콩가루를 받아먹고 설사한 것이었다.

한편, 스님은 겨우 자기 방으로 들어와서,

"이놈의 배, 이놈의 배……."

하며 주먹으로 자기의 배를 때렸다. 이를 본 중들은 견딜 수 없는 냄새가 나도 유구무언이었다.

이 스님처럼 자기의 양심에 어긋나는 욕심을 억지로 채우려다가 가는 곳마다 봉변을 당하는 것을 가리켜 물 건너가는 중이라 불렀다.

미련한 놈

● 옛날 미련하기 짝이 없는 한 놈이 있었다. 하루는 이 미련한 놈이 혼자 방 안에 우두커니 앉아 있는데, 난데없이 벌레가 날아와 옷에 붙었다. 그러나 뗄 줄을 몰라 이리저리 서성대고 다니다 마침 아버지를 만나자 울면서 호소하니 탁 쳐서 죽이라고 했다. 그제야 시키는 대로 벌레를 죽이고 한숨 돌려 쉬었다.

며칠이 지난 뒤 주무시는 할아버지의 등을 보니 파리가 앉아 손을 비비는 것을 보고 탁 소리가 나게 쳤다. 그 바람에 낮잠을 깬 할아버지가 버릇없는 놈이라고 나무라니 아버지가 그렇게 가르쳐 주었다고 했다. 할아버지는,

"그럴 때는 부채로 슬슬 날리는 것이니라."

했다.

또 몇 날이 지나 동네에 불이 나서 야단인데 난데없이 바람을 일으키는 놈이 있었다. 보니까 미련한 놈이 큰 부채로 있는 힘껏 타오르는 불을 향해 부채를 부치고 있었다. 아버지는 깜짝 놀라 물을 부어야 한다고 가르쳐 주었다. 이놈이 집에 돌아와 보니 저녁을 짓느라고 불을 지피고 있었다. 이걸 본 그는 물을 퍼다 부어 부엌이 한강물이 되었다.

이렇게 하여 저녁도 굶고 흠씬 매를 얻어맞고서야 정신이 났는지 그때부터 열심히 공부하여 과거 급제해 훌륭한 인물이 되었더란다.

민 감사와 그의 매제

● 충청감사 민정중은 성품이 강직하여 스스로 법을 지키는 본보기가 되었다. 따라서 일단 백성에게 펴낸 법은 어떠한 일이 있어도 굽히지 않았다.

어느 해던가, 민 감사는 도내에서 소를 잡지 못하도록 명령했다. 감사를 비롯한 온 도의 백성이 고기를 입에 댈 수 없었다.

민 감사는 그 영이 잘 시행되는지 가끔 직접 살피러 다녔다.

어느 날 충주 고을을 두루 다니다가 마침 읍에 사는 매제 정보인의 집에 찾아들었다. 그런데 정보인은 원래 소탈하고 쾌활한 성품인데다가 오랜만에 만난 처남을 대접할 생각으로 집에서 기르던 송아지를 잡아 찬수를 만들어 내왔다.

"형께서 오래도록 육미를 모른다 하시기에 일부러 소를 잡았소"

처남이 먹기를 권했다.

그러나 민 감사의 낯빛이 홱 변했다.

"내가 스스로 내린 영을 어기지 못하거니와 그대 또한 도민의 신분으로 금법을 어기다니, 이럴 수가 있는가!"

민 감사는 벌떡 일어났다. 그리고는 홱 대문 밖으로 나가면서 데리고 온 관속에게 엄하게 명령했다.

"곧 이 댁의 하인을 잡아오너라."

관속은 하는 수 없이 정보인에게 다가가 말했다.

"부득이 소를 잡은 하인을 데려가서 다스려야겠습니다."

그러나 정보인은 조금도 동하지 않았다.

"나의 집에는 하인이 없고 다만 두 내외가 살고 있다. 그러나 사또의 영이라니 어길 수 없구나."

이렇게 말한 후 안에 들어가 부인에게 부탁했다.

"이러저러한 일로 사태가 만부득이하니, 부인이 대신 가셔야겠소."

부인은 곧 얼굴에 치마를 둘러쓰고 점잖게 밖으로 나왔다. 이 모양을 본 관속은 눈이 휘둥그레졌다. 처음에는 누군지 몰랐다가 정보인이,

"소는 내가 잡았으나 실제 음식은 내자가 만들었으니 자, 어서 잡아다 가 죄를 다스려라."

하고 점잖게 말하니 관속은 그만 기겁을 했다. 언감생심 감사의 누이 동생을 잡아갈 수가 없었다. 관속은 앞서 가는 민 감사를 쫓아갔다. 그리 고 숨을 헐떡이며 사실대로 고했다.

이번에는 민 감사가 대경실색했다. 무슨 말을 할 겨를도 없이 교자에 서 내리기가 바쁘게 정보인의 집으로 들어왔다. 민 감사는 대문을 들어 서자마자 매제 정보인과 누이를 방으로 들여앉히며,

"아마도 내가 너무 심한 영을 내린 것 같네. 그대들의 말 없는 충고를 고맙게 받겠네."

하고 사과와 사례를 아울러 했다.

이후 민 감사는 소를 함부로 잡지 않는 한 벌을 주지 않게 되었다. 민 감사가 법을 너무 고지식하게 지키려 했다는 이야기이거니와, 그것보다 는 정보인의 소탈한 기개가 여기서는 더 인상 깊게 느껴진다.

바다와 육지의 유래

● 옛날 먼 옛날, 이 세상에 아직 바다도 육지도 없던 때의 이야기이다. 하늘에 사는 하느님에게 귀여운 무남독녀 외딸이 있었는데, 이 딸이 어느 날 실수로 옥으로 만든 귀중한 반지를 잃었다. 딸은 많은 시녀를 시켜 반지를 찾도록 했으나 아무리 찾아도 찾을 길이 없었다.

하늘에서 찾지 못한 반지는 분명히 지상에 떨어졌을 것으로 알았다. 그래서 하느님은 지혜가 많고 힘이 센 대장에게 명령하여 지상에 내려가 반지를 찾아오도록 했다. 하늘나라의 대장은 지상으로 내려왔다.

그때만 해도 지상은 마치 갯벌처럼 흙가루를 물 반죽한 것 같아서 여기를 디뎌도 푹 빠지고 저기를 디뎌도 푹 빠지니 옥반지가 어디에 떨어져 있는지 알 수가 없었다. 하늘나라 대장은 생각 끝에 흙탕물 속으로 손을 넣어 뒤져 보았으나 찾을 수가 없었다. 그렇게 하루 종일 뒤지고 다녔다. 온 지상을 모조리 뒤진 끝에 저녁쯤 되어 끝내 반지를 찾아내고야 말았다.

이런 일이 있은 후로 지상의 모습은 변하고 말았다. 즉, 하늘나라 대장이 반지를 찾기 위해 진흙을 긁어모은 곳은 산이 되고, 손으로 훑어 쓰다듬은 곳은 벌판이 되고, 물이 흘러가도록 도랑을 친 곳은 하천이 되고, 깊이 파헤친 곳은 바다가 되었다.

이렇게 해서 이 세상에 산과 강과 바다가 비로소 생겼다고 한다.

🥚 바닷물이 짠 이유

🔵 어느 겨울날 노인이 맷돌을 지고 얼마를 걸어가다 보니 날이 저물었다. 그래 제일 가까운 집을 찾아가 하룻밤을 유하자고 했다. 그러나 그 집 구두쇠 영감은 나가라고 두들겨 내쫓았다. 노인은 추위에 떨다가 쓰러진 채 얼어붙었다.

한편 이 동네에서 제일 가난하게 사는 만복이가 형님 집에서 쌀을 얻어 가지고 오는 길에 노인이 쓰러진 것을 보고 불쌍히 생각하여 따뜻한 방에 뉘고 간호를 하니 노인은 살아났다. 며칠 후 노인이 떠나면서,

"이 맷돌은 훌륭한 사람을 만나면 주려고 가지고 다녔는데, 당신 같은 훌륭한 분은 처음 보았소"

하며 맷돌의 사용 방법을 가르쳐 주고 맷돌을 놓고 갔다.

그 맷돌을 돌리니 사람이 나와 큰 대궐집을 지었다. 또 '보석이 나와라' 하면 보석이 나왔다. 만복은 쌀을 나오라 해서 그 쌀을 동네 사람들에게 나눠 주었다. 그렇게 맷돌 덕으로 만복은 부자가 되었고, 사람들에게도 칭찬을 받았다.

그것을 알게 된 구두쇠 영감이 하루는 거지를 모두 모아 크게 잔치를 베풀었다. 이같이 하면 거지들이 맷돌이라도 주지 않을까 했던 것이다. 거지들이 잔치 음식을 다 먹고 가려고 하자, 구두쇠 영감은 화가 나서 맷돌이라도 내놓고 가라고 고함을 쳤다. 거지들이 영문을 몰라 하니 영감은 거지들을 마구 두들겨 주었다.

영감은 어찌하면 만복처럼 맷돌을 구할 것인가를 곰곰이 생각했다. 결

153

국 만복의 집에서 맷돌을 훔친 구두쇠 영감은 동네에서 쓰면 들킬까 하여 맷돌을 배에 싣고 멀리 바다를 건너가 살기로 했다.

배를 타고 동해 한복판에 이르렀을 때, 구두쇠 영감은 빨리 맷돌을 돌려보고 싶었다. 바다 복판이기도 해서 소금이 나오는 것이 가장 좋겠다고 생각한 구두쇠 영감은 소금을 나오라고 했다. 소금이 마구 쏟아져 나왔다. 그러나 어떻게 하면 맷돌을 멎게 하는지를 몰랐다. 그래서 나중에는 소금이 너무 많이 나와 파묻히고, 배도 소금에 묻혀 가라앉게 되었다.

지금도 바다 밑에서 맷돌이 멈추지 않고 돌기 때문에 바닷물이 짜다고 한다.

바보 세 자매

옛날 어떤 사람이 세 자매를 두었는데, 모두 시집을 가게 되었다. 첫째가 혼인을 하게 되었다. 성대한 잔치 끝에 첫날밤을 치르게 되어 신랑은 불을 끄고 신부의 옷을 벗기려 했다. 그러나 신부는 부끄러워 도무지 옷을 벗으려 하지 않았다.

아무리 해도 응하지 않는 신부를 보고 신랑은,

'아마 나를 싫어하는 모양이다.'

라고 생각하고 자존심이 상해 이튿날 아침에 돌아가 버렸다.

둘째 딸이 혼인을 하게 되었다. 첫째 딸의 실패를 거울삼아 첫날밤에 신부는 옷을 모두 벗어 머리에 이고 벌거숭이로 신방에 들어갔다. 이 꼴을 본 신랑은 정나미가 떨어져 달아나고 말았다.

셋째 딸이 혼인을 하게 되었다. 두 딸의 경험을 거울삼아 셋째 딸은 조심하기로 했다. 첫날밤이 되었다.

신부는 방문 앞에 다가서서 신랑에게,

"옷을 벗고 들어갈까요, 그렇지 않으면 입고 들어갈까요?"

하고 물었다.

이 말을 들은 신랑은 어찌나 기가 막히던지 옆문으로 슬그머니 빠져나가 다시는 돌아오지 않았다고 한다.

바보 며느리와 메뚜기

● 옛날 바보 며느리가 있었다. 하루는 시어머니에게 아이를 어디로 낳느냐고 물으니 가랑이 사이로 낳는다고 했다.

어느 날, 며느리는 밭에 갔다 오는 길에 오줌이 마려워 풀밭에서 소변을 보았다. 그런데 풀밭에 있던 메뚜기가 놀라서 펄쩍 날아갔다. 이 모습을 본 며느리는 메뚜기가 자기 아들인 줄 알고,

"아가, 아가! 네 부친 상면하고 가거라!"

하고 쫓아가 잡고 보니, 그 메뚜기 아들은 머리는 증조부 대머리 닮고, 입은 쭉 째진 장터거리 고모 닮고, 앞정강이는 증조부처럼 길더라나······.

🥚 박문수 I

🔴 박문수가 서울에 과거를 보러 가는 길에 나무 밑에서 쉬고 있을 때였다. 하얀 가마가 오는데, 가마 문이 열리더니 새댁이 고개를 내밀고 박문수를 쳐다보는 것이었다. 박문수는 이상히 여기며 그 가마를 따라갔다.

가마는 어느 큰 집으로 들어갔고, 박문수는 그 집에서 묵어가기를 청했다. 묵게 되어 주인을 만나니 수심 가득 찬 얼굴을 하고 있었다. 박문수가 이유를 묻자, 장가간 아들이 누구에겐가 죽임을 당했는데 아직 범인을 모른다고 했다.

밤늦게 박문수가 밖으로 나왔을 때였다. 갑자기 담을 넘어온 시커먼 그림자가 주인의 과부 며느리 방으로 들어가는 것이었다. 몰래 다가가 문틈으로 보니 과부 며느리가 어떤 청년과 수작을 하고 있는 것이 아닌가. 이에 두 연놈이 어린 신랑을 죽였음을 알았다. 박문수는 당장 어떻게 할 도리도 없고 해서 과거에 급제하여 꼭 풀어주겠다고 결심했다.

다음 날 주인에게 하직인사를 하고 서울 가는 길에 서울서 내려오는 선비를 만났다. 선비는 박문수를 보더니 과거는 벌써 끝났다고 했다. 박문수가 믿지 않자 시제詩題는 낙조落照이고, 장원한 시라며 시를 한 수 읊어 주는데 믿지 않을 수가 없었다. 선비가 불러준 시는 이러했다.

낙조토홍봉벽산 한아척진백운간落照吐紅封碧山 寒鴉尺盡白雲間
문진행객변응급 심사귀승상불한問津行客便應急 尋寺歸僧杖不閑

157

방목원중우대영 망부대상첩저환放牧園中牛帶影 望夫臺上妾低鬟
창연고목계남리蒼煙古木溪南里

선비는 마지막 구는 잊었다고 하면서 떠났다.

박문수는 그래도 이왕 예까지 왔으니 한번 가보자라는 생각으로 서울로 향하니, 과거 일자는 아직 지나가지 않았다. 박문수는 이상하다 여기며 과장에 들어갔는데, 신기하게도 제목이 선비가 불러준 낙조였다. 이에 박문수는 귀신이 시키는가 보다 하며 마지막 구를 '단발초동농적환斷髮樵童弄笛還'으로 채워 냈다. 시관이 보더니 이것은 귀신의 시라며 밀쳐놓으려다 마지막 구는 사람이 지었구나 하며 장원으로 뽑았다.

임금 앞에 인사를 드리니 상을 차려 놓고 술을 한잔 주었다. 박문수는 술을 마시고 돼지고기를 꿀에 찍어 먹었다. 임금은 이를 이상히 여겨 박문수에게 그 이유를 물었다.

"돼지가 꿀만 찾다 죽어, 죽은 후에 원이나 풀어주고자 꿀에 찍어 먹었습니다."

박문수의 재치 있는 대답에 임금은 그에게 암행어사를 제수했다.

박문수는 즉시 지난번에 묵은 집에 가서 어사출두를 했다. 며느리를 족치니 시집오기 전부터 정을 통하던 사내와 짜고 신랑을 죽여 연못 속에 넣었음을 자백하는 것이었다. 그래서 박문수는 지난번 귀신이 나를 도와 원수 갚음을 청한 것이구나 하고 깨달았다.

박치기와 물기 시합

평안도에서 박치기를 제일 잘하는 사람과 함경도에서 물기를 제일 잘하는 사람이 우연히 외나무다리에서 만났다. 두 사람이 함께 만나기는 처음이지만, 전부터 소문을 들어 서로 잘 알고 있는 처지였다. 팔도에서 평안도 사람들은 머리로 받아치기를 잘하고, 함경도 사람들은 물기를 잘 한다고 하니 언제 한번 만나서 박치기하는 사람과 물어뜯기 하는 사람 중 누가 이기나 시합을 해 보았으면 하는 생각을 갖고 있었다. 그래서 두 사람은 속으로 '너 참 잘 만났다'고 생각했다.

외나무다리에서 만났으니 서로 앞으로 나아갈 수가 없었다. 누군가는 뒤돌아 가 길을 비켜 주어야 했다. 그러나 서로 상대가 상대인 만큼 순순히 비켜줄 리가 없었다. 두 사람은 서로 비키라고 버텼다. 서로 으르렁대며 노려보다가 정 그러면 힘으로 대결할 수밖에 없다고 결론지었다.

두 사람은 몸을 겨누어 상대방의 빈틈을 노리며 살기가 등등했다. 이윽고 평안도 박치기가 후다닥 뛰더니 함경도 물어뜯기를 날쌔게 받아 넘겼다.

그 순간 두 사람은 모두 외나무다리 밑으로 굴러 떨어졌다.

평안도 박치기는 그것 보라는 듯이 의기양양하게 일어나면서,

"네가 졌지?"

했다. 함경도 물어뜯기도 일어나면서 입에서 핏덩이 같은 것을 탁 뱉었다. 그러면서 하는 말이,

"네가 박치기는 했지만 너의 코가 붙어 있는지 보아라."

했다.

평안도 박치기는 손으로 코를 찾았으나 정말 코가 없었다. 커다란 절구통처럼 푹 파여 있었다. 받는 순간 어느 사이에 코를 물어뜯긴 것이다.

이래서 두 사람은 결국 비기고 말았다 한다.

방귀 뀌고 쫓겨나다

어느 방귀 잘 뀌는 처녀가 시집간 첫날밤에 방귀를 뽕뽕하고 뀌니 남편이 방귀를 잘 뀐다고 쫓아냈는데, 첫날밤에 아기를 가져 열 달 후에 아들을 낳았다.

그 아이가 열 살쯤 되어 글방엘 다니는데,

"저놈은 아비 없는 후레자식."

하는 소리를 듣게 되었다. 그래서 어머니한테,

"어머니, 나는 왜 아버지가 없어요?"

하고 물었다. 어머니는 사실대로 이야기해 주었다.

다음 날 소년은 어머니에게 호박씨를 달라 하여 그것을 가지고 동네마다 돌아다니면서,

"방귀 안 뀌는 사람이 심으면 하루에 두 지게씩 따는 호박씨 사려!"

하고 외치고 다녔다. 그러자 사람들은 '방귀 안 뀌는 사람이 어디 있나?' 했다.

소년은 집으로 돌아와 어머니에게,

"어머니! 아버지가 어느 동네에 살고 계시나요?"

하고 물었다.

어머니가 아버지는 어디에서 새 마누라를 얻어 산다고 일러 주자, 소년은 이튿날 당장 그 집을 찾아가서,

"방귀 안 뀌는 사람이 심으면 하루 두 지게씩 따는 호박씨 사려!"

하고 외쳐댔다.

그랬더니 한 남자가 나와서,

"세상 천지에 방귀 안 뀌는 사람이 어디 있느냐?"

하고 물었다. 그러자 소년은,

"그러면 왜 우리 어머니는 첫날밤에 방귀를 뀌었다고 내쫓았어요?"

하니까, 아무 소리 못하고 사내는 본부인과 아들을 데려다 잘살다 한다.

방귀 시합

옛날 한때 팔도에서 방귀 잘 뀌는 사람으로 경상도 방귀쟁이와 전라도 방귀쟁이가 이름 나 있었다. 어느 날 전라도 방귀쟁이는 이왕이면 팔도에서 제일가는 방귀쟁이가 되려고 경상도까지 원정시합에 나섰다.

먼 길을 걷고 걸어서 경상도 방귀쟁이의 집을 찾아가 보니, 주인은 마침 장에 가고 없었다. 전라도 방귀쟁이가 보니 경상도 방귀쟁이의 집은 초가집 오막살이였다. 언뜻 생각에 방귀를 세게 뀌는 놈이라면 이러한 집이 지탱할 수 없을 것인데, 집이 초라한 것으로 미루어 대단찮은 놈이 분명한데 공연히 먼 길 와서 싱겁게 되었다고 생각했다. 그러면서 연습삼아 방귀를 한 방 뀌었더니 경상도 방귀쟁이의 초가집이 온데간데없이 날아가고 말았다.

경상도 방귀쟁이는 장에서 일을 보고 저녁때쯤 집에 돌아와 보니 집이 온데간데없었다. 마을 사람들의 입을 통해 사연을 알아차린 경상도 방귀쟁이는 매우 화가 났다. 복수를 하기로 결심한 경상도 방귀쟁이는 마을에서 제일 크고 무거운 돌 절구통을 가져다 궁둥이에 대고 서쪽 전라도를 향해 방귀를 한 방 뀌니 그 육중한 돌 절구통은 하늘 높이 솟아 지리산 꼭대기를 넘어 전라도 쪽으로 날아갔다.

전라도 방귀쟁이는 이제는 제가 전국에서 제일가는 방귀쟁이라는 기쁨에 득의만만하여 집으로 돌아와 막 담배를 한 대 피우려는데, 뜻밖에도 동쪽, 경상도 쪽 하늘에서 돌 절구통이 날아와 이마 위에 떨어지려 했다.

순간 재빨리 돌아선 전라도 방귀쟁이는 동쪽 하늘을 향해 방귀를 한 방 뀌니 날아오던 절구통은 방향을 바꿔 경상도 쪽을 향해서 지리산을 넘어 되날아갔다. 경상도 방귀쟁이는 그 녀석이 필경은 절구통에 얻어맞았을 것으로 믿고 통쾌하게 여기고 있는데, 서쪽 하늘에서 무엇인가 날아오는 것이 보였다. 그래 자세히 살펴보니 자신이 날려 보낸 돌 절구통이 되날아오는 것이었다. 화가 난 경상도 방귀쟁이는 돌아서서 또 방귀를 뀌었다. 그랬더니 돌 절구통은 다시 지리산을 아득히 넘어 전라도 쪽으로 되날아갔다.

　이렇게 돌 절구통은 방귀 힘으로 지리산을 넘어 전라도와 경상도를 몇 번 왕래했다. 이후에도 두 방귀쟁이는 서로 지지 않으려고 힘써 방귀를 번갈아 뀌니 돌 절구통은 하늘 높이 떠서 오지도 가지도 못하고 발발 떨다가 석 달 열흘만에야 지상에 떨어지더란다. 이 방귀 시합은 결국 승부가 나지 않고 무승부로써 두 사람 모두 팔도의 방귀대장이 되었다고 한다.

뱀의 보은

옛날 한 소년이 서당에 다니고 있었다. 하루는 이 소년이 서당에 가는데 많은 아이들이 모여 뱀을 잡아 돌리며 때리고 있었다. 돌에 맞아 꿈틀거리는 뱀을 보니 가엾은 생각이 들어 소년은 그 뱀을 빼앗아 물에 던져 살려주었다.

몇 해 뒤 소년이 장가를 가게 되었다. 혼인 전날 밤에 꿈을 꾸니 뱀이 나타나 전에 살려준 보답을 하겠다며 내일 혼인한 첫날밤에 머리에 기름이 묻는 일이 있더라도 닦지 말라고 당부하고는 사라졌다.

다음 날 혼인식이 끝나고 하객들이 모두 물러가자 신방으로 들어선 신랑은 옷을 벗다가 잘못하여 등잔불을 엎었고 머리에 기름이 함빡 묻게 되었다. 신랑은 꿈속에서 뱀이 한 말이 생각나 닦지 않고 그냥 두었다.

이윽고 밤이 깊었다. 잠결에 어렴풋이 방문이 스르르 열리는 소리가 들리더니 키가 9척이나 되는 사람이 들어왔다. 괴한이 먼저 신랑의 머리를 만져 보더니 기름이 묻어 있으니까 신부인 줄 알고 옆 자리에 누운 신부에게,

"내 마누라를 누가 빼앗아 가느냐?"

하고 외치면서 칼로 찌르고 튀어 달아났다. 신부의 갑작스런 죽음으로 신랑의 처지가 난처해졌다. 사람들은 신랑의 짓이라고 우겨댔으며 마침내 관가로 붙잡혀 갔다. 며칠 동안 갇혀 있다가 사형을 당하게 되었다.

사형을 집행하는 날 아침에 원님이 세수를 하는데 바람에 날려 버드나무 잎 하나가 세숫대야 안으로 떨어졌다. 원님은 이상한 예감이 들었다.

버들잎 가운데에 구멍이 뚫려 있었던 것이다.

원님은 곧 신랑의 사형을 중지시키고 다음 날 팔도의 이름 있는 점쟁이들을 모두 불러 구멍 뚫린 버들잎이 떨어진 점괘를 풀게 했다. 한 점쟁이가 나타나서 하는 말이,

"버들잎에 구멍이니 '유엽환柳葉丸'이며, 따라서 성은 '유柳'요, 이름은 '엽환葉丸'이니 이자가 바로 범인입니다."

했다.

원님이 사람을 시켜 '유엽환'이란 자를 찾게 하니 마침 뒷산에 있는 승려 가운데 '유엽환'이 있었고, 심하게 다루니 제가 오래도록 사모하다가 뜻을 이루지 못하게 되어 신랑을 죽인다는 것이 신부를 잘못 살해했다고 자백하기에 이르렀다.

사람이 아닌 뱀도 때에 따라서는 은혜를 잊지 않고 갚는다고 한다.

법룡사의 유래

지금으로부터 오래전에 경북 영천군 화북면 입석동 보현산 기슭에 다정한 부부가 살고 있었다. 그런데 갑자기 남편이 이름 모를 병에 걸려 자리에 눕게 되었다. 아내는 남편의 병을 낫게 하려고 사방으로 돌아다니면서 갖가지 약을 써 봤지만 남편은 회복할 기색이 조금도 보이지 않았다. 남편의 약을 구하다 보니 식량이 없어 아내는 자기의 젖을 짜 남편에게 먹였다. 이를 안 남편의 눈에서는 눈물이 빗줄기같이 흘러 흙으로 만든 움집이 무너질 지경이 이르게 되었다.

이렇게 부부가 눈물과 고생으로 세월을 보내던 어느 날 하늘이 도왔는지 아내가 병간호에 지쳐 잠깐 잠이 들었는데, 꿈에 흰 머리를 한 노인이 나타나 보현산 정상에 자리 잡고 있는 매우 거대한 바위를 가리키고는 사라졌다. 아내는 무슨 괴이한 일이 일어나려나, 하고 그 바위를 찾아갔다. 한참 살피다 보니 바위 틈바구니에 산삼 두 뿌리가 나란히 있었고, 밑에는 바위틈을 뚫고 졸졸 새어나오는 샘물이 고여 있었다. 아내는 산삼을 캐어 남편에게 먹였다. 그러자 이상할 만큼 신기하게 회복의 기미가 보이기 시작했다.

그 후 아내는 바위 밑 샘 근처에 움막을 짓고 10년간 계속해서 샘물에 몸을 씻고 산신령께 기도를 올렸다. 그때마다 범 두 마리가 아내를 돌봐주며 같이 다녔다. 그러는 사이 남편의 병은 거의 완쾌되어 둘은 다시 다정하게 살만큼 되었을 때 아내는 남편을 낫게 해 준 은혜에 보답하고자 그 바위와 샘물 앞에 조그만 사찰을 짓고 사기들이 입은 부처님의 은혜를 모든 사람들이 누릴 수 있게 했다. 소식을 들은 마을 사람들은 이 사찰에 모여들기 시작했다.

가장 먼저 사찰을 찾은 사람은 아들을 낳지 못해 고심하다가 이가 나빠 아들을 낳을 수 없다는 부처님의 말씀을 듣고 찾아온 사람이었다. 그 사람은 바로 절 뒤에 있는 바위를 쪼개어 그 돌로 이를 부딪쳐 뽑아 버리니 신령스럽게도 아들을 낳았다고 한다.

후에 이 보현산을 남편의 약을 구한 산이라고 해서 부약산夫藥山이라 불렀고, 바위 밑의 샘물은 아직도 흘러나오고 있어 여름철에도 얼음처럼 차가운 물을 마실 수 있다고 한다.

벼룩과 이와 빈대

옛날 빈대의 아버지가 환갑이 되어 큰 잔치를 벌였는데, 많은 벌레들이 초대를 받았다. 잔칫상을 잘 차렸다는 소문이 나서 집안일을 젖혀 놓고 모두 모여들었다. 벌레들은 상다리가 휘도록 차린 진수성찬을 앞에 놓고 부어라 마셔라 밤이 새도록 마음껏 먹고 마셨다.

맨 먼저 벼룩의 얼굴이 벌개졌는데, 벼룩은 성미가 급해서 이와 시비가 벌어졌다. 이는 벼룩에게 조그만 놈이 주책없이 마시고 날뛴다고 나무랐고, 벼룩은 벼룩대로 굼벵이같이 느린 놈이 무슨 상관이냐고 대꾸해서 싸움이 벌어졌다. 빈대는 둔하지만 주인으로서 그냥 있을 수 없어 둘 사이에 엎치락뒤치락 한바탕 소란을 벌였다.

싸움이 끝난 뒤에 보니 모두들 모습이 이상해져 있었다. 빈대는 싸움을 말리다 쓰러질 때 밑에 깔려서 납작해졌으며, 이는 벼룩의 발에 가슴을 차여 멍이 들었고, 벼룩은 구석에 밀렸으므로 몸집이 작아지고 술을 많이 마신 탓으로 온몸이 빨개졌다고 한다.

부산浮山

● 부여의 백마강가에 부산浮山이라고 하는 산이 있으니, 이 산은 꼭 물 위에 뜬 것같이 보이는데, 원래는 충청도 청주에 있던 산으로 옛날 비가 많이 내려 큰 홍수로 떠내려 온 것이라 한다.

비가 그치자 청주 고을에서는 떠내려간 산이 부여 백마강가에 있는 것을 보고,

"이 산은 우리 고을의 산이다."

하고는 해마다 세금을 받아 갔다.

그런데 어느 해 부여에 새로 부임해 온 원님이 이 이야기를 듣고 청주 고을 원에게,

"올부터는 세금도 바치지 않겠거니와 이 산이 당신네 고을 산이면 하루 빨리 가져가기 바란다. 우리 고을에는 산이 소용없으니."

라고 통지를 보내니, 그 뒤로는 세금 보내라는 말이 없어졌다고 한다.

북두칠성의 유래

옛날 어느 마을에 한 과부가 살았는데, 아들이 일곱이나 되었다. 아들들은 효심이 매우 두터워 어머니를 위하는 일이라면 무슨 일이고 몸을 아끼지 않았다. 아들들은 어머니가 따뜻한 방에서 지내실 수 있도록 나무를 해다 불을 지폈으나, 어머니는 늘 춥다고 입버릇처럼 말했다. 방바닥이 타도록 불을 지펴도 춥다고 말하는 것이었다. 아들들은 그 까닭을 알 수가 없었다.

어느 날 밤 큰아들이 잠에서 깨어 보니 어머니가 없었다. 새벽이 되어서야 어머니는 살그머니 들어와 자리에 눕는 것이었다.

다음 날 밤이 되자 큰아들은 자는 척 지켰다가 어머니의 뒤를 따랐다. 어머니는 개울을 건너 신발 장사하는 홀아비 집으로 들어갔다. 아들은 고적한 어머니의 마음을 이해하고 겨울 찬물 속을 맨발로 건너는 것이 안타까워 집으로 돌아와 동생들을 데리고 나가 밤사이 다리를 놓았다.

이튿날 새벽, 집으로 돌아오던 어머니는 어젯밤까지도 없었던 다리가 생겨 신을 벗지 않고 개울을 건널 수 있게 되니 매우 고마웠다. 어머니는 하늘을 향해 빌었다.

"이곳에 다리를 놓은 사람은 마음씨가 착할 것이니 그들을 모두 별이 되게 해 주사이다."

하늘도 그 뜻을 받아들여 7형제는 나중에 죽어서 북두칠성이 되었다고 한다.

🥚 불우한 충신

🔵 광해군의 호위 무관으로 강익이라는 사람이 있었다. 그는 원래 글 잘하기로 이름난 가문의 자손이었지만, 글보다는 무예가 출중하였기 때문에 무관이 되었다. 그리고 이 무렵은 광해군의 총애를 한껏 받고 있었다.

강익은 성품이 호탕하면서도 근면 착실했고, 힘이 또한 천하장사였다. 무쇠로 만든 신을 신고 험한 산길을 평지처럼 달렸다. 때로는 큰 돌을 담 너머로 던지고는 재빨리 문 안으로 들어와 그 돌을 양손으로 덥석 받곤 했다. 또 어느 날은 북문 밖 고갯길에서 미쳐 날뛰는 황소의 뿔을 쥐고 휘둘러 멀리 던진 일도 있었다.

이즈음 행세하는 모 고관의 하인으로 이름이 돌쇠라는 망나니가 있었다. 성미가 거칠고 교만한데다 술버릇이 사나워 툭하면 싸움을 일삼고 아무나 마구 때려주었다. 그러나 이런 돌쇠를 감히 휘어잡을 사람이 없었다. 주인 재상의 권세도 무섭거니와 돌쇠 자신이 또 이만저만한 장사가 아니었기 때문이다.

그런 어느 날 돌쇠가 강익에게 행패를 부렸다. 다른 사람이면 모르되 상대가 강익이다. 물론 돌쇠도 술만 안 취했더라면 결코 대들진 않았을 터이나 술기운으로 저지른 일이었다.

돌쇠가 버릇대로 주먹을 번쩍 쳐들며 강익을 치려하자 강익은,

"이놈!"

하면서 번개처럼 앞가슴을 쥐어박았다.

순간 돌쇠는 억 소리도 못하고 고꾸라져 꼼짝하지 않았다. 숨이 끊어진 것이다. 이렇게 되자 오히려 강익 쪽이 깜짝 놀랐다.

"아차!"

그러나 때는 늦었다. 이유야 어찌됐든 강익은 뜻하지 않게 살인을 하고 만 것이다. 하지만 강익은 조금도 당황하지 않고, 바로 돌쇠의 주인인 재상을 찾아갔다.

"이러이러한 일로 댁의 하인을 죽였습니다."

강익의 솔직한 말을 들은 재상은 처음에 약간 놀랐지만 무슨 생각을 하였는지,

"사실은 그놈이 행패가 심하여 언젠가는 일을 낼 줄 알고 있었소. 원래가 음흉한 놈이라서 어쩌면 죽는 시늉만 했을지 모르오."

라고 말했다. 그리고 강익이 다시 무슨 말을 하기도 전에 하인을 불러들였다.

"여봐라. 너희는 냉큼 가서 그 돌쇠 놈을 끌어오너라!"

하인들은 우르르 달려 나갔다가 곧 돌쇠를 거적에 눕혀 떠메고 들어왔다. 마당에 벌렁 누운 돌쇠는 누가 보든지 숨이 끊어진 사람이었다. 이 꼴을 본 재상이 서슬이 시퍼래지며 노발대발했다. 강익이 아닌 축 늘어진 돌쇠에게 불같은 눈초리를 쏘아붙이는 것이었다.

"이놈! 그렇게 죽은 시늉을 한다고 속을 줄 아느냐! 괘씸한 놈이다. 이놈에게 매 맛을 보여라!"

서릿발 같은 호통이었다. 뿐인가, 분을 못 이기는 듯 손수 굵은 매를 움켜잡고서는 버선발로 마당에 쫓아 내려갔다. 호령 한 마디에 한 대씩 매를 쳤다. 이미 죽었기에 망정이지 살아있었더라면 처절한 비명을 질렀을 것이나.

그래도 재상은 분에 겨워하며 때릴수록 매는 점점 더 세어져갔다. 강익은 숫제 어리벙벙했다. 재상이 미친 것이 아닌지 의심이 들기도 했다. 그렇게 재상은 무려 백여 대나 때린 후에야,

"이놈! 잘 죽었다."

하더니 큰 한숨을 내쉬었다. 그리고 구경하던 하인들에게,

"너희도 눈으로 똑똑히 보았으렷다!"

하고 호령하듯이 물었다. 무엇이 장차 어떻게 될지는 모르지만 본 것만은 사실이라 하인들은 입을 모아,

"예, 똑똑히 보았습니다."

하고 굽실거렸다.

"돌쇠는 이제까지 남을 해쳐 온 놈이다. 게다가 주인의 영을 어겼으니 벌을 받아 마땅하다. 너희도 앞으로 명심하여라."

하인들에게서 다른 말이 나올 리 없고, 더구나 어떻게 된 셈인지 까닭을 알려고 드는 사람도 없었다.

그러나 이에 이르러 강익은 재상의 처사를 깨달을 수 있었다. 강익은 가슴 저리게 감격했다. 다시 방에 들어온 재상이,

"그대는 어찌 가지 않고 있었나? 내가 내 하인을 때려죽이는 꼴이 그렇게도 보기 좋단 말인가?"

하고 몹시 나무랐으므로 강익은 아무 말도 못하고 돌아왔다. 그 후 강익은 그 재상에게 어떻게 보답했는지 기록이 없고 재상의 이름도 전해지지 않아 매우 안타까우나, 어쨌든 강익의 솔직하고 호탕한 성격을 엿볼 수 있는 일임은 분명하다.

광해군 11년, 금나라의 침략을 받았을 때 강익은 응원부대를 이끌고 일선에 간 일이 있었다. 그러나 당시 총사령관인 강홍립 원수는 싸울 생

각을 안 했다. 이것을 안 강익은 여러 번 의견충돌을 하다가 마침내 강홍립을 버리고 혼자 돌아왔다. 강홍립이 이렇게 비겁해서는 적의 침략을 막을 수 없을 뿐만 아니라 자칫 임금에게까지 화가 미칠지 모른다고 생각한 것이다. 이러한 행동으로 보아, 강익은 나랏일보다도 오히려 광해군 개인에 대한 충성심이 컸다고 생각된다.

어쨌든 강익과 같은 사람이 만약 어진 임금을 섬겼더라면 그야말로 후세에 길이 빛나는 큰 공을 세웠을 것이다. 그러나 불행하게도 상대가 광해군이었다.

'아무리 포악한 임금이지만, 이미 후한 은혜를 입은 이상 죽음으로써 보답하지 않을 수 없다.'는 것이 한결같은 강익의 결심이었던 것이다.

예부터 충신은 두 임금을 섬기지 않는다는 말이 있다. 강익이 그 말을 마음속 굳게 간직한 것도 이해할 만한 일이다. 그러나 사실 강익은 마음이 우울했다. 임금의 행실이 날로 거칠어가고 나라 안 형편이 엉망으로 되어 가는데 도저히 말로써 고쳐질 임금이 아니었던 것이다. 멸망이 뻔한 임금에게 목숨을 걸게 된 현실이 고통스러웠던 것이다.

강익은 이 고통을 술로 씻고자 했다. 광해군 신변에 만약의 경우가 생길까 염려되어 칼을 차고 말을 대기시키고 밤잠도 잘 못 자는 처지였지만, 또한 술 항아리도 항상 곁을 떠나지 않았다. 보다 못한 누님이,

"쓸데없는 죽음은 없도록 하여라."

라는 말을 되풀이할 뿐이었다.

그러던 어느 날 누님은 강익이 술에 취하여 쓰러진 틈에 강익을 골방에 가두고 자물쇠로 채워 버렸다. 강익은 거기서 세상모르게 잠들어 있었다. 그런데 이날이 1623년 3월 13일, 바로 인조반정의 날이었다. 강익이 빈대없는 소리를 듣고 벌떡 일어난 때는 밤도 이미 깊었다.

'아뿔싸, 기어코 일어났구나!'

기겁한 강익은 문을 박차고 나왔다. 여기저기 고함소리가 천지를 진동하고 횃불이 낮처럼 밝았다. 강익은 당황했다. 저녁때 매어 두었던 말은 안장도 없고 고삐도 벗겨져 있었다. 누님이 이런 일이 있을 줄 알고 술도 잔뜩 먹이고 말도 못 타게 조치한 것이었다.

강익은 이런 누님을 탓할 사이도 없었다. 할 수 없이 그대로 밖으로 뛰어나와 대궐 쪽을 향해 정신없이 달려갔다. 집골목 밖을 채 벗어나기도 전에 강익은 반정군 병사들에게 포위되고 말았다.

강익은 무의식중에 허리에 찬 큰 칼을 쑥 뽑으려 했다. 바로 그 순간 뜻밖의 일을 발견했다. 칼자루와 칼집이 굵은 끈으로 칭칭 동여져 있었던 것이다. 이것도 물론 누님의 소행임이 분명했다.

"아! 누님도 야속하오!"

외치면서 강익은 있는 힘을 다하여 칼을 뽑았다. 그러자 이번에는 칼날이 없는 빈 자루만 손에 잡혀 올라왔다. 강익은 눈앞이 아찔했다. 그것도 잠시 빈 칼자루를 내두르며 울분에 찬 소리를 지르며 대궐을 향해 뛰어가는 기세가 어찌나 무서운지 아무도 앞을 막지 못했다. 아니, 어쩌면 반정군 측에서 강익의 인물됨이 아까워 일부러 죽이지 않았을지도 모른다.

그렇지만 강익은 끝내 대궐 문을 몸으로 떠밀고 들어가다가 그곳 반정군에게 목숨을 잃고 말았다. 일설에는 강익이 포로가 된 후 인조 임금에게 불손한 말을 하여 살해되었다는 말도 있다. 어쨌든 강익만한 인물이 하필이면 그릇된 임금을 섬겨 큰일을 못하고 죽은 것은 참으로 아까운 일이다.

붓돌이와 두꺼비의 의리

어느 몹시 가난한 마을에 잘사는 한 사람이 있어 사숙을 하나 꾸몄다. 서당을 만든 것이다. 이제 동네 아이들은 서당에 다니면서 공부할 수 있게 되었다. 서당에 다니는 아이들 중에서도 제일 가난한 아이가 있어 그 아이의 이름이 두꺼비였다. 어머니가 아이를 밸 적에 두꺼비를 안고 있는 태몽을 꾸어서 그렇게 이름을 지었다고 한다.

그리고 그 부잣집 아이는 어머니가 해산할 때쯤 방에서 아기를 낳지 않고 변소에서 아이를 낳았다. 옛날에는 변소를 뒷간 혹은 측간이라고도 했으며, 양쪽에 돌을 놓고 그것을 디디고 올라앉아 변을 볼 수 있도록 하였는데 그 돌을 붓돌이라 했다. 그래서 부잣집 아이 이름이 붓돌이었다.

붓돌과 두꺼비는 나이가 같아서 매우 친했다. 붓돌이란 놈은 밥을 잘 먹고 다니고, 두꺼비란 녀석은 늘 배고픔에 못 견뎌했다. 이를 안타까이 여긴 붓돌은 더러 데리고 가서 밥도 먹여 주었다.

그러다 하루는 붓돌이 꾀를 내기를,

"우리 아버지가 아주 아끼는 장도칼, 은으로 만든 은장도가 있어. 귀중한 물건이지. 가보로 내려오는 것인데, 그 칼을 아버지 모르게 훔쳐다가 노적가리 밑에 감춰 놓았어. 나는 네가 잘 찾는다고 얘기할 테니까, 네가 그것을 찾아내면 아마 볏섬이라도 내어 주실 거야."

했다.

이미 붓돌의 집에서는 은장도가 없어졌으니 법석이 일어났다.

붓돌이 불렀나.

"아버지, 왜 그러세요?"

"아! 은장도가 없어졌다. 너 혹시 못 봤느냐?"

"몰라요. 저는."

그리고 덧붙이기를,

"아버지! 두꺼비라는 제 친구가 있는데 은 냄새를 잘 맡아요. 그 애를 불러다 찾아보면 어떨까요? 그리고 만약에 그 아이가 찾게 되면 볏섬이나 주어야 합니다."

라고 했다.

"아! 걱정 말고 어서 데려오너라."

그래서 붓돌은 두꺼비를 데려왔다.

"두껍아, 우리 아버지 은장도가 없어졌는데, 네가 찾아주면 좋겠다."

"그래! 어디 한번 찾는 데까지 찾아보자."

둘은 이미 약속한 일이기에 이리저리 찾는 척하며 코를 대고 씩씩거렸다. 감춰둔 곳은 미리 알겠다, 바로 그곳에 가서 찾는 척하다가 손을 쑥 넣고서는 꺼내놓았다.

"찾았다!"

참 기막힌 일이었다. 붓돌의 아버지는,

"참 용하구나. 어찌 그렇게 용할 수 있느냐."

하며 볏섬을 선뜻 내놓았다. 당장 끼니를 잇지 못하는 사람이 몇 달 먹을 수 있는 양식을 얻게 된 것이다.

그런데 이 소문이 동네에 다 퍼지고 이웃 동네까지 퍼졌다. 이웃 동네에 사는 어떤 사람들이 은가락지를 잃어 버렸다며 두꺼비를 찾아다녔다. 두꺼비는 귀찮아서 못살 지경이었다. 할 수 없이 두꺼비는 코끝에 상처를 내고는,

"코끝을 베어서 냄새를 못 맡는다."

하고 핑계를 댔다.

그러던 중에 왕의 옥새가 없어졌다. 궐 안팎으로 은으로 만든 직인을 찾느라 야단이었다. 별의별짓을 다 동원해도 찾을 수 없게 되자 결국 은 냄새를 잘 맡는다는 두꺼비에 대한 소문을 듣고,

"당장, 그 아이를 불러들이라!"

하는 영이 떨어졌다. 꼼짝없이 붙잡혀 가게 된 두꺼비는 붓돌을 보고,

"네가 날 살리려다가 이리 되었으니 나는 이제 영원히 죽게 되었다."

하고 한탄하듯 말했다.

"네가 죽는 꼴을 내가 보겠느냐. 죽어도 같이 죽고 살아도 같이 살아 야지."

붓돌은 두꺼비를 따라나섰다. 서울에 가려면 먼저 수원을 거쳐 가는데 얼마쯤 가다 보니 어떤 노인이 점상을 차려 놓고 앉아 있었다. 붓돌과 두 꺼비는 무심코,

"저희는 큰 임무를 띠고 가는 사람들인데, 걱정이 돼서 점을 치는 겁 니다."

라고 말하고 노인에게 점을 치게 했다.

점쟁이 노인은 종이에다 하얀 깃발을 그리더니 또 석 삼자를 쓰고는 말했다.

"요놈을 하나 갖고 갈 것 같으면 결과가 나올 것이다."

붓돌과 두꺼비는 그것을 돌돌 말아 갈무리하고 대궐에 도착해 대접을 후하게 받았다. 어차피 죽게 생겼으니 대접이라도 잘 받아야 하지 않겠 는가.

이제 두꺼비는 종이 위에 쓰인 석 삼 지를 보고, 기삼, 기삼, 기삼을 외

우고 앉아 있었다. 밥만 먹으면 기삼이었다.

그런데 옥새를 훔쳐간 도둑놈이 제 발 저려 아이들이 무슨 수작을 하는지 엿듣고 있었다. 아, 그런데 기삼이! 기삼이! 하고 있질 않은가. 이 도둑의 이름이 기삼이었다.

'참으로 지독한 녀석들이구나. 내가 죽지 않으려면 옥새를 갖다 줘야겠다.'

도둑은 그렇게 생각하고 그들을 찾아갔다.

"내가 기삼이다! 너희는 어떻게 그렇게 귀신같이 알 수 있느냐!"

하면서 옥새를 내놓았다. 이리하여 두꺼비와 붓돌은 옥새를 찾게 되었다.

비슬산의 나무꾼

비슬산 상상봉에는 큰 바위 하나가 있는데, 어떤 사람들은 이 바위에서 선녀가 베를 짰다고 하여 베틀바위라고도 하고 신선바위라고도 한다.

옛날 비슬산 기슭에 사는 나무꾼이 한 명 있었는데, 하루는 나무를 하러 산에 갔다가 바람도 쏘일 겸하여 산꼭대기로 올라갔다. 산에 올라가니 커다란 바위 위에 웬 노인 두 분이 앉아 바둑을 두고 있었다. 나무꾼은 바둑에 흥미도 있고 하여 바위에 걸터앉았다. 두 노인은 한참만에야 나무꾼을 돌아보고는,

"자넨 웬 사람인가? 신발을 벗고 이리 올라오게."

하고 말했다.

나무꾼은 어리둥절하여,

"예, 노인장께서는 어디 사시는 분입니까?"

하고 물었으나 노인은 대답도 없이 바둑만 계속 두고 있었다. 한참 있다가 노인은 허리춤에서 노란 호리병을 꺼내더니 꿀꺽 마시는 것이었다. 나무꾼은 호기심이 동해,

"노인장, 그것이 대체 무엇이옵니까?"

하고 물었다.

"이것은 장생주니 자네도 한 모금 마셔 보게."

하면서 호리병에 든 것을 나무꾼에게 주었다. 나무꾼이 마셔 보니 달콤하고 향기로워 입에 딱 들어맞았다. 한참 후에 바둑이 끝나자 두 노인

이 일어서면서,

"이제 그만 돌아가 볼까? 자네도 잘 돌아가게."

하고는 바람과 함께 공중으로 사라져 버렸다. 나무꾼은 갑자기 정신이 몽롱해지며 몸을 가누기가 어려웠다. 잠시 정신을 차리고 바위에서 내려와 짚신을 신으려고 하니, 신발은 없고 그 자리에 재만 폭신하게 남아 있었다. 이상하게 여긴 나무꾼은 자기가 들고 온 도끼를 찾았으나 도끼자루는 썩어 없어져 버리고 도끼날도 녹슬어 못 쓰게 되어 있었다.

나무꾼이 맨발로 터벅터벅 걸어 내려와 마을에 당도하니 집 앞밭에서 웬 백발의 노인이 밭을 갈고 있었다. 노인한테 다가간 나무꾼은,

"이 집에 살던 사람들은 모두 어디에 갔소?"

하고 물었다.

"내가 그 집에 살고 있소."

하고 노인이 대답했다.

"그러면 이 집에 살던 아무개를 아시오?"

하고 자기 이름을 대니 노인의 대답이,

"그분은 제 고조부 어른입니다."

하는 것이 아닌가? 나무꾼은 놀라서 자기 얼굴을 쓰다듬어 보니 수염이 덥수룩하게 나 있었다. 어이가 없어진 나무꾼은 먼 하늘만 바라보다가 자기 집을 등지고 다시 비슬산으로 올라갔는데, 그 후 그 사람의 소문은 들을 수가 없었다고 한다.

🥚 사돈

🔵 아주 옛날 태곳적의 이야기이다. 여름이었는데 한 번 비가 내리기 시작하더니 낮에도 밤에도 쉬지 않고 석 달 열흘 동안 비가 마구 퍼부었다. 마치 하늘에 구멍이라도 뚫린 것처럼 내리 퍼붓듯이 비가 내렸다. 사람들은 곡식도 심지 못하고 심은 곡식마저 모두 떠내려갔으며, 땔 나무를 마련할 수도 없었다. 젖은 옷에 식량도 떨어지고, 해님은 구경조차 할 수 없어 그저 구름 덮인 하늘만 쳐다보며 긴 한숨으로 원망밖에 할 수가 없었다. 사람들은 정말 하늘이 이제는 밑이 빠져서 하늘에 있는 모든 물이 쏟아지나보다 라고 생각했다.

석 달 열흘 후에 하늘은 개었다. 구름 속에서 얼굴을 내놓은 해님은 예나 지금이나 다름이 없었다. 그러나 세상은 온통 물난리로 집과 전답이 떠내려갔으며, 작은 산은 모두 물속에 파묻히고 높은 산들도 중턱까지 물에 잠겨 버렸다. 사람들도 거의 죽고 재수 좋은 사람들만 높은 산에 올라가 겨우 목숨을 부지하게 되었다. 그러나 먹을 것이 없고, 입을 것이 없어서 모두가 알거지가 되었다.

높은 산마루턱에서 두 노인이 만났다. 초면에 서로 인사를 나누고 세상 이야기며 홍수 이야기를 나누었다. 한 노인은 산 남쪽에 사는 노인이었고, 다른 한 노인은 북쪽에 사는 노인이었다. 서로 이런저런 이야기 끝에 가족 이야기가 나왔다. 남쪽 마을 노인이 하는 말이, 수년 전 단옷날 밤에 이웃 마을 청년들이 딸을 업어가 아내를 삼았는데 이 홍수로 생사를 모른다는 것이다. 북쪽 마을 노인이 가만히 날짜를 따져 보니 그날이 바로 자기 아들이 장가를 들지 못하고 있다가 친구들과 함께 밤에 이웃 마을 처녀를 업어다가 혼인한 날이 아닌가. 그러고 보니 두 사람은 서로 사돈이 되는 처지였다. 두 노인은 사돈임을 깨닫고 너무나 반가워 서로 얼싸안고 등을 두드리면서 기뻐했다. 이때 마침 두 노인은 삼베 등거리를 입고 있었다. 그래서 그 후로 사돈이라고 쓸 때에는 삼베 등을 두드렸다고 해서 삼베 사査 자와 두드릴 돈頓 자를 쓰게 되었다고 한다.

사람 잡아먹는 구렁이

● 옛날 어떤 마을에 아주 가난한 사람이 살고 있었다. 하루는 그가 친척집에 식량을 얻으러 갔다가 돌아오는 길에 높은 산을 앞에 두고 날이 저물었다. 집에서는 처자가 굶어 죽기 직전이고 날은 저물고 어찌할 바를 몰랐다. 더욱이 그 산에는 구렁이가 있어 혼자 무사히 넘어간 사람이 없다는 소문이 있었다. 가족들을 굶어 죽게 할 수 없다는 생각에 그는 용기를 내어 넘을 결심을 했다.

얼마만큼 산속으로 들어갔을까, 넓은 바위가 있어 잠시 쉬려고 하니 웬 여자가 다가와 말했다.

"이 산을 혼자 넘으려 하십니까? 저 고개만 넘으면 우리 집이니 그리로 가서 기다리면 사람들이 모일 테니 함께 넘어가는 것이 어떻겠습니까?"

배도 고프던 터라 그는 여인을 따라갔다.

먼 곳에서 반짝이는 불빛만 보이므로 그곳이 굴속인지도 모르고 얼마만큼 갔다. 목적지에 도착하고 보니 거기에는 집 같은 것이 있고 방 안에 촛불이 반짝이고 있었다. 들어앉은 지 얼마 후 밥상이 들어왔다. 먹으려고 보니 사람 손톱이 나왔다. 순간 무서움에 벌벌 떨렸지만 용기를 내어 이것이 무슨 고기냐고 물었다.

그랬더니 여인이 갑자기 무서운 눈초리로,

"나는 본래 이 굴속에 사는 구렁이인데 지금까지 아흔아홉 명을 잡아먹었다. 너 하나만 잡아먹으면 난 하늘로 올라가니 순순히 네 몸을 바쳐

185

라."

했다.

그는 저 산 너머 집에서 처자가 굶어 죽어가고 있느니 제발 살려달라고 빌었다. 그러나 여인은 여전히 고개만 흔들었다. 그는 그럼 몸을 바치겠으니 집안 식구나 한번 보고 오게 해달라고 애원했다. 그러자 여인은 그것은 어렵지 않으나 만일 돌아오지 않으면 집안 식구들까지 모두 잡아먹겠다고 협박했다.

그는 그곳을 나오면서 여인에게 싫어하는 것은 피할 테니 무엇을 가장 싫어하느냐고 물었다. 구렁이는 담뱃진이 가장 싫다고 대답하고는 그 사람에게도 무엇이 가장 무서운지를 물었다. 그래서 그는 돈이 가장 무섭다고 대답했다.

다음 날 오기로 하고 집으로 돌아간 그는 동네 사람들에게서 담뱃진을 모조리 모았다. 그리고 다음 날 구렁이가 있는 굴로 들어가며 담뱃진을 조금씩 뿌려 놓았다.

여인이 약속대로 와 주었다고 좋아하면서 덤벼들려고 하자 그는 오줌이 마렵다고 하며 뒷걸음질 치다 휙 돌아서서 도망쳤다. 그랬더니 금세 구렁이로 변해 따라왔다. 그러나 담뱃진을 뿌려 놓은 곳에 이르자 더는 쫓아오지 못했다.

다음 날 그는 집에 웅크리고 앉아 후환을 두려워하고 있는데, 구렁이는 돈을 한 보따리 갖다 놓고 쏜살같이 달아났다. 그 돈은 구렁이가 사람을 잡아먹고 쌓아둔 돈이었다. 그는 그 돈으로 아주 잘살았다.

사명당과 불상 족자

조선조 선조 임금 시절의 어느 해던가, 사명당 유정이 한 늙은 중을 데리고 경상도 팔공산 동화사에 찾아들었다. 원래 사명당은 해인사 팔만대장경 한 질을 인쇄하여 그 절 무열전이라는 법당에 두게 되었다. 그리고 이번에는 큰 비단 폭에 훌륭한 불상을 그리기로 한 것이다. 그런데 이 늙은 중의 요구가 보통이 아니었다.

"불상 그림은 90일 안에 그리겠소. 그러나 불전 안에 숨어서 그려야 하니, 틈이란 틈은 모두 발라 막고 아무도 엿보지 못하도록 해 주오. 그리고 하루 한 번씩 밥을 들여보내는 구멍을 만들되, 이때도 역시 절대 안을 들여다보는 일이 없어야 하오."

사명당은 이 요구를 쾌히 승낙했다. 그리고 중의 말대로 엄하게 단속하여 아무도 영을 어기지 못하도록 했다.

이런 일이 있은 지 얼마 안 되어 갑자기 임진왜란이 일어나 사명당은 손수 승병을 이끌고 왜적과 싸우러 가게 되었다. 하여 불당을 감시하는 일은 다른 중에게 맡길 수밖에 없었다.

"내가 없는 동안에도 절대로 그 불전 안을 엿보지 않게 하오."

하고 사명당은 신신당부했다.

이 당부를 지켜 그 후로도 아무 탈 없이 불상 그리는 작업은 계속되었다. 그런데 그림을 그리기 시작한 지 꼭 89일째 되는 날, 그러니까 내일이면 기한이 차는 날, 그만 큰 변괴가 생기고 말았다. 어느 어리석은 중이 밥을 날라 왔다가,

"이제 하루밖에 남지 않았으니 아마 거의 다 되었을 게다."

하면서 불전 안을 가만히 들여다보았던 것이다. 그러자 갑자기 늙은 중이 붓과 물감 그릇을 팽개치면서 벌떡 일어섰다.

"아, 아깝구나. 10년 공이 하루아침에 무너졌다!"

하더니, 곧이어 잠겼던 문을 박차고 나왔다.

그런 후 시름겹게 어디론지 모습을 감추어 버렸다. 당장에 큰 소란이 일어났다. 모두들 불전 문을 열고 우르르 들어가 보니 이때 벌써 훌륭하게 그려진 불상은 한쪽 발목 아래가 덜 그려진 채 펼쳐져 있었다.

그 후 이 불상의 발은 다른 화공에 의해 채워 그려지고 그런대로 더없이 존귀한 불상 족자로서 동화사 불당에 걸리게 되었다.

이후 얼마 안 되어 왜적들은 동화사를 불사르고, 하필이면 그 불상 족자를 자기네 나라까지 가지고 달아났다. 말하자면 나라의 귀중한 보배를 왜적에게 도둑맞은 것이다.

이 일을 안 사명당은 발을 구르며 원통해했다.

"언제든 내 손으로 반드시 찾아야 한다!"

사명당은 단단히 결심했다.

그러다가 마침내 기회가 왔다. 정유재란에서 이순신 등의 활약으로 일본이 또다시 크게 패하고 달아나자 일본에 문죄사(잘못을 다스리러 가는 사절)를 보내게 되었다. 이때 사명당은,

"왜적에게 사죄를 받음과 아울러 그들의 형편을 살피고 잃었던 보배도 찾아오겠습니다."

하고 스스로 그 임무를 맡았던 것이다.

임금과 여러 대신도 사명당을 가장 적당하다고 생각하여 일본에 보내기로 했다. 여기서 사명당이 말한 나라의 보배 중의 하나는 바로 동학사

의 불상 족자였다.

사명당은 승병 대장의 늠름한 무장을 갖추고 머나먼 일본을 향해 떠났다. 그리고 무사히 일본 땅을 밟게 되었다.

임진왜란과 정유재란에서 사명당의 이름만 듣고도 달아났던 왜적들은 막상 사명당을 본국에서 맞이하자 또 한 번 그 위엄에 눌렸다. 그중에서 다만 카토 키요마사만은 대장다운 성품이었는지 사명당을 진심으로 존경하고 싶어졌다. 그래서 카토 키요마사는,

"오늘부터 조선 나라를 버리고 우리와 함께 일하며 복되게 삽시다."

하고 은근히 항복하기를 권하는 투로 말했다.

말이 떨어지기가 무섭게 사명당은 눈을 부릅뜨며 크게 꾸짖었다.

"임금의 명을 받들고 온 이웃나라 사신에게 항복을 권하다니! 예의를 모르는 오랑캐들이로다. 더구나 나는 너희 죄를 다스리러 온 터인데, 싸움에 진 나라에게 어찌 항복하겠느냐!"

그토록 뻔뻔한 왜적들도 이 말에는 낯이 화끈거릴 만큼 부끄러워졌다. 그러다가 창피 끝에 노여움을 숨길 수 없었는지 카토 키요마사는,

"여봐라, 이놈을 당장 숯불로 태워 죽여라!"

하고 발을 동동 굴렀다.

마당 한가운데에 숯섬이 쌓이고 불이 이내 시뻘겋게 달아올랐다. 힘센 장수들이 우르르 몰려와 사명당을 결박하더니 숯불 가운데로 떠밀었다. 그동안 사명당은 태연한 낯으로 몸을 맡기는 듯하다가 숯불 중간에서 눈을 감은 채 장승처럼 우뚝 섰다. 순간 맑게 갠 하늘에서 난데없는 빗줄기가 마침 그곳에만 퍼붓듯이 쏟아졌다. 그리고 삽시에 꺼져버린 숯 더미 속에서,

"하하하!"

하는 사명당의 웃음소리가 천둥처럼 울려 퍼졌다.

왜적들은 간이 으스러지도록 기겁을 했다. 당장 카토 키요마사부터 사명당을 진짜 생불처럼 여기고 쭈르르 뜰로 내려왔다.

"대단히 죄송합니다. 자, 어서 올라가십시오."

정중히 사과한 다음 다시 윗자리에 모셔 앉히고 머리를 숙였다.

이후 카토 키요마사는 사명당에게 금으로 장식된 으리으리한 가마를 한 채 마련해 주고, 심지어 뒤를 보러 갈 때도 가마로 모셨다. 어느 날 카토 키요마사가 이런 말을 사명당에게 했다.

"귀국에는 보배가 많다는데 대체 무엇인지 한번 들려주시오."

이 말을 들은 사명당은 카토 키요마사의 얼굴을 무섭게 흘겨보았다.

"예부터 우리나라는 이루 헤아릴 수 없이 많은 보배를 가지고 있다. 그러나 지금 현재로는 카토 키요마사, 즉 너의 머리가 누구나 얻고 싶어 하는 보배다!"

카토 키요마사는 낯이 새파랗게 질려서 펄쩍 뛰었다.

"뭐라고?"

"너의 목을 바치는 사람에게 1천 냥의 황금과 1만 호의 땅을 상으로 주게 되었다는 말이다."

본래 성미가 급한 카토 키요마사는 벌떡 일어나며 어느새 큰 칼을 쑥 뽑아들었다.

"괘씸한 놈이다. 그럼 네 목부터 이 자리에서 바쳐라!"

그러나 사명당은 털끝 하나 끄떡 안 했다.

"하하하하!"

사명당의 호탕한 웃음으로 카토 키요마사는 또 무엇을 느꼈는지 번쩍 쳐들었던 칼을 던지고 땅에 엎드렸다.

"아, 참으로 탄복하였소. 대사 앞에서는 내가 한낱 용렬한 졸개만 같소."

이 말만은 거짓이 아니었던 모양이다. 사명당이 그곳에 머무는 동안 카토 키요마사는 온갖 성의를 다 베풀어 존경하는 마음을 표했다.

이런 일이 있은 후 사명당은 당시 일본의 정권을 잡았던 장군을 만났는데, 그도 역시 사명당을 두려움에 가까운 존경심으로 대했다. 그렇기 때문에 사명당이 요구하는 일은 다 들어주었다. 그리고 그는,

"공적인 일은 모두 대사의 뜻대로 되었으니, 다음은 사사로운 일로 나에게 청할 것이 있으면 사양 말고 말하오."

하고 진심으로 물었다.

"사사로운 일은 아니지만 그대들이 훔쳐간 불상 족자를 내어주오."

하고 사명당은 서슴지 않고 말했다.

이렇게 해서 도로 찾아온 불상 족자는 다시 동화사에 걸게 되었는데, 그 후 수해, 가뭄, 질병 따위가 생겼을 때 불공을 드리면 영험이 있었다고 전해진다.

사명당과 서산대사

● 사명당과 서선대사가 서로 알지 못하고 있었을 때, 묘향산 절에 있던 사명당은 신술神術로는 자기가 조선 제일이라고 자처하고 있었다. 그런데 금강산 장안사에 서산대사가 있어 자기보다 낫다는 소문을 듣고 신술로써 그를 억눌러 제자 삼아야겠다는 결심으로 어느 날 장안사를 향해 길을 떠났다.

어느 날 서산대사는 제자 한 사람을 불러 이르기를,

"오늘 묘향산 절에서 손님이 올 것이니 중로까지 마중해 주게."

했다. 제자는 이 말을 듣고 당황하여 말하기를,

"한 번도 만나 보지 못한 제가 마중한들 어찌 알겠습니까?"

하니 대사는,

"그 사람은 시냇물을 거슬러 올라가게 하면서 올 것이니 곧 알 수 있을 것이다."

하고 말했다.

그리하여 그는 시냇물을 따라서 길 마중을 떠났다. 한 십 마장쯤 왔을까, 문득 시냇물이 거슬러 올라가고 있는 것을 보게 되었다. 뒤이어 한 중의 모습이 눈에 들어왔다. 그는 그가 묘향산에서 오는 손님인 줄 알아채고 사명당 앞으로 갔다.

"장안사에서 마중을 나왔습니다."

이 말을 들은 사명당은 깜짝 놀랐으나 그런 기색은 조금도 드러내지 않고,

"아니, 이렇게 수고를 끼쳐 미안하오."

하며 오히려 마중 나올 줄 알고 있었다는 듯이 태연히 걸어갔다. 이윽고 장안사에 이르러 서산대사를 보자 사명당은 먼저 날아가는 참새 한 마리를 손아귀에 꼭 쥐고는,

"이 참새는 죽겠는가? 살겠는가?"

하고 물었다. 그때 마침 서산대사는 사명당을 맞아들이고자 방 밖에 한 짝 발을 내딛던 터였으므로 대사는 움직이지 않고,

"내가 지금 나가겠는가? 들어가겠는가?"

라고 반문했다. 그러자 사명당은 웃으면서 비로소 첫 대면의 인사를 했다. 그리하여 마주앉은 자리에서 대사는 큰 고기 몇 마리가 들어 있는 물그릇을 사명당 앞에 내놓고,

"우리는 중이므로 고기를 먹지는 못하나, 먹고 산채로 내놓으면 아무 상관이 없을 것이오"

하고는 고기를 먹기 시작했다. 그리고는 조금 있다가 고기를 토해 다시 물에 띄워 놀게 했다. 그러자 사명당도 지지 않고 고기를 먹고 토했으나 그것은 살지 못했다. 또 다음으로 달걀을 쌓기 시작했는데, 사명당은 땅 위에서부터 쌓기 시작하였으나 대사는 공중에서 차차 쌓아 내려오기 시작했다. 어느덧 점심때가 되어서 대사는,

"맛없는 국수이나 많이 잡수시오"

하고 사발에다가 바늘을 가득히 담아 와 사명당 앞에 내놓고는 맛있게 먹었다. 그러나 사명당은 잘 먹을 수가 없었다. 이리하여 뽐내던 사명당은 조선 제일의 신술의 지위를 서산대사에게 빼앗기고 그날로 제자가 되었다고 한다.

🔵 사슴을 구해 준 총각

🔵 옛날 어느 마을에 가난한 총각이 있었다. 하루는 나무하러 깊은 산골로 갔는데, 나무를 긁어 놓고 있으려니 별안간 사슴 한 마리가 나타나 제발 살려달라고 간곡히 사정했다. 총각은 긁어모은 나뭇더미 속에 사슴을 숨겨 주었다. 잠시 후 포수가 뛰어오더니 사슴 못 보았느냐고 물어 총각은 시치미 뚝 떼고 모른다고 하니 포수는 허둥지둥 건너편 산기슭으로 뛰어갔다.

한참 후 사슴을 나뭇더미 속에서 꺼내주자 사슴이 총각에게 소원을 물었다. 총각은 집이 너무 가난해 장가를 못 갔으니 장가를 보내 달라고 했다. 그러자 사슴은 꼭 이것만은 실행해야 한다면서 다음과 같이 이야기했다.

"이 산 너머 연못가에서 저녁이면 선녀들이 내려와 목욕을 하니 그곳에 숨어 있다가 옷을 한 벌 감추면 한 선녀는 하늘에 올라가지 못할 것입니다. 그때 당신이 나가서 '나와 함께 살면 옷을 찾아주겠다.'고 하면 허락할 것이니 아이를 셋 낳기 전에는 그 옷을 절대 내주지 말아야 합니다."

말을 마친 사슴은 어디론가 사라졌다.

이튿날 저녁 연못가에 숨어 있으니 정말로 선녀들이 내려와 목욕을 시작했다. 그러는 사이 나무꾼은 몰래 한 선녀의 옷을 숨겼다. 한참 후에 다른 선녀들은 모두 하늘로 올라가는데 한 선녀만 남아서 울고 있었다. 나무꾼은 그 선녀에게 다가가 왜 우느냐고 물으니 옷을 잃었다고 했다.

나무꾼은 사슴이 시킨 대로 자기가 옷을 찾아줄 테니 함께 살자고 했다.

선녀를 데리고 집에 와 보니 오막살이는 간 곳이 없고 커다란 기와집이 우뚝 서 있었다.

수년이 흘러 나무꾼과 선녀는 아이를 둘이나 낳았다. 하루는 선녀가,

"이제 아이가 둘이나 생겼으니 옷을 주십시오."

하며 조르기 시작했다. 과히 졸라대니 나무꾼이 더 견디지 못하고 옷을 내주니 선녀는 어린아이들을 양팔에 안고 하늘나라로 올라가 버렸다. 그 후 집도 금방 초가집인 오막살이로 변해 버렸다. 나무꾼은 하는 수 없이 다시 나무를 하러 산으로 갔다. 울면서 나무를 하고 있노라니 사슴이 나타났다. 사슴이 왜 우느냐고 묻더니 이번엔,

"그 연못엘 가면 선녀들이 두레박으로 물을 퍼 올릴 테니 그때 얼른 물을 쏟고 그 속에 들어앉으면 하늘나라에 갈 수 있습니다."

하고 가르쳐 주었다.

그리하여 그는 두레박을 타고 하늘에 올라가서 부인과 아이들을 만나 잘살았다 한다.

🔘 산돼지를 구해 준 머슴

🔵 어느 옛날 한 마을에 마음씨 착한 머슴과 지독한 주인이 있었다. 정월 명절을 맞이했는데도 주인은 조반도 먹이지 않고 머슴에게 나무를 해 오라고 했다. 산으로 가 나무를 한 짐쯤 했는데, 별안간 산돼지가 뛰어와 살려달라고 하는 것이었다. 머슴은 산돼지를 나뭇단 속에 감추고는 아무 일도 없었던 듯 나무를 계속했다. 얼마 후 포수가 뛰어오더니 산돼지 못 봤느냐고 물었다.

"지금 막 저리로 가던걸요."

나무꾼은 전혀 다른 곳을 가리키며 사냥꾼에게 대답했다. 사냥꾼이 자리를 떠나자 산돼지는 나뭇단 속에서 나와 은혜에 보답할 테니 나무를 갖다 두고 오라고 했다.

나무를 지고 내려온 머슴은 주인에게 이만 이 집을 나가겠다고 인사를 했다. 그러나 주인은 내다보지도 않았다. 그리하여 머슴은 산돼지를 찾아갔는데, 산돼지는 머슴에게 자기 등에 타라고 하며 허리를 낮춰주었다. 머슴을 태운 산돼지는 얼마쯤 가다가 머슴을 내려놓고는 어느 바위 앞에 서더니,

"열려라, 바위!"

하고 주문을 외웠다. 그러자 놀랍게도 바위가 열리고 그 안에는 대궐 같은 기와집이 한 채 있었다.

"닫혀라, 바위!"

산돼지가 또 주문을 외니 바위 문이 닫혔다.

산돼지는 자기 말을 잘 들으면 장가도 보내 주고 잘살게 해줄 것이라며 아랫동네 대감 집에 가서 머슴을 살라고 했다. 둘이 바위 속에서 나와 헤어지려 할 때 산돼지가 자주 와달라고 당부했다.

머슴은 산돼지의 말대로 아랫동네 대감에게 가서 머슴을 두지 않겠느냐고 물으니 대감은 아주 친절히 대해 주며 허락했다. 다음 날, 머슴은 지게를 지고 산돼지한테 가니 산돼지가 나무를 한 짐 해 주며 그 집 뒤 광에 있는 소를 끌고 오라고 했다. 머슴은 산돼지가 이르는 대로 주인대감에게 소를 끌고 가서 나무를 해 오겠다고 하니 그 소는 천하장도 못 끈다는 대답이었다.

"그래도 한번 끌어내 보겠습니다."

대감의 말에 아랑곳하지 않고 머슴은 뒤꼍 광에서 소를 끌어냈는데, 다른 때 같으면 꿈쩍도 안 했을 소가 아무렇지도 않게 끌려나왔다. 주인 대감은 소를 잘 몬다고 기뻐했다.

머슴이 곧 산돼지한테로 소를 끌고 가니 칡을 한 짐 해오라고 했다. 칡을 한 짐 해서 돌아오니 산돼지는 벌써 집채만 한 나뭇짐을 해 놓고 기다리고 있었다. 머슴이 칡을 소에 싣고 내려가니 주인이 뛰어나오며 크게 놀랐다. 머슴이 나뭇짐을 부리고 소를 뒤꼍에 매고 나오자 주인 대감은 자기 딸과 혼인을 해달라고 했다. 머슴은 대답은 내일 하겠다고 하고는 산돼지에게로 갔다.

산돼지는 머슴의 말을 듣더니 결혼을 하라고 하면서 이렇게 당부했다.

"첫날밤에 지네가 와서 신부를 데리고 갈 것이니 잠들지 말고 깨어 있다가 내가 바깥에서 부르면 세 마디 전에 대답하고 곧 나와야 된다."

"그럼 혼인은 언제 하는 게 좋겠느냐?"

"내일이나 모레 양일간에 하면 된다."

주인집으로 돌아온 머슴이 혼인을 하겠다고 하니 대감은 안주인과 함께 기뻐하며 당장 내일이라도 식을 올리자고 했다.

그리하여 이튿날 혼인식을 마친 머슴은 첫날밤 잠자리에 들었다. 밤이 깊어 산돼지가 머슴을 한 번, 두 번, 세 번을 불렀다. 그런데 그만 머슴은 깊이 잠들어 버리고 말았다. 산돼지는 목이 쉬도록 불렀으나 그는 여전히 깊은 잠에 빠져 있었다. 산돼지가 마지막으로 한 번 불렀을 때 그제야 잠에서 깬 머슴이 나가 보니 산돼지가,

"네 부인은 이미 없어진 지 오래이니 얼른 내 등에 올라타라."

하더니 천리를 한숨에 달려가 머슴을 내려놓고는 이렇게 일렀다.

"저 집 담을 타고 지붕 위에서 올라가 앞마당으로 뛰어내려서 '너희들 무엇을 하느냐?' 할 것 같으면 지네가 '네, 하느님 내려오셨습니까?' 할 것이다. 잠시 잠자코 있으면 장기를 두자고 할 것이니 져 주도록 해라. 지네는 기뻐하며 부채질을 할 것인데, 그 밑에는 빨강, 노랑, 파랑의 세 가지 주머니가 있을 것이다. 그때 지네의 왼뺨을 후려치고 부채의 세 주머니를 빼앗아 나한테로 오면 된다. 그러면 지네는 파리가 되어 쫓아올 것이니 잡힐 것 같으면 주머니를 하나씩 던져라."

머슴은 산돼지가 시키는 대로 지붕에서 뛰어내리며,

"너희들 무엇을 하고 있느냐?"

하니 안으로 모시고 들어가 장기를 두자고 했다. 몇 말을 놓기도 전에 지네가 이기자 지네는 기뻐하며 산돼지 말대로 부채를 꺼내 부채질을 하는 것이었다. 그때 머슴은 지네의 왼뺨을 갈기고 세 개의 주머니를 빼앗아 도망쳐 나왔다.

산돼지를 타고 얼마쯤 달리니 지네가 쫓아오는데 뒤가 닿을락말락했다. 머슴이 얼른 노랑 주머니를 던지니 그들 뒤로 가시덤불이 몇 천 리가

생기는 것이었다. 여기저기 상처를 입었지만 지네는 여전히 쫓아왔다. 다시 파란 주머니를 던지니 큰 바다가 펼쳐졌다. 그러자 지네는 파리로 변해 뒤를 바짝 따라왔다.

산돼지는 여전히 달리고 있었다. 이번에는 빨강 주머니를 던지니 큰 불길이 일어 지네는 타 죽고 말았다.

"지네가 타 죽었다!"

머슴이 이렇게 외치니 산돼지는 다시 되돌아 뛰기 시작했다. 그리고는 이렇게 말했다.

"그 집에는 광이 열둘이 있다. 첫째 광에는 죽은 사람을 살리는 빨간 열매와 흰 열매가 들어 있는데 빨간 것을 입에 물리고 '살아라.' 하면 살고, 흰 것을 머리에 씌우고 '혼 살아라.' 하면 혼이 산다. 여섯째 광에 네 부인이 있는데 다른 사람과 함께 죽어 있으니 그렇게 해서 모두 살리고, 열 번째, 열한 번째, 열두 번째 광에는 산 사람이 있으니 풀어주고 오너라."

그리하여 머슴은 많은 사람을 살리고 아내와 함께 산돼지의 등을 타고 집으로 돌아왔다.

얼마 후 산돼지가,

"나는 내일 하늘로 올라가니 내 가죽을 잘 묻고 행복하게 살아라."

했다. 머슴은 산돼지가 하늘로 올라간 날을 기해 제를 지내며 행복하게 살았다. 후에 머슴은 이전의 그 지독한 주인집이 망했다는 소식을 듣고 그들 가족을 데려다가 함께 살았다. 그래서인지 머슴은 점점 더 부자가 되어 잘살았다 한다.

산삼과 욕심 많은 사나이

옛날 한 나무꾼이 살았는데, 하루는 산에 나무를 하러 갔다가 곤하여 큰 나무에 기대어 깜빡 잠이 들었다. 그런데 꿈결에 보니 백발의 늙은이 둘이 산을 오르다가 자기와 조금 떨어진 곳의 바위에 걸터앉아 쉬면서 애기를 하는데, 들어 보니 신선이었다. 한 신선은 한라산 신선이고, 다른 한 신선은 지리산 신선인데, 백두산에서 열리는 신선들의 모임에 가는 길이었다. 한 신선이 말하기를,

"나는 늙어서 허리가 무척 아프거든. 그래서 오며 가며 먹으려고 무를 가지고 왔지."

하면서 기다란 무를 꺼내 하나는 다른 신선에게 주고 또 하나는 자신이 먹었다. 그리고 나머지 세 개는 바위 옆 땅에 숨겨두고 돌아올 때 먹자고 하는 것이었다. 그들이 떠나고 나서 나무꾼이 깨어 보니 정말로 그 자리에 무가 숨겨져 있는 것이었다. 그런데 그건 무가 아니라 산삼이었다. 나무꾼이 한 뿌리를 캐 먹으니 힘이 넘치고 삼십 년은 젊어진 것 같았다.

나무꾼이 이 이야기를 옆집 친구에게 들려주니 이 친구가,

"나한테 그 산삼이 있는 곳을 가르쳐다오."

하며 조르는 것이었다.

"안 된다. 신선들이 알면 큰일이다."

나무꾼의 거절에도 불구하고 친구는 막무가내로 억지를 쓰는 바람에 할 수 없이 그곳을 가르쳐 주고 말았다. 욕심 많은 친구는 산삼 한 뿌리

쑥 뽑아 먹으니 정말로 삼십 년이 젊어졌는지라, 욕심을 내어 남은 한 뿌리마저 먹으니 또 삼십 년 더 젊어져서 갓난아기가 되어 버렸다. 애초에 그곳을 가르쳐 준 나무꾼이 이를 불쌍히 여겨 데려다 키웠다고 한다.

삼년 일하여 갚은 나락 한 알

옛날 한 부부가 살았는데, 어느 날 남편이 장에 다녀온다며 길을 떠났다. 때는 가을인데 벼가 아주 탐스럽게 익어 있었다. 이에 남편은 나락을 세 알 따서 입에 넣었다. 그러자 갑자기 하늘에서 벼락이 치더니 큰 소리가 울려 퍼졌다.

"주인은 여름 내내 일하고도 아직 하나도 먹지 못했는데 네가 어떻게 먼저 먹느냐! 그 죄로 3년간 소가 되어 그 집 농사를 지어라."

말이 끝나자 남편은 소로 변해 버렸다. 소가 된 남편은 논의 주인을 찾아갔으나 주인집에서는 주운 소라며 임자를 찾아주려 했다. 며칠이 지나도 주인이 나타나지 않자 결국 논의 주인은 소를 키우기로 했다.

세월이 흘러 예정된 3년이 끝나갈 무렵, 열심히 일한 덕분에 주인집은 부자가 되었다. 어느 날 소는 주인을 불러 말하기를,

"내일 오백 명 분의 음식을 만들어 마을 앞에 차려 놓으시오."

하는 것이었다. 주인은 소가 말하는 것도 이상하지만, 그 요구가 해괴하다고 생각하여 그대로 했다. 다음 날 아침이 되자 5백 명의 도적이 마을로 몰려오다가 차려져 있는 음식을 보더니 먹기 시작했다. 이때 소가 나서서 말했다.

"나는 나락 세 알 먹은 죄로 3년간 일했는데 당신들은 아무 원한도 없이 어떻게 이 집을 망치려 하느냐!"

도적들은 서로 얼굴을 쳐다보며 고개를 끄덕였다. 나락 세 알 훔쳐 먹고 3년간 벌을 받았는데 우리는 어떤 벌을 받을까. 그 순간 오백 도적은

모두 부처로 변했다. 3년이 마저 다 차자 소는 탈을 벗고 다시 사람이 되어 집으로 돌아갔다.

삼대독자

● 옛날 어느 고을에 이대 독자 집안이 있었는데, 자식 보기를 기다렸지만 자식이 없었다. 그래서 다시 장가를 들어 자식 보기를 기다렸지만 자식이 없었다. 세 번째 다시 장가를 들어 자식 보기를 원해도 역시 자식이 없어 또 장가를 들었다. 그리하여 마침내 아들 하나를 얻었다.

어느 여름, 그 독자 아들이 길을 가다가 큰 비를 만났다. 천둥이 치고 비가 막 쏟아지니 급한 김에 길가 큰 집으로 뛰어 들어갔다. 그런데 그 집 주인이 하인들을 불러 모아 말했다.

"우리 집에 지금 시체가 있다."

"그게 무슨 소립니까?"

종들이 물었다.

"너희는 빨리 집안을 뒤져보아라."

주인의 명령에 종들이 아무리 찾아도 시체는 없었다. 다만 비를 피해 들어온 아이 하나가 대문간에 서 있는 것을 발견하고 주인에게 아뢰었다.

"시체는 없고 대문간에 아이 하나가 있습니다."

"그러면 그 아이를 데려오너라."

종들이 아이를 데려가자 주인은 아이에게 이렇게 일렀다.

"아무 날 아무 밤에 음식을 정갈히 장만하고 짚신 세 켤레를 삼아 어느 다리 밑에 가서 지성으로 빌어라. 그렇지 않으면 너는 죽을 것이다."

집에 돌아온 아들은 부모에게 그 일을 얘기했고, 집에서는 삼대독자가

죽는다는 말에 준비를 잘해서 시키는 대로 다리 밑에 가 지성으로 빌며
엎드려 절을 했다. 과연 불이 번쩍거리며 오는 것이 있는데 저승사자였
다. 저승사자는 오더니 음식을 실컷 먹고,

"아, 잘 먹었다. 다른 데로 가야겠구나."

하면서 짚신을 갈아 신고 갔다. 그 이튿날 알고 보니 다른 사람이 대
신 죽었다고 한다.

🥚 새의 보은

🔵 어느 두메에 외동아들을 데리고 사는 과부가 있었다. 과부 어머니는 아들을 공부시켜야겠다고 결심하고 산 너머 이 주사에게 사정이야기를 하니 글공부를 가르쳐 주겠다고 허락했다. 이 주사에게 글을 배우게 된 아들은 매일 산을 넘어 다녔다. 아들은 머리가 좋아 다른 아이들보다 서너 배나 빨리 글을 익혀 이 주사의 귀염을 받았다.

몇 년이 지나 더벅머리총각이 된 아들은 그날도 글공부하러 가는데, 길가에서 큰 구렁이가 멧새 새끼를 잡아먹으려는 것을 보았다. 하늘에서는 어미 멧새가 몸부림치며 날아다녔다. 이걸 본 총각은 돌로 구렁이를 죽이고 이 주사 댁으로 갔다. 그리고 오다가 일어난 일을 이 주사에게 여쭤자 이 주사 하는 말이,

"다음부터는 어떤 일이 일어나면 내게 물어 행하라."

하고 일렀다. 그러면서 하는 말이, 어떤 산 짐승이라도 오래되면 둔갑을 하는데 둔갑을 해도 혀는 그대로여서 두 갈레라고 했다.

며칠 후 총각이 집엘 가려는데 이 주사가 불렀다.

"가는 길에 어떤 여인을 만날 것이니 아무 말도 하지 말아야 할 것이다."

총각이 산을 넘어 내를 건너려는데 정말로 예쁜 처녀가 냇가에서 빨래를 하고 있었다. 총각은 선생님의 말씀을 떠올리고 쳐다보지도 않고 집으로 돌아왔다.

그러나 어쩐 일인지 그날 저녁부터 그 처녀 생각이 자꾸만 나게 되었

고, 매일 냇가에 닿을 무렵이면 그 처녀를 만나게 되니 하루는 글방 선생의 당부도 잊은 채 무심코 처녀에게 말을 걸었다. 그래서 급기야 연정의 함정으로 빠져들었다.

그런 총각에게 이 주사는 헛된 마음을 버려야 한다고 꾸짖었으나 말이 귀에 들어올 리 없었다. 그러던 어느 날 처녀는 자기 집으로 가자며 총각을 재우쳤다. 처녀의 집으로 간 총각은 아담한 방에서 마주앉아 얘기를 하다가 처녀의 권고에 못 이겨 깔아 놓은 금침에 누워 잠을 잤다. 잠결에 숨이 답답함을 느끼고 눈을 뜬 총각은 기절초풍했다. 커다란 구렁이가 자신의 몸을 칭칭 감고 머리를 단번에 집어 삼킬 듯이 입을 벌리고 있는 것이 아닌가. 총각이 버둥거리자 구렁이가 말했다.

"나는 얼마 전에 당신이 죽인 구렁이의 아내다. 이제야 남편의 원수를 갚게 되었구나. 우리 부부는 종소리가 세 번 울리면 용이 되어 하늘로 올라갈 예정이었다. 종소리를 기다리며 이곳에 머물다가 네 손에 남편이 죽었으니 이보다 더 원통한 일이 있겠느냐. 지금이라도 종소리만 나면 나는 용이 되어 하늘로 올라갈 것이나 그 전에 남편의 원수를 갚아야겠다."

그런데 구렁이의 말이 채 끝나기도 전에 뒤에 달린 종이 '꽹' 하며 한 번 울렸다. 그러자 구렁이는 고개를 떨며 총각의 몸을 서서히 풀기 시작했다. 연거푸 종소리가 두 번 더 울렸다. 구렁이는 곧 용이 되어 하늘로 올라가고 총각은 살아나게 되었다.

총각이 정신을 차리고 보니 집은 오간 데 없고 어느 참나무 밑이었다. 종소리가 난 곳으로 가 보니 종이 달린 아래에 작은 멧새 한 마리가 죽어 있었다. 총각은 자기를 살리기 위해 머리를 깨면서 종을 울리고 죽은 멧새를 산길 옆에 길 묻어 주고 집으로 돌아왔다 한다.

🥚 생원님 볼기

🔵 옛날 박돈복이라는 사람이 있었다. 그는 항상 아내가 깊이 잠든 틈을 타 여러 여종들을 찾아가 농락하기를 무수히 했다.

어느 날 밤, 박돈복이 아내의 코에 귀를 대고 잠들기를 기다리는데, 그 아내가 알아차리고 거짓으로 잠든 체하니 아니나 다를까, 박돈복은 여종들이 거처하는 곳으로 튀듯이 가 버렸다. 아내는 이를 보고 있다가 안으로 창문을 잠그고 급하게 외쳤다.

"집 안에 도둑이 들어왔다."

여러 종들은 모두 횃불을 들고 집 안을 샅샅이 찾았으나 도둑의 종적은 간 데 없었다. 그런데 대청 한 쪽 판자 밑에 남자가 빨간 볼기를 드러내고 엎드려 있는데 그 머리가 오목한 데로 들어가 있어 누구인지 알 수가 없었다. 필시 도적이라고 여겨 횃불로 지지려는데 한 여종이 손을 내둘러 황급하게 중지시키며 말했다.

"그 볼기는 생원님의 볼기 같습니다."

종들이 다리를 끌어내니 과연 박돈복이었다.

이튿날, 박돈복의 아내는 아침 상머리에서 어제의 그 여종을 불러 국에 밥을 말아주면서 넌지시 물었다.

"어젯밤, 낭군이 진실로 잘못하였고 나의 장난 또한 지나쳤다. 만일 네가 중지시키지 않았다면 그 볼기를 지질 뻔하였구나. 그런데 생원님 볼기를 네가 어떻게 알았느냐?"

박돈복의 아내의 말에 여비는 밥을 내던지고 달아났다.

서울과 왕십리

● 태조 이성계가 혁혁한 무훈을 세우고 송도의 수창궁壽昌宮에서 등극하자, 민심이 아직 안정되지 않아 도읍지를 옮기지 아니할 수 없었다. 이에 태조는 고달산 암자에 있는 명승 무학을 사부의 예로써 불러들여 어디로 천도하는 것이 좋은지를 물었다.

어느 날 무학은 태조를 위하여 동아東野—지금의 왕십리 근방에서 지세를 살피고 서 있으려니 한 노인이 밭을 갈면서 소를 꾸짖기를,

"미련하기가 마치 무학 같은 소, 바른 곳을 버리고 굽은 길을 찾는구나!"

하므로 무학은 그 말을 듣고 놀라 그 노인이 보통이 아닌 줄 짐작하고 물었다.

"지금 소더러 '무학같이 미련하다.' 하시었는데, 내가 무학이오. 내 생각에는 이곳이 도읍지로 좋다고 생각하는데 어디 더 좋은 곳이 있습니까? 있다면 가르쳐 주십시오."

하고 청하니, 그 노인이 채찍으로 가리키면서 말하기를,

"여기서 십 리만 더 가보시오."

했다.

무학은 서쪽으로 십 리를 더 가서 다시 지세를 살피니 사방이 험한 산으로 둘러싸여 도읍지로는 좋은 곳이었다. 그 뒤 한양이 결정이 되어 사방에 성벽 축조를 계획하였는데, 무엇으로써 그 구획을 정하는가에 고심하게 되었다.

이러는 중에 어느 날 밤, 눈이 내려 날이 밝아 보니 한양 주위가 설울 雪鬱로 마치 성 모양으로 빙 둘러싸여 있어 그 경계를 보이는 것 같았다. 이리하여 성벽 주위선은 마침내 설울로 결정이 되었고, 설울이 와전되어 '서울'이라는 땅 이름이 되었다 한다.

또한 그때 그 노인이 무학의 물음에 답하여 '여기서 십 리만 더 들어가 보시오.' 했다하여 그곳을 '왕십리往十里'라 했다고 한다. 일설에는 무학 대사가 그곳을 처음 왕심往尋하였던 곳이므로 뒷날 왕심리枉尋里라 했 다고도 한다.

서천군의 내기바둑

어느 때인지 모르지만 당시 임금의 종친으로 서천군이라는 사람이 있었다. 서천군은 대단히 총명한 재주꾼이었으며 학식도 많았지만, 그보다도 취미와 오락을 더 즐겨 그림, 악기, 바둑 등 못하는 것이 없었다. 그 중에서도 바둑 실력이 뛰어나 당할 상대가 없었다. 마땅히 바둑의 제일인 '국수'의 칭호를 받았고, 또 바둑을 두다가 묘한 수가 생길라치면,

"서천군의 묘수 같다."

라는 말까지 항간에 떠돌 정도였다.

어느 날 서천군을 찾아온 한 노인이 있었다.

"대군께서 바둑을 잘 두신다기에 불원천리하고 가르침을 받으러 왔습니다."

노인이 점잖게 청했다. 입은 옷으로 보면 어느 시골의 선비 같지만 태도가 지나치게 겸손한 점은 또 상사람 같기도 했다. 게다가 노인은 자기의 성명과 거처도 밝히지 않았다. 서천군은 마침 심심하던 터라 그런 것은 나중 일로 돌리고,

"그럼, 어디 한 판 두어 봅시다."

하고 바둑판부터 서둘러 당겨 놓았다.

노인도 더는 말하지 않고 바둑판 앞으로 다가앉더니 바둑알 통 뚜껑을 열었다.

"역시 제가 먼저 흑을 갖겠습니다."

이렇게 하여 바둑은 이내 시작되었다.

그런데 첫 판 바둑은 어처구니없이 빨리 끝났다. 결과는 서천군의 분한 패배였다. 대수롭지 않게 여기고 제꺽제꺽 두다가 꼼짝 못하고 져 비렸던 것이다. 서천군은 약간 흥분했다. 창피한 생각도 나고 분한 마음도 들었다.

"이번에는 우리 내기를 합시다. 나는 돈 백 냥을 걸 것인즉 그대는 무엇을 걸겠소?"

서천군이 노인을 쳐다보며 대답을 기다렸다.

"예, 저는 타고 온 말을 걸겠습니다. 먼 길을 걸어서 약간 야위었지만 그래도 백 냥은 넉넉히 되는 명마올시다."

노인은 사랑 뜰에 매어 둔 말을 가리키면서 말했다. 서천군도 힐끗 보더니,

"그렇군. 백 냥짜리는 되겠구면."

하고 머리를 끄덕였다.

그러나 사실은 내기보다는 한 번 진 분풀이가 더 급한 모양이었다. 어쨌든 이리하여 두게 된 내기바둑은 첫 판은 서천군이 맥 빠질 만큼 수월히 이겼다.

"세 판 두어 두 판 이기기로 했으니 어서 또 둡시다."

서천군이 서두른 두 번째 바둑도 역시 거뜬히 이겼다. 서천군은 기분이 몹시 좋았다.

"그러면 그렇지. 날 당할 수 있나. 하지만 그대도 여간한 실력이 아닌 걸."

그런데 노인은 껄껄대는 서천군보다 오히려 기분이 더 좋았는지,

"허허, 역시 대군께서는 당대의 국수이십니다. 어쨌든 내기에 졌으니 약속대로 말을 두고 가겠습니다. 그 대신 잘 먹여 살이나 찌게 하여 주십

시오. 반년 후 다시 와서 내기바둑으로 찾아가겠습니다."

하고 미련 없이 떠나려 했다.

서천군은 원래 바둑만 이기면 되었지, 정말로 말을 빼앗아 둘 생각은 없었다. 그러나 노인이 너무도 태연스레 다시 오겠다고 하는 바람에,

"염려 말고 어서 가서 수나 더 배워 가지고 오소. 하하하."

하고 말해 버렸다.

이렇게 해서 생긴 말을 서천군은 특별히 잘 먹이고 길도 들여 주었다. 말은 살이 포동포동 찌더니 보기 드문 명마의 모습을 갖추게 되었다.

어느덧 반년이 지났다. 과연 약속대로 그 노인이 찾아왔다. 이렇게 된 이상 또 한 번 내기바둑을 안 둘 수 없었다. 두 사람은 오랜만에 인사도 하는 둥 마는 둥 바둑판부터 차려놓았다.

"전처럼 3판 2승으로 합시다."

이번에는 노인 쪽이 서둘러 말했다.

"그렇게 합니다. 그런데 이번에는 말도 안 타고 왔는데 무엇을 걸 테요?"

서천군이 우쭐해 보이며 물었다.

"예, 이번에는 소인이 돈 백 냥을 걸고 대군께서는 약속대로 저의 말을 걸어 주십시오."

"오 참, 그렇군. 자, 어서 둡시다."

바둑은 금방 시작되었다. 첫 판에서 노인은 맥도 못 추고 크게 패했다. 서천군은 필요 이상 껄껄대고 웃었다.

"오늘이 전보다 더 못하오. 하하하. 그래가지고는 말도 돈도 모두 내 것이 되겠소."

그러나 서천군의 큰소리는 다음 두 판 바둑을 연거푸 지고는 오히려

분하고 부끄러운 생각으로 변했다. 서천군이 아차 할 겨를도 없이 처음부터 말이 아닌 꼴로 몰려 꼼짝도 못하고 크게 패했던 것이다. 그뿐이 아니라 그 두 판 바둑에서 서천군이 지금까지 꿈에도 생각 못했던 기기묘묘한 수법이 연달아 나왔다.

서천군은 끝판을 지고는 숫제 혀를 내두르고 말았다. 그러자 노인이 상냥한 낯으로 이렇게 말했다.

"대군, 용서하십시오. 실은 제가 까닭이 있어 말을 먹이지 못하게 되어 생각 끝에 분에 넘치는 장난을 한 것입니다. 이제는 말도 덕분에 살이 찌고 저도 일이 잘되었으니 도로 찾아가야겠습니다."

말인즉 말을 맡기려고 일부러 져주었다가 찾을 때는 제 실력대로 이겼다는 이야기이다. 노인의 말대로 장난이라면 너무 지나친 장난이었다. 그러나 서천군은 괘씸한 생각은커녕,

"하 참, 그런 줄 몰랐구려."

하고 사근사근하게 말했다. 다른 일이라면 모르되 바둑으로 말하자면,

'세상에 이처럼 귀신같은 명수가 있었다니!'

하는 생각을 안 할 수가 없었다.

이런 점은 역시 고귀한 가문의 공자다운 성격이라 하겠다.

"그런 줄 모르고 오히려 실례하였소. 부디 나에게 그 묘한 수를 가르쳐 주시오."

하고 서천군은 진실로 청했다. 그러나 노인은,

"지금 저하고 둔 바둑을 틈 있는 대로 다시 두어 보시면 그것으로 족하실 겁니다. 그보다도 외람된 말씀이오나 앞으로 내기바둑은 아예 두지 마십시오."

하더니 행방도 이르지 않고 말을 타고 표표히 대문을 나갔다.

그 후 서천군은 바둑 수가 놀랍게 높아졌는데 물론 그때 노인과 둔 바둑을 다시 늘어놓으며 연구 터득한 덕분이었다. 그렇지만 이후 다시는 바둑 실력을 뽐내지 않았고, 또 내기바둑도 두지 않았다고 한다.

선돌上入石

신라 말기에 정읍군 고부면 신기리라는 마을에 꽤 부유한 부자가 있었다. 그러나 이 부자는 성질이 아주 고약해서 거지가 동냥을 하러 오면 바가지를 깨버리고, 중이 시주를 청하면 멀쩡한 놈이 시주하란다고 옷을 벗겨 내쫓고, 국가에서 세금을 내라고 하면 욕질하여 늘 잡혀 다니는 등 인심을 잃고 살았다.

하루는 도통道通한 대사가 산세를 구경하고 다니다가 마침 이곳을 지나게 되었는데, 그 부자의 이야기를 듣게 되었다. 그래서 그 소문이 사실인지를 확인하려고 부자의 집에 찾아들었다.

대사가 시주를 청하며 부자의 집 대문 앞에 서 있으니 마침 베를 짜고 있던 그 집 며느리가 대사의 인물을 알아보고는 시부모 몰래 쌀 한 말을 시주했다. 시주 받은 대사는 곧 떠나고 어떻게 알았는지 시부모는 시주한 며느리를 그날부터 구박하기 시작했다.

그 후 대사는 일이 어떻게 되었는가를 살피러 부자의 집에 들렀더니 시부모의 며느리 구박이 어찌나 심한지 차마 볼 수가 없었다. 대사는 쌀 한 말을 준 인정을 보아 며느리를 찾아 말하기를,

"이 길로 나를 따라 갑시다. 나를 따라 부안 변산에 가면 신선이 될 것이오. 그러나 나를 따라 나서면 뒤를 돌아보아서는 안 되오."

라고 했다. 그러나 며느리는 한 5리쯤 따라오다가 그동안의 어렵고 고된 삶이 애통하고 절통하여 뒤를 한번 돌아보았다. 순간 그녀가 살던 집은 큰 못이 되고, 그녀는 돌이 되어 버렸다.

이 돌이 바로 선돌上入石이라는 큰 돌인데, 돌 높이는 3미터, 너비가 1.5미터가 된다. 사람들은 그 선돌에 며느리의 죽은 넋이 서려 있다 하고 마을의 이름도 상입석이라고 지었다고 한다. 지금도 어린아이를 못 낳는 사람이 이 선돌에 공을 들이면 아이를 낳을 수 있다고 한다.

소년 이수남의 지혜

● 소년 이수남은 세조 임금 때의 대신 이인손의 아들이다. 수남은 어려서부터 총기하여 특히 요즘 말로 추리하는 재주가 놀라웠다. 그래서 집 안에 가끔씩 무슨 일이 생기면 그 이치를 따져 얼른 풀어냈는데, 다만 이수남은 자기가 한 것을 숨기고,

"이것은 글방 최 선생님이 점을 쳐 알아맞힌 것입니다."

하고 언제나 최 선생을 내세웠다.

최 선생도 일 자체가 나쁘지 않고 또 그런대로 재미있었는지 자기가 한 양으로 꾸미고 있었다.

때문에 최 선생에 대한 소문이 날로 높아졌다.

"최 선생은 잃은 물건이나 사람을 찾는 데는 귀신같은 점술가다."

사실 최 선생도 낯간지러울 때가 많았다. 하지만 수남이 일러 주는 대로만 하면 십중팔구 들어맞았고 가만히 앉아 사람들의 존경을 받게 되니 대수롭지 않게 넘겨 버렸다.

어느 날 최 선생은 나라의 부름을 받고 세조 임금을 뵈러 가게 되었다. 귀신같은 점쟁이라는 소문이 서울까지 퍼진 줄 모르는 최 선생은 까닭을 알지 못한 채 부랴부랴 서울로 올라갔다. 세조 임금은 최 선생을 특별히 가까이 오게 하고,

"실은 중국의 임금이 옥새를 잃고 찾다 못한 끝에 우리나라에 사신을 보내왔다. 점 잘 치는 사람을 청하니 그대가 가서 찾아주도록 하여라."

하고 말했다.

소문은 어느새 임금의 귀에까지 들어간 모양이었다. 순간 최 선생은 정신이 아찔했다.

"이거 큰일 났구나!"

최 선생은 차마 사실을 말할 수 없었다.

"다른 일과 다르오니 얼마 동안 여유를 주십시오."

최 선생은 일단 시간을 벌어 놓고, 이수남과 의논이라도 해 보자 생각했다.

"그럴 테지. 하지만 일이 중대하고 또 시급한 모양이니 열흘 안에 떠나도록 채비를 하여라."

세조 임금이 말했다. 집에 돌아온 최 선생은 이수남을 불러 사실을 알렸다.

"그러니 장차 이 일을 어쩌면 좋으냐?"

그런데 이수남은 무엇을 생각했는지 잠시 후 생글생글 웃으며 말했다.

"과히 염려 마십시오. 옥새는 대궐 안 어느 곳에 감췄을 것이니 반드시 찾을 수 있습니다."

"뭐라고? 옥새를 찾을 수 있단 말이냐?"

때가 때인지라 최 선생은 반색했다. 이수남은 최 선생 앞에 바싹 다가앉더니 귓속말로 한동안 열심히 속삭였다.

"흥, 흥, 그럴듯하군. 하지만 과연 네 말대로 될까?"

최 선생은 연신 고개를 끄덕이면서도 자신이 없는 듯 말했다.

"글쎄, 염려 마시고 어서 가 보십시오. 다만 지금 말씀드린 일은 꼭 지키셔야 합니다."

이렇게 최 선생은 만반의 준비 끝에 중국으로 떠나게 되었다.

중국 임금은 최 선생을 국빈의 예로 맞아주며 부탁했다.

"속히 선생의 점술로 옥새를 찾아주오."

여기서부터 최 선생은 이수남이 이르는 대로 일을 해 나갔다.

"먼 길을 오느라 노독이 심하오니 한 열흘쯤 쉬게 하여 주십시오."

최 선생은 그렇게 청하여 객관으로 돌아왔다.

융숭한 대접을 받으며 며칠이 지나도 최 선생은 그저 방에만 처박혀 아무 일도 하지 않았다. 약속한 열흘이 지나고 보름째 접어들었어도 날마다 잘 먹고 잘 자고 더러는 책을 읽고 할 뿐이었다. 누가 보더라도 옥새를 찾으러 온 사람이 아니라 호강스런 군식구로만 보였다. 그동안 여러 차례 재촉을 받았지만 최 선생은 여전히,

"몸이 풀리지 않아 정신이 산란합니다."

하는 말만 했다.

그러자 초조해진 중국 임금이 직접 찾아왔다.

"대체 옥새는 언제 찾아줄 생각이오?"

그제야 최 선생은 갑자기 근심스러운 낯으로 이렇게 말했다.

"대단히 죄송합니다. 지금 뜻하지 않은 일이 생겨 심사가 어지러우니 조금만 더 참아주십시오."

"뜻하지 않은 일이라니, 무슨 일이오?"

"실은 저희 본집에 갑자기 화재가 나서 식구의 안부가 걱정되옵니다."

"그것이 정말이오? 아니, 수천 리 밖에 와 있으면서 어떻게 그 일을 안단 말이오?"

중국 임금은 기가 막혔다. 귀신같은 점술가라니 그럴 법도 하다 여겼는지 임금은 그대로 돌아갔다. 다만, 일이 하 수상하니 당장에 그 사실을 알아보기로 했다. 이리하여 말 탄 사람을 조선의 최 선생 집에 보냈다. 달포가 넘어서 돌아온 사자는,

"최 선생 댁에 아무 달, 아무 날, 아무 시에 불이 났습니다. 다만 뒤꼍 헛간만 탔을 뿐 식구들은 모두 무사하답니다."

하고 고하는 것이었다.

중국 임금은 불이 난 일을 맞힌 것만 가지고도 신통하기 짝이 없는데 게다가 그 시간까지 알아맞혔다는 사실에 놀라움을 금치 못했다.

"과연 최 선생은 귀신같은 점을 치는구나!"

하고 마치 옥새를 곧 찾게 될 것임을 믿어 의심치 않았다.

짐작한 대로 이것은 이수남이 약속한 때를 어기지 않고 최 선생 집 헛간에 불을 지른 것이다. 그런 줄 모르는 중국 임금이 감탄해 마지않은 것은 당연하다.

이 일로 해서 '귀신같은 최 선생'이라는 소문은 삽시간에 온 중국 서울에 퍼졌다. 그런 지 며칠이 지났다.

어느 날 밤 최 선생이 혼자 객관에 앉아 있노라니 인품이 고귀한 젊은이가 슬며시 찾아왔다. 중국 임금의 조카였다. 첫 인사를 총총히 나눈 후 젊은이는 최 선생 앞에 머리를 조아렸다.

"그 옥새를 감춘 것은 바로 이 사람이오. 사실은 간사한 신하의 꾐에 빠져 옥새를 훔쳐 대궐 뒤뜰 연못에 넣어 두었소. 그러나 이제 선생께서 예까지 오셨으니 더는 숨길 수 없어 이렇게 찾아온 것이오. 부디 나라의 분란을 일으키지 않고 또 나의 생명도 보존할 수 있도록 이 일을 누설치 말아주시오. 반드시 생명의 은인으로 받들겠으며 훗날 또 다시 이러한 일은 절대로 없을 것이오."

젊은이는 눈물로써 고백했다.

최 선생으로서는 어쨌든 큰일을 손쉽게 해결한 셈이다. 더구나 옥새를 훔친 억직모의 또한 다른 나라 사람인 최 선생이 상관한 바 아니었다.

"나에게 먼저 와서 말씀하셨기에 망정이지, 그렇지 않았더라면 큰일이 날 뻔했구려. 비밀은 꼭 지켜드리겠으니 그리 아시고 더욱 충성을 다하시오."

최 선생은 마치 위대한 성인처럼 너그러움과 위엄성을 보이며 말했다. 이쯤 되니 옥새를 찾아내는 일은 그야말로 누워 떡먹기 격이었다. 단지 그럴싸한 행동으로 이곳저곳 딴청을 부리다가 가까스로 연못을 퍼내게 한 일은 젊은이와의 약속을 지키기 위해서였다.

최 선생이 중국 임금의 옥새 분실 사건을 해결한 것은 말할 것도 없이 이수남의 지혜 덕분이다. 이후 최 선생에 관한 기록은 찾아 볼 수 없다. 다만 이수남이 후에 이름을 이극배라고 고쳐 큰 벼슬에 올랐다 한다.

소년 정충신

전라도 광주에 정씨 성을 가진 선비가 살고 있었다. 정 선비는 나이 60세가 되었어도 슬하에 아들을 두지 못하여 매일 우울하게 지냈다. 그런 어느 날 이상한 꿈을 연거푸 두 번이나 꾸게 되었는데 처음 꿈에서는 무등산이 둘로 쪼개지면서 시퍼런 용이 뛰어나와 몸에 감겼다. 깜짝 놀라 깨어 괴상히 여기다가 다시 잠이 들었는데, 또 그 산이 갈라지면서 이번에는 백호가 뛰어나와 품에 안기는 것이었다.

"해괴한 꿈이다. 혹시 태몽일지도……."

태몽이란 아기를 가질 수 있는 징조가 나타나는 꿈이다. 그중에서도 용과 호랑이의 꿈은 훌륭한 남자아이를 낳을 징조라고 전해져 왔다. 이 꿈의 영험이 있었는지 정씨의 아내는 그 후 열 달 만에 옥 같은 사내아이를 낳았다.

아기는 무럭무럭 자랐다. 키는 작달막하였으나 샛별 같은 눈에 슬기가 번득이고, 날래고 탄탄한 몸에는 용기가 흘러넘쳤다. 게다가 의협심이 강하고 또 말재주도 이만저만이 아니었다. 이 아기가 바로 뒷날 선조 임금 때 지략과 용기로 이름을 떨친 정충신 장군이다.

임진왜란이 일어나 권율 장군이 전라도 광주에서 군사를 모을 때 정충신은 나이 어린 소년의 몸임에도 자진하여 달려갔다. 권율 장군은 씩씩하고 용감한 정충신을 보자 대뜸 마음에 들었다. 이리하여 소년 정충신은 그날로 권율 장군의 지인이 되었다. 지인이란 지금으로 말하면 사령관에 직접 딸린 연락병 격이다.

슬기롭고 재치 있는 정충신은 권율 장군뿐 아니라 그 밖의 대장 병사들에게도 귀염을 받게 되었다. 이때 왜적은 경상도를 휩쓸고 마침 전라도에 침범할 기세를 보이고 있었다.

그런 어느 날 정충신은 몇몇 척후 병사를 따라 왜적의 형편을 살피러 가게 되었다. 어떤 구석진 산골 마을에 다다라 마침 그 마을 밖에 쌓아 둔 낟가리 옆을 지나갈 때였다. 정충신은 갑자기 활을 잡기가 바쁘게 굵직한 화살을 낟가리 한복판에 힘껏 쏘았다.

순간, '억!' 하는 소리와 함께 낟가리 한쪽이 무너지더니 거기에 숨었던 왜병 하나가 어깨에 화살을 맞고 뛰어나왔다. 낟가리 한 군데가 바사삭 움직인 것을 정충신이 재빨리 발견하였던 것이다.

잡혀 온 왜적 척후병을 통해 권율 장군은 적의 동태를 알게 되었고, 첫 번째 싸움에서 크게 이길 수 있었다. 권율 장군은 이 일로 해서 정충신을 더욱 사랑하고 미덥게 여겼다.

얼마 후 군사에 관한 연락을 멀리 평안도에 보낼 일이 생겼다. 당시 선조 임금은 의주까지 몽진해 있었던 것이다. 권율 장군은 이 연락 보고의 중대한 임무를 정충신에게 맡겼다. 열일곱 살 어린 정충신은 전라도에서 평안도 끝인 의주까지 중한 임무를 무사히 완수하여 과연 권율 장군의 기대와 신임을 어기지 않았다.

선조 임금은 물론이거니와 당시 임금 곁에 있던 이항복은 눈이 휘둥그레질 만큼 놀라고 또 탄복했다.

"장래 반드시 훌륭한 인물이 되어 나라에 공을 쌓을 것이다."

이항복도 권율 장군만큼이나 정충신을 사랑하게 되었다. 그래서 그를 전라도로 돌려보내지 않고,

"너는 아직 어린 몸이니 장래를 위하여 힘써 수련하도록 하여라."

하고 정충신을 친자식처럼 보살피며 손수 글을 가르치기 시작했다. 늦게 배우는 글이었지만 정충신은 재주가 비상해 얼마 후 자기 손으로 글을 짓고 웬만한 서신도 격에 맞춰 쓰게끔 되었다.

그러나 정충신은 문과보다는 무과, 다시 말해 정치보다는 군사학에 뜻을 두었던 모양이다. 그해 겨울 무과 과거에 수월히 합격한 것이다.

이 소식을 안 선조 임금은 이항복에게,

"그대가 입이 닳도록 칭찬하는 정충신은 과연 비상한 인물이다. 그러나 아직은 나이가 어리니 조금 더 지난 후에 중한 일을 맡기는 것이 좋지 않은가?"

하고 당장은 벼슬자리를 주지 않았다.

이항복도 물론 찬성했다. 그만큼 정충신의 장래를 크게 기대한 까닭이다.

임진왜란이 어지간히 평정된 후 정충신은 이항복을 따라 서울에 오게 되었다. 이때도 이항복은 정충신의 나이가 어리다 하여 자기 집에서 글 공부를 계속하도록 했다. 정충신은 이항복의 은혜를 깊이 새기고, 또 장차 나라를 위하고 이항복을 위하여 보답할 결심으로 열심히 배우고 익혔다. 그러나 한 가지 정충신이 이항복을 못마땅하게 여기는 일이 있었다. 그것은 이항복이 툭하면,

"할 소린 아니지만, 나라의 큰일을 하기 위한 용기와 담력, 지혜만은 우리 장인께서도 나를 따르지는 못하실걸."

하고 자랑 섞인 농담을 하는 일이었다.

이항복의 장인이란 바로 권율 장군이다. 권율 장군을 누구보다 숭배하는 정충신은 그럴 때마다,

"모르시는 말씀입니다. 설대 안 그렇습니다."

하고 어린 마음에도 불평이 대단했다.

어느 날 정충신이 밖에 나갔다가 헐레벌떡 뛰어 들어오더니,

"큰일 났습니다. 왜적들이 또 충청도 새재를 넘어 벌 떼처럼 쳐들어옵니다."

하고 소리를 질렀다.

이항복은 마침 변소에서 뒤를 보는 중이었다. 크게 놀란 이항복은,

"뭐야?"

하면서 후다닥 뛰어나왔다.

어찌나 당황했는지 한 손에 허리띠와 바지춤을 움켜잡고 있었다. 다른 한 손으로 정충신의 손을 급하게 잡으며,

"그, 그게 정말이냐?"

하고 묻는 이항복의 낯빛이 새파랗게 질려 있었다. 그런 이항복을 빤히 쳐다본 정충신은,

"용서하십시오. 거짓말입니다."

하고 머리를 숙였다.

"휴~!"

이항복은 안도의 한숨을 내쉬고 잠깐 정충신을 흘겨 본 후, 이내 방으로 데리고 들어갔다. 다른 일도 아니고 국가의 큰일을 가지고 함부로 장난했으니, 아마도 무슨 벌을 주거나 크게 꾸짖을 것이 분명했다. 그러나 우선은 괘씸한 생각을 누르고,

"어째서 그런 몹쓸 장난을 하였느냐?"

하고 잠잖게 물었다.

정충신은 무릎을 꿇고 양순하게 앉아,

"잘못하였습니다. 용서하여 주십시오. 늘 말씀하시길 권율 장군보다

용기가 더 있으시고 지혜도 깊다 하셨기에 한번 시험해 보았습니다."

하고는 다음과 같은 이야기를 했다.

임진왜란이 시작되어 싸움이 한창일 때의 일이다. 권율 장군은 얼마 안 되는 군사를 거느리고 청주성에 돌아가다가 갑자기 왜적의 대군에게 포위당하게 되었다. 실로 위태롭기 짝이 없는 순간이었다. 그런데 권율 장군은 조금도 당황하지 않고 소년 정충신을 불렀다.

"지금 바로 적진에 들어가 대장에게 이렇게 전하여라. 예부터 두 나라 가 싸울 때는 마땅히 정정당당하게 진을 친 후 맞싸워야 하는 법이거늘, 어찌 비겁하게 한때의 꾀로써 요행을 바라느냐? 그대가 당당한 장수로 서 부끄러움을 느낀다면 순순히 나의 길을 터놓으라."

권율 장군의 말을 듣고 정충신은 위험을 무릅쓰고 홀로 적진에 들어가 장군의 말을 왜적 대장에게 전했다. 과연 왜적의 대장은 권율 장군의 말 에 탄복하여 저희 군사를 길 좌우로 물러서게 했다. 권율 장군은 으리으 리한 적진 한중간을 마치 자기의 진지나 되는 듯이 천천히 빠져나갔다. 긴장감에 모든 병사들이 겁에 질렸고, 정충신은 더구나 어린 마음에 더 욱 산란했다. 이 때문인지 맨 끝에서 장군이 바꿔 탈 말을 끌고 오던 정 충신은 어느새 말을 잃고 고삐만 잡고 있었다.

이를 본 권 장군은 몹시 엄한 낯으로 꾸짖었다.

"아무리 적진을 뚫고 오는 길이라 할지라도 내 군사가 걷는 동안의 대 열은 바로 나의 진지의 행군이다. 그런데 너는 우리 진 안에서 대장의 말 을 잃고 적의 웃음거리가 되었으니 마땅히 군법에 의하여 벌을 받아야 한다. 그보다 먼저 다시 적진에 들어가 잃은 말부터 찾아오너라."

하고 왜적 대장에게 할 말을 일러주었다.

정충신은 다시 적진에 달려 들어갔다. 그리고 권율 장군이 시킨 대로,

"대장의 말을 잃으면 그 병사가 군법에 처단되는 것은 어느 나라나 마찬가지다. 너희는 방금 우리와의 약속을 훌륭하게 지켜주었다. 그런데 그 신의를 저버리고 우리 대장의 말을 훔쳐 분풀이를 하였다. 너무도 비겁하지 않느냐?"

왜적들은 이번에도 순순히 말을 내주었다.

정충신은 이렇게 말을 도로 찾아오기는 하였지만 군법대로 곤장 20대나 맞았다는 것이다.

정충신은 여기까지 말하고,

"이 일로 우리 군사는 새삼 군율을 지키고 사기도 올라 그 다음 날 적과 싸워 크게 이겼습니다."

하고 자기 나름대로 자랑스럽게 덧붙여 말했다.

이항복은 말을 듣는 동안 저도 모르게 낯이 붉어졌다. 비록 농담으로 한 말이지만, 장인 권율 장군의 참된 용기와 슬기는 정충신의 말이 아니었다면 이토록 자세히 그리고 깊게 알 수 없었을지도 모른다.

이후 이항복이 안으로 어지러운 나라를 바로잡고, 권율 장군이 밖으로 극성맞은 왜적을 물리치는 데 양쪽 기둥의 구실을 한 일은 역사 기록에 쓰인 그대로이다.

정충신은 그 후 몽고의 침략을 물리치고 부원수에까지 오른 명장 중의 한 사람이 되었다.

소 선비 이야기

전라도 어느 시골에 소씨 성을 가진 가난한 선비가 살고 있었다. 조실부모하고 힘들게 어른이 된 선비는 애써 얻은 아내마저 자식 하나 얻지 못하고 세상을 떠나보내고 말았다. 의지할 만한 일가친척도 없어 그야말로 혈혈단신 또다시 외로운 신세가 되어 버렸다.

슬픔과 외로움을 견디다 못한 소 선비는,

"차라리 죽느니만 못하구나!"

하는 생각에 정말로 죽을 결심했다. 그러나 막상 죽으려고 보니 그 방법이 여간 어렵지 않았다.

이때 마침 장성 땅 뒷산 깊은 곳에 사나운 호랑이가 나타나 밤낮없이 사람을 잡아먹는다는 소문이 떠돌았다.

"옳지. 호랑이 밥이 되는 게 빠르겠다."

소 선비는 3십 리나 되는 험한 산길을 서둘러 기어 올라갔다. 그리고는 수목이 울창한 곳을 골라 바위에 걸터앉았다. 밤이 차츰 깊어 달빛이 어렴풋한데 늦가을 찬바람이 나뭇잎을 흔들어 떨어뜨리기 시작했다. 소 선비는 숲속 어두운 곳을 박힌 듯 바라보며 이왕이면 빨리 호랑이한테 물려 죽기만 기다리고 있었다.

이렇게 얼마쯤 지났을까, 앞쪽에서 무엇인가 시커먼 그림자가 나타나더니 한번 멈칫했다가 다시 차츰 가까이 다가오기 시작했다. 소 선비는,

'이제 오는구나.'

생각하고 조용히 앉아 있었다. 그런데 앞으로 오는 그림자는 호랑이가

아니라 총을 멘 사냥꾼이었다.

"대체 뉘신데 이런 위험한 곳에 혼자 계십니까?"

하고 사냥꾼은 고개를 설레설레 흔들었다.

"지나가는 나그네요. 다리가 아파서 잠깐 쉬고 있소."

소 선비가 대답했다. 말하는 품과 태도가 과히 태연스러워 포수는 크게 놀랐다.

"소문을 듣지 못했습니까? 여기는 사람 잡아먹는 호랑이가 나오는 곳입니다. 무섭지 않습니까?"

"무섭지 않소. 걱정 말고 어서 볼 일이나 보러 가시오."

무섭기는커녕 그 호랑이를 기다리는 중이다. 차마 사실을 말 못하고 귀찮다는 듯이 한 말이었다.

그런데 사냥꾼은 소 선비를 어떻게 보았는지 어깨에 멨던 총을 내려놓고 무릎을 꿇었다.

"뵙자니 보통 분 같지 않으십니다. 필시 어떤 신통한 재주를 지니셨거나 그렇지 않으면 천하의 장사임에 분명합니다. 그렇게 알고 부탁드리니 제발 저를 도와주십시오."

"대체 무슨 일을 도우란 말이오?"

상대의 태도가 갑자기 변했기에 소 선비는 어리둥절했다.

"다름 아니라, 저는 이 고을에 이름 있는 포수로 오늘 그 호랑이를 반드시 잡아다 관가에 바쳐야 하는 날입니다. 제가 숲에 들어가서 호랑이를 이쪽을 몰 터이니 다음은 이렇게 저렇게 해 주십시오."

사냥꾼은 손짓으로 호랑이를 도망가지 못하게 해 달라는 시늉을 해보였다. 그리고는 소 선비의 대답도 듣지 않고 산 위로 달려 올라갔다. 일 자체는 우습고 맹랑했다. 그러나 소 선비는 오히려 잘됐다는 생각을 했다. 사냥꾼이 호랑이를 몰아오게 되면 그만큼 빨리 죽을 수 있기 때문이다. 그래서 더욱 태연하게 앉아 있노라니 갑자기 저만치 보이는 숲에서,

"어흥!"

하는 소리가 났다. 그리고 바로 황소보다도 커 보이는 호랑이 한 마리가 바람을 일으키며 이쪽으로 내달아오는 것이었다. 소 선비는 죽음의 순간으로 여기고 눈을 꼭 감았다. 그러나 의당 와야 할 그 순간은 오지 않았다. 바로 코앞까지 불어 닥친 바람기를 느끼기는 했지만, 그 다음 아무런 기척도 나지 않았던 것이다.

"해괴한 일이다."

소 선비는 이렇게 중얼거리며 눈을 떴다.

순간 참말이지 해괴한 일이 눈앞에 벌어지고 있었다. 원래 소 선비가 앉은 바위 위쪽으로 아름드리나무가 두 그루 서로 얽히듯이 서 있었다. 그런데 호랑이는 하필이면 그 좁디좁은 틈바구니에 뛰어들어 허리가 껴 옴짝달싹 못하고 있었던 것이었다.

호랑이는 무서운 비명을 지르며 힘을 다하여 몸부림쳤다. 그러나 육중한 나무만 흔들릴 뿐 몸은 여간해서 빠지지 않았다. 게다가 호랑이는 새끼를 배었는지 나무 틈에 끼인 배가 앞뒤로 유난히 부풀어 올라와 더욱 고통스러운 모양이었다.

소 선비는 기가 막히고 일변 또 우스운 생각이 들어 마음 놓고 앞으로 다가갔다. 이때 호랑이는 고개를 한번 크게 흔들더니 제 힘에 지쳤는지 축 늘어져 버렸다.

소 선비는 잠시 망설이다가 칡덩굴을 부지런히 뜯어 밧줄을 꼬았다. 그것으로 호랑이 목을 칭칭 동여 맨 다음 굵직한 작대기를 찾아 나무 사이에 끼우고 힘껏 비틀었다. 여간 힘든 일이 아니었다. 약간 틈이 생기자

호랑이도 최후의 힘을 다하여 몸부림쳤다. 간신히 빠져나온 호랑이는 그러나 이미 기진맥진한 상태로 그 자리에 엎드려 숨만 거칠게 헐떡였다. 마치 소 선비에게 고삐를 잡힌 소처럼 양순하기 짝이 없었다.

바로 이때 앞쪽 숲에서 사냥꾼이 뛰어왔다. 사냥꾼은 이 모습을 보더니 눈이 휘둥그레져서 말도 못하다가 이내 꿇어앉아 절을 꾸벅했다.

"역시 저의 짐작이 맞았습니다. 참으로 놀라운 분이십니다. 저도 실상 힘깨나 쓰는 사람으로 유명합니다마는, 호랑이를 이렇게 사로잡을 순 없습니다. 아니, 생전 보지도 듣지도 못하였습니다. 오늘부터 스승님으로 모시겠습니다."

사냥꾼은 소 선비가 말할 여유도 주지 않고 혼자 사뭇 지껄였다. 그리고 다시 한 번 큰절을 했다.

이렇게 해서 잡은 호랑이를 그 자리에서 죽인 사냥꾼은 가죽을 벗겨 가지고 소 선비와 함께 우선 산 밑 주막으로 들어갔다. 소 선비는 사냥꾼이 식사 준비를 시키는 동안 몰래 달아나듯이 주막에서 빠져나왔다.

"아, 나는 죽을 팔자도 못되는가 보다."

소 선비는 이렇게 한탄하며 집으로 힘없이 돌아오고 말았다.

한번 죽으려다 묘한 일로 뜻을 이루지 못한 소 선비는 그 후 여러 날을 굶주리며 지냈다. 그러다가 문득 한 가지 일이 생각났다.

'그렇구나, 이웃 고을 아무 데에 사는 곽 부자가 실은 우리 조상 때부터 대물려 내려오던 종이다. 마침 그의 종문서가 있으니 그걸 가지고 가서 5천 냥쯤 받고 돌려주면 형편이 펴질 것이다.'

그러나 이 생각은 잘못이었다. 원래 곽 부자는 주인 소 선비의 집에서 도망쳐 달아난 사람이고, 또 어떻게 요행으로 부자가 되었지만 한 번도 옛 주인집을 찾아간 적이 없는 고약한 인간이었던 것이다.

아니나 다를까, 곽 부자는 소 선비의 요구를 코웃음으로 거절했다. 몇십 리 길을 고생하여 찾아온 전날의 주인을 식사 대접도 않고 내쫓아 버렸다. 그뿐인가,

'앞으로 종문서를 가지고 무슨 떼를 쓸지 모른다. 차라리 누굴 시켜 죽여 버려야겠다.'

이런 끔찍한 생각까지 했다.

곽 부자는 며칠 후 힘센 불한당 열 명을 몰래 사들였다.

"아무개는 실상 우리 부친을 죽인 원수다. 한 사람 앞에 1백 냥씩 줄 터이니 쥐도 새도 모르게 없애 버려라."

그 말을 믿은 불한당들은 어느 날 밤 소 선비네 집으로 몰려갔다. 아닌 밤중에 칼, 몽둥이를 든 불한당 떼의 습격을 받은 소 선비는 조금도 당황하지 않았다. 진작부터 죽으려던 사람이다. 무엇이 두렵겠는가. 오히려 잘된 일이라 여겼을지 모를 일이다.

어쨌든 소 선비의 너무도 태연한 모습에 불한당들은 잠깐 동안 헛기운이 빠질 만큼 어리둥절했다. 그때 마침 패거리 중에서 몸집이 우람한 사람이 깜짝 놀라더니 소 선비 앞에 무릎을 꿇었다.

"어, 스승님, 이게 어쩐 일입니까?"

소 선비가 자세히 보니 다름 아닌 호랑이를 잡던 그날의 사냥꾼이었다. 이렇게 된 이상 일은 갑자기 전혀 딴 방향으로 변할 수밖에 없었다. 우선 곽 부자한테 속은 사실을 알게 된 사냥꾼이 당장 여러 사람한데,

"너희는 모르지만 이분이 바로 호랑이를 사로잡은 나의 스승이시다."

하고 불한당들을 재촉하며 곽 부잣집으로 달려갔다.

그리고 애초 소 선비의 요구대로 5천 냥을 받아내어 종문서와 바꾸게 했다. 그런 후부터 사냥꾼은 소 선비를 정말 스승처럼 섬겼다고 한다.

🏵 시묘막侍墓幕의 기적

🔘 경상도 양산 고을에 오순이라는 선비가 있었다. 그는 어려서부터 효성이 지극한 사람이었다. 부모가 살아있을 때의 효성도 지극했지만 부모가 돌아갔을 때 애통해하는 모습은 이루 형언할 수 없었다. 그는 부모가 돌아가시자 고을 밖 영취산에 안장한 후 묘 옆에 움막을 짓고 거기서 3년 동안 살게 되었다.

이런 일을 '시묘'라 하는데, 시묘를 사는 동안 상제는 옷도 갈아입지 않고 세수도 않고 음식도 제대로 먹지 않으면서 마치 산 부모를 섬기듯 하며 부모가 살아있을 때 좀 더 효도하지 못한 것을 용서를 빌어야 한다.

오순이 시묘 막에서 밤낮을 가리지 않고 통곡하는 소리가 얼마나 애절한지 지나가는 사람이 모두 눈물을 흘릴 정도였다.

시묘 막에서 5리쯤 비탈을 내려간 곳에 맑고 맛있는 샘이 있었다. 오순은 이 약수를 매일매일 떠다가 제사상에 올렸다. 아무리 궂은 날이라도 거르는 일이 없었다.

그런 어느 날 밤 갑자기 산이 무너지는 소리가 나며 숲과 바위가 무섭게 흔들렸다. 이튿날 아침 오순이 문득 보니 시묘 막 바로 앞에 난데없는 샘물이 솟고 있었다. 그러나 오순은 무심히 보면서 산골 비탈 아래의 샘으로 물을 길러 내려갔다. 그런데 어제까지 있었던 샘은 흔적조차 보이지 않았다. 해괴한 일이었다.

할 수 없이 다시 시묘 막으로 돌아온 오순은 새로 솟는 샘물을 떠 마셔 보았다. 그 물은 신기하게도 비탈 아래의 것보다 훨씬 더 깨끗하고 맛도 좋았다. 이리하여 오순은 애써 멀리 가지 않고 샘물을 제사상에 떠다 바치게 되었다.

이 샘을 사람들은 '효감천'이라고 불렀다. 하늘이 오순의 효성에 감동하여 가까운 곳에다 새로 솟게 했다는 뜻이었다.

시묘 막이 있는 영취산에는 전부터 무서운 호랑이가 산다는 소문이 나 있었다. 이 때문에 오순의 식구는 언제나 걱정이 심했다. 그러나 오순은 조금도 무서워하지 않았고, 또 호랑이의 해도 입지 않았다. 그러다가 어느 날 큰 호랑이 한 마리가 시묘 막 안으로 들어와 쭈그리고 앉았다. 이 날은 바로 소상小祥날이었다.

제사를 마친 오순은 호랑이 앞으로 다가가 점잖게 말했다.

"너는 나를 해치러 왔느냐?"

호랑이는 고개를 크게 가로저었다.

"그러면 어째서 나가지 않느냐?"

오순이 꾸짖듯이 말하자 호랑이는 커다란 머리를 한 번 숙였다. 모습이 마치 길 잘 들인 가축과 같았다.

오순의 꾸지람에 밖으로 나간 호랑이는 시묘 막 앞에 다시 쭈그리고 앉았다. 그리고는 시묘 막을 등지고 먼 곳부터 가까운 곳을 위엄 있게 둘러보는 것이었다.

이날 이후로 호랑이는 날마다 저녁쯤에 와서는 한밤중까지 꼼짝 않고 앉아 있다가 날이 밝으면 돌아가곤 했다. 그러는 동안 오순은 호랑이와 친한 사이가 되었다.

호랑이는 사나운 산짐승이나 다른 호랑이들이 얼씬도 못하게 오순을 지켜 주었다. 뿐만 아니라 초하루 보름 제삿날이면 산돼지, 사슴 같은 짐승을 물어다 주었다. 오순은 이것을 제물로 쓰면서 호랑이한테 한없이 고마움을 표했다.

　그 후 호랑이는 오순이 대상을 치르고 집으로 돌아갈 때까지 한결같이 오순을 보호하며 함께 지냈다.

　산에서 일어난 이 두 가지 일, 효감천 샘물과 호랑이의 일은 모두 오순의 효성 때문에 생긴 하나의 기적이었다. 이밖에도 시묘 막에 있을 때 생긴 신기한 일은 꽤 많지만, 사람들이 오늘날까지 전하는 이야기로는 이것이 가장 색다르다 할 수 있다.

시어머니 버릇 고친 며느리

옛날 어느 마을 어느 집에 며느리를 툭하면 내쫓는 못된 시어머니가 있어 무려 여덟 명을 내쫓았다. 그리고 그 집에서 얼마 떨어지지 않은 곳에 인물 좋고 얌전한, 그러나 가난한 색시가 살고 있었다. 어느 날 그 색시가 그 집으로 시집가겠다고 하여 아버지와 다툼을 한 끝에 매파를 놓아 시집을 가게 되었다. 시아버지와 아들은 이번에 또 내쫓으면 집안의 체면이 안 선다며 각오를 단단히 했다. 막상 혼인식 날이 되었어도 인심을 잃은 통에 가마를 따르는 사람도 없고 이웃 사람도 오지 않았다.

며느리가 족두리를 쓰고 가자 시어머니는 부엌에서 밥을 하고 있었다. 잠깐 나간 모양인지 남편과 시아버지는 보이지 않았다. 며느리는 아무도 없는 틈을 타 시어머니를 막 두들겨 팼다.

한참을 두들겨 맞은 시어머니는 아들이 돌아오자,

"아이고, 아들아! 아, 글쎄 저 새아기가 날 막 패지 않겠니."

하고 하소연했다. 그러자 아들은 삐죽하며,

"어머니, 아홉 번째도 쫓아낼라 하오?"

하고 믿어 주지 않았다. 남편도 아들도 시어머니를 믿지 못하게 되었던 것이다. 며느리는 그렇게 몇날 며칠을 남편과 시아버지가 없는 기회만 생기면 시어머니를 사정없이 패는 것이었다. 결국 시어머니는 뒷박하고 열쇠를 내주며 제발 때리지 말라고 사정하기에 이르렀다. 이후 며느리는 평소처럼 공손하기 그지없는 며느리가 되었고 시어머니는 그 고약한 버릇을 고치게 되었나 한다.

시주할 것 없는 두 과부와 스님

● 옛날 한 스님이 어느 과부 집에 시주를 하러 가니 아무것도 시주할 게 없다고 하면서 시주를 하지 않았다.

"왜 시주를 안 하시는지요?"

하고 스님이 물으니, 과부는,

"시주하려 해도 시주할 게 아무것도 없어요."

하고 말했다.

"날이 저물었으니 하룻밤 자고 갑시다."

"안 됩니다. 남편 없이 홀로된 지 오래고 하여 재워줄 수가 없으니 다른 집으로 가 보십시오."

"너무 늦어 다른 집에 갈 수는 없고, 헛간에라도 자고 가면 안 되겠소?"

스님이 재청하자, 과부는,

"그럼 방으로 들어오십시오."

그리하여 스님은 방으로 들어갔다. 한방으로 들어가니 과부는 명주를 짜면서 밤새 자리에 눕지도 않았다. 날이 밝아 오자 스님은 잠자리에서 일어나 고맙다고 하고 갔다. 아침이 되어 과부댁이 부엌에 가 솥뚜껑을 열어 보니 쌀이 하나 가득 들어 있었다. 스님이 놓고 간 것이다.

스님이 또 다른 과부 집에 가서 시주하라 하니,

"아이고, 시주고 뭐고 시주할 게 있어야 하지요."

"시주는 없더라도 해는 저물고 잘 데가 없으니 하룻밤 자고 갑시다."

"그러하면 주무시고 가시지요."

스님이 자다 보니, 밤중에 과부가 다리를 걸치는 등 스님에게 집적거리는 것이었다. 그래도 중은 모른 체하고 자고 나오면서 하는 말이,

"시주할 게 없다고 하였는데, 부엌의 솥뚜껑을 열어 보면 시주할 것이 많이 있을 겁니다."

하고는 아침도 안 먹고 떠났다. 과부가 솥뚜껑을 열어 보니 남근이 수북이 쌓여 있었다.

🥚 신숭겸 장군

🔵 고려 개국 10년, 신라 연대로 경애왕 4년(927), 11월 포석정에서 연회 도중에 경애왕이 후백제 견훤에게 습격당해 피살되었다. 위험한 입장에 처하게 된 신라에서는 고려에 원군을 요청했다.

그때 고려의 세력은 지금의 안동 근처에까지 미쳐 있었는데, 파병을 반대하는 신하들도 있었다. 왕건 태조는 우방이 습격을 당했으니 마땅히 군사를 보내야 한다며 친히 기병 5천을 거느리고 견훤을 섬멸하러 진격했다.

그러나 견훤 군과의 첫 접전에서 고려군은 참패를 당했다. 후백제는 승군의 입장에 있으므로 사기가 충천하였고, 그런 군사와 맞붙어 싸웠으니 패하는 것은 어쩌면 당연한 일이었다. 이리하여 고려군은 지금의 지묘동까지 밀려와 완전히 견훤의 군사에게 포위를 당했다. 5천 기병 중에 약간의 패잔병만이 살아남아 포위를 당했던 것이다. 그리하여 왕건은 헤어날 길이 없어 위태로운 지경에 이르게 되었다. 이때 장절 신숭겸 장군이 하나의 묘책을 생각해 내니 그 묘책이란 왕건과 자신의 옷을 바꿔 입자는 것이었다. 그러자 왕건 태조가 극력 반대했다.

"지금은 그럴 시기가 아니옵니다."

신숭겸은 이렇게 일축하고 기어이 태조 왕건과 옷을 바꿔 입고 왕의 표시가 뚜렷이 나타나도록 진두지휘를 맡았다. 이 틈에 왕건 태조는 평민으로 가장하고 포위망을 탈출했다. 신숭겸 장군은 왕복을 입은 채 진두지휘하다가 전사했다.

견원군은 신숭겸을 왕으로 알고 머리를 베어 돌아갔고, 참패 속에서 왕건 태조를 살리려는 작전은 성공한 셈이었다. 신숭겸은 후에 국장을 치르게 되었는데, 시신에 머리가 없으므로 금으로 이두異頭를 만들어 장사를 지냈다.

그리고 금두金頭의 도굴을 막기 위해 세 개의 봉분을 만들었는데, 지금도 한식이 되면 대구 지묘동과 강원도에서 성묘를 지낸다고 한다.

🥚 신주神主 개 물어 간다

🔵 어느 땐가 서당에서 글을 배우는 젊은이가 있었다. 이 젊은이가 나이를 먹음에 따라 장가를 들게 됐다. 그런데 서당 선생이 이르기를, 장가를 갈 때는 콩을 볶아서 많이 먹고 가는 것이라고 했다. 그래서 선생이 시키는 대로 콩을 많이 먹고 갔다. 그랬더니 설사가 나서 첫날 저녁에 똥을 쌌다.

"왜 그러시옵니까, 서방님?"

신부가 물으니 신랑은,

"서당 선생이 콩을 많이 먹어야 한다기에……, 그래서 그런 것 같소."

라고 대답했다.

이 말을 들은 신부는 가만히 있다가 볏짚을 가져다가 똥을 쌌다. 그리고는 서당 선생에게 보낼 선물을 마련했다고 하니, 아무것도 모르는 하인은 선물을 들고 선생에게 갔다. 선생은 이것을 받고는 흐뭇해하면서,

"참 훌륭한 제자야! 제자들이 장가를 가도 이런 일은 없었는데!"

라고 말했다. 선생의 마누라가 선물을 풀어보려고 하는데 어디서 자꾸 구린내가 나는 것이었다.

"영감, 어디서 구린내가 나요."

"무슨 쓸 데 없는 소리, 빨리 열기나 해라."

그리하여 선물을 풀어보니 누런 된장 같은 것이 있는데, 냄새가 그렇게 고약할 수가 없어 내다 버렸다.

한편, 그 동네에 무당이 있어 그 무당이 서당에 동냥을 가면 야박할

때가 많았다. 그래서 무당은 그 집을 좋게 생각하지 않았다.

하루는 그 집의 개를 불렀는데 그때 그 집의 개는 사람 변을 먹고 있다가 사당의 신주를 물고 나가 버렸다. 그래서 그 집에서는 신주를 찾기 위해 법석을 떨었다. 개가 가는 곳, 개구멍 같은 곳은 모두 찾아다녔다. 그걸 보고 무당이 물었다.

"뭐 하러 다니는 건가?"

차마 신주를 잃어버려서 찾고 있다는 말은 못하고 묵묵부답이었다.

"아까 어떤 개가 신주 하나를 물고 가던데……."

무당이 말하자 그 집 식구들은,

"그럼 우리가 대가를 줄 테니 아무 말도 말아 주게!"

했다.

그리고 얼마 뒤에 무당이 서당 집으로 동냥을 가니 잘해 주었다.

그 일을 덮어두게 하려고 후한 인심을 썼던 것이다. 만일 서당 선생이 애초에 아이들에게 옳게 가르쳐 주었다면 그런 봉변은 당하지 않았을 것이다.

신 참판과 유척기

● 참판이란 벼슬을 지낸 신임은 원래 황해도 평산 고을 사람이었다. 신임은 평소 사람을 알아보는 눈이 높기로 유명했다. 그러나 자신은 아들 복이 없는지 하나밖에 없는 외아들이 장가든 지 얼마 안 있어 세상을 떠났다. 다만 유복녀로 태어난 손녀딸이 더없이 총명하고 아리따워 신임은 외로움을 조금이나마 덜 수 있었다.

이 손녀가 자라서 혼인할 나이가 되자 누구보다도 며느리가,

"아버님께서 저 아이 사윗감을 속히 골라 주십시오."

하고 부탁하기 시작했다.

신임은 그때마다,

"어떠한 사람이면 만족하겠느냐?"

하고 물었고, 며느리는,

"나이 80살이 될 때까지 두 내외가 의좋게 살 수 있으며, 집안은 부유하고, 벼슬은 영의정, 또 아들딸들을 많이 낳을 수 있으면 좋겠습니다."

하고 욕심껏 말했다.

"허허, 세상에 그토록 모든 복을 다 갖춘 사람이 어찌 쉽게 있겠느냐? 꼭 그런 제목이라야 된다면 졸지에 구하기 어려우니 역시 서서히 수소문해야 되겠다."

신임은 말뿐 아니라 실제로 그러한 신랑감을 늘 잊지 않고 물색했다.

그러던 어느 날, 신임이 초헌이라 하여 높은 벼슬아치가 타는 수레에 실려 장동 거리를 지나가게 되었다. 문득 보니 여러 아이가 길에서 재미

있게 놀고 있었다. 아이들의 놀이를 무심히 보던 신임은 무엇을 발견하였는지 초헌을 멈추게 하고 한 소년을 유심히 살폈다.

그 소년은 나이가 열 살 남짓 되어 보이고 입은 옷을 더럽고 찢어져 꼴이 말이 아니었다. 그러나 몸매와 얼굴 생김새에 반하여 두 눈에 슬기가 넘쳐 보였다.

"음, 저 아이는 장래 큰 인물이 될 상이다. 어서 이리로 불러오너라."

신임이 하인들한테 명령했다.

그런데 그 소년은 으리으리한 고관의 하인을 조금도 무서워하지 않고 오히려 고개를 사뭇 가로저었다. 다른 하인이 거의 강제로 데려가려 하자 소년은 고집스럽게 버텼다.

"어떠한 관원인지 모르겠으나 죄 없는 사람을 함부로 붙잡아가는 법이 어디 있소?"

소년은 호통치며 반항했지만 그래도 여럿의 힘을 당하지 못하고 결국은 신임 앞에 끌려오고 말았다.

"한 가지 묻겠다. 너의 집 문벌을 알고 싶으니 말해 보아라."

신임이 부드럽게 물었다.

"저의 집 문벌은 알아서 무엇하시렵니까? 저는 유가 성을 가진 양반의 자손입니다. 아셨으면 속히 저를 놓아 주십시오."

소년은 여전히 반항하는 투로 말했다.

"허 참, 고집이 매우 세구나! 그래라, 어서 가 보아라."

신임은 할 수 없다는 듯이 소년을 놓아 주었다. 그리고 자신이 직접 먼발치에서 소년의 뒤를 따라가 보았다. 지금으로 말하면 빈민들이 사는 판자촌이랄까, 소년의 집은 거기서도 제일 형편없는 오막살이였다.

신임은 상관하지 않고 집주인을 찾기로 했다. 쓰러져 가는 오막살이에는 소년과 늙은 어머니 단 둘밖에 없었다.

신임은 우선 하인에게,

"너, 이 댁 부인께 '아무 데 사는 신 아무개가 나이 찬 손녀딸이 있어 댁의 도령과 정혼하고자 하니 부디 허락을 바란다.'고 전하고 오너라."

하고 일러 보냈다.

하인이 안에 들어간 지 얼마 후에 다시 나왔다.

"처음에는 그저 놀랍기만 한 모양이었습니다만, 소인이 잘 말씀 드렸더니 황송해하며 아무 말도 더 못하셨습니다."

"음, 그러면 승낙을 받았단 말이냐?"

"예, 그러하옵니다."

"알았다. 다시 들어가서 혼인 날짜와 그 밖의 일은 모두 신부 집에서 채비할 터이니, 그리 알고 기다리시라고 여쭈어라."

이렇게 소년의 집에서 일을 정하고 돌아가는 길에 신임은,

"너희는 아무한테도 오늘 일을 발설치 마라. 누구라도 입 밖에 내면 큰 벌을 내릴 것이다!"

하고 하인들의 입을 봉해버렸다.

신임이 집에 돌아오자 또 며느리가 재촉했다.

"아버님, 오늘은 좋은 신랑감을 얻으셨습니까?"

늘 입버릇처럼 하는 말이었다. 신임은 지긋이 웃으며 말했다.

"그러면, 또 묻겠다. 너는 어떠한 신랑감을 원한다고 하였지?"

물론 뻔히 알고 부러 묻는 말이었다. 이에 며느리의 대답도 한결같이 똑같았다. 신임은 얼굴에 웃음을 활짝 띠고 말했다.

"그러면 안심하여라. 오늘에서야 너의 뜻에 합당한 인물을 발견했고, 또 그 쪽의 허락도 받아왔다."

신임의 말에 며느리는 뛸 듯이 반가워했다.

"뉘 댁 아드님이며, 그 집은 어디에 있습니까?"

신임은 이 물음에는 대답하지 않고 그저 빙그레 웃기만 했다. 그러다가 며느리가 과히 조르자,

"그런 것까지 당장 알 필요 없다. 곧 자연히 알게 될 것이니."

하고 더는 알려 주지 않았다.

며느리는 평소 시아버지한테 넋두리처럼 말한 바 있기 때문에 어련하려니 하고 더는 묻지 않았다.

이윽고 납채하는 날, 신임은 더 숨기지 않고 사실대로 며느리한테 말해 주었다. 며느리의 낙심은 이루 말할 수 없이 컸다. 하지만 때가 이미 늦었으니 별 도리가 없었다.

그래도 한구석 마음에 설마 하는 생각과 궁금증이 자꾸 일어나 급히 늙은 여종을 시켜 남몰래 엿보고 오게 했다. 그런데 여종이 보고 와서 하는 말은 더욱 기가 막혔다.

"글쎄 세상에 이런 변괴가 어디 있습니까. 집은 세 칸 초가에 서까래가 드러나고, 부엌에는 이끼가 끼고 솥에는 거미줄이 서리고, 어디 그뿐이겠습니까. 신랑감은 눈이 광주리 같고, 머리가 쑥대밭 같고, 아무튼 하나도 쓸모와 볼품이 없습니다. 아이고, 우리 아씨, 꽃 같은 우리 아씨, 불쌍해서 어찌합니까."

신임의 며느리는 낙심한 나머지 눈물로 나날을 보내게 되었다. 그러나 혼례식 날이 다가오니 가만히 있을 수도 없었다. 그야말로 눈물을 머금고 정성껏 온갖 채비를 갖춰 주었다.

이윽고 신랑이 장모한테 인사를 하는데, 신임의 며느리는 새삼 마음이 산산이 부서지는 것 같았다. 가난하고 못생긴 사위에 대한 실망은 곧 ㄱ

사위를 원수처럼 여기는 마음으로 변했다. 그뿐인가, 숫제 처가에 붙어 살게 된 신랑은 진종일 놀기만 하고, 잠버릇이 또 이만저만 고약한 게 아니었다. 체면 불고하고 큰 마루에 벌렁 누워서 말이 아닌 꼴로 대낮까지 일어나지 않았다. 이 밖에도 장모를 비롯한 처가 식구에게 구박받고 천대받을 만한 짓은 이루 헤아릴 수 없었다.

그러던 얼마 후 신임이 황해 감사의 명을 받들고 황해도로 가게 되었다. 무슨 생각에선지 신임은 손녀사위인 유낭을 데리고 갔다. 황해도에 간 유낭은 갑자기 성품이 변한 듯 관가 아래 윗사람과 정답게 사귀고 또 그들의 존경을 받았다.

그해 조정에 먹을 진상하게 되었을 때 신임은 유낭을 불렀다.

"이중에서 네가 쓸 만한 분량만 골라서 가져도 좋다."

"예, 고맙습니다."

유낭은 서슴지 않고 진상할 먹에서 큰 것 100동(1동은 10개)을 골라 가졌다. 진상품 중에서 제일 좋은 것을 모두 뺀 셈이었다. 신임은 놀랐다. 그렇지만 어찌할 수 없어서 다시 그 수효만큼 만들어 채워야 했다. 그런 후 유낭은 그 많은 먹을 모두 관가 벼슬아치들에게 나눠주었다.

"오라, 이제 보니 내 대신 아랫사람을 위해 주자는 뜻이었구나!"

신임은 이렇게 중얼거리며 감탄했다. 이 유낭이 바로 영의정에 오른 유척기이다. 유척기는 신임이 본대로, 또 그 며느리가 원하던 대로 나이 80살까지 내외가 모두 복을 함께 누리고 슬하에는 아들 4형제를 두었으며, 부유하기가 이를 데 없었다.

신임은 그 후 황해 감사를 지내면서 이때 함께 데리고 간 사위 홍익빈의 사람됨을 시험해 보려고 역시 같은 말을 했다.

"자, 여기 임금께 진상할 먹이 있다. 네가 가질 만큼 골라서 가져도 좋다."

그런데 홍익빈은 유척기와 달랐다.

"상감께 진상할 먹을 마음껏 가지라 하시니 송구합니다. 그랬다가 축이 나면 곤란하지 않습니까?"

이렇게 말하며 처음에는 여간해서 말을 듣지 않았다. 그러나 장인이 심히 권하는 바람에 마지못하여 큰 먹 2동, 중치 3동, 작은 것 5동만 골라 가졌다.

"욕심이 없고 절개를 가려 지키니, 어쨌든 너는 조상의 덕으로 벼슬을 얻어 편히 살겠구나."

홍익빈은 과연 그 후 조촐한 벼슬을 얻어 탈 없이 지냈다고 한다.

아내보다 떡

옛날 어느 곳에 젊은 내외가 살고 있었다. 어느 날 이웃집에서 제사떡을 가지고 왔다. 젊은 내외는 순식간에 떡을 맛있게 먹었고 마지막 하나가 남았다. 그러자 젊은 내외는 누구든지 먼저 말을 하는 사람은 이 떡을 먹지 못한다는 내기를 했다. 젊은 내외는 입을 다물고 내기에 들어갔다. 말하고 싶은 일이 있었으나 서로 꾹 참았다.

마침 이때 집에 도둑이 들었다. 도둑이 보니 두 사람 모두 벙어리 같았다. 도둑이 방 안에까지 들어왔으나 젊은 내외는 마지막 남은 한 개의 떡을 먹기 위해 말을 할 수가 없었다. 도둑은 방 안에 있는 물건을 모두 싼 후 젊은 아내마저 업고 가려 했다. 그러나 남편은 아무 말도 하지 않았다.

아내는 화가 나서,

"이 무정한 양반아, 이래도 아무 말 안 하는 거요?"

하고 소리쳤다. 그랬더니 남편은 어느 사이에 냉큼 떡을 집어 입에 넣으며,

"이제 이 떡은 내 것이다."

하고 비로소 말을 했다고 한다.

아내의 슬기

옛날 오가 성을 가진 젊은이가 있었다. 기골이 건장하고 성품이 정직했지만, 배운 것이 없어 아내의 덕으로 놀면서 지내야 했다. 아내는 마침 서울 어느 재상집에서 하녀 노릇을 하고 있었다. 상냥하고 착실한 까닭에 재상 내외의 사랑을 받았고 또 그간 부지런히 저축한 돈도 퍽 많았다. 그러는 동안에도 아내는 남편을 조금도 타박하지 않고 극진히 위했다. 남편이 '장차 크게 될 사람이다.'라고 굳게 믿고 있었기 때문이다.

어느 날 아침, 아내는 묵직한 엽전 꾸러미를 남편에게 내놓았다.

"당신은 세상물정에 어두우니 이 돈을 가지고 나가 쓰면서 배워 오도록 하셔요."

그러나 남편은 돈을 한 푼도 쓰지 않고 돌아왔다.

"집에서 좋은 음식을 배불리 먹은 탓인지 먹고 싶은 것이 있어야지."

"그렇다면 길거리에 많은 거지한테라도 주면 좋을 걸 그랬어요."

"그건 미처 생각 못했구려."

이튿날부터 오가는 돈을 가지고 나가 거지 떼들에게 훌훌 뿌려 주었다. 며칠이 지나자 하루는,

'이렇게 헛돈을 버리느니, 차라리 활 쏘는 한량하고 사귀어 보자.'

하고 생각했다.

이번에는 술과 고기를 사 가지고 활터에 가서 숱한 한량들과 사귀었다. 사귀고 보니 과연 재미도 있고, 또 그들과의 우정이 차츰 두터워져 갔다. 여기에 재미를 붙인 오가는 더욱 범위를 넓혔다. 한량뿐 아니라 글

하는 궁한 선비에게도 기꺼이 식량과 학비를 도와주었던 것이다.

"참으로 갸륵한 사람이다."

이런 칭찬이 자자해질 무렵, 아내는 비로소 남편에게 한 가지 일을 권했다. 일이란 다른 게 아니었다.

"자, 이제부터는 사귄 분들과 함께 글공부를 하고 또 병법서도 열심히 배우도록 하세요."

아내가 짐작한 대로 오가는 글재주가 없지는 않았다. 불과 몇 달 만에 요즘 말로 하는 역사, 정시, 군사학 같은 것을 대충이나마 올바르게 깨닫게 되었다.

그러자 아내가 또 권했다.

"앞으로는 공부하는 틈틈이 활쏘기, 검술 같은 무술 공부를 하세요."

오가는 한량들에게 활과 칼을 배웠다. 본인이 재주가 있었고 또 한량들이 열심히 가르친 덕으로 이것 역시 불과 몇 달 후에는 당할 상대가 없게 되었다. 가난한 선비에게 배운 병법서도 물론 훤히 익혀 버렸다.

그러나 오가와 아내는 그 일을 자랑하지 않았다. 뿐만 아니라 그해 나라에서 치른 무과시험에 합격하고도 주인 재상에게 알리지 않음은 물론, 벼슬자리마저 사양했다. 오가는 대체 아내에게 또 다른 무슨 계획이나 희망이 있는지 당장은 알 도리가 없었다. 원래 말이 없고 갸륵한 아내였기에 오가는 묵묵히 아내의 말에 따랐다.

하루는 아내가 오가에게 이렇게 말했다.

"그동안 당신을 위하여 쓴 돈이 7천 냥이 되어요. 원래 모아두었던 1만 냥 속에서 이제는 3천 냥밖에 남지 않았어요. 그러니 이 돈으로 장사를 해 보셔요."

뜻밖의 일이라 오가는 얼떨떨했다.

"내가 장사를 어떻게 하오?"

"올해는 대추가 흉년인데 오직 충청도 지방만이 풍년이라니 1천 냥을 가지고 가서 사들여 오셔요."

오가는 충청도로 향했다. 그러나 도착하고 보니 마침 큰 흉년이 들어 도처에 굶는 사람이 허다하고 부황증에 걸려 고생하는 사람이 수두룩했다. 불쌍한 생각을 참지 못한 오가는 대추 살 돈을 몽땅 뿌려 주고 맨손으로 돌아왔다. 그러나 아내는 조금도 나무라지 않고 다시 1천 냥을 내주었다.

"들은즉, 황해도에만 면화가 풍년이라니 이걸로 면화를 사 오셔요."

그런데 오가는 이번에도 충청도 때와 똑같이 하고 맨손으로 돌아왔다. 그래도 아내는 책하지 않았다. 다만,

"여기 이것이 마지막 1천 냥이어요. 그러니 이번만은 꼭 성공하셔요."

하고 신신당부했다.

이번 장사란 서울에서 헌옷을 사들여 함경도 지방에 가서 팔고, 대신 그곳의 약초와 모피를 사들여 오는 일이었다.

그리하여 오가는 헌옷 수십 짐을 이끌고 함경도에 땅에 이르렀다. 아내의 말대로 그곳은 면화가 귀한 까닭인지 추운 겨울에도 시골 사람들은 거의 벌거벗고 사는 형편이었다. 여기서 오가는 또 불쌍한 생각이 들었다. 아내의 간절한 부탁을 잊은 것은 아니지만, 차마 그대로 볼 수가 없어서 만나는 사람마다 선뜻 옷을 내주었다. 물론 돈 한 푼 받지 않고 거저 주었다.

함경도 안변 땅에서 시작하여 육진이란 곳에 이르렀을 때는, 손에 남은 옷이라고는 쓸 만한 치마, 바지 각 하나밖에 없었다.

"아무리 좋은 일이라 해도 이렇게 아내의 막대한 재산을 다 써 버렸으

니 돌아갈 낯이 없구나! 차라리 산짐승의 밥이 되는 것이 낫겠다."

오가는 한밤중에 깊은 산골짜기를 헤맸다. 그러다가 문득 한 오막살이 집을 발견하고 우선 안으로 들어갔다. 기울어져 가는 오막살이에는 한 노파가 앉아 있었다. 보니 노파 역시 누더기 홑옷으로 벌벌 떨고 있었다.

"하룻밤 쉬어 갑시다."

오가가 이렇게 청하자 노파는 깜짝 놀라더니 반갑게 맞아주었다.

"이 밤중에 이런 곳에서 길을 잃으신 모양이니 얼마나 고생하였겠소?"

오가는 몹시 고맙게 여겼다. 그래서 남은 치마와 바지를 밥상을 받으며 얼른 내놓았다. 노파는 눈이 휘둥그레졌다.

"어이구머니나! 이런 귀한 옷을 주시다니!"

노파가 즐거워하며 옷을 입는 동안 오가는 밥상을 훑어보고 깜짝 놀랐다. 밥은 감자와 조밥투성이였으나, 차려진 반찬이 모두 인삼, 그것도 산에서 자연히 큰 산삼 나물이었던 것이다.

'이렇게 귀한 산삼을 나물로 해 먹다니? 어쩌면 노파는 그런 줄 모르는 것이 아닐까?'

오가는 한동안 벌린 입을 다물지 못했다.

"할머니, 이 나물은 어디서 났소?"

오가가 물었다.

"바로 집 뒤에 도라지 밭이 있소. 맛이 좋아 날마다 캐 먹는다오."

노파는 그것이 산삼이라는 사실을 전혀 모르는 것 같았다.

"집에 캐어 둔 것이 더 있거든 어디 좀 봅시다."

노파는 서슴지 않고 응낙했다. 노파를 따라 헛간에 간 오가는 또 한 번 놀랐다. 거기에는 이미 캐어 둔 산삼이 자그마치 열 단도 넘었다. 작은 것은 손가락 크기, 굵은 것은 팔뚝만한 것들이었다. 그런데 멀리서부

터 묵직한 발자국 소리가 들려왔다. 오가는 가슴이 덜컥 내려앉았다. 그러나 노파는,

"우리 아들이 이제 돌아오는 모양이니 염려 말아요."

하고는 그 아들에 관한 얘기를 했다.

노파의 말에 의하면, 갓 태어난 아들은 겨드랑이에 날개가 돋아 있어 가끔 벽에 날아가 붙곤 했다. 좋지 못한 징조 같아서 쇠를 달궈 지졌지만 날개는 그럴 때마다 다시 생겼다. 또 힘이 어찌나 센지 호랑이도 산 채로 거뜬히 잡아올 만했다. 장차 큰일을 일으킬까 겁이 난 부모는 마침내 이 산골에 찾아들어 세상과 인연을 끊고 살았다. 그러다가 부친이 먼저 죽고 이제는 모자 둘이서 살고 있다는 것이다.

"다행히 사냥을 잘해 굶지는 않는다오."

노파가 말을 마쳤을 때 바로 그 아들이 돌아왔다.

노파가 오가를 소개하자 아들은 우람한 몸집을 굽실하며 인사와 사례를 아울러 했다. 물론 귀한 옷을 준 데 대한 사례였다. 이튿날 아침 오가는 아들의 길잡이로 도라지 밭에 가보니 과연 온 산에 크고 작은 산삼으로 꽉 차 있었다.

노파의 아들과 함께 하루 종일 캐낸 산삼은 굵은 것만으로 대여섯 짐은 족히 되었다. 그것을 아들은 힘도 들이지 않고 간단히 묶어 어깨에 지더니 오가를 원산 고을 밖까지 잠깐 동안에 데려다 주었다. 괴상한 일은 오가가 막 고맙다는 인사를 하려던 순간에 생겼다. 그 아들이 갑자기 온데 간 데 없이 사라진 것이다.

'어쩌면 그 모자가 모두 이 세상 사람이 아닐지도 모른다.'

오가는 돌아와서 아내에게 자초지종을 이야기했다. 아내는,

"당신이 쌓은 덕을 기특히 여겨 하늘이 주신 산인가 보아요."

하며 기뻐했다.

그러나 아내는 이 일을 당분간 숨겨 두고 때가 오기를 기다렸다. 그러다가 주인 재상의 환갑잔치 때,

"소인의 남편이 대감께 드리려고 애써 구한 것이오니 받아 주십시오."

하고 그중 좋은 산삼 열 뿌리를 가져다 바쳤다.

재상이 뜻하지 않던 산삼을 얻어 기뻐한 것은 말할 필요도 없다. 자리를 같이한 손들도 무릎을 치며 탄복하고 또 부러워했다. 그제야 아내는 남편의 일을 낱낱이 고했다. 그리고 그 자리에 있던 여러 대신들에게도 산삼을 고루 나눠주었다.

모두들 눈이 휘둥그레질 만큼 놀라고 기뻐했다. 그뿐인가, 정작 오가를 만나 보고서는,

"세상에 이토록 성실하고 씩씩한 무인은 처음 보았다!"

하며 입을 모아 칭찬했다.

이때 비로소 오가가 무과에 합격한 줄 알았기 때문만은 아니었다. 그간 아내가 정성들여 지은 무관의 예복을 입은 오가의 모습은 정말로 훌륭하기 짝이 없었던 것이다.

오가가 주인 재상을 비롯하여 여러 대신의 주선으로 무관 벼슬에 오른 것은 당연한 일이다. 오가는 그 후 공을 많이 세워 수군의 제독까지 지냈다. 그리고 80살의 나이로 세상을 떠날 때까지 아내를 끔찍이 존경하고 위했다 한다.

아진포阿珍浦

신라 초엽의 일이다. 하서지촌下西知村 아진포阿珍浦—경주군 양남면陽南面 나아리羅兒里에 있다—에 살고 있는 아진의선阿珍義先이라고 하는 한 늙은 고기잡이 할멈이 어느 날 갯가로 나갔다가 우연히 바라보니 바다 위에 까치 떼가 모여들어 울고 있었다. 할멈은 그것을 보고 이상히 생각하여 혼잣말로,

"이 바다 가운데에는 본래 바위가 없는데 까치들이 어디에 앉아서 저렇게 운단 말이냐?"

하고 배를 저어 가 보니 바다 위에 배가 한 척 있는 가운데 배 안에는 길이 2십 척, 넓이 1십 3척이나 되는 궤 하나가 있었다. 배를 끌어다가 나무 숲 밑에 매어 놓고 보니 그것이 좋은 일이 있을 조짐인지, 나쁜 일에 있을 조짐인지 알지 못하여 하늘을 향하여 기도하고 맹세한 뒤 궤를 열어 보았다. 그런데 궤 안에는 단정한 사내아이와 일곱 가지 보물이 가득했다.

그것은 왜국의 동북 1천 리쯤 되는 곳에 있는 용성국의 왕이 적녀국積女國 왕녀를 맞아 왕비로 삼았으나 오래도록 아들이 없으므로 기도하여 아들 낳기를 구하였더니, 7년 뒤에 임신하여 낳은 것이 사람이 아니고 커다란 알이었다. 이에 국왕은 사람으로서 알을 낳은 일은 고금에 없는 일이고, 이것은 필시 흉사가 날 조짐이라 하여 바다에 버리게 했다. 이에 왕비는 알을 비단 포대기에 싸서 일곱 가지 보물과 함께 궤에 넣고 배에 실어 띄워 보내면서,

"만일 인연이 있거든 사람이 되어 좋은 땅에 가서 나라를 세우고 집을 이루어 잘살아라."

하고 축수했다.

처음에는 가락국 바다에 배가 와 닿으므로 가락국 사람들이 북을 치고 맞아 머무르게 하였으나 배는 곧 달아나 이 아진포구에 이르렀던 것이다.

늙은 할멈은 곧 아이를 데려다 길렀는데, 처음 아이를 발견하게 해 준 많은 까치들로 말미암아 까치 작鵲 자에서 새 조鳥 자를 버리고 성姓을 석昔이라 하고, 또 궤를 풀解고 알에서 탈脫해 났으므로 이름을 탈해脫解라 했다.

탈해가 점점 자라매 지력이 남보다 뛰어나고 또한 늙은 어머니를 잘 봉양했다.

어느 날 늙은 어머니가 그에게 이르기를,

"너는 보통 사람이 아니니 지금부터 학문을 배워 공명을 구하여라."

했다. 이에 탈해는 크게 깨닫고 학문에 힘써 나중에 신라의 둘째 임금 남해왕의 사위가 되고 얼마 안 가서 대보大輔벼슬에 올라 정사를 보좌하고 있다가 유리왕의 뒤를 이어 신라 넷째 임금의 왕위에 올랐다. 이분이 석昔씨의 시조다.

지금으로부터 백여 년 전에 세운 탈해왕의 상륙비上陸碑가 아진포 양아림養兒林 수풀 속에 서 있다.

🌑 안동 권 참봉

🌑 경상도 안동 땅에 권씨 성을 가진 노인이 60세에 아내를 잃고 슬하에 자손도 없이 쓸쓸하게 살고 있었다. 능참봉(임금이나 왕족의 능을 지키는 벼슬)을 지내면서 마음씨가 그지없이 인자하여 이웃 사람들의 존경을 받으며 별 탈 없이 살고 있었다.

어느 해던가, 김우항이라는 서울의 벼슬아치가 내려왔다. 나라의 명을 받고 능의 관리를 보살피러 온 것이다. 따라서 김우항은 일을 보는 동안 권 참봉과 함께 지내게 되었다. 그런 어느 날 능의 나무를 베었다는 사람이 붙들려 들어왔다. 옷차림이 남루하고 몰골이 몹시 야윈 늙은 총각이었다. 남의 산 나무를, 그것도 나라의 능에 들어와 함부로 베었으니 마땅히 중한 벌을 받아야 했다.

노총각도 물론 그 죄를 알고 아무런 변명도 하지 않았다. 그런데 왠지 자꾸만 구슬프게 흐느끼는 모습이 몹시 딱해 보여 권 참봉은 조용한 말로 물었다.

"너의 기색을 보니 결코 상놈은 아닌 것 같은데, 대체 어찌된 일이냐?"

뜻밖의 다정한 말에 노총각은 몸을 바로하고 말했다.

"황송합니다. 저의 가문은 여기서 말씀드리기 부끄러우니 그저 가난한 선비의 자손이라고만 알아주십시오. 다만 지금 73세의 모친을 봉양 중이오나 제가 불효막심하여 나이 30에 장가도 못 들고, 역시 출가를 못한 35세의 누님과 함께 나무를 하여 간신히 연명하고 있습니다. 요즈음 날씨가 추워 멀리 가지 못하고 능의 나무를 감히 베었습니다. 죄를 지은 이상 어떠한 벌이라도 달게 받겠으니 부디 사사로운 동정은 말아 주시기 바랍니다."

그러고는 또 흐느꼈다.

권 참봉은 측은한 생각이 들었으나 오늘은 서울서 내려온 상전도 곁에 있으니 혼자 결정할 일도 못 되었다.

"어떠하옵니까? 저토록 가련한 처지인데……."

권 참봉은 뒷말을 얼버무렸다. 한 번쯤 용서해 주자는 뜻이었다. 김우항도 같은 생각을 하고 있었던지,

"참봉께서 좋도록 하시구려."

하고 찬성의 뜻을 표했다. 그제야 권 참봉은 자세를 꼿꼿이 하고 말했다.

"여봐라! 오늘은 서울서 내려오신 이 어른께서 너를 특별히 용서하라 하시니 앞으로는 절대로 이런 일이 없도록 하여라. 그리고 쌀과 닭을 줄 것이니 모친 봉양에 더욱 힘쓰도록 하여라."

노총각은 땅에 엎드렸다.

"감사합니다. 황송합니다. 다시는 나무를 함부로 베지 않겠습니다. 이 은공은 꼭 갚겠습니다."

이런 말을 수도 없이 하고는 쌀 두 말과 닭 한 마리를 가지고 돌아갔다.

그런데 그 후 얼마쯤 지나서 또 그 노총각이 붙들려 들어왔다. 이번에도 능의 나무를 베다가 잡혔던 것이다. 권 참봉은 괘씸한 생각이 들었다. 그러나 막상 끌어다 놓고 사정을 들어보니 측은한 마음이 들었다.

"전날 용서를 받고 쌀과 닭까지 주신 은혜를 어찌 잊었겠습니까? 하지만 어제 갑자기 큰 눈이 와서 어쩔 수 없이 또 능에 들어왔습니다."

권 참봉은 이맛살을 찌푸렸다. 한 번이 아니고 두 번이나 범법을 했으니 동정만 할 수도 없었다. 그렇다고 잡아 가두자니 그 늙은 모친이 당장 굶어 죽을지도 모를 일이었다.

권 참봉이 매우 난처해할 때 마침 곁에 있던 김우항이 무슨 생각을 했는지 권 참봉 귀에다 이렇게 속삭였다.

"내가 보기에 저 총각은 쌀말이나 닭 몇 마리로 구할 수 없을 것 같소. 내게 한 가지 도리가 있으니 그렇게 해 보겠소?"

"무슨 도리인지요?"

김우항은 권 참봉의 대답도 듣지 않고 뜰아래에 꿇어앉은 노총각에게,

"여봐라! 내가 너를 위해 좋은 도리를 말할 것이니 그대로 하겠느냐?"

하고 물었다.

이때 권 참봉은 갑작스러운 일이라 어리벙벙하고 있었다. 그러나 노총각은 우선 좋은 도리라는 말에 반색했다.

"예, 큰 죄를 저지른 몸인데 무슨 일인들 못하겠습니까?"

"네 누이가 출가를 못하고 있다니 권 참봉 어른에게 출가시키면 어떻겠느냐?"

이번에는 노총각이 얼떨떨해지고 말았다.

"그, 그 말씀이 정말이십니까?"

하는 것을 김우항은 혼자서 작정하고 말했다.

"이런 일을 농담으로 하겠느냐? 어떻게, 그리하겠느냐?"

"예, 알겠습니다. 그렇지만 우선 모친의 승낙을 받은 다음 다시 와서 말씀드리겠습니다."

노총각은 부랴부랴 돌아갔다. 그러는 동안 권 참봉은 미처 말참견할 겨를도 없었다. 다만 김우항만이 마치 자기 일이나 되는 듯 너털대고 있

었다.

얼마 후 노총각이 헐레벌떡 돌아왔다.

"모친께서는 분에 넘치는 일이라며 사양하시다가 제가 간곡히 말씀을 드리자 기꺼이 승낙하셨습니다."

뜻하지 않은 인연으로 노총각의 누이를 아내로 맞이한 권 참봉은 얼마 동안 능에 나오지 않았다. 그때까지도 안동에 머물러 있던 김우항은,

"권 참봉은 오랜만에 가정의 재미를 보는 모양이다."

하며 자기가 주선한 일인 만큼 진심으로 다행하게 여기고 있었다.

그런데 한 달포쯤 지나 권 참봉이 김우항을 찾아와,

"덕분에 착한 아내를 얻어 더는 바랄 것이 없도록 행복스레 지내게 되었습니다. 그래서 이젠 시골에 들어앉아 여생을 조용히 보내고자 오늘 작별하러 찾아왔습니다."

하고 매우 즐거운 표정으로 말했다.

김우항은 섭섭했지만 권 참봉이 늘그막에 살 재미를 보는구나 생각하고 이 점을 무엇보다 반갑게 여겼다. 이런 일이 있은 후 25년의 세월이 화살처럼 흘러갔다.

그동안 김우항은 벼슬이 순조롭게 올라 마침 안동 부사가 되어 다시 안동 땅에 오게 되었다.

그런데 김우항이 안동에 부임하자마자 맨 먼저 찾아온 사람이 있었다. 다름 아닌 권 참봉이었다. 그러나 김 부사는 너무 오래전의 일이라 권 참봉의 일을 까맣게 잊고 있었다. 먼저 들어온 통자(면회를 신청하는 쪽지)를 보고 한참 생각한 끝에서야,

"오, 그 권 참봉이 아직도 살아있었구나!"

하고 정신이 번쩍 들었다. 그리고는,

"어서 이분을 모셔라."

하고는 한편 그 당시를 손꼽아 보며,

"아마 팔십오 세는 되었을걸!"

하고 감개가 무량하다는 듯이 혼자 중얼거렸다.

이때 권 참봉이 어느 새 안뜰로 들어서고 있었다. 그 모습을 본 김 부사는 우선 눈이 휘둥그레졌다. 85살의 호호백발 노인인 줄로만 생각했던 권 참봉이 이게 또 웬일인가! 척 보아도 40세 안팎 같은 건장한 몸으로 지팡이도 안 짚고 꿋꿋이 걸어오는 것이었다. 김 부사는 놀랍고 반갑고 또 신기했다. 버선발로 뛰어 내려가 권 참봉의 손을 잡고 큰 사랑으로 이끌었다.

"권 참봉, 이게 얼마 만이오? 아니, 이런 반가운 일이 또 어디 있겠소?"

김 부사는 권 참봉의 손을 놓지 않고 같은 말을 연신 지껄였다. 권 참봉은 그런 김 부사를 윗자리에 앉게 한 후 깍듯이 큰절을 했다.

"전날 성주님의 권하심을 입사와 어진 짝을 얻은 일은 무어라 감사할 말씀이 없습니다. 그런데 오늘 이렇게 성주님을 뵙게 된 것은 하늘의 도우심이라 생각합니다."

권 참봉은 진정을 쏟으며 말이 부족할 정도로 고마워했다. 하지만 김 부사는 더 궁금한 일을 서둘러 물었다.

"아니, 그것보다 대체 그간 어떻게 지내셨소?"

"예, 시골에 들어앉아 복되게 사는 동안 연이어 사내자식 둘을 낳고 지금도 온 식구가 아무 탈 없이 지내고 있습니다. 마침 두 자식 놈이 모두 영리하여 과거에 급제해 진사가 되어 내일이면 돌아온다는 통지가 왔습니다. 그런데 때마침 성주님께서 부임하셨으니 이 어찌 고마운 일이 아니겠습니까. 그래서 이떻게든 성주님을 저희 집으로 모셔 다만 하루라도 즐거움을 함께 나누고자 이렇게 황급히 달려왔습니다. 부디 일을 보시기 전에 내일 하루만이라도 저희 집에서 보내 주시기 바랍니다."

김 부사는 기꺼이 청을 들어주었다. 그리고 이튿날 일찍 권 참봉의 집을 찾아갔다. 읍에서 한 십 리쯤 떨어진 산골, 수목이 우거지고 온갖 화초가 만발한 곳에 고래 등 같은 기와집이 으리으리하게 들어서 있었다.

대문 밖 멀리까지 마중한 권 참봉이 극진한 예로써 김 부사를 맞아들일 제 소문을 들은 인근 백성이 구름처럼 모여들었다. 김 부사가 권 참봉의 손에 이끌리다시피 하여 대문을 막 들어서려 할 때였다. 이번에는 서울서 과거에 급제한 두 아들이 돌아오고 있었다.

"새 진사님 오신다!"

하는 사람들의 외침이 들렸다.

그리고 곧이어 말머리에 백패(진사 급제 증서와 같은 것)를 세운 젊은이들이 위풍도 늠름하게 나란히 문 앞에 와 닿았다. 집안 식구보다 구경꾼들의 축하하는 말이 더 떠들썩했다. 경사가 겹친 권 참봉 집은 동네잔치를 벌이고 시간 가는 줄을 몰랐다.

이윽고 권 참봉이 김 부사 앞에서 새삼스레 바로 앉았다.

"성주님께 감히 한 가지 청을 드리겠습니다."

"무슨 청인지 모르겠으나 우리 사이에 말 못할 일이 무엇이 있겠소. 어서 말해 보오."

김 부사가 서글서글하게 말했다.

"저희가 오늘날처럼 복을 누리는 것은 모두 성주님의 덕이옵니다. 그 은공을 온 식구가 한결같이 잊지 않는 처지이온데 이제 안식구들도 뵙고 인사를 드리지 못하여 매우 안타까워합니다. 그러하오니 잠깐 내실에 드셔서 절이라도 받아주시면 이보다 더한 고마움은 없겠습니다. 아무리 남녀가 유별하다 하나 성주께서는 이 고을 백성의 어버이이시고 더욱이 저희에게 베푸신 덕은 부모의 그것과 같사오니 꺼려하지 마시고 부디 잠시 동안 내실에 드셔서 인사를 받으시기 바랍니다."

그 시절 남녀의 분별은 심했다. 그렇지만 김 부사는 청을 들어주었다. 내실에 들어가니 권 참봉의 부인이 먼저 공손히 절을 했다. 말은 비록 안 했지만, 눈에 흥건히 고인 눈물에 비길 바 없는 감격이 담겨 있었다. 이어서 젊은 두 여인이 들어와 역시 절을 하고 옆에 다소곳이 앉았다. 권 참봉의 두 며느리였다.

짧은 시간이었지만 세 부인은 말로 표현할 수 없는 고마움을 예의 바른 몸가짐과 표정에 나타내느라고 애를 쓰는 듯했다. 권 참봉은 이어 김 부사를 그 옆방으로 인도했다. 그 방에는 뜻밖에도 뼈만 앙상한 늙은 부인이 창문턱을 잡고 구부정하게 서 있었다. 김 부사가 첫눈에 본 모습은 형언키 어려울 만큼 괴상하고도 측은했다. 머리털은 거의 다 빠지고 한 7, 8세가량 되는 병든 어린애 같은 몸집에 몽롱한 정신으로 무엇인지 사뭇 중얼거리고 있었다. 그러면서 이따금 창문 밖 저 먼 하늘 쪽을 멍하니 쳐다보는 것이었다.

김 부사는 놀랐다. 그러자 권 참봉이 조용히 설명했다.

"놀라지 마십시오. 이 분이 바로 올해 95세 되는 저의 장모님이올시다. 지금 무어라 혼잣말을 하고 있는 것을 성주님께서는 못 알아들으시겠지만, 다른 말이 아니라 '김우항이 정승을 하시옵소서. 김우항이 정승을 하시옵소서.' 하기를 25년, 한결같이 입에서 그치지 않고 있습니다."

김 부사는 가슴이 벅차올랐다. 장래 꼭 정승이 되고 안 되는 것은 문제가 아니다. 지금 당장 눈에 보이는 이 노인의 지성에 너무나도 감동한 것이다.

이런 일이 있은 후 김우항은 안동 부사로 있을 때는 물론이거니와 임기를 마치고 서울에 돌아간 후에도 다시는 권 참봉을 만나지 못했다. 권참봉이 한 번도 찾아오지 않아 더러 궁금히 여길 때도 있었지만,

"그만하면 복되게 잘살겠지."

하고 무소식을 희소식으로 안심하고 지냈던 것이다.

그러다가 김우항은 뒷날 마침내 정승 벼슬을 하게 되었다. 권 참봉 장모인 노부인의 축원대로 된 셈인데, 그때까지도 김우항은 권 참봉의 소식을 도무지 들을 수 없었다.

숙종 임금이 어느 날 김우항에게 권 참봉의 이야기를 듣고,

"허 참, 세상에는 기특한 사람도 있구나!"

하며 한번 만나 보기를 원했으나 역시 찾을 길이 없었다.

그러다가 어느 해 우연히 안동 권 참봉의 손자가 과거에 합격한 일을 알게 되었다. 이때 비로소 권 참봉의 소식을 알게 되었으나 권 참봉은 이미 여생을 마쳤고 그의 두 아들은 또 벼슬에 뜻이 없어 한가하게 지낸다는 말만 들었을 뿐이었다.

숙종 임금은 권 참봉의 손자에게 특별히 재랑이라는 벼슬을 주었다고 한다.

암행어사 박문수

조선시대에 박문수란 사람이 있었다. 암행어사로 이름을 떨친 사람이다. 암행어사란 쉽게 말해 임금의 비밀 명령을 받고 전국 각 지방의 정치와 백성의 형편을 몰래 살펴 바로잡는 사람이다. 아래로는 백성의 잘살고 못 사는 형편에서, 위로는 그 고을을 다스리는 관리들의 옳고 그름을 확실히 가려내며, 때로는 임금 대신 처리하는 권리마저 행사할 수 있었다. 따라서 암행어사가 되면 첫째 학문도 학문이려니와 충성과 절개와 정의를 위한 용기, 그리고 뛰어난 슬기가 있어야 했다. 옛날 임금들이 곧잘 암행어사를 몰래 보내어 나랏일을 바로잡은 일은 역사 기록에도 많이 실려 있다.

그리고 암행어사들에 관한 우습고 통쾌한 이야기도 오늘날까지 허다하게 전해져 내려오고 있다. 그중에서 암행어사 박문수의 이야기는 재미있는 것이 많다.

여기에 암행어사 박문수의 이야기를 추려서 몇 가지 소개한다.

첫 번째 이야기는 지혜와 용기가 뛰어난 박문수가 평생 한탄해야 했던 일종의 실패담이다.

해가 막 서산마루를 넘어가려는 어느 날이었다. 어사 박문수는 혼자서 어둠이 깃드는 잔솔밭 길을 걷고 있었다. 물론 어사의 신분을 숨긴 채 이웃 고을의 형편을 염탐하러 가는 길이었다. 날이 몹시 찬 때문인지 길에는 사람 그림자 하나 보이지 않았다.

'해가 지기 전에 머물 곳을 찾아야겠다.'

이렇게 생각하며 길을 서둘렀다.

그런데 그때 앞쪽에서 한 농부가 헐레벌떡 뛰어왔다. 모습이 마치 무서운 짐승이나 도둑에게 쫓기는 것 같았다. 아니나 다를까, 농부는 박문수 앞에까지 오더니 비틀비틀하면서 쓰러지려 했다. 일이 몹시 다급한데 벌써 기진맥진한 모양이었다.

농부는 거친 숨을 가다듬지 못하고 박문수의 옷자락에 매달렸다.

"제발 저를 살려주십시오. 붙잡히면 맞아 죽습니다."

하다가 문득 비탈 그늘에 있는 깊숙한 구덩이를 발견하더니,

"저 속에 들어가 숨겠습니다. 그놈들이 와서 묻거든 모른다고 해 주십시오."

하기가 바쁘게 구덩이 속으로 숨어 들어갔다.

"염려 마오."

박문수는 우선 대답하고 계속 앞으로 갈 수밖에 없었다.

그러자 곧바로 서너 명의 흉악하게 생긴 장정들이 몽둥이와 칼을 들고 바람처럼 쫓아왔다.

"여보시오. 지금 어느 놈이 이리로 도망해 왔는데 어디 숨었소?"

묻는 말이 아니라 마치 호통소리만 같았다.

"글쎄요. 난 못 보았소만……."

박문수는 얼결에 이렇게 말했다.

"거짓말 말아라. 외길에서 그놈을 못 봤다니! 자, 어서 말해라. 안 그러면 너를 대신 죽이겠다!"

악한들은 참말로 박문수의 멱살을 잡고 칼을 번쩍 쳐들었다. 박문수는 난처했다. 아무리 암행어사인들 이렇게 된 이상 별 도리가 없었다. 그래도 차마 말은 못하고 입만 벙긋거리는 사이 눈이 저도 모르게 그 구덩이

쪽으로 향했다. 물론 가르쳐 줄 생각은 아니었다. 그러나 이것만으로도 악한들이 눈치를 챈 것은 당연한 일이었다.

악한이 잡았던 손을 탁 놓으며,

"옳지, 저기 숨었구나!"

하고 일제히 구덩이 쪽으로 몰려갔다.

박문수는 아차! 하였으나 때는 이미 늦었다. 큰 실수를 한 줄 알고 끔찍한 광경에서 얼른 피할 생각에 달음질쳐 비탈길을 내려갔다. 바로 등 뒤에서 무서운 비명소리가 쫓아오듯이 들렸다. 농부는 악한들에게 목숨을 잃었을지도 모른다. 한때 얼떨떨해서 죄 없는 사람을 죽이게 한 것은 박문수가 두고두고 뉘우쳐도 돌이킬 수 없는 실패였다. 더구나 뒤에 생각난 일이지만, 그때 만약 박문수가 눈이 먼 장님이나 혹은 귀머거리 행세만 했더라도 억울한 사람의 목숨을 살렸을지도 모를 일이다. 순간의 재치로 장님이나 벙어리 행세를 했어야 했다는 죄는 그 후 어느 마을에서 나 어린아이에게 듣고 깨달았다고 한다. 좌우간 박문수로서는 정말로 커다란 실수를 했던 것이다.

내용은 전혀 다르지만 이것도 박문수가 약간 난처했던 이야기다.

역시 어느 날 산골 마을 글방에 찾아들었는데 선생은 보이지 않고 아이들만 시끄럽게 떠들면서 놀고 있었다. 보니 아이들은 요즘 말로 해서 '재판놀이'를 하려던 참이었다. 박문수는 글방 한구석에 가만히 앉아서 구경했다.

그중에 똑똑한 아이가 원으로 뽑혀 높다란 자리에 앉았다. 그리고 나머지 몇몇이 그 좌우로 늘어섰다. 이때 한 아이가 원 앞에 나와 무릎을 꿇었다.

"원님께 부탁드립니다. 제가 기르는 개가 산으로 날아 도망갔습니다.

제발 그 새를 붙잡아 주십시오."

이 말을 들은 박문수는,

'이거 매우 어려운데, 내가 그런 부탁을 받았다면 어떻게 할 것인가?'

하고 혼자 생각해 보았다. 그리고 원이 된 아이가 어떻게 판결을 내릴지 무척 궁금했다.

무엇인가 잠깐 생각하던 원은,

"새가 산으로 도망갔단 말이지? 그렇다면 새를 숨긴 놈은 산이다. 너는 어서 가서 그 산을 데리고 함께 오너라. 내가 당장 꾸짖어 돌려주도록 하겠다."

하고 수월하게 말했다.

박문수는 무릎을 탁 치며 감탄했다. 그런데 다음 순간 박문수는 뜻밖의 일을 당하게 되었다. 저도 모르게 단 한 마디,

"그 녀석, 참 똑똑하다!"

하고 칭찬하는 말이 튀어나온 것이다. 그러자 원이 된 아이는 벼락같은 호통을 쳤다.

"어서 저놈을 잡아다 가두어라! 엄숙한 재판장에서 떠드는 죄는 용서할 수 없다."

명령이 떨어지기 무섭게 다른 아이들이 우르르 달려들었다. 그리고 다짜고짜 박문수를 밧줄로 옭아매더니 밖으로 끌고 나갔다. 박문수는 물론 기가 막혔다. 그러나 아이들 놀이가 사뭇 진지해서 아무 소리 안 하고 하는 대로 내버려 두었다.

아이들은 박문수를 뒤꼍 변소 겸 잿간에 밀어 넣었다. 여기가 바로 감옥이라는 곳이었다. 여느 사람 같으면 벌써 아이들을 꾸짖든지 혹은 소란을 벌였을지 모른다. 그러나 박문수는 끝까지 두고 볼 생각을 했다.

'그래, 아무리 아이들의 놀이라도 엄숙해야 될 장소임은 틀림없거늘, 내 잘못이 분명하다. 참으로 대단한 아이로구나.'

변소에 갇힌 박문수는 이렇게 중얼거리면서 싱글싱글 웃었다. 실상 원이 된 아이한테 마음이 쏠렸고, 또 이다음 어떻게 하려나 하는 호기심도 있었기 때문이다.

이렇게 혼자 생각하고 있노라니 원이 된 아이가 찾아왔다. 아이는 우선 아무 말 없이 공손히 머리를 숙이더니 밧줄을 풀었다. 그리고 사랑방에 모셔다 앉힌 다음 공손히 절을 했다.

"무엄한 짓을 하여 죄송합니다. 비록 저희처럼 철없는 아이들의 놀이라 하더라도 그 장소에서는 엄숙한 태도로 법을 지켜야 할 것으로 압니다. 부디 용서하여 주십시오."

박문수는 얼굴에 웃음을 활짝 피웠다. 아이의 말하는 태도와 말의 뜻에 한층 탄복하지 않을 수 없었던 것이다. 이 영특한 소년을 꾸짖기는커녕 박문수는 즐거운 마음으로 칭찬했다.

"네 말이 옳다. 나라의 법은 관리와 백성이 모두 지켜야 하는 것이다. 그런 뜻에서 비록 한때의 놀이라 하더라도 진실하게 한 너는 참으로 훌륭하다. 오히려 내가 너에게 용서를 빌고 싶구나."

박문수는 훗날 이 아이를 서울에 데려가 공부를 시켰다는데, 그 후의 기록은 없다.

또 이런 일도 있었다.

이번에는 경상도 형편을 살피러 다닐 때다. 진주 땅 시골에서 길을 잃고 헤매던 중 어느 가난한 오막살이집에 찾아들었다. 박문수가 잠시 쉬어가기를 청하니 나이 십칠팔 세가량 되는 소년이 나와 두말 않고 박문수를 좁은 방으로 안내했다.

"집이 가난하여 끼니를 제대로 잇지 못하는 터라 진지는 못해 드리겠지만, 편히 쉬었다 가십시오."

"나는 지금 시장해서 참을 수가 없는 지경이다. 그렇지만 사정이 그러하다니 하는 수 없구나."

박문수는 이렇게 말하면서 피곤한 몸을 옆으로 뉘었다. 소년은 몹시 딱한 표정을 지으며 가끔씩 천장 쪽을 힐끔힐끔 쳐다보았다. 박문수가 소년의 시선을 따라가니 시렁 위에 조그마한 종이 봉지가 얹혀 있었다.

'대체 저것이 무엇이기에 저럴까?'

박문수가 괴이하게 여기던 참에 소년은 벌떡 일어나 그 종이 봉지를 가지고 나갔다. 곧이어 부엌 쪽에서 모친과 주고받는 이야기가 들렸다.

"어머니, 지금 길 가는 나그네 한 분이 오셨는데 몹시 시장해 보입니다. 그래서 이 쌀로 밥을 지어 드리면 어떨까 합니다."

"그것도 좋은 일이다. 하지만 너의 아버지 제사는 어떻게 하니?"

"그렇지만 당장 배고픈 사람을 버려 둘 수 있습니까?"

어머니의 말소리는 한참 후에 들렸다.

"그러자꾸나. 좋은 일 때문에 제사 진지를 못 잡수시는 것이니 용서하실 게다."

박문수는 측은한 생각이 들었다. 조금 후 소년을 아무 일도 없었다는 듯이 다시 방으로 들어왔다.

"아까 너와 모친의 말을 모두 들었다. 나는 상관없으니 그 쌀은 제사 때 쓰도록 하여라."

소년은 안쓰러운 표정으로 아무 말도 하지 않았다. 하지만 부엌에서는 벌써 밥 짓는 기척이 들려왔다.

"이거 뜻하지 않게 폐를 끼치게 되었구나. 밥이 되는 동안 괜찮거든 네 신세나 말해 주렴."

소년은 자세를 바로잡고 말했다.

"이미 들으셨으니 바른대로 말씀드리겠습니다. 실은 제가 용렬하여 한 분 계시는 모친과 누님을 항시 굶주리게 해 드리고, 또 돌아가신 부친의 제사도 격에 맞춰 지내지 못합니다. 그래서 평소 조금씩 쌀을 모아 한줌쯤 되면 봉지에 넣어 간직해 두었다가 간신히 진지나 상에 차려 올리고 있습니다."

박문수는 크게 감동되고 또 더욱 미안했다.

"그것 참 딱한 사정이다. 정말 공연히 찾아와 너의 효성을 헛되게 하였구나!"

"아니옵니다. 제가 오히려 송구스럽습니다."

"그래, 너는 성이 무엇이냐?"

"네, 박가이옵니다."

"허, 그러면 나와 같은 성이로구나."

"얘, 박 도령아, 어서 나오너라!"

박문수가 흐뭇한 마음으로 고개를 끄덕이는데 갑자기 밖에서 매우 우락부락한 말소리가 들려왔다.

이에 박 도령은 기겁하며 얼굴을 일그러트렸다.

"여보시오! 오늘은 손님이 와 계시니 내일 아침까지 참아주시오."

박 도령이 당황하는 모습을 이상하게 여긴 박문수는 막 나가려는 그를 붙잡아 앉히고 물었다.

"찾아온 이가 누구인가?"

"건넛마을 좌수(군수 밑에서 일보는 관리)의 하인입니다."

"좌수의 종이 왜 지도록 도도히게 구느냐?"

"다름이 아니오라 저는 좌수의 딸과 어릴 때 정혼을 하였습니다. 그러나 저희 집이 갑자기 몰락하자 좌수가 멋대로 파혼했을 뿐 아니라, 그동안 꾸어다 쓴 돈 300냥을 갚으라고 저를 자주 불러다가 조르고 욕설을 퍼붓곤 합니다. 오늘도 그 때문에 온 것 같습니다."

박문수는 이야기를 듣더니 벌떡 일어나 밖으로 나갔다.

"여봐라, 네가 좌수의 종놈이냐? 나는 박 도령의 삼촌 되는 사람이다. 오늘은 내가 대신 가겠으니 어서 길을 인도하여라."

좌수의 하인은 난데없이 나타난 박 도령의 삼촌을 보고 어리둥절했다. 그러나 누더기 옷차림과는 달리 어딘지 불범한 위엄을 느끼고는,

"예, 그렇게 하겠습니다."

하고 박문수를 데리고 갔다.

박문수가 좌수의 집에 도착해 보니 마치 잔치 때처럼 사랑방에 손들이 들끓고 있었다. 좌수는 박 도령 집에 보냈던 하인을 보자마자 사랑방 아랫목에서 소리를 질렀다.

"그래, 박 도령은 데려왔느냐?"

하인이 대답도 하기 전에 박문수가 방 미닫이문을 활짝 열고 쓱 들어갔다. 그리고 여럿이 어리둥절한 동안 좌수를 떠밀다시피 하고 그 자리에 앉았다.

손들이 깜짝 놀라고 좌수는 더욱 기가 질렸다. 그러나 다음 순간 거지같은 옷차림을 보고는 바로 서슬이 시퍼래졌다. 그러거나 말거나 박문수는 좌수를 위엄 있게 노려보며 호통쳤다.

"나는 박 도령의 삼촌이다. 우리 집안으로 말할 것 같으면 당당한 양반이며 행세하는 가문이다. 너는 한낱 좌수로 우리와 혼인하게 된 것을 영광으로 알아야 옳거늘, 어찌 가세가 빈곤하다 하여 약속을 어겼으며,

또 선사한 돈을 갚으라고 무례하게 구는 것이냐! 뿐인가, 툭하면 박 도령을 잡아다가 욕을 뵈니 참으로 괘씸한 놈이다. 그러고도 한 고을 관리로 행세하다니, 너의 다른 행실은 가히 짐작하고도 남음이다!"

서릿발 같은 호령에 도리에도 꼭 맞는 말이었다. 그보다도 그 위엄이 마치 상전의 상전 같았다. 그래서인지 당장 기가 질린 죄수는 분풀이를 다른 곳에 옮기듯이 그 하인을 보고 호통을 쳤다.

"이놈! 박 도령을 잡아오라 했거늘 어디서 뚱딴지처럼 미친놈을 데려왔느냐!"

그 바람에 그 하인은 물론이거니와 다른 하인들까지 정신을 번쩍 차리고 방으로 우르르 뛰어들었다. 물론 박문수를 당장 밖으로 끌어내거나 때려줄 생각이었다.

이때 박문수가 한층 소리를 높였다.

"네 이놈들! 이것이 눈에 보이지 않느냐!"

박문수는 이내 허리춤에 찼던 마패를 풀어 바닥에 탁 놓았다.

"이놈들 뉘 앞이라고 감히 항거하느냐!"

박문수가 또 한 번 호령했다. 하지만 그럴 필요는 없었다. 벌써 거기 있던 모든 사람이 기절할 듯이 놀라며 일제히 꿇어앉았다.

죄수는 더욱 낯이 새파래져 방바닥에 머리가 깨어져라 조아렸다. 산 정신이 아니었다.

"죽을죄를 지었습니다. 그저 목숨만 살려 주십시오."

죄수가 진땀을 흘릴 때 다른 사람들은 하나둘씩 슬그머니 꽁무니를 뺐다. 박문수는 그것을 본척만척하고 죄수만 호되게 다루었다.

"죄수는 이제 약조대로 박 도령을 사위로 삼으렷다!"

"예, 예. 이를 말씀이옵니까?"

"내가 어사의 신분으로 다스리는 게 아니라 올바른 입장에서 하는 말인 줄도 알겠느냐?"

"예, 감사합니다."

"그리고 또 한 가지, 듣자하니 너는 모레 다른 사위를 얻게 되었다는데 그것이 사실이냐?"

"그러하옵니다만 그 사람과 당장에 파혼하겠습니다."

"음, 마땅히 그래야지. 허나 그리한다면 너는 또 공연한 사람을 골탕 먹이게 되지 않겠느냐?"

사실 이것도 문제였다. 죄수가 새삼 난처해하며 우물쭈물할 때, 박문수가 갑자기 부드럽게 말했다.

"걱정마라. 내가 잘 처리해 보겠다."

"무슨 도리가 있으십니까?"

"박 도령의 나이 찬 누이가 마침 가난한 탓으로 시집을 못 가고 있다. 그러니 그 사람을 그리로 장가들이면 이 일 저 일이 모두 잘 될 게 아니냐?"

생각하면 좀 우스운 일이고 또 박문수의 장난기가 섞인 처사 같기도 하다. 그러나 옛날에는 거의 부모의 명에 따라 상대를 보지도 않고 혼인했던 만큼 그때 처지로서는 그럴싸하였을 것이다. 하물며 임금의 명령을 대신할 수 있는 암행어사의 처분이다.

이리하여 박 도령은 죄수의 딸과 혼인하고, 박 도령의 누이는 죄수의 사위가 될 뻔한 부잣집 총각에게 시집을 갔다고 한다.

🥚 어변魚變 장군

🔵 옛날 연상에 박 장군이 살았는데, 그는 못을 파 놓고 잉어를 키웠다. 그 잉어는 박 장군이 먹다 남은 음식을 먹었다.

박 장군이 하루는 밤에 심심하고 또한 달도 밝고 하여 못가를 둘러보니 자기가 매일 밥을 주던 잉어의 등에서 빛이 나고 있었다. 참으로 이상하다 생각하며 방으로 돌아온 박 장군이 잠자리에 들었는데, 꿈속에 그 잉어가 변해 노인이 되어 나타나서는,

"내일, 나는 용이 되어 하늘에 올라갈 것인즉, 뱀이 훼방을 놓지 못하도록 막아 주오."

하는 것이었다. 이게 꿈인가, 생시인가 싶어 날이 새기를 기다려 활을 챙겨들고 연못으로 달려가 보니 무지개가 서린 못에서 잉어가 용이 되어 올라가려 하고 있고 구렁이가 자꾸 방해를 하는 것이었다. 박 장군이 활을 쏘아 구렁이를 죽이니 용은 하늘로 올라갈 수 있었다.

그 후 며칠이 지나 무안시장에서 삼치 한 마리를 사와 먹으려고 보니 자기가 쏘았던 화살이 들어 있었다. 박 장군은 화살은 뒷산에 묻고 고기는 아내에게 팔팔 끓여 퍼다 버리라고 했다. 그런데 내다 버린 곳에서 이상하게도 딸기가 열렸다. 딸기가 퍼렇게 주렁주렁 열리더니 곧 빨갛게 익었는데 그렇게 탐스러울 수가 없었다. 박 장군이 가만히 생각하기를,

'내가 죽인 뱀이 무슨 조화를 부려 저렇게 되었을 것이다.'

하여 아내에게 절대로 따먹지 말라 이르고 그것을 따서 또 끓여 버리라고 했다. 그랬더니 거기서 또 시커던 산니가 무심하게 사라났다. 잔디

가 어찌나 좋아 보이는지 박 장군은 그만 그 잔디에 한번 앉아 보았다. 잠시 앉아 있다가 일어나는데 엉덩이가 뜨끔하여 살펴보니 화살촉이 박혀 있었다. 이로 말미암아 박 장군은 병이 들어 드러눕게 되었고 아무리 약을 써도 낫지 않다가 그만 죽고 말았다.

그 후로 박씨는 삼치고기를 먹지 아니하였고, 그 후손들 또한 삼치고기를 먹지 않는다고 한다.

여의주

옛날 가난한 선비가 외아들을 두었는데 머리가 총명하고 지혜가 있어 어려서부터 신동이라 했다. 예의범절이 바를 뿐 아니라 네 살에 천자문을 떼고 일곱 살에 서전書傳과 시전試傳을 읽어 문장이 대단했다.

세월이 흘러 도령은 서당에 나가 공부를 하게 되었다. 신동인 만큼 한번 가르쳐 주면 잊어버리는 일이 없었다. 그러나 과거에 장원급제하기 위해서는 좋은 선생을 찾아다니며 더 많은 글공부를 해야 했다.

서당으로 가는 길가에는 수천 년 묵은 큰 고목이 있었는데, 그 그늘은 논 석 섬지기는 너끈히 덮고도 남음이 있었다. 낮에는 마을 노인들이 나와서 더위를 식히기도 했지만, 밤에는 귀신이 나온다고 해서 사람들이 나오질 않았다.

어느 날 도령은 서당에서 늦게 돌아오다 고목나무 아래에서 어여쁜 소녀를 만났다. 소녀는 도령에게 수줍게 교태를 부렸으나 도령은 모르는 척 지나갔다.

이후로도 그 고목나무 밑을 지날 때면 늘 아름다운 소녀가 나타나 도령을 꾀어 유혹했다. 처음엔 무관심했으나 날이 가고 자주 볼수록 도령의 마음이 흔들리기 시작했다.

어느 날 도령은 결국 소녀의 유혹에 넘어가 깊은 산속, 어느 기와집으로 끌려들어갔다. 그리하여 달콤하고 꿈같은 시간을 보냈다. 깊은 산속인데도 어떻게 마련했는지 진수성찬이 들어오고 금침과 가구가 으리으리했다. 도령은 그렇게 소녀에게 집혀 며칠을 함께 지냈다. 그런데 이상한 것은 소녀는 몸은 허락하면서도 입을 대는 것은 굳이 거절하는 것이었다. 도령은 그 까닭을 알 수가 없었다. 도령은 소녀의 정체를 이상하게 여기기 시작했다.

'어째서 몸은 허락하면서 입은 얼씬도 못하게 하는 것일까?'

도령의 의문은 풀리지 않았다.

'사람이 아니라 짐승인지도 모른다. 인기척이 없는 깊은 산속에서 혼자 사는 것이며 맛있는 성찬과 좋은 금침으로 미루어 여우인지도 모를 일이지. 더욱이 입을 벌리지 않는 것이 그렇다. 천 년을 묵은 구미호는 입 안 혀에 여의주를 넣고 다닌다고 하지 않던가. 사람이 여의주를 입에 물고 먼저 하늘을 보면 하늘 일을 미리 알 수 있다고 했는데, 그래서 구미호는 여의주를 빼앗기지 않으려고 입을 허락하지 않는 것이 아닐까.'

도령은 집을 나온 지도 오래되었을 뿐 아니라 입을 대는 것을 허락지 않으니 사랑도 의심이 된다고 말했다. 소녀는 당황하면서 도령을 어떻게든 잡아두려는 욕심에 소원대로 입을 대 주겠다고 했다.

도령은 만일 이 소녀가 구미호라면 여의주를 빼앗기로 작정했다. 도령은 소녀에게 입 맞추기를 요구했다. 소녀는 할 수 없이 응했다. 도령은 날쌔게 소녀의 혀에 붙어 있는 여의주를 따서 물고 밖으로 달음질쳤다. 그러나 불행히도 문턱에 걸려 넘어지는 바람에 하늘을 보기 전에 땅을 먼저 보고 말았다.

그래서 도령은 하늘 일은 알지 못하고 지상에서 일어나는 일밖에 알지 못하게 되었으며 사람들도 다 그렇다는 것이다.

염시도 이야기

● 서울 사직골에 사는 허 정승 집에 염시도라는 청지기가 있었다. 청지기란 옛날 양반집 바깥마당에서 주인의 심부름을 맡아 보는 한편 다른 하인들을 감독하는 상사람이다.

염시도가 어느 날 새벽 심부름 갔다 돌아오는 길에 돈 보따리를 하나 주워 돌아왔다. 처음에는 무심코 집었다가 돈 보따리인 줄 알고 거기에 그냥 놓아두려 했으나 근처에 사람이 보이지 않아 우선 집으로 가지고 왔던 것이다.

그런데 막상 보따리를 풀어보니 자그마치 은돈 230냥이나 들어 있었다. 염시도는 보따리를 다시 여미고는 허 정승이 잠에서 깨기를 기다려 사랑으로 들어갔다.

"누군지 모르겠습니다만, 큰돈을 잃고 곤란을 당하고 있을 것입니다. 그렇지만 돌려줄 방법이 없으니 대감께서 처리해 주십시오."

하고 돈 보따리를 허 정승 앞에 내놓았다.

"음, 네 말대로 누군지 참 딱하게 되었구나. 그런데 대체 얼마나 되는 돈이냐?"

"은돈으로 꼭 230냥입니다."

"흠, 적지 않은 돈이다."

허 정승은 혼자서 잠깐 생각하다가,

"그래, 돈 임자가 누군지 모르겠단 말이지?"

하고 물었다.

"예, 돈만 들었을 뿐 그 밖에는 아무것도 표가 없습니다."

염시도는 이렇게 말하면서 난감한 표정을 지었다. 허 정승은 그런 염시도를 빙그레 웃으며 쳐다보았다.

"그래서 나더러 이 돈을 가지란 말이냐?"

"돈 임자를 찾을 길이 없고, 그렇다고 거기다 도로 버려놓기도 이상합니다. 역시 대감께서 받아 두셨다가 하다못해 어려운 사람이라도 도와주는 데에 쓰면 좋겠습니다."

허 정승은 갑자기 엄숙한 낯빛이 되었다.

"돈이란 몸에 지니고 있으면 남의 것도 내 것처럼 여기게 되는 법이다. 하물며 이 돈은 길에서 주운 돈이다. 설령 임자한테 돌려줄 수 없다 하더라도 돈을 주운 네가 마다하는 것을 내가 어찌 받아 두겠느냐?"

허 정승도 염시도 못지않게 난처한 표정으로 말했다. 그러다가 문득 한 가지 일이 생각났다.

"일전에 들은즉 김 판서 댁에서 말을 200냥에 판다고 했다. 혹시 이 돈과 무슨 관계가 있을지 모르니 가서 알아보아라."

염시도는 김 판서 집을 서둘러 찾아갔다. 그리고 대감을 만나 물었다.

"대감 댁에서 혹시 근자에 무엇을 잃은 것은 없으십니까?"

"글쎄, 그런 일은 없는데……."

김 판서는 말을 하다 말고 한 가지 일이 생각난 듯 바로 청지기를 불러들였다.

"아무개가 말을 팔러 간 지 이틀이 지났는데 아직 소식이 없다. 대체 어떻게 된 일이냐?"

청지기가 뒤미처 대답을 하려 할 때였다. 사랑방 미닫이문 밖에서 울음 섞인 소리가 났다.

"대감마님, 죽을죄를 지었습니다."

"뭐라고?"

김 판서는 밖으로 서둘러 나갔다.

염시도가 그 뒤를 따라 툇마루로 나와 보니 섬돌 아래에 한 늙은 하인이 엎드려 애걸하는 것이었다.

"그저 소인을 죽여주십시오."

여기서 벌어진 소란으로 염시도는 그 늙은 하인이 말을 판 돈 200냥에다가 따로 받았던 수고 값 30냥을 모두 잃은 사실을 알게 되었다. 염시도는 펄쩍 뛰는 김 판서에게,

"대감께서는 우선 고정하십시오."

하고, 허리에 채워 왔던 돈 보따리를 내놓았다. 그리고 길에서 주운 사실을 말하고,

"저 사람의 잘못을 부디 용서하여 주십시오. 그러면 저도 이 돈을 찾아드린 보람을 느끼겠습니다."

하고 간절히 청했다.

김 판서는 잠시 멍하니 있다가 정신을 차리고는 염시도를 다시 사랑방으로 데리고 들어갔다.

"참으로 기특한 일이로다. 비록 글하는 선비라도 의롭고 정직하기 어려운 노릇이거늘. 자, 여기 이 돈의 반을 상으로 줄 터이니 사양 말고 받게."

김 판서는 말이나 돈으로도 마음속의 감동을 다 표현하지 못하는 모양이었다. 염시도는,

"당찮은 말씀입니다. 잃었던 물건이 임자에게 돌아가는 것은 마땅한 일이고, 또한 돈에 욕심이 있었냐면 이렇게 찾아오지도 않았을 것입니

다."

하고 정중히 거절했다.

김 판서는 진심으로 감탄했다. 상금 줄 생각은 접고, 대신 아침밥을 푸짐하게 대접해 주었다. 염시도는 이것마저 거절할 수 없어 대신 행랑방에서 그 늙은 하인과 겸상으로 먹겠다고 청했다.

아침을 먹고 돌아갈 때 염시도는 김 판서에게,

"다시 한 번 청하겠습니다. 부디 저 사람을 꾸짖지 말아 주십시오."

하는 말을 잊지 않고 했다.

이런 일이 있은 지 얼마 후 나라에 역적모의 사건이 일어났다. 많은 사람이 붙들려 형장의 이슬로 사라지고 염시도의 주인 허 정승도 한 패로 몰리게 되었다. 마침내 임금이 내린 사약이 허 정승 집에까지 보내졌다. 그런데 허 정승이 그 약사발을 마시려 할 때였다.

갑자기 염시도가 쫓아 들어와 허 정승과 함께 약을 마시려고 해서 소란이 일어났다. 임금에 대한 신하의 충성심으로 주인을 섬기던 염시도인지라 그 뜻은 갸륵했으나 있을 수 없는 일이었다.

"외람된 놈이다. 어서 물러가지 못할까!"

여러 사람의 만류와 허 정승의 눈물어린 꾸지람으로 염시도는 곧장 대문 밖으로 내쳐졌다. 이로부터 염시도의 모습은 서울 장안에서 사라져 버렸다.

그렇게 서울을 벗어난 염시도는 강원도 강릉 땅을 헤맸다. 하나밖에 없는 사촌 형을 찾아서 의지할 생각이었다. 헤어진 지 15년이 넘었고 열 살 안팎의 일이었으므로 얼굴도 똑똑히 기억나지 않았지만 오래전 머리를 깎고 중이 되어 강원도 산골에 산다는 소식을 들은 터였다. 염시도는 어느 산, 어느 절인지 알지 못한 채 덮어놓고 이 산 저 절을 찾아 헤매다

끝내 찾지 못하고,

'어쩔 수 없구나. 나도 중이 되어 한평생을 살아야겠다.'

하고 결심하기에 이르렀다.

염시도는 마침내 어느 깊은 산속의 조그마한 절에 찾아들었다. 이곳에 도가 높은 중이 있다는 소문을 들었던 것이다.

"저를 스님의 제자로 삼아주십시오."

염시도는 법당 마루에 꿇어 엎드렸다. 그러나 거기 앉은 도승은 감았던 눈을 잠깐 살며시 떴다 감을 뿐 다시 조용히 산부처처럼 움직이지 않았다.

염시도는 엎드린 자세를 들지 못하고 대답을 기다렸다. 초저녁에서 한밤중, 그리고 날이 훤히 밝았지만 도승은 박힌 듯이 앉아 아무런 말도 하지 않았다.

이윽고 해가 뜨자 염시도는 더는 참지 못하고 절 밖으로 일단 물러나왔다. 그런데 문득 저 비탈 아래 오막살이 초가집이 보이고, 이어서 그 집 마당을 쓰는 처녀의 모습이 눈에 들어왔다. 잠시 넋을 잃고 바라보던 염시도는,

"참으로 아리따운 처녀다. 중이 되기보다 저 처녀한테 장가를 들고 싶구나."

하고 저도 모르게 혼잣말이 나왔다.

'부처님의 제자가 되려는 내가 무슨 속된 생각이냐? 이렇게 마음이 약해서는 안 되겠다.'

곧바로 자기 자신을 꾸짖은 염시도는 부랴부랴 절에 돌아와 전처럼 도승 앞에 꿇어 엎드렸다. 그러자 잠든 듯이 조용하던 도승의 얼굴이 갑자기 꿈틀하더니 염시도를 매섭게 노려보면서 점잖은 투로 말했다

"너는 출가할 사람이 못 되니 산을 내려가거라. 차후 한때 고역을 치르겠지만 너에게는 덕이 있으므로 도움을 받아 이를 극복하고 평생 복되게 살 것이다. 그리고 네가 방금 본 그 처녀와 천생연분이므로 어느 해든 칠월 칠석에 만날 것이니 명심하여라."

염시도는 하는 수 없이 산을 내려왔다. 절문 밖에서 숲길로 사라져가는 염시도의 모습을 도승은 오래도록 바라보았지만, 염시도가 그것을 알리 없었다.

염시도는 하루를 실히 걸어 산 밑 마을 근처에 올 때까지,

'칠월 칠석, 대체 무슨 뜻일까?'

하는 생각을 되풀이했다. 이렇게 정신없이 걷고 있을 때,

"이놈, 염시도야, 꼼짝 말아라!"

하는 난데없는 호통소리가 나고 뒤미처 대여섯 명의 포졸들이 달려들었다. 깜짝 놀란 염시도는 영문도 모르고 그 자리에서 결박당했다.

곧장 서울로 끌려와 큰칼을 쓰고 옥에 갇힐 때까지 염시도는 도무지 까닭을 알 수 없었다. 며칠 후 포도청에 끌려나왔을 때에야 이 많은 죄인들이 모두 허 정승 일파의 하인들이라는 것을 알게 되었다. 역적모의의 뒤탈이 이제는 하인들에게까지 미쳤던 것이다. 그런데 이때 마침 죄수들을 다스리는 사람이 전날 염시도가 주운 돈을 돌려 준 그 김 판서였다.

그러나 때가 때인 만큼 김 판서는 물론 염시도 역시 지난 일은 꿈에도 생각지 못했다. 김 판서라면 어떻게 했을지 모르겠지만 염시도가 비록 상대를 먼저 알아보았다 하더라도 그와 같은 상황에서 지난 일을 꺼내지는 않았을 것이다.

첫날의 조사가 총총 끝났다. 김 판서가 자리를 뜨고 염시도는 다른 죄수들과 섞여 다시금 옥으로 끌려가게 되었다. 바로 이때였다. 포도청 밑

에서 염시도의 모습을 눈이 휘둥그레져서 살펴보는 한 늙은 사람이 있었다. 늙은이는 옥에까지 따라와 창살 틈으로 오랫동안 염시도를 이리저리 뜯어보다가,

"틀림없다. 바로 허 정승 댁의 청지기, 염시도다!"

하더니 이내 김 판서 집으로 뛰어갔다.

김 판서는 늙은 사람에게 뜻밖의 말을 듣고 깜짝 놀랐다.

"뭐라고? 그게 참말이냐?"

"예, 제 눈으로 똑똑히 보았습니다. 전날 허 정승 댁 청지기였던 염시도가 분명합니다. 대감께서도 아시다시피 그토록 의로운 사람이 억울하게 죽는다면 소인은 앞으로 살아갈 염치가 없습니다."

김 판서 앞에서 눈물을 흘리며 염시도를 구해줄 것을 애원하는 늙은 사람은 말할 것도 없이 전에 말을 판 돈을 잃었던 그 하인이었다.

김 판서는 뜻밖의 얼굴을 하고 한숨을 크게 들이쉬었다.

"알았다. 지체 말고 염시도를 바깥 대청으로 불러오도록 하여라."

김 판서 역시 염시도의 사람됨을 알기 때문에 이 밤중에, 이를테면 특별 심문을 하자는 것이다.

사실에 있어서도 역적모의를 한 집안의 하인을 모두 죽이자는 것이 아니었고, 단지 큰일을 치른 후의 마무리로 삼는 한편 또 다른 음모의 정보라도 찾을 목적이었다.

그렇게 해서 얼마 후 염시도는 아무 탈 없이 옥에서 풀려나왔고, 김 판서가 한낱 상사람인 염시도의 의로움을 높이 인정한 일과 또 늙은 하인이 한 번 입은 은혜를 끝내 잊지 않은 일은 그즈음 세상에서 퍽 아름다운 이야깃거리가 되었다.

게다가 김 판서는 염시도를 위해 적당한 일자리를 널리 수소문했다.

그러다가 마침 허 정승의 생질이 되는 신후제라는 사람이 경상도 상주 목사로 있는 것을 알게 되었다.

"내 자네에게 편지를 줄 터이니 이것을 가지고 상주 목사에게 가 거기서 일을 얻거든 부디 아무 걱정 말고 잘 지내도록 하게."

김 판서는 떠나는 염시도에게 좋은 나귀를 한 필 선사하고, 노자도 충분히 보태주었다.

이렇게 해서 서울을 떠난 염시도는 길을 서둘러 상주로 향했다. 그리하여 막 경상도 상계 어느 마을에 닿았을 때다. 염시도는 갑자기 정신이 몽롱해졌다.

그런데 나귀가 큰길을 벗어나 바로 옆 커다란 초가집으로 뚜벅뚜벅 들어가 마당 한가운데에 우뚝 서는 것이었다. 그제야 염시도는 정신이 번쩍 들었다.

"어, 이게 대체 어떻게 된 일인가?"

염시도의 눈이 휘둥그레질 때,

"아이고, 신통도 하지. 역시 부처님의 말씀이 이렇게 꼭 맞다니!"

하는 소리와 함께 한 노파가 어여쁜 처녀를 뒤따르게 하고 반갑게 맞아주었다.

"아니, 대체……?"

염시도는 어리둥절했다.

"오늘이 바로 칠월 칠석인 줄 몰랐나? 자, 우리 사위님, 어서 내리시게."

노파가 재촉하듯이 말했다.

"칠월 칠석……?"

염시도는 처녀를 슬쩍 보고 깜짝 놀랐다. 다름 아니라, 전날 강릉 산골

절에 갔을 때 먼발치로 보았던 그 처녀였던 것이다.

'칠월 칠석을 잊지 말라.'

도승이 한 이 말의 수수께끼가 그제야 풀린 것이다.

뜻하지 않게 어여쁜 아내를 얻은 염시도는 그 후 상주 목사 밑에서 일하다가 다시 서울로 올라와 살게 되었다. 물론 그만큼 집안 형편이 펴진 것이다. 그리고 이것은 역시 염시도 내외가 모두 착하고 부지런해서 얻은 복이라 하겠다.

강릉의 도승이 바로 자기가 찾던 사촌 형이었다는 사실은 염시도의 나이 여든이 넘어서야 알게 되었다.

영오랑과 세오녀

일본의 대내씨大內氏는 그 선대가 우리나라로부터 나왔다 하여 사모하는 정성이 보통과 다르다 한다. 그러나 일찍이 널리 전사前史를 상고해 보아도 그 출처는 알 길이 없고, 다만 신라 <수이전殊異傳>에 이르기를,

"동해 물가에 사람이 있었는데, 남편은 영오迎烏라 하고 아내는 세오細烏라 했다. 하루는 영오가 해변에서 수초를 따다가 홀연히 표류하여 일본의 조그만 섬에 이르러 임금이 되었다. 세오가 남편을 찾다가 또 표류하여 그 나라에 이르자 왕비로 삼았다. 이때 신라의 해와 달이 빛을 잃으니, 일관(日官: 천문 맡은 관원)이 아뢰기를, '영오와 세오는 해와 달의 정기였는데 이제 일본으로 갔기에 이런 괴이한 현상이 있는 것입니다.' 했다. 임금이 사신을 보내 두 사람을 찾으니 영오가 말하기를, '내가 이곳에 이른 것은 하늘의 뜻이다.' 하고 세오가 짠 비단을 사자에게 붙여 보내며 말하기를, '이것으로 하늘에 제사지내면 된다.' 했다. 드디어 하늘에 제사지내는 곳을 영일迎日이라 이름하고 이어 현을 두니, 이는 사라아달왕斯羅阿達王 4년이었다."

했다. 우리나라 사람으로 일본의 임금이 된 자는 이뿐이나, 다만 그 말의 진실 여부는 알 수 없다. 일본의 대내씨의 선조란 혹 여기서 나온 것이 아닌가 한다.

영조 임금과 무수옹無愁翁

조선 21대 임금 영조가 하루는,

"나라 안에서 아무런 근심 걱정이 없는 사람을 만나보고 싶다."

하고 말했다.

나라를 다스리자면 하루라도 근심 걱정을 안 할 수 없다. 그래서 마음 편한 사람을 꼭 보고 싶었던 모양이다. 이리하여 다음 날 근심 없는 한 사람이 불려 들어왔다. 나이가 70살이라는데 정말로 근심이 하나도 없는지 낯빛이 환하고 몸이 꼿꼿했다.

영조에게 고한 노인의 말에 의하면, 지금까지 감기 한 번 걸린 일이 없고, 세 아들 역시 모두 쇠처럼 튼튼하다는 것이었다. 그리고 남이 부러워할 만큼 복된 생활을 하여 주위 사람들에게 '무수옹'이라는 별명을 듣는다고도 했다. 무수옹이란 '근심이 없는 할아버지'란 뜻이거니와, 근심이 없으니 오래 편히 산다는 뜻도 곁들여 있는 말이다. 영조는 무수옹을 몹시 부러워하며 그에게 상을 후히 내렸다. 그런 후 무슨 생각에서인지,

"내가 구슬을 하나 줄 터이니 얼마 후 다시 올 때 꼭 돌려주오."

하고, 좋은 옥으로 된 구슬 한 개를 내주었다. 이를테면 아주 준 게 아니라 다음에 올 때까지 잠깐 맡긴 것이다. 곰곰이 생각하면 좀 이상한 이야기이다. 그러나 무수옹은 감지덕지 대궐을 물러나왔다. 남대문을 지나 한강에서 나룻배로 건너갈 때였다.

어떤 점잖은 선비가 같은 배에 타고 있다가 무수옹에게 말을 걸었다.

"상감께서 무슨 귀한 선물을 내리셨소이까!"

"예, 여러 가지 상을 많이 내리시고 또 이렇게 귀한 보배를 잠시 맡아 달라 하셨소"

무수옹은 기분이 사뭇 좋아서 손에 쥐고 있던 구슬을 자랑해 보였다.

"호, 그렇게 귀한 것이면 어디 한 번 만져나 봅시다."

선비는 구슬을 손에 받아 이모저모 살펴보았다. 그러다가 순간 구슬을 강물 속에 풍덩 떨어뜨렸다. 무수옹은 물론이거니와 그 선비의 낯빛이 변했다.

"이거, 큰일을 저질렀구려. 어떡하면 좋겠소."

하고 보기에도 딱할 만큼 쩔쩔맸다. 임금이 아주 준 게 아니라 잠시 맡긴 것으로 후에 무슨 벌이 내릴까 걱정하지 않을 수가 없었던 것이다. 그러나 무수옹은 이내 태연한 낯빛이 되었다.

"이미 저지른 일을 근심하면 무엇하오. 염려 말고 어서 길이나 가보시오."

하고 오히려 선비를 위로했다.

무수옹은 집에 돌아와서도 역시 태연했다. 온 식구가 마냥 애를 태웠지만 무수옹은 조금도 마음에 두지 않았다. 이날도 여느 때처럼 잘 먹고 잘 잤다. 다음 날 이른 아침 큰아들이 강가에 나갔다가 물고기 한 마리를 사 가지고 돌아왔다. 보기 드물게 크고 육중한 물고기였다. 아들은 이것을 부친에게 고아 드리라고 모친에게 주었는데 천만뜻밖의 일이 생겼다. 모친이 손수 물고기의 배를 가르자 거기에서 잃었던 구슬이 나왔던 것이다. 온 집안이 놀라움과 기쁨으로 떠들썩했다. 그러자 바로 임금이 부른다는 전갈이 왔다.

영조는 서슴지 않고 들어온 무수옹을 보더니, 어쩐지 약간 놀라는 표정을 지었다.

"그 구슬을 가지고 왔소?"

조용히, 그러나 의심쩍게 물었다. 무수옹은 주저하지 않고 구슬을 바쳤다.

영조가 더욱 의아하게 바라보자 무수옹은 구슬을 잃었다 찾은 일을 솔직하게 고했다. 그 말을 들은 영조는 고개를 크게 끄덕였다.

"참으로 복이란 따로 있는가 보오. 그렇더라도 사람이 어찌 한 가지 근심도 없겠는가? 다만 근심을 일삼지 않는 점이 다를 뿐이도다."

하고 이날도 상을 후히 주어 보냈다.

무수옹을 한번 시험할 생각으로 구슬을 강에 빠뜨리도록 시킨 사람이 바로 영조였다는 사실이 뒷날에야 알려졌다고 한다.

옹기장수

● 어떤 옹기장수 한 사람이 옹기 한 짐을 짊어지고 팔러 가다가 길가에 지게를 버텨 놓고 잠시 쉬었다. 아무 데나 걸터앉은 옹기장수는 곰방대에 담배 한 대를 붙여 물고 땀을 씻으며 한숨을 후유 쉬더니 신세타령을 하기 시작했다.

"어떤 놈은 팔자가 좋아 고대광실 좋은 집에 금의 복식으로 호강하고 나 같은 놈은 팔자가 어떻기에 초가삼간 하나 없이 좋은 옷, 좋은 음식 한번 제대로 못 먹고 오뉴월 삼복이나 동지섣달 설한풍雪寒風에도 이처럼 등짐장사로 세월을 구구하게 살아가는고. 참 가련하고 한심한 인생이다. 무엇하러 이 세상에 나왔던고."

이렇게 담배만 푹푹 태우며 먼 산을 멀거니 바라보던 옹기장수는 곧 마음을 돌려 다시 생각하기를,

"이제부터는 나도 규모 있게 장사하여 돈을 좀 모아 보아야겠다."

이렇게 마음먹고 받쳐 놓은 옹기 짐을 가리키며 중얼거렸다.

"저 독 한 개를 1원에 사 왔으니 팔면 2원은 받을 테고, 2원을 받거든 또 상점에 가서 2개를 받고 팔면 이번에는 4개가 되고, 또 4원이 8원이 되고 8원이 16원이 되고 자꾸만 곱절씩 늘면 나도 재산을 모을 수가 있다. 자, 이러면 소원성취가 되었으니 나도 다른 사람들처럼 좋은 곳을 찾아 고대광실을 짓고 논과 밭을 장만하고 집안에는 종들을 많이 두고 쾌락하게 살 것이다. 옳다, 좋다. 이만하면 걱정근심 없을 것을 왜 이때까지 몰랐을꼬. 얼싸 좋다. 내 팔자야."

어느덧 기분이 좋아진 옹기장수는 덩실덩실 춤을 추다가 옹기 짐을 버텨 놓은 지게 작대기를 발로 차서 옹기를 모두 깨고 말았다. 작정한 장래의 부자 꿈도 옹기와 함께 깨져 버리고 말았다.

용감한 신부

● 충청도 어느 시골 선비 집에 혼인 잔치가 있었다. 초례를 막 끝내고 신랑신부가 신방에 들어갔을 때다. 갑자기 벼락 치는 소리가 나며 방 뒷문이 우지끈 부서져 떨어졌다. 순간,

"어흥!"

하며 황소만한 호랑이가 바람처럼 뛰어들었다. 그리고 눈 깜짝할 사이에 신랑을 입에 물고 달아나 버렸다. 회오리바람이 일었다가 사라지듯 순식간에 생긴 일이었다. 그러나 이때 신부의 동작도 번개같이 빨랐다. 문지방을 뛰어 넘는 호랑이의 뒷다리를 와락 껴안고 매달렸던 것이다. 입에 신랑을 물고 뒷다리를 신부에게 붙잡힌 호랑이는 곧 산으로 올라갔다. 범은 뛰고 또 달렸다.

신부는 그럴수록 죽을힘을 다해 매달렸다. 호랑이 발밑에서 몸이 마구 끌리고 튕겨지고 바윗돌, 가시덩굴, 나뭇가지에 긁히고 부딪혔다. 머리가 흩어져 나부꼈다. 옷이 찢겨서 너울댔다. 피 흘리는 상처투성이 몸에 또 새로운 상처가 겹쳐 생겼다. 무섭고 끔찍한 꼴이었다. 그러나 신부는 죽기를 각오하고 붙잡은 손을 놓지 않았다.

그렇게 얼마를 갔을까, 호랑이는 마침내 신랑을 어느 비탈 위에 풀어 놓았다. 그토록 사나운 짐승도 마침내 기운이 빠진 모양이었다. 신부는 그제야 잡았던 손을 놓고 뒹굴듯이 땅에 떨어졌다. 그런데 호랑이는 제 나름대로 기가 질렸는지 슬쩍 피해 달아나고 말았다. 신부는 정신을 가다듬고 신랑 옆으로 기어왔다. 신랑은 그러나 숨이 끊어진 듯 꼼짝하지

않았다. 다만 앞가슴에 온기가 조금 남아 있는 것으로 보아 죽지는 않은 모양이었다.

"아직 살아있구나."

신부는 힘을 내어 두루 살펴보았다. 그런데 마침 비탈 저 아래 숲 사이로 등불이 하나 깜박깜박 비치고 있었다.

"오, 저기 사람 사는 집이 있다."

신부는 제 몸의 상처도 잊고 비탈 아래로 미끄러지듯이 달려 내려갔다. 과연 거기에는 외딴집이 있었다. 신부는 우선 눈에 띈 뒤뜰 방문을 몸으로 열었다. 방에서는 지금 잔칫상을 앞에 놓고 대여섯의 장정들이 한창 흥겹게 노는 중이었다. 피투성이 신부가 별안간 뛰어 들어오자 장정들은 식겁했다. 분칠한 얼굴에 흐트러진 머리카락이 마구 감기고, 그 밑으로 시뻘건 피가 흐르고 있었다. 장정들은 놀란 정신으로 급히 꿇어앉아 수도 없이 절을 했다.

"제, 제발 목숨만 살려 주십시오."

아마도 귀신으로 안 모양이었다. 신부는,

"뒷산 비탈에서 사람이 죽어 갑니다. 어서 구해 주십시오."

하더니, 픽 쓰러져 기절했다.

삽시간에 큰 소동이 일어났다. 까닭을 안 장정들은 횃불을 들고 산에 올라가고 기절한 신부는 안방에 눕히고 간호했다. 비탈에서 도움을 받아 업혀 온 신랑을 보자 바깥채에 있던 집주인이 깜짝 놀랐다.

"엇, 이건 내 아들이다!"

그러니까 주인이 바로 신랑의 아버지였던 것이다.

집주인은 아들을 신부 집에 데려다 주고 돌아와 이웃 사람에게 술대접을 하던 참이었다. 깨어난 신랑과 신부의 말을 들은 식구들은 새삼 놀라고 또 기뻐했다. 호랑이가 공교롭게도 신랑 집 뒷산으로 온 것은 참으로 신기한 일이었다. 그리고 더욱 탄복할 일은 몸을 돌보지 않고 신랑을 구한 신부의 슬기와 용기였다. 이 일을 알게 된 그 고을 원은 신부를 크게 칭찬하고 열녀문을 세워주었다 한다.

용의 보답

점촌 어느 부잣집의 외거노비로 점촌에서 1킬로미터 떨어진 곳에 조그마한 오두막집을 짓고 혼자 외롭게 살아가는 '영신'이라는 사람이 있었다. 어느 날 밤 꿈에 한 예쁜 여자가 나타나 옷소매를 적시며 하는 말이,

"저는 돈달산(점촌 뒤쪽에 있는 산)에 사는 여자 용입니다. 제가 이렇게 당신을 찾아온 것은 당신에게 부탁이 있어서입니다. 실은 요사이 제 남편 용이 저를 버리고 다른 여자 용과 정을 통하고 있습니다. 만약 당신이 그 여자 용을 죽여준다면 은혜로 알고 당신에게 큰 보답을 드리겠습니다."

하고 흐느끼니 너무 딱해 영신은 그렇게 하겠노라 대답하고 말았다.

"내가 어떻게 해야 당신을 도울 수 있는지 방법을 가르쳐 주시오."

영신은 그렇게 물었다.

"방법은 간단합니다. 오는 보름날 돈달산에 올라가면 두 마리의 용이 내려와 장난을 치고 있을 것이니 여기에 두고 가는 칼로 한 마리를 죽이면 됩니다. 부탁드립니다."

하고 홀연히 사라졌다. 깨어 보니 그 여자는 온데간데없고 윗목에 칼이 있었다.

시간이 흘러 보름달이 동산에 휘영청 떠올랐다. 영신은 이른 저녁을 먹고 칼을 품고 돈달산으로 올라갔다. 숲속에 숨어 조마조마한 마음을 진정시키고 있는데, 한 삼경(밤 열한 시에서 새벽 한 시 사이)쯤 되있을

때 갑자기 천둥과 우레가 치고 안개가 자욱이 깔리더니 두 마리의 커다란 용이 내려와 쫓고 쫓기며 사랑싸움을 하는 듯하더니 마침내 서로 엉켜 정을 통하는 것이었다. 영신은 이때다 싶어 한 마리의 용을 겨냥해 칼을 던졌다. 우레와 천둥이 무섭게 치더니 그중 한 마리만이 산속으로 도망쳤다. 그것을 보고 영신은 재빨리 산을 내려왔다.

그날 밤 깊은 잠에 빠져 있는 영신의 꿈에 지난번에 나타난 예쁜 여자가 하얀 소복을 입고 와서 하는 말이,

"당신이 죽인 것은 여자 용이 아니고 남편 용이었습니다. 제가 실수로 당신에게 여자 용과 남편 용을 구별하는 법을 알려주지 못했습니다. 그렇지만 저의 부탁을 들어주었으니 약속한 대로 당신에게 그 보답을 하겠습니다. 내일부터 일주일간 천둥이 치고 홍수가 질 것입니다. 당신은 일주일 양식을 방에 두고 대소변도 방 안에서 보고 절대로 밖을 내다보거나 나와서는 안 됩니다. 그리고 일주일 후 홍수가 끝나면 팻말에 당신의 이름을 새겨 새로 생긴 들판에 꽂으면 그것이 다 당신 땅이 됩니다. 다시 한 번 제 부탁을 들어주신 데 대해 감사를 드립니다."

하더니 눈물을 닦으며 홀연히 사라졌다. 꿈에서 깨어난 영신은 양식을 준비하여 방 안에 들어앉았다. 날이 새자 우박이 내리고 천둥이 치고 큰 홍수가 지기 시작했다. 영신은 내다보고 싶은 마음을 꾹꾹 참으며 그렇게 일주일을 보냈다. 일주일 후 세상이 온통 쥐 죽은 듯이 고요해지자 영신이 나와 보니 가운데는 냇물 줄기가 흘러내려 가고 끝없는 들판이 펼쳐진 한가운데에 오직 자기 집만이 남아 있었다. 영신은 그 여자가 시킨 대로 자기 이름을 새긴 팻말을 사방에 꽂으니 그것이 다 영신의 땅이 되었다.

'영신'이라는 이름은 후세에 이 고장의 이름으로 남게 되었으며 그 가

운데를 흘러가던 강 이름도 '영강'이라 하여 점촌의 젖줄이 되고 있다.

🌀 우렁미인

🖐 옛날 어느 마을에 매우 가난한 총각이 살고 있었다. 나이가 서른이 넘었으나 너무 가난한 탓으로 아무도 딸을 주지 않아 장가도 들지 못한 채 날마다 얼마 되지 않는 밭을 일궈 일에만 쪼들리며 살고 있었다. 가난에 찌들어 살면서 일만 해야 하는 딱한 팔자라 총각은 신세타령으로 세월을 보냈다.

하루는 자기의 신세가 너무도 처량해,

"이 농사를 지어 누구하고 먹고살꼬?"

하며 한탄했다. 그런데 어디에선가,

"나랑 먹고살지."

하는 여자의 목소리가 들려왔다. 이상하게 여긴 총각이 사방을 둘러보았으나 사람의 모습이라곤 보이지 않았다. 총각은 다시,

"이 농사를 지어 누구와 함께 먹고살꼬?"

했다. 그러자 역시,

"나랑 먹고살지."

여자의 같은 대답이 들려왔다. 세 번째도 같은 대답이었다.

총각은 사람은 없고 말소리만 들리므로 신기해하며 소리가 들리는 쪽의 땅을 파보았다. 그랬더니 땅 속에서 큰 우렁이 하나가 나왔다. 집으로 돌아온 총각은 우렁이를 물독에 넣어 두었다.

이튿날 아침, 총각이 잠자리에서 일어나 보니 신기하게도 김이 무럭무럭 나는 흰 쌀밥에 맛있는 찬으로 밥상이 차려져 있었다. 이상하게 여기

면서 밥을 먹고 들에 나가 일을 하고 돌아와 보니 역시 맛있는 찬으로 저녁상이 준비되어 있었다. 총각은 너무나 신기한 일에 놀랐으나 알 수 없는 일이었다.

이런 날이 계속되자 총각은 누가 밥상을 차려 놓는 것인지 궁금하여 들에 나가는 척하고 나갔다가 몰래 되돌아와 짚단 뒤에 숨어 집 안을 엿보기로 했다. 한참 후에 물독 안에서 어여쁜 처녀가 나오더니 밥을 짓고 찬을 만드는 것이었다.

처녀는 아름답기가 한이 없었다. 밥상을 다 본 처녀는 다시 물독으로 들어갔다. 총각이 물독을 들여다보았으나 우렁이밖에 아무것도 없었다. 우렁이가 처녀로 변한 것이라 생각할 수밖에 없었다.

이튿날 총각은 다시 짚단 뒤에 숨어서 처녀가 나타나기를 기다렸다. 이윽고 처녀가 물독에서 나타났다. 총각은 뛰어나가 처녀를 꼭 붙잡고 자기와 함께 살자고 청했다.

그러자 처녀는,

"나는 원래 하늘에 살던 선녀인데 옥황상제께 죄를 짓고 인간 세상에 내려와 당신과 인연이 되어 이렇게 만나게 되었습니다. 그러나 지금은 아직 그 시기가 아니니 두 달 동안만 참아 주세요. 그러면 우리는 일생을 함께 지낼 수 있어요. 그렇지 않으면 우리는 이별을 하게 됩니다."

라고 말했다. 이렇게 예쁜 미인을 두고 두 달을 기다리기에는 너무나 마음이 급해 참을 수 없다고 간청했다. 그리하여 혼인을 하게 된 두 사람은 매우 행복했다.

어느 날 남편이 몸이 아파 들일을 나가지 못해 아내가 대신 나갔다. 들에서 일하고 있을 때 마침 원님의 행차가 있어 우렁여인은 숲속으로 몸을 숨겼다. 원님이 그 앞을 지나가다 숲속에서 무엇인가 번쩍이는 것을 발견하고 하인을 시켜 살펴보라 일렀다. 하인이 숲속을 살펴본즉 뜻밖에도 어여쁜 미인이 숨어서 광채를 내고 있었다. 하인의 보고를 받은 원님은 무슨 곡절이 있을 것으로 생각하여 곧 그 여인을 데리고 오도록 명령했다.

하인은 여인에게 원님의 명령을 전하고 빨리 가기를 재촉했으나 여인은 끝내 응하지 않고 비녀를 빼 주면서 몸만은 용서해 달라고 청했다. 그러나 원님은 승낙하지 않았다. 여인은 저고리를 벗어 주고, 그래도 안 되니 치마를 벗어 주고 나중에는 속바지까지 벗어 주었으나 원님은 만족치 않았으므로 여인은 속곳 하나만 입고 울면서 원님 앞으로 끌려갔다. 이 소식을 들은 남편은 미친 듯이 날뛰며 아내를 돌려 달라고 관가에 애원했으나 소용이 없었다. 분에 견디지 못한 남편은 관가의 기둥에 부딪쳐 죽고 말았다.

그의 원망은 하늘에 솟고 원혼은 새가 되어 아침저녁으로 관가의 주변을 날며 슬프게 울었다. 여인도 역시 정조를 지키느라 며칠을 먹지 않고 굶어 죽고 말았다. 여인의 원혼은 참나무가 되었다고 전한다.

처음 총각이 여인의 말대로 두 달만 참았으면 이러한 일은 없었을 것이나 참지 못해서 불행하게도 이별하게 된 것이다.

우정 깊은 친구

이름을 알 수 없는 임영臨瀛 군사 세 사람이 병술년에 초관哨官으로서 북방에 수자리를 살고 있었다. 마침 돌림병이 크게 일어 세 사람이 차례로 병들었다. 먼저 앓은 자가 아직 일어나지 못했는데 뒷사람이 다시 앓아누웠다. 재삼 전염되어 앓다가 한 사람이 급기야 죽었다. 두 사람은 서로 말하기를,

"우리 세 사람은 같은 고향 사람으로 천릿길을 같이 왔다. 한 막사에서 같이 누워 같은 병으로 서로 구호하면서 번갈아 의지하였는데, 저만 홀로 불행히 먼 지역에서 죽었다. 살아서 같이 왔다가 죽어서 버리고 돌아가는 것은 우리의 정리正理로서 참기 어려운 일이 아닐 수 없다."

하고 입었던 옷을 각자 벗어서 염을 한 다음 막사 뒤에다 장사를 지냈다. 그 후 수자리를 마치고 돌아가게 되자 두 사람은 그 시체를 번갈아 짊어지고 먼 길을 고생스럽게 걸었다. 끼니도 잇지 못하고 발이 부르터서 죽을 고비를 겪으며 한 달이 넘어서야 돌아왔다. 죽은 자의 아비는 아들의 죽음을 애통해하며 시체를 지고 온 두 사람의 은덕에 감사하여 장사를 치른 뒤 술과 과일을 장만하여 두 사람을 초청해 보답하고자 했다. 그러나 두 사람은,

"우리는 대접 받기 위하여 한 일이 아닙니다. 만약 한 끼 밥이라도 신세를 진다면, 당초에 서로 구하던 뜻이 헛되게 됩니다."

하고 마침내 가지 않았다.

우정의 길

김 아무개와 박 아무개는 어려서부터 한동네에 살면서 공부도 함께했다. 클수록 정이 두터워지더니 마침내는,

"우리는 죽을 때까지 우정을 버리지 말자. 훗날 누가 잘되든 반드시 복과 재앙을 함께 나누자."

하고 굳게 맹세하고 형제의 의를 맺었다.

그런데 여러 해가 지난 후 김과 박 두 사람의 처지가 하늘과 땅처럼 달라졌다. 김은 과거에 거뜬히 합격하더니 벼슬을 얻고 형편이 날로 부유해 갔다. 이에 반하여 박은 과거에 실패만 거듭하다가 가세마저 몰락하여 끼니를 굶을 지경에 이르렀다. 이리되니 박은 김을 의지할 수밖에 없고, 김 역시 박을 안 도울 수가 없게 되었다. 다만 김은 약속을 아주 저버리지 않고 박을 돕기는 했으나 마치 거지를 동정하듯 굶어 죽지 않을 정도의 양식밖에 주지 않았다. 박은 창피함과 야속함을 참지 못했으나 어쩔 도리가 없었다.

그래도 김은 박을 만날 때마다,

"내가 장차 벼슬에 올라가면 그때 가서 충분히 돌봐주겠네."

하고 위로했다.

이런 날이 그 후에도 오래도록 계속되었다. 김은 과연 평안 감사가 되었다. 그런데 평양으로 부임해 가면서 김은 박에게,

"앞으로도 식량을 보낼 것이니 굳이 평안도까지 찾아올 것 없네."

하고 말했다.

박은 이 말을 믿고 더욱 고마워했다. 그러나 한 번 떠난 김은 그 후 소식도 없고 양식도 보내 주지 않았다. 여태까지 김만 의지하며 살아오던 박은 살 길이 끊어진 셈이다. 박은 자신의 배고픔보다 식구들의 굶주림이 더 견딜 수가 없었다. 참다못한 박은 드디어 천릿길 평안도를 몸소 찾아가 보기로 하고 누더기 같은 옷을 입고 노자 한 푼 없이 길을 떠나게 되었다. 겨우겨우 걸식하며 부르튼 발을 끌고 평양에 가까스로 닿긴 했지만, 여기서 박은 하늘이 무너지는 것 같은 꼴을 당하고 말았다. 평안감사라면 그 당시 누구보다 권세 있고 호강스러운 벼슬자리였다. 그런데 김은 불쌍한 친구를 마지못해 맞아주고, 조금도 반가워하지 않았다. 그뿐인가, 식은 밥 한 그릇을 마룻바닥에 차려 주며,

"아무 말 말고 어서 돌아가게."

하고 냉정하게 말하는 것이었다.

박은 분함이 한꺼번에 북받쳐 당장 상을 뒤엎고 싶었지만 차마 못하고 벌떡 일어섰다.

"이럴 줄은 꿈에도 몰랐구나."

박은 울먹이면서 뜰로 내려섰다. 그러나 김은 말리기는커녕 그대로 앉은 채 차디찬 눈길로 박이 휑하니 문밖으로 나갈 때까지 바라볼 뿐이었다.

박은 곧장 성 밖으로 나왔다. 생각 같아서는 대동강 깊은 물에 몸을 던지고 싶으나 집 식구를 버릴 수 없어 박은 하염없이 휘청휘청 걸었다. 얼마를 걸었을까, 날이 어두울 무렵 길가 방앗간으로 찾아들어 그만 쓰러지고 말았다. 그러자 어느 늙수그레한 여인이 박을 방으로 데리고 들어갔다.

"시장하실 터이니 우선 진지나 드시고 편히 쉬었다가 가시지요."

그러면서 조촐한 밥상을 차려다 놓았다. 찬은 몇 가지 안 되었으나 따뜻한 고기찌개에다 쌀밥, 거기에 술도 곁들어 있었디.

"이것은 감사께서 보내신 음식입니다."

여인은 간단히 말하고 물러갔다.

"뭐라고! 그놈이 나를 죽지 않을 만큼 고생시키려는가 보다."

괘씸한 생각이 불쑥 났다. 하지만 여러 날 굶은 창자가 마냥 쓰리려 어느새 손이 먼저 숟가락을 잡고 있었다. 이튿날 박이 깨어 보니 방앗간은 원래 텅 빈 집이었다. 밥을 가져다 준 여인은커녕 세간 같은 것도 눈에 띄지 않았다.

박은 몹시 이상했지만 돌아갈 길이 더 급했다. 며칠을 두고 비틀비틀 걸었다. 아무 데에서나 자며 체면 불고하고 얻어먹었다. 옷이 넝마처럼 헐고 몰골은 귀신같았다. 원망도 지치고 집 걱정마저 잊었다. 그저 휘청거리며 한 발 한 발씩 간신히 발을 옮길 뿐이었다. 어찌어찌해서 송도 가까이 왔을 때였다. 갑자기 관청 하인차림을 한 사나이가 뒤쫓아 오더니,

"평안 감사께서 주신 편지올시다."

하고 편지를 건네준 후 바로 돌아가 버렸다.

박은 어리둥절해하면서 겉봉을 뜯었다.

"자네 집에 초상이 났으니 어서 돌아가게."

편지 내용은 간단했다. 그렇지만 박은 아찔했다. 누가 죽었는지는 모르지만 초상이라고 했기 때문이다.

'좌우간 식구 중 누군가가 굶어 죽은 게 분명하다.'

엎친 데 덮친 격이랄까, 정작 자기가 죽을 고비에 놓인 처지이면서도 박은 정신을 똑바로 차리고 걷고 또 걸었다. 도깨비에 홀린 사람처럼 정신없이 집으로 돌아온 박은 또 기절할 듯이 놀랐다. 전에 살던 오막살이

에는 식구들이 아닌 남이 살고 있지 않은가. 박은 가슴이 메어졌다.

"아뿔싸, 기어코 집마저 팔아버렸구나! 틀림없이 온 식구가 거리를 헤매다가 누가 죽었나 보다."

연신 같은 말을 되뇌면서 흐르는 눈물도 씻지 않고 한밤중 거리를 정처 없이 더듬었다. 자정을 알리는 인경 소리가 들렸다. 통행금지를 알리는 소리였다. 박은 어느 집 대문에 기대어 서자마자 바로 풀썩 주저앉았다. 그 집은 고래 등 같은 기와집이었다. 때 아닌 인기척에 놀랐는지 안에서 어린 종이 대문을 열었다. 바깥을 내다본 어린 종은 박을 보더니,

"에구머니나, 이 어른이 혹시……"

하고 눈이 휘둥그레졌다. 그리고 무슨 귀신에라도 쫓기듯 안으로 뛰어들어갔다.

몽롱한 중에서도 박은 다시 일어나 안쪽을 들여다보았다. 그러자 안에서 상복 입은 젊은이가 쫓아 나오고, 또 같은 차림의 여인이 두서넛 뒤따라 나왔다.

순간 박은,

"오, 내 아들, 아니, 우리 식구들이다!"

하고 외치며 눈이 휘둥그레졌다.

그러나 정작 기겁을 한 사람은 안에서 나오다가 우뚝 멈춘 그 집 식구들이었다.

"아버님, 이게 웬일이십니까?"

아들은 벌린 입을 다물지 못했고,

"아, 여보!"

박의 아내는 숫제 땅에 털썩 주저앉아 버렸다.

그 모습들이 마치 이 세상 사람이 아닌 귀신, 즉 죽은 사람의 혼을 대

하는 것만 같았다. 박이 얼김에 들여다본 안채 큰 마루에는 참말로 장례식 채비가 차려져 있었다. 어쨌든 집 안으로 들어온 박은 식구들의 얘기를 듣고서야 궁금증이 사라졌다.

박이 평안도로 떠난 지 얼마 후 평안 감사의 심부름꾼이 내려와 지금의 집으로 이사를 시켜 주었다. 좋은 집에다가 곡간에는 또 식량이 그득 차 있었다. 그런 후 한동안 소식이 없더니 엊그제 별안간 관을 떠메고 온 사람이 있었다. 역시 평안 감사가 시켰다며,

"주인어른께서 평안도에 계시다가 병환으로 돌아가셨소."

하고 그대로 가버렸다.

그래서 내일 출상을 할 참이었는데, 공교히도 박이 돌아왔다는 것이다.

"그러니 모두 놀랄 수밖에 없지요."

하고 아내가 말했다. 꼭 귀신인 줄 알았다는 얘기였다. 마루 한복판에 관이 놓였으니 그럴 만도 한 노릇이었다. 울음에 찼던 박의 집은 삽시간에 웃음바다로 변했다. 그러나 정말로 감격해야 될 일은 박이 관 뚜껑을 열었을 때 일어났다. 관에는 송장 대신 동전, 은전들이 그득히 들어 있었다. 그리고 거기 곁들여 얹힌 서신에는 다음과 같은 사연이 적혀 있었다.

"재물을 거저 얻으면 쉽게 없애고, 또 게을러지는 까닭에 마음에 없는 고생을 시켰네. 이것은 내가 그간에 절약하여 모은 돈이니 부디 뜻있게 쓰고 또 후에 출세할 밑천으로 써주게."

박은 김의 서신에 얼굴을 묻고 흐느껴 울었다. 이때 박은 어떤 심정으로 무엇을 느꼈을까?

월화정 月花亭

● 신라 중엽 때 지금의 강원도 강릉-당시 고구려의 명주溟洲-남대천 중간에 커다란 못이 있었는데, 그 못가에 연화라는 한 어여쁜 처녀가 살고 있어 날마다 못가에 나와 고기에게 밥을 던져주었다. 그러면 고기 떼들은 물 위로 올라와 처녀가 던져주는 밥을 받아먹곤 했다. 이렇게 하기를 몇 해, 이제는 연화의 발걸음 소리만 나도 고기 떼들은 물 위로 올라와 연화의 발밑으로 모여드는 것이었다.

어느 봄날의 일이었다. 연화가 못가에 나와 앉아 있으려니 웬 남자가 자기를 바라보면서 못가를 거닐고 있었다. 남자는 그 이튿날도 역시 못가를 거닐고 있었다. 이렇게 며칠이 지나 하루는 그 남자가 연화 앞을 지나치면서 편지 한 장을 떨어뜨리고 가므로 이상히 여겨 주워 보니 자기에게 사랑을 하소연하는 편지였다. 그날부터 날마다 그 남자로부터 이와 같은 편지를 주워 받았는데, 남자는 이곳에 유학 와 있는 서생으로 이름이 무월랑이라 했다.

어느 하루, 연화는 무월랑이 오기를 기다려 답신을 땅에 떨어뜨리고 집으로 돌아갔다. 무월랑은 편지를 얼른 주워 펼쳐 보았다. 사연인즉 이러했다.

"여인의 몸으로 지금은 답을 드릴 수 없습니다. 당신이 글공부에 힘써 입신양명하면 그때 부모의 승낙을 받아 당신의 아내가 되겠습니다."

무월랑은 이튿날 연화에게 입신할 것을 약속하며 서울로 간다는 내용의 편지를 전해 주고 그 못을 떠났다.

311

세월은 흘러 연화의 나이 성년이 되었을 때 부모는 혼처를 정하고 오래지 않아 날을 받아 성례를 준비하고 있었다. 이것을 안 연화는 앞이 캄캄했으나 어떻게 할 도리가 없었다. 서울 간 무월랑 생각에 가슴을 태우다가 붓을 들어 한 장의 편지를 썼다. 품 안에 넣고 못가로 나오니 많은 고기 떼들이 물 위로 떠올라 그녀의 발밑으로 모여들었다. 연화는 고기 떼들에게,

"너희는 오랫동안 내 손에 밥을 먹고 자라왔으니, 이제는 너희가 내 청을 하나 들어다오. 서울에 간 뒤로는 한 장의 편지조차 없는 낭군에게 이 편지를 전하여 주려무나."

사람에게 말하듯 하고 편지를 물 위에 던졌다. 그러자 고기 떼가 서로 물려고 소란스러운 중에 커다란 고기가 편지를 한 입에 삼키고는 물속으로 들어가 버렸다.

한편, 신라의 서울에 와서 열심히 공부하고 있던 무월랑은 어느 날 어머님께 드리려고 물가에 나와 커다란 고기 한 마리를 샀다. 집에 돌아와 물고기의 배를 가르니, 그 속에서 연화가 자기에게 보낸 급한 사연의 편지가 들어 있었다.

무월랑은 어머니에게 자세한 이야기를 하고, 그 길로 강릉으로 가 연화와 혼인하여 즐겁게 일생을 보냈다고 한다.

이 일로 그 못가 큰 바위 위에 정자를 짓고 이름을 무월랑의 월月자와 연화의 화花자를 따서 월화정月花亭이라 했으며, 지금 남대천 중간에 둥근 바위가 그 옛날 월화정이 서 있던 자리라고 한다. 그리고 강릉 김씨는 이 무월랑의 자손들이라고 전하여 오고 있다.

의로운 개

● 평안도 영변 어느 마을에 곽태허란 선비가 살고 있었다. 그는 병자호란 때 전공을 많이 세운 군관 김무량의 조카로서, 당시 이 고장에서는 드문 학자였다. 곽태허는 또 인품이 인자하여 어려운 사람을 항상 도와주었기 때문에 칭찬이 자자했다.

이 곽태허가 어느 날 이웃 마을에 갔다가 돌아오는 길에 도둑을 만났다. 때마침 저녁 무렵이었고 게다가 으슥한 고갯길이라서 길 가는 사람 하나 보이지 않았다. 다행히 도둑은 단 하나였기 때문에 곽태허는 마음을 좀 가라앉히고 가졌던 돈을 전부 내주었다. 그러나 도둑은 뒤가 무서웠는지 갑자기 칼을 뽑아들었다.

"안 됐지만 너를 죽여야겠다!"

휘익 내려치는 칼을 곽태허는 우선 용하게 피할 수 있었다. 그리고 순간 평소답지 않게 용기가 불쑥 솟았다. 허공을 내려친 도둑이 주춤하는 사이 곽태허는 죽을힘을 다하여 도둑의 허리를 덥석 잡았다.

엎치락뒤치락 한동안 무서운 실랑이가 벌어졌다. 하지만 원래 힘이 약한 곽태허는 결국 도둑의 가랑이 아래에 꼼짝없이 짓눌려 버렸다. 곽태허는 그런대로 안간힘을 다했다. 몸을 비틀고 발버둥질하다가 문득 보니, 도둑은 저만큼 떨어진 칼을 집으려고 무진 애를 쓰는 중이었다. 한쪽 손으로 곽태허의 멱살을 잡아 누르고, 또 한쪽 손으로는 칼을 집으려 했다. 위험한 순간이었다. 이때 곽태허는 저쪽에서 바람처럼 달려오는 개를 발견했다. 바로 자기 집에서 기르는 큼직한 수개였다. 순간 곽태허는

313

소리를 질렀다.

"누렁아, 어서 저 칼을 갖다 버려라!"

개가 사람의 말을 어찌 알아들으랴만 다급한 마음에 소리치니 일이 신통하게 되어갔다. 누렁이가 마치 그 말을 알아들었다는 듯이 껑충 뛰어와 도둑의 손이 칼에 막 닿으려는 순간 칼을 입에 물고 쏜살같이 뛰어갔다.

곽태허는 우선 안심하고 여전히 도둑의 몸에서 벗어나려 기를 쓰는 동안 개가 어느 틈에 다시 뛰어왔다. 다음 순간 누렁이는 도둑의 뒷덜미를 냅다 물어뜯었다. 도둑이 기겁하며 옆으로 나뒹굴자 이번에는 목덜미를 꽉 물고는 한사코 놓지 않았다.

곽태허는 그동안 정신을 차리고 일어나 우선 개를 떼어 놓은 후 도둑을 읍내 관가에 데리고 갔다. 가는 도중 개는 줄곧 도둑의 바짓가랑이를 물고 늘어졌다.

이런 일이 있은 후 곽태허는 그 개를 언제나 데리고 다녔다. 하마터면 도둑을 물어 죽일 뻔한 일은 좀 지나쳤다고 생각했지만 자기를 살려 준 충성된 개를 곽태허는 진정 아끼고 싶었다.

그 후 어느 날 또 이런 일이 있었다. 곽태허가 건넛마을 잔칫집에서 술에 취하여 돌아오다가 길가에 쓰러져 세상모르고 잠이 들었다. 이때도 함께 따라온 개는 주인 곁에 쭈그리고 앉아 밤이 깊도록 지켰다. 한밤중이 되었을 때 갑자기 들에 불이 타오르더니 무서운 기세로 퍼져 나갔다. 바람을 탄 불길이 차츰 곽태허 쪽으로 번져오자 개는 주변을 돌며 정신없이 짖었다. 그러나 술에 취한 곽태허는 도무지 깨지 않았다. 주둥이로 건드리고 발로 두드려도 소용이 없었다. 그러다가 개는 무슨 생각을 했는지 바로 근처에 있는 냇물로 뛰어갔다. 물속에 풍덩 뛰어들더니 다시 솟구쳐 나와 주인이 누운 둘레를 빙 둘러가며 뒹굴었다. 이런 일을 재빠르게 수없이 되풀이했다. 곽태허의 둘레가 어지간히 물에 젖었을 때 불길은 그곳을 비껴 다른 곳으로 번져갔다. 덕분에 곽태허는 무사하게 되었다.

한참 후에야 잠에서 깨어난 곽태허는 우선 시꺼멓게 탄 주변을 둘러보았다. 그리고 바로 곁에서 물에 흠뻑 젖은 채 쭉 뻗어 엎드린 개를 보고는 정신이 번쩍 들었다.

"오, 네가 또 나를 구했구나!"

곽태허는 개를 얼싸안고 눈물을 흘렸다.

그 후 또 이와 같은 일이 있었다. 어느 날 곽태허는 산길에서 호랑이를 만났다. 갑작스런 일이라 하얗게 질려 주저앉으니 호랑이가 덮쳤다. 호랑이의 앞발에 차여 찢겨진 어깨에서는 피가 샘솟듯 쏟아졌다. 곽태허는 그만 기절하고 말았다. 호랑이는 다시 앞발로 후려치려는 듯 곽태허에게 달려들었다. 이미 기절해 버린 곽태허는 전연 알 수 없었지만 이 순간 뜻밖의 일이 벌어졌다. 막 앞발을 번쩍 쳐든 호랑이가 갑자기 괴상한 부르짖음과 함께 비틀하면서 껑충 뛰어올랐다. 그리고 이내 자기의 두 다리 사이에 달라붙은 짐승을 떨쳐 내려고 몸부림치며 할퀴고 날뛰기 시작했다. 그 짐승은 바로 곽태허의 개였다.

호랑이를 한 번 물고 늘어진 개는 온몸이 발기발기 찢겨 피투성이가 되어도 호랑이 몸에서 떨어지지 않았다. 무서운 싸움은 그렇게 한동안 계속다가 어느 순간 잠잠해졌다. 마침내 호랑이가 그 육중한 몸을 픽 하고 눕히더니 그대로 숨졌던 것이다.

서서히 정신이 든 곽태허는 그제야 개를 호랑이 몸에서 떼어 놓았다. 개는 숨을 힘을 다한 끝이며 또 온몸이 무참하게 찢겨 숨만 간신히 쉬고 있었다. 그 지경이 되어서도 개는 주인이 무사한 줄 알고는 또 다시 용기를 떨쳤다. 개와 사람이 피투성이가 되어 서로를 의지하면서 한 발짝씩 산에서 내려오는 광경은 생각만으로도 처참하다.

그런데 개는 쉬엄쉬엄 가는 동안에도 자기의 상처는 아랑곳하지 않고 곽태허의 몸을 연신 핥고 또 핥았다. 그 덕분인지 곽태허의 상처에서는 피가 조금씩 멎어가고 아픔도 조금은 가시는 것 같았다. 그러나 워낙 심한 상처로 곽태허는 마을 입구에 닿자마자 쓰러지고 말았다. 그러자 개는 마을 쪽을 향하여 미친 듯이 짖었다. 제대로 설 수도 없는 몸으로 목이 쉬어라 울부짖었다. 아닌 밤중에 개 짖는 소리가 요란하자 마을 사람들이 횃불을 들고 나왔다. 이리하여 곽태허는 구함을 받게 되었다. 그러나 개는 사람들이 몰려오기 직전에 주인의 몸에 기댄 채 죽어 있었다.

이렇게 세 차례나 주인의 목숨을 구하고 마침내 제 목숨을 잃은 개는 그 후 사람과 똑같은 장례를 받고 무덤에 안장되었다.

'의로운 개의 묘'라는 묘비가 세워지고 오래도록 오가는 사람의 눈을 끌었다고 한다.

의로운 머슴

● 황해도 연안 땅에 벼슬을 그만둔 지 오래되는 선비가 살고 있었다. 가세가 원래부터 넉넉지 못한데다 성품이 너무도 깨끗하여 항상 가난 속에 시달려야 했다. 부인과 딸 이렇게 셋이 얼마 안 되는 땅을 의지하며 간신히 끼니를 때웠는데, 농사일은 젊은 머슴 연립이 맡아서 했다.

그런데 머슴 연립은 이만저만한 게으름뱅이가 아니었다. 몸집이 여느 사람보다 두 배나 커서 힘은 세지만, 한 끼에 세 사람 몫의 밥을 먹어치우면서도 일은 통 안 하려 드는 것이었다. 다만 한 번 마음 내키면 남보다 열 곱의 일을 했다.

그러니까 연립의 꼭 한 가지 흠은 날마다 부지런을 피우지 않는 점이었다. 부잣집이라면 모르되 가난한 집안에서 이런 머슴은 귀찮은 존재로 여길 수밖에 없었다. 그렇다고 내쫓자니 갈 데가 없었다. 겁을 먹고 아무도 데려가려 하지 않았기 때문이다.

어느 날 주인 선비가 신병을 앓다가 세상을 떠났다. 마침 식량도 다 떨어지고 가까운 곳에 일가친척도 없는 처지라 남은 모녀는 그저 울기만 했다. 그토록 게을렀던 연립도 이번만은 사정이 딱했는지,

"돌아가신 분의 장례가 더 급합니다. 만약 지금 가진 돈이 없으시거든 옷가지나 패물 같은 돈이 될 만한 것을 주십시오. 제가 그걸로 장례를 치르겠습니다."

하고 매우 진실하게 말했다.

부인은 그제야 눈물을 거두고 얼마 안 되는 패물과 옷가지를 내주었

다. 연립은 패물과 옷가지를 내다 판 돈으로 두꺼운 널빤지를 사 짊어지고 왔다. 그리고 손수 쓸 만한 관을 짰다. 그러고 나서 이번에는 산소 자리를 찾으러 다녔다. 선비의 집에는 그러한 땅이 없으므로 연립은 하는 수 없이 이웃 마을 부잣집을 찾아갔다.

"이러이러한 사정이니, 산소 자리를 한 곳 떼어 줄 수 없겠습니까?"

부자는 인색한 사람이어서 선뜻 청을 들어주지 않았다. 그러자 연립이 눈을 부릅떴다.

"누가 거저 달랄 줄 아시오? 그 대신 석 달 동안 품삯 없이 부지런히 일을 해 드리겠소!"

이 말에 부자는 마지못해 연립의 청을 허락해 주었다.

이렇게 해서 얻은 산소 자리에 연립은 주인 선비의 장례를 혼자 힘으로 정성껏 치렀다. 그 후 연립은 약속대로 부잣집 일을 석 달 동안 열심히 해 주었다. 기한을 마치고 돌아온 연립은 선비의 부인에게 이런 말을 했다.

"이곳 인심이 좋지 못합니다. 저와 함께 다른 곳에 가서 몇 해 농사를 지으면 어떻습니까? 제가 있는 힘을 다해 보겠습니다."

부인은 연립을 믿고 먼 시골로 이사해 갔다. 이후부터 게으름뱅이 연립은 사람이 아주 달라졌다. 아침 이슬, 저녁 안개를 벗 삼아 나가고 돌아오면서 정말로 있는 힘을 다하여 일했다. 그뿐 아니라 연립은 어디서 배웠는지 농사일에 관해서는 모르는 것이 없었다.

덕분에 3년이 못 되어 그 고장에서 부유하다는 말을 듣게 되었다. 연립은 주인을 위하여 자기 몸을 아끼지 않고 부지런히 일했고 어느 틈에 그 고을 사람들의 칭찬을 한 몸에 받게 되었다. 그래도 연립은 손톱만큼도 자랑하지 않았고 생색도 내지 않았다. 몇 년을 하루처럼 부지런히 일만 했다.

어느 해 연립은 또 부인에게 이런 의견을 냈다.

"이제 아가씨를 장래성 있는 사람한테 출가시켜야 되지 않겠습니까? 그러자면 역시 제가 직접 서울 가서 신랑감을 골라 보겠습니다."

아가씨는 바로 부인의 외동딸인데, 이때 벌써 나이가 차 있었던 것이다. 부인의 승낙을 얻은 연립은 서울에 올라가 신랑감을 고르느라고 바쁜 날을 보냈다.

그런데 연립은 무슨 이유에선지 알아볼 만한 친척, 혹은 고관대작의 집은 얼씬도 안 했다. 그저 옛날에 가문 좋은 집안이었다가 지금은 형세가 몰락한 선비의 아들만을 물색하는 것이었다. 물론 자기 나름대로 생각하는 바가 있었던 모양이다.

어느 날 연립은 다 허물어져 가는 오막살이집에서 누추한 옷차림의 총각을 발견했다. 연립은 첫눈에 그 총각이 마음에 들었다.

'옳지, 이 총각은 장래 꼭 크게 될 인물 같다.'

연립은 이튿날 배장수로 가장하고 그 집을 찾아갔다. 그리고 배를 거저 주면서 여러 가지 일을 물었다. 옛날 유명했던 재상 평산공의 후손이라는 그 총각은 생각했던 대로 매우 총명했다. 연립은 크게 기뻐했다. 그리고 비로소 온 뜻을 알리고 총각의 부모에게 승낙 받은 후 시골에 있는 부인에게 급히 통지했다. 연립을 하늘처럼 믿게 된 부인이 이를 반대할 리 없었다.

이리하여 총각 이영산은 부인의 딸을 아내로 맞이했다. 이영산은 그 후 바로 과거에 급제하더니 벼슬이 순조롭게 올라갔다. 또 재주와 용기가 비상하여 맡은바 자기 일에서 공을 많이 세웠다.

"광해군을 몰아내고 어신 임금을 세우자. 그래야 나라가 바로잡힌다."

이러한 움직임이 차차 거세게 일어나기 시작했다. 이영산도 많은 동지와 함께 그 일을 꾀하고 있었다.

그런 어느 날 연립이 비밀회의에 부름을 받았다. 이영산의 입을 통해 모인 사람들 모두가 연립이 의리가 깊고 용기 있으며 앞일을 내다본다고 믿었기 때문이다.

"이러이러한 일을 모의하는 중인데 과연 성공할 것인가?"

그중의 한 사람이 물었다.

"신하된 몸으로 임금을 쫓아내는 일은 옳지 않습니다. 하지만 나라가 망하려는 마당에서는 어쩔 수 없을 것 같습니다."

연립은 여기서 하던 말을 끊더니, 그 자리에 모인 사람들을 차례로 살펴보았다. 그리고 나서,

"이분들이라면 꼭 성공하겠습니다. 그러나 저는 아무 일도 도와드리지 못하겠습니다."

하고 바로 휑하니 자리를 떴다.

그런데 이렇게 나간 연립은 그 후 행적이 묘연해졌다. 이영산 등은 연립이 혹시나 배신하지 않을까 겁을 먹었다. 며칠 후 연립이 비밀회의 하는 자리에 나타났다. 이영산 등은 그를 한참 의심하던 중이라서,

"그래, 어디를 갔다 왔는가?"

하고 다소 날카롭게 물었다.

연립은 태연하게 인사를 마친 후 이렇게 말했다.

"여러분의 일이 틀림없이 성공할 줄 믿고 있습니다만, 만일을 위해서 몇 가지 준비를 해 놓고 왔습니다."

연립의 말에 따르면, 그동안 어느 외딴 섬을 보아 놓고, 섬으로 가는 배와 사공을 미리 약속해 두었다는 것이다. 말하자면 일이 잘못되었을

때 주동자들과 그의 가족들이 피난할 수 있도록 피난처를 마련한 것이다. 이때도 연립은 필요한 보고만 하고 돌아갔다. 이영산 등은 그제야 의심을 풀고 오히려 용기백배했다. 한때나마 공연한 걱정을 했던 자신들이 몹시 부끄럽기도 했다.

이후 이영산 등의 반정 의거는 성공되었다. 연립이 애써 장만한 피난 준비는 헛일이 되고 말았지만 연립의 자상한 배려와 의리는 높이 찬양을 받았고, 또 앞을 내다보는 슬기에 감탄하지 않는 이가 없었다.

연립은 나라가 주는 상을 마다하고 충청도 공주 땅에 내려가, 거기서 늙도록 편안히 살았다고 한다.

이기축과 그의 아내

전라도 완산(지금의 전주) 땅에 이기축이라는 젊은이가 있었다. 원래는 이름이 없다가 나중에 생긴 것이지만, 우선 이렇게 부르기로 한다. 이 이기축은 참으로 무어라 비유할 말도 없을 만큼 성품이 온순하고 우둔했다. 다만 하우대가 월등히 크고 힘이 장사인 것이 단 한 가지 취할 점이었다. 이 때문에 어려서부터 혈혈단신으로 떠돌며 지냈지만 목숨을 이어갈 수 있었다.

온 나라를 이곳저곳 떠돌아다닌 끝에 어느 해 함경도 함흥 고을까지 오게 되었다. 그는 여기서도 품을 팔며 지냈다. 다행히 나뭇짐도 다른 사람보다 배가 크고 값을 싸게 받았기에 함흥에서는 숫제 나무만 해다 팔며 제법 편하게 지냈다.

이 무렵 함흥 고을에 돈 많은 늙은 과부가 혼기 찬 딸과 함께 살고 있었다. 영악하고 잘생긴 딸에게 어머니는 진작부터 좋은 신랑을 얻어 주려 하였고 실제로도 여기저기에서 훌륭한 상대가 많이 청혼을 해 왔다. 그러나 딸은 무엇인가 단단히 결심한 바가 있는지 누구도 마음에 들어하지 않았다.

딸은 혼인 얘기가 나올 때마다,

"이 일은 저한테 맡겨 주세요"

하는 것이었다. 자기가 직접 남편을 고르겠다는 딸의 고집에 어머니도 혀를 차며 승낙할 수밖에 없었다.

이럴 즈음 이기축이 큼지막한 나뭇짐을 지고 들어와 외쳤다.

"나무 사십시오!"

그의 목소리가 얼마나 큰지 집채를 흔들듯이 쩌렁쩌렁 울렸다. 기운 찬 목소리에 딸은 방문을 살짝 열고 내다보았다.

뜰에서 어머니와 흥정을 마친 나무장수 총각이 광에다 나무를 부려놓는 중이었다. 딸은 무슨 생각을 했는지 대청마루 끝으로 나와 이기축에게 말을 걸었다.

"처음 보는 분인데, 어디서 오셨소?"

"나는 떠돌이 나무장수요. 집이 다 무엇이오."

이기축이 몸에 묻은 솔잎을 툭툭 털면서 퉁명스레 대답했다. 딸은 더 묻지 않고 어머니에게 나무 값을 후히 주라고 하더니,

"날마다 이만큼씩 팔러 와요."

하고 방으로 들어갔다.

그 후 이기축은 나무를 하면 으레 이 집부터 찾았다. 딸은 그때마다 어머니에게 성화해 꼬박꼬박 나무를 사게 했다. 그뿐 아니었다. 때로는 하인을 시키고, 때로는 자신이 나와서 따뜻한 음식을 차려 주었다.

이렇게 한 달쯤 지난 어느 날 딸이 뜻밖의 말을 했다.

"어머니, 저의 남편감은 그 나무장수 총각밖에 없어요."

어머니는 딱 벌린 입을 쉽게 다물지 못했다.

"너, 그게 정말이냐?"

믿을 수 없다는 듯 묻는 어머니의 안색이 차츰 변했다.

그도 그럴 것이 여태까지 고르고 또 고른 끝에 거지같은 나무장수를 맘에 들어 하니 말이다.

"여러 날을 두고 살펴보니 장래가 크게 될 사람이 분명해요."

"강래기 다 무엇이냐. 당장 저렇게 굶어죽을 상을 한 거지일 뿐이다.

정녕 아귀가 되고 싶은 것이냐. 네가 정신이 어떻게 된 모양이로구나."

어머니는 기가 막혀 펄펄 뛰었다. 그러나 딸은 별의별 말을 다 듣고서도 끝내 굽히지 않았다. 여러 날을 이렇게 실랑이하다가 어머니는 결국 딸의 고집에 지고 말았다.

"뒷날 무슨 꼴이 되어도 어미 탓은 말아라."

이리하여 떠돌이 나무장수 이기축은 단번에 팔자를 고치게 되었다. 뜻밖에도 거지 신세에서 부잣집의 데릴사위가 되었던 것이다.

이기축은 꿈인가 싶은 호강에 젖어 편안히, 그리고 행복하게 지냈다. 장모도 차츰 딸의 체면을 지켜 주게 되었고, 또 아내가 이만저만 예쁘고 상냥한 게 아니었다. 처음에는 몹시 겸연쩍었지만 그렇다고 새삼 할 일도 재주도 없어 호의호식하는 생활에 차차 익숙해져 갔다. 그러는 동안 이기축은 몸에 살이 뿌옇게 올라 윤기마저 흘러 전날의 나무장수라고는 아무도 알아볼 수 없을 만큼 사내다우면서도 품위 있는 남자로 변해 있었다.

그러던 어느 날, 아내는 엄숙한 낯으로 갑작스런 말을 했다.

"이만하면 당신도 어엿한 대장부로 흠잡을 데가 없게 되었습니다. 그러니 이제는 공명을 떨칠 일을 하셔야 될 것입니다. 이런 시골에 묻혀 있을 게 아니라 함께 서울에 올라가 우선 조그마한 장사라도 하며 때를 기다려 봅시다. 여인의 몸이지만 제가 진작부터 생각한 바가 있으니 만사를 맡겨 주세요."

아내의 이 말을 이기축이 반대할 리가 없다. 그렇지 않아도 미안쩍은 터였으며, 또 실상 우둔하고 착한 인간인지라 다른 의견이 있을 수도 없었다. 아내는 집의 재산을 어지간히 떼어 받아 남편 이기축을 재촉하여 서울로 향했다. 서울에 올라온 이기축 내외는 우선 자하골 조용한 길가에 집을 하나 얻어 깔끔한 술집을 차렸다. 단둘이서 하는 생업인 까닭에 아내가 술과 음식을 만들고, 남편은 그밖에 자질구레한 일을 했다. 착하기만 하고 굼뜬 이기축에 비해 아내는 상냥하고 부지런했다. 뿐인가, 손수 빚은 술이 향기롭고 만드는 음식은 신기하도록 맛있었다.

이런 소문이 퍼지자 특히 점잖은 선비들이 많이 찾아오게 되었다. 그들은 하나같이 기축의 아내의 공손하면서도 품위를 잃지 않는 시중에 칭찬해 마지않았다. 이런 까닭에 생업이 날로 번창하자 길가 집만 가지고는 비좁아 다시 뒤꼍 한적한 곳에 정자를 지었다. 그런데 이 정자에 당시 범상치 않은 선비와 학자, 그리고 뜻있는 벼슬아치들이 드나들게 되었다. 바로 인조반정을 꾀하던 김승평, 이연평 등이었다. 이들이 창의문 밖에서 회의를 하고 돌아갈 때 우연히 들른 것이 인연이 되어, 그 후부터는 웬만한 의논은 이 정자에서 하게 되었던 것이다. 이기축의 아내는 그런 낌새를 아는지 모르는지 그들이 모일 때에는 유달리 후하게 대접하고 모든 외인을 얼씬도 못하게 했다. 그리고 그들이 빚진 음식 값을 갚지 못하여 걱정스런 낯빛을 하면,

"그런 염려는 마시고 후에 잘되시거든 갚으십시오."

하고 더욱 친절하게 대접했다. 또 더러는 외상 문서를 보는 앞에서 찢어버리기도 했다. 이렇게 되면 주인과 손님의 사이가 자연히 친숙하게 될 수밖에 없다. 더구나 결코 장사만을 위함이 아니요, 오직 진정으로 자기네를 아끼는 뜻이라고 알았기 때문에 김승평 등은 진심으로 믿고 고마워했다.

이럴 때면 아내는 으레 음식 심부름을 남편 이기축에게 시켰다. 살이 피둥피둥 찐 장승같은 사내가 매우 순진한 모습으로 음식상을 나를 때면, 모두들 기이한 눈으로 쳐다보곤 했다.

"대체 저 굼뜬 바보 같은 사나이는 누구요?"

어느 날 이연평이 물었다. 물론 그때까지 이 집 여주인의 남편인 줄 모르고서 한 말이다. 이 말을 들은 부인은,

"저의 남편입니다. 용렬하기 짝이 없습니다만, 다행히 마음이 착하고 힘도 매우 셉니다. 훗날 여러분께서 혹시 심부름 시키실 일이 생기거든 안심하시고 분부만 내리십시오. 반드시 물 불 가리지 않고 충성을 다할 줄 믿습니다. 그러나 겨우 천자문밖에 떼지 못한 무식꾼이오니 어느 분 이든 글을 조금만 더 가르쳐 주시면 감사하겠습니다."

라고 부탁했다. 이렇게 해서 그들의 승낙을 얻은 이기축의 아내는 이 튿날 아침 남편을 시켜 <통감: 중국의 역사를 간추려 적은 책> 첫 권을 사오게 했다. 그리고 어떤 대목을 골라 책장을 접더니,

"오늘부터 이 학사님 댁에 가서 글공부를 하셔요. 다만 여기 접어놓은 대목만 가르쳐 달라고 해야 됩니다."

이기축은 책을 옆에 끼고 바로 이연평의 집을 찾아갔다. 이연평은 약 속한 바가 있는 까닭에 선뜻 그를 사랑방에 들여앉히고,

"음, 그 나이에 글을 배우겠다니 신통하군. 자, 그럼 첫 장부터 시작할 까."

하면서 책을 펴려 했다. 이기축은,

"첫 장부터가 아니라 여기를 배우라고 하던데요."

하고 접어놓은 대목을 펼쳤다.

순간 이연평은 약간 미심쩍은 얼굴이 되었다. 하지만 곧 대수롭지 않 게 여겼는지 아무 말 않고 그 대목을 자세히 풀이하여 가르쳐 주었다. 이 튿날 아침 이기축의 아내는 또 통감 넷째 권을 사오라고 했다. 그리고 이 번에도 어떤 대목을 접어 주었다. 물론 그 대목을 배우라는 뜻이다. 이기

축은 좀 심사가 사나워졌다.

"이왕 배우려면 처음부터 차례차례 배워야지, 이게 뭐람."

그러나 거역하지 못하고 어제처럼 이연평을 찾아갔다. 그런데 수상히 여긴 것은 오히려 이연평이었다. 실상은 어제 벌써 수상하게 여겼으나 오늘은 숫제 펄쩍 뛸 만큼 놀라며 또 낯빛도 확 달라졌던 것이다. 이기축이 접어 온 책장을 펼쳐 보이자마자 벼락같은 호령이 떨어졌다.

"이놈, 어서 가거라! 여편네가 시키는 대로만 하는 바보천치는 못 가르치겠다!"

이기축은 영문도 모르고 놀란 채 멍하니 있다가 이연평의 매서운 눈총이 무서워 도망치듯 나와 버렸다. 집에 돌아온 이기축은 아내를 붙잡고 투덜거렸다.

"여보! 이 학사가 노발대발했소. 이젠 밀린 외상값을 받기는커녕 오지도 않을 거요."

그러나 아내는 무슨 생각에선지 생긋 웃었다. 마치 생각대로 일이 잘 되었다는 표정이었다.

"당신은 가만히 있어 봐요."

말이 채 끝나기도 전에 밖에서 말발굽 소리가 요란하더니 곧 이연평이 당황한 모습으로 들어왔다.

"아낙네, 나 좀 봅시다."

이기축의 아내를 뒤꼍 정자로 데리고 간 이연평은 숨 가쁘게 물었다.

"대체 아낙네는 누구요?"

그제야 이기축의 아내는 몸을 바로잡으며 우선 고개부터 숙였다.

"고정하십시오. 큰일이란 원래 때가 오면 만백성과 하늘땅이 돕는 법이라 알고 있습니다. 다만 저의 용렬한 남편이라도 앞으로 쓰실 곳이 있을까 하여 잠시 놀라게 해 드린 것입니다."

이연평은 무엇인가 곰곰이 생각하다가,

"알았소. 이렇게 된 이상 부디 비밀만은 꼭 지켜주오."

하고 굳게 다짐을 받았다.

이기축의 아내가 통감을 접은 곳은 옛날 중국의 포악한 임금이 쫓겨나는 대목들이었다. 인조반정을 꾀하던 사람 중의 하나인 이연평이 놀라는 것은 당연한 일이었다. 또 이기축의 아내가 남편을 그들에게 가담시키려고 꾀한 일이라는 것을 알 수 있다.

이런 일이 인연이 되어 이기축은 반정 당시 장단 방면의 군사 선봉장이 되었는데, 이때 인조 임금도 이기축을 크게 의지하였음인지 어의(임금의 옷)를 벗어 입혀주었다. 이 어의를 입고 이기축은 창의문에서 크게 공을 세웠으며, 맨 먼저 서울에 입성하는 공을 세웠다. 그 후 이기축은 반정의 2등 공훈을 얻고, 겸하여 그가 기축년에 태어났다 해서 그제야 비로소 기축이란 이름으로 공로부에 적히게 되었다 한다.

이 부인의 절개

● 충무공 이순신 장군의 몇 대 후손으로 충청도 온양에 이 아무개라는 선비가 살고 있었다. 이 선비에게는 마침 혼기 찬 딸이 있어 청주 고을 병사 민 아무개의 며느리로 정혼하게 되었다. 그러나 신부가 신행도 하기 전에 신랑이 갑작스레 세상을 떠났다.

덧없이 과부가 된 이 부인은 하늘이 무너지는 듯했다.

소식을 안 날부터 음식도 들지 않고 종일토록 울면서 지냈다. 식구들은 혹시나 스스로 목숨을 버리지 않을까 걱정이 대단했다. 이 부인도 그런 생각이 없지 않아 있었지만 워낙 감시가 엄하여 기회를 얻지 못하였을 뿐이었다. 그러다가 이 부인은 어느 날 무엇을 깨달았는지 부모 앞에서 이런 말을 했다.

"한때나마 철없이 목숨을 끊으려 하여 부모님께 많은 걱정이 끼쳤습니다. 이제 다시는 그와 같은 생각을 하지 않을 것이니 다만 한 가지 청을 들어주십시오."

부모는 비로소 마음이 놓였다.

"그렇다면 다행이다. 그런데 청이란 대체 무엇이냐?"

"제가 헤아려 보건대, 지금 시댁에서는 시부모님이 의지할 사람을 잃고 저희보다 몇 곱절 슬픔에 잠겨 계실 것입니다. 뿐만 아니라 남편의 제사도 지낼 사람이 없으니 제가 가서 위로 시부모님을 받들어 봉양하고, 아래로 양자라도 얻어 민씨 가문이 끊어지지 않게 함이 마땅하다고 생각됩니다."

이 같은 딸의 말에 부모는 절로 눈시울이 뜨거워졌다.

옛날부터 '하루 정이 백 년 간다.'는 말은 있지만 겨우 식만 올렸을 뿐 시집에는 한 번도 간 일이 없는 딸의 절개가 이토록 깊으니 기특하고 측은한 마음을 금하지 못하였던 것이다. 부모는 딸의 청을 허락할 수밖에 없었다. 한 가지 걱정되는 것은 혹시 청주로 가다가 도중에서 또 죽을 생각을 하지 않을까 하는 것이었다. 하지만 딸의 태도가 분명하고 뜻이 꿋꿋했기에 다소 안심하고 눈물로 시댁에 보내게 되었다.

남편이 죽은 까닭에 이 부인은 상복 차림으로 신행했다. 시집에 도착한 그날부터 이 부인은 시부모를 친부모 이상으로 정성껏 섬겼다. 뿐만 아니라 완연한 주부가 되어 알뜰히 살림을 꾸리고 조리 있게 하인을 부렸다. 죽은 남편에 대한 제사는 말할 것도 없고, 민씨 조상의 차례도 법식에 맞춰 지성껏 지냈다.

일가친척, 그리고 청주의 온 고을 사람들이 입을 모아 '어질고 착한 이 부인'이라고 칭찬하는 동안 어언 남편의 삼년상을 치르게 되었다. 이 부인은 그제야 시부모한테 간곡한 청을 했다.

"이제는 일가 중에서 양자를 얻어 민씨 가계가 끊어지지 않도록 해야 할 것입니다. 이 일은 부모님께서 하루 속히 정해 주시기 바랍니다."

시부모가 이 청을 안 들을 리 없다. 아니, 기특한 며느리의 청이라기보다는 실상 한 가정의 큰 문제이며 또한 시급히 정해야 되는 일이었다. 이 소문이 나자 바로 적당한 양자감이 가까운 일가 중에서 나왔다. 이렇게 얻어 들인 예닐곱 살짜리 양자는 다행하게도 성미가 곱고 영리했다.

이 부인은 양아들을 몹시 사랑했다. 그러나 가정에서의 예절과 글방에서의 공부에 대해서는 다른 부모보다 더 엄했다.

이렇게 민씨 집안에 들어온 지 어언 13년의 세월이 흘렀다. 그동안 가

정 형편은 옛날의 몇 배로 부유해졌다. 모두가 이 부인이 알뜰살뜰 살림을 늘려온 덕분이었다.

늙은 시부모는 아들을 잃은 슬픔을 잊고 복스러울 만큼 편안히 지냈다. 하지만 천수 다했는지 80세가 되자 두 내외가 거의 동시에 세상을 떠났다. 이때 양아들은 이미 장성하여 아내를 얻었고, 또 젖먹이 어린애까지 낳아 기르고 있었다. 시부모의 장례식을 정중히 치른 이 부인은 그 후 3년간 제수를 손수 장만하여 양아들로 하여금 지성껏 제사를 지내게 했다.

하루는 이 부인이 양아들 내외와 함께 시부모 산소에 다녀온 후 다시 사당에 제사를 드리게 하고 양아들 내외를 안방으로 불러들였다.

"오늘은 너희에게 한 가지 말할 것이 있다."

이 부인이 전에 없이 엄숙한 표정을 하고 무슨 중대한 결심이라도 한 듯 진지하게 말을 꺼내니 긴장감이 흘렀다.

"네, 어머님, 무슨 말씀이십니까?"

양아들 내외도 그것을 느끼고 새삼 곧추앉았다.

"다른 일이 아니다. 이제 너희도 장성하여 아이도 갖게 되었으니 조상의 제사는 물론이거니와 집안 살림과 바깥과의 왕래도 너희 힘으로 넉넉히 하게 되었다고 생각한다. 그래서 오늘부터 모든 일을 너희 내외에게 맡길 터이니 부디 나의 뜻을 이어 잘해 주기 바란다."

실상은 보통 있는 일이었다. 양아들 내외는 단지 갑작스러운 일이라 좀 어리둥절해하며,

"예, 어머님 뜻을 어기지 않겠습니다."

대답하고 물러났다.

그런데 이날 밤 뜻밖의 일이 일어났다. 이 부인이 안방에서 약을 마시

고 스스로 목숨을 끊었던 것이다. 한 여종의 외침을 듣고 양아들 내외가 달려왔으나 때는 이미 늦었다. 깨끗이 치운 방 아랫목에 어느새 갈아입 었는지 하얀 상복을 입은 이 부인이 잠든 듯이 고이 숨져 있었다. 상복은 이 부인이 처음 신행 때 입었던 바로 그 옷이었다. 그런 줄 모르는 양아 들은 머리맡에 남은 약사발을 발견하고 대경실색했다.

"어머님, 이게 웬일이십니까?"

물론 대답이 있을 리 없다.

그러나 책상에 고이 접어놓은 유서가 그 이유를 대신 말해 주었다. 유 서에는 지금까지의 일이 자세히 적혀 있었다. 그뿐 아니라 앞으로 가정 을 꾸려나갈 일과 아울러 선비로서의 행실들이 자상하게 적혀 있었다.

"일찍이 내가 죽지 못한 것은 오로지 너의 부친을 대신하여 너의 조부 모님을 모시고, 또한 너희가 민씨 가문을 빛나게 이어주기 바란 때문이 었다. 따로 너희에게 넘겨주는 토지와 재산의 문서는 너희가 조상의 제 사를 지내며 충분히 살아갈 수 있을 만한 것이다. 이제 내 할 일도 다하 고 너희도 훌륭히 된 지금 처음 뜻한 바대로 한시바삐 지하에 계신 부친 곁에 가고 싶은 마음뿐이다. 이 최후의 부탁을 공연한 눈물로 받지 않기 를 간절히 부탁한다."

이렇게 해서 이 부인은 마침내 장한 일생을 마쳤다.

후에 이 일을 알게 된 온 나라의 선비들은 이 부인의 절개를 높이 찬 양하고, 이 부인 무덤 앞에 비석을 세워주었다. 물론 이 부인의 무덤은 전날 죽은 남편의 무덤과 나란히 마련되었다.

이상진과 전동흘

전라도 전주 사람인 전동흘은 담력도 있고 사람 보는 눈이 높았다. 이 무렵 전주 고을 밖 어느 마을에 이상진이라는 선비가 살고 있었다. 훗날 벼슬이 재상에까지 오른 사람이었으나, 당시는 집안 형편이 말할 수 없이 어려웠다.

어느 해든가, 추석이 가까워 이상진은 빈 쌀자루를 들고 전동흘을 찾아갔다. 자신보다도 며칠씩 굶은 모친을 위해 부끄러움을 무릅쓰고 도움을 얻으러 갔던 것이다. 전동흘은 소문에 듣던 그대로 매우 친절했다. 말을 듣기가 바쁘게 쌀 한 섬을 선뜻 내주었다. 게다가,

"뵙자하니 오래 고생하실 분 같지 않으십니다. 그동안의 일은 저한테 맡기시고 그저 때를 기다려 보십시오."

하고 앞일까지 걱정해 주는 것이다.

이상진은 정말로 감격하여 그 뜻을 고맙게 받기로 했다.

그 후 전동흘은 약속한 대로 이상진을 정성껏 도와주었다. 그리하여 비록 양반과 상사람으로 신분은 달랐지만 친형제 못지않게 정분이 두터워졌다.

그런 어느 날 전동흘이 이런 말을 했다.

"제가 때맞추어 보살펴 드리기는 하지만 역시 얼마간 논밭을 가지셔야 마음이 든든하실 겁니다."

그러면서 가지고 온 좋은 쌀 다섯 말을 내어놓았다.

"까닭은 묻지 마시고, 이것으로 술을 잘 빚었다가 이거든 저한테 알려

주십시오."

무슨 이유인지 알 수 없었지만 이상진은 하라는 대로 술을 담갔다. 그리고 술이 익자 전동흘에게 통지했다. 전동흘은 술독을 자기 집으로 날라 온 후 사랑방과 뜰에까지 술상을 푸짐하게 차렸다. 물론 술을 제외한 안주나 그 밖의 음식은 전동흘이 장만한 것이다.

준비를 마친 전동흘은 곧 온 마을 사람들을 불러들였다.

"여러분, 오늘 이 자리는 이웃 마을의 이 선비께서 대접하는 것이오. 나는 이 선비가 훗날 반드시 재상 벼슬을 하실 분으로 믿고 작은 힘이나마 성심껏 도와왔소. 이 선비께서는 늙으신 자당님의 걱정을 덜기 위하여 우선 조그마한 땅을 개간할 생각이신데 그러자면 여러분의 힘을 빌지 않을 수 없어 오늘 이렇게 귀한 쌀로 술을 빚어 여러분께 대접하는 것입니다."

전동흘은 그 고장에서 인심을 잃지 않은 터이고, 또 이상진도 은근한 동정을 사 오던 처지였다. 사람들은 전동흘이 무슨 부탁을 해 올지 궁금히 여기며 말했다.

"우리 힘으로 되는 일이라면 안 할 이유가 있소. 어디 말이나 한 번 들어 봅시다."

"다름이 아니라 여러분들이 모레 안으로 길이가 한 자쯤 되는 버드나무 막대의 끝을 뾰족하게 깎아서 한 사람 앞에 50개 이상 만들어 우선 우리 집에 가져다주시오."

대체 어디다 쓰자는 것인지 모르겠지만 그다지 어려운 일이 아니라 생각한 동네 사람들은 선뜻 승낙했다.

"그까짓 것쯤 어렵지 않으니 꼭 만들어다 드리리다."

기분 좋게 술에 취해 돌아간 동네 사람들은 이틀 후에 약속한 대로 뾰

족하게 깎은 버드나무 막대를 제각기 가지고 왔다. 어떤 사람은 자기 몫 외에 식구들 것마저 가져왔기 때문에 버드나무 막대는 산더미처럼 쌓였다.

전동흘은 이것을 달구지에 싣고 이상진과 함께 어느 산 밑에다 전부 부려 놓았다. 그리고 이렇게 말했다.

"보시다시피 여기는 나무꾼들이 나무를 해다가 쌓는 곳입니다. 이렇게 넓은 땅이 임자도 없이 오랫동안 버려져 있으니 이제부터 여기에 막대를 적당한 간격으로 꽂아 두었다가 내년 봄에 뽑아내고 조를 갈기로 합시다."

이상진은 그제야 까닭을 알았다. 물론 생전 처음 듣는 농토개간 법이다. 이날 두 사람은 데리고 온 하인들과 함께 그 많은 막대기를 죄다 땅에 깊숙이 박았다.

그해 겨울을 넘기고 이듬해 봄이 되어 전동흘은,

"이제 조를 심으러 가십시다."

하고 이상진과 함께 그곳으로 갔다. 메마른 땅이었지만 마침 눈이 녹은 뒤라서 어지간히 질퍽했다. 전동흘은 이때도 하인들과 함께 손수 일을 했는데, 부지런히 버드나무 막대를 뽑아내고 그 구멍에다 가지고 간 좁쌀 씨앗을 대여섯 알씩 넣었다. 그런 다음 흙으로 토닥거려 덮어두었다.

초여름이 되자, 어느 자리에나 모두 싹이 나서 잘 자라고 있었다. 전동흘은 그중에서 시원치 않은 것을 뽑아내고 한 자리에 서너 그루씩만 남게 했다. 그리고 가랑잎이나 썩은 흙을 긁어다 덮어 놓았다.

"자, 이젠 다 되었습니다. 가만히 앉아서 가을 추수나 기다리면 될 겁니다."

가을이 되었다. 무럭무럭 자란 조는 그루마다 팔뚝만한 이삭이 축 늘어져 익어갔다. 이상진은 물론이거니와 전동흘도 탐스러운 이삭을 보며 뜻밖의 풍작이라고 흡족해했다. 대체 어느 누가 이런 식의 개간 방법을 생각했겠는가? 메마른 땅이지만 막대를 꽂아 구멍을 내고 눈 녹은 물과 가랑잎 썩은 거름을 고이게 했으니, 전동흘의 이 같은 기발한 생각은 아무나 할 수 있는 일이 아니었다. 그러나 이상진은 아직도 고생을 더 겪어야 할 운명이었다.

다음 날 추수할 생각으로 만반의 준비를 갖추고 있던 날 밤에 뜻하지 않게 산불이 일어나 그 풍성하던 조 밭을 말끔히 태워 버리고 말았다. 이상진의 탄식과 낙심은 말할 것도 없고, 전동흘은 더욱 기가 막혔다.

'하늘이 무심하다더니 바로 이 선비를 두고 한 말이로구나!'

그렇지만 전동흘은 단념하지 않았다.

"할 수 없습니다. 자당님은 저의 집에서 모실 터이니, 선비님은 어서 서울로 올라가 과거 공부를 하십시오."

이상진은 이왕 신세를 져 온 터인지라 이 말에 따르기로 했다. 여하간 전동흘의 성의도 성의려니와, 늙은 모친을 더는 고생시킬 수 없었던 것이다. 이상진은 눈물마저 흘리면서 전동흘의 손을 덥석 잡았다.

"고맙소. 그대 정성대로 내 꼭 성공하리다."

서울로 올라온 이상진은 성 밖 조용한 절에 들어가 열심히 공부했다.

'어떻게 해서든지 장원급제를 하여 전동흘의 성의에 보답하자!'

굳은 결심이 효험을 보아 이상진은 그해 가을 큰 과거에 보기 좋게 장원으로 급제했다. 한림학사란 명예로운 자리를 얻은 이상진은 이후 역사상 다른 어느 재상보다 빠르게 벼슬자리가 올라갔다. 그러는 동안에 전동흘의 집에 살던 모친을 서울로 모셔다 봉양하게 된 것은 말할 나위도 없다. 그런데 정작 전동흘에게는 당장 보답할 길이 없었다. 돈이나 물건으로 사례하기에는 너무도 입은 덕이 클 뿐 아니라 전동흘의 성격으로 보아,

"저의 성의를 돈과 물건으로 따지신다면 너무 섭섭합니다."

할 것이 뻔했다. 그래서 한 번은 벼슬을 얻어 주려고 직접 물어본 일이 있었다.

그러나 전동흘은,

"저는 문관이 될 재주도 없거니와 그럴 처지도 못됩니다. 저의 처지로 무과 시험에 응시하는 게 고작인데, 이것도 장차 저의 힘으로 정당하게 합격할 생각이지 결코 누구의 덕을 입기는 싫습니다. 그보다 외람된 말씀이나 부디 사사로운 정분 때문에 나라의 일을 그릇 다루지 않기를 바랍니다."

하고 똑 부러지게 말했다. 이상진을 할 수 없이 보답이 될 만한 일보다 그럴 만한 때가 오기를 기다리기로 했다. 그러는 동안에도 벼슬이 자꾸 높아지더니 마침내 재상에 오르게 되었다.

한편 소식이 한동안 끊어졌던 전동흘도 이 동안에 무과 시험에 합격했다. 자기 말대로 혼자 힘으로 합격한 것이었다. 이상진은 바로 전동흘을 서울로 불러올렸고 전동흘은 당분간 이상진의 집 사랑에서 묵게 되었다. 무과 시험에 합격한 이상 이상진도 이제는 떳떳하게 벼슬자리를 알선해 줄 수 있게 된 것이다. 그 시절 무관은 문관보다 지위가 아주 낮았다. 하물며 이상진은 재상이요, 전동흘은 임관되기 전의 한낱 무명인이었다. 이런 관계로 전동흘은 이상진과 한 방에서 같이 지내는 것이 몹시 거북하고 또 괴로웠으리라 여겨진다.

이상진도 그런 눈치를 모를 리 없었다.

"그대와 나는 혈육보다 더한 사이가 아닌가. 하물며 나라를 위한 구실이 같거늘 어찌 그러한 일을 가리겠는가? 앞으로는 나를 찾아오는 손들 앞에서도 딱딱한 예절에 구애되지 말고 나와 동등한 처지로 행세하오"

이상진의 이러한 말에도 전동흘은 항상 예를 잃지 않았다.

어느 날인가, 이상진의 친지들이 유난히 많이 찾아왔다. 모두 이름난 학자거나 높은 벼슬아치들이었다. 전동흘이 전의 버릇대로 자리를 피하자 이상진은 그의 소매를 잡아 앉히고는 여러 사람에게 이렇게 소개했다.

"이 사람이 바로 둘도 없는 친구이며 은인인 전동흘이오. 비록 아직 벼슬자리는 없지만 지식과 재주가 뛰어나고 또 의리가 태산처럼 무겁기만 하오. 앞으로 가히 나라에 큰일을 할 재목이니 바라건대 어느 무관이라 생각 말고 나를 대하듯이 진심으로 사귀어 주오"

하며 옛일을 이야기했다. 자리에 있던 손들은 새삼 전동흘을 바라보았다. 재상 이상진의 체면을 보아서만이 아니라 실제로 전동흘의 사람됨과 말하는 품에서 그에 대한 호감이 저절로 일었던 것이다.

이런 일이 있은 후 전동흘의 소문이 파다하게 퍼졌다. 말할 것도 없이 모두가 좋은 소문이다. 이 까닭만은 아니었겠지만 얼마 안 있어 전동흘은 선전관에 임명되었다. 그런 다음 계속 승진 영전한 끝에 마침내 통제사까지 지냈다.

이 세상에서 제일 높은 고개

● 옛날 어진 임금님이 한 분 계셨다. 하루는 임금이 많은 나인들 중에서 누가 슬기로운지 시험하기로 하고 나인들을 모두 불러 한 자리에 모이게 했다. 그리고는 물었다.

"이 세상에서 가장 좋은 꽃이 무슨 꽃이냐?"

나인들은 제각기 '연꽃입니다', '모란꽃입니다', '백합입니다', '함박꽃입니다' 하면서 아름다운 꽃 이름들을 임금에게 아뢰었다.

그러나 임금은 고개를 좌우로 흔들며 부정했다. 이때 맨 뒤에 있던 한 나인이 나와,

"이 세상에서 가장 좋은 꽃은 목화입니다."

하고 아뢰었다. 임금은 그때서야 고개를 아래위로 끄덕이며,

"네 말이 옳도다. 아름다운 꽃이 아니라 가장 좋은 꽃이라 하였으니 목화를 심어 부유하게 되면 이 나라 또한 살찌게 되니 그 이상 좋은 꽃은 없느니라."

하였다.

임금은 두 번째로 이 세상에서 가장 높은 고개가 무슨 고개냐고 물었다. 나인들은 또 제각기 대관령이니, 문경세재니, 추풍령고개니, 용문산고개니 하고 자기들이 알고 있는 높은 고개를 모조리 아뢰었다. 그러나 임금은 고개를 좌우로 흔들 뿐이었다. 이때 아까 '목화'라고 대답했던 나인이 다시 일어나,

"세상에서 제일 높은 고개는 보릿고개이옵니다."

하며 겸손히 아뢰었다. 임금은 또 무릎을 탁 치며,

"과연, 짐이 생각한 지혜로운 자로고"

하며 슬기로운 나인을 찾은 기쁨에 넘쳤다. 그리고 그 나인을 우두머리 나인으로 임명하고 나라에 어려운 일이 있을 때마다 그 나인과 의논하여 백성을 잘 다스렸다고 한다.

이항복의 어린 시절

조선조 선조 임금 때 뛰어난 정치가였던 이항복은 원래 경상도 경주 사람이다. 백사 이항복은 벼슬이 대제학, 영의정에까지 이르렀고, 특히 임진왜란 때 위태로운 나라 정세를 바로잡느라고 애를 많이 썼다. 훗날 그 공훈으로 '문충공'이란 칭호를 받게 되었다. 그러나 우리는 호를 한음이라 하던 '문익공'인 덕형과의 우정과 또 그들이 남긴 익살맞고 재치 있는 이야기를 더 재미있게 기억하고 있다. 항복은 나라에 공이 많았으나 광해군 때에 억울한 죄명을 쓰고 귀양살이를 하다가 아깝게 세상을 떠났다. 뛰어난 인물에는 으레 이상한 일화가 전해져 내려오게 마련인 듯, 항복도 어렸을 때 여느 아이와 다른 점이 몇 가지 있었다.

첫째, 이항복은 낳은 지 이틀 동안 젖을 먹지 않고 울지도 않았다고 한다. 어머니 최씨를 비롯하여 온 가족이 몹시 걱정했으나 별 수가 없었는지 하루는 용한 판수를 불러다 점을 치게 했다. 판수는 산가지를 이리저리 맞춘 끝에,

"하, 참으로 좋은 점괘입니다. 아기는 훗날 반드시 위로 한 분을 모시는 큰 벼슬을 하게 될 것입니다."

하고 장담했다.

위로 한 분을 모신다는 것은 바로 임금 다음가는 자리에까지 벼슬이 높아진다는 말이다. 그 후 항복 아기는 젖도 잘 먹고 우렁차게 울며 무럭무럭 자랐다.

다음 또 한 가지 신기한 일은 항복이 돌도 되기 전에 생겼다. 어느 날

유모가 항복 아기를 안고 밖에 나갔다가 졸음이 와서 아기를 우물가에 놓은 채 꾸벅꾸벅 졸고 있었다. 아기는 혼자 땅바닥을 기어 다니더니 어느 틈에 우물 언저리까지 기어갔다. 조금만 더 가면 우물 속에 빠질 위험한 순간이었다. 이때 유모는 졸면서 꿈을 꾸고 있었는데 꿈에서 별안간 노인이 나타나,

"얼른 깨지 못할까!"

하며 지팡이로 종아리를 호되게 때리는 것이었다.

유모는 질겁하며 잠에서 깨었고 하마터면 우물에 빠질 뻔한 항복 아기를 아슬아슬하게 붙잡았다. 그런데 이상하게도 꿈에 지팡이로 맞은 종아리가 그 후 여러 날을 두고 쑤시고 아프고 했다. 마치 생시의 일처럼 좀처럼 통증이 가시지 않은 것이다.

이렇게 한 열흘쯤 지났을 때였다. 마침 제삿날이 가까워 사당 안을 유모와 몇몇 하인이 치우게 되었는데 유모는 갑자기 눈을 휘둥그렇게 뜨며,

"아, 바로 저분이 그때 저를 때리셨습니다."

하고 사당 정면에 걸린 영정을 가리켰다. 그것은 바로 이항복의 6대조 할아버지의 초상 족자였다.

일식과 월식

이 세상에 여러 나라가 있는 것처럼 하늘나라에도 여러 나라가 있다고 한다. 그 가운데 언제나 어둠 속에 잠겨 있는 나라가 있었으니 '어둠나라'라고 불렀다.

'어둠나라'에는 햇빛도 달빛도 비치질 않아서 언제나 깜깜한 세상에서 살아야 했다. 그런 '어둠나라'에는 어두운 중에도 개를 많이 기르고 있었는데 매우 사나운 개로 불개라고 불렀다.

'어둠나라'의 임금은 어둠 속에서만 살아야 하는 백성이 딱하여 늘 어둠을 면할 방법을 생각하고 있었다. 궁리 끝에 임금님은 인간 세상에 있는 달 중에 하나를 훔치기로 결심했다.

'어둠나라' 임금님은 불개 중에서 가장 힘이 세고 날쌘 개를 뽑아 해를 훔쳐오도록 분부했다. 불개는 해를 찾아가 틈을 보아 덥석 입에 물었다. 그런데 너무나 뜨거워 바로 뱉지 않을 수 없었다. 다시 물어 보았으나 뜨거움에 못 견디고 다시 내뱉고 말았다. 그렇게 몇 번을 물었다 뱉었다 하다가 하는 수 없이 되돌아가 임금님께 사실대로 아뢰었다.

'어둠나라' 임금의 실망은 이만저만이 아니었다. 그래서 이번에는 뜨겁지 않은 달을 훔쳐 오기로 했다. 달은 빛이 흐리므로 뜨겁지 않을 것이니 훔치기 쉬울 것으로 여겨졌다. 임금은 다시 불개를 시켜 달을 훔쳐오도록 분부했다. 불개는 달을 찾아가 덥석 물었다. 그러나 달은 어찌나 찬지 마치 얼음을 문 것같이 이빨이 시려 견딜 수가 없었다. 불개는 달마저 뱉어내고 말았다. 몇 번이고 다시 시도해 보았으나 그때마다 차가움에 내뱉고 말았다.

소식을 들은 '어둠나라' 임금은 화가 났다. 몇 번이고 해와 달을 훔쳐 오도록 명령했으나 그때마다 실패하고 말았다. '어둠나라'는 여전히 밝아질 수가 없어서 지금도 옛날처럼 어둠 속에 잠겨 있다고 한다. 그리고 불개는 지금도 해와 달을 물었다 놓았다 하고······.

불개들이 해를 훔치려고 입에 물었을 때 지상에서는 일식이 되고, 불개가 달을 물었을 때는 월식이 된다고 한다.

🥚 자막깍지의 신통

🔴 어느 동네에 아주 가난한 모자가 살았다. 얼마나 가난한지 어머니가 동네를 돌아다니며 구걸하여 아들을 먹여 살렸다. 아들은 충분히 벌어먹고 살 수 있는데도 불구하고 순전히 어머니가 얻어다 주는 것만 먹고 잠만 자는 것이었다. 낮이고 밤이고 계속 잠만 자대는 것이었다.

어느 날 아들은 어떤 꿈을 꾸고는 어머니에게 당찮은 일을 조르게 되었다.

"엄니!"

"왜 그러냐?"

"나, 그 부잣집 처녀한테 장가갈래요."

언감생심 말이 안 되는 소리였다.

"이놈아, 무슨 얘기냐. 그래도 그 집 덕분에 우리 모자가 먹고 사는데, 그 집 처녀가 어떤 처녀인데 장가를 간다고 그러느냐!"

어머니는 펄펄 뛰었다.

"아녀, 나 그 처녀한테 장가를 간다."

아들은 막무가내로 떼를 썼다. 뜯어말리던 어머니는 무슨 생각에서인지 어느 날 그 부잣집에 가서 주인을 만났다.

"아, 샌님!"

"왜 그러는가?"

"아, 우리 아들놈이 댁의 따님한테 장가온다고 저렇게 떼를 쓰고 있으니 어찌하면 좋습니까?"

"뭣이라! 그런 괘씸한 자식이 있나. 당장 가서 잡아오너라!"

주인이 노발대발하여 아들을 잡아다 광에다 가둬놓으니 꼼짝없이 광에서 감옥살이를 하게 되었다. 어머니가 넣어 주는 밥을 먹으며 지내던 어느 날 쥐란 놈이 조르르 와서 우두커니 앉아 있으니 밥 한 술을 떠서 쥐에게 주었다.

"너도 먹어라."

이제 둘은 친구가 됐다. 그러던 어느 날 밥을 갖다 놓으니 아, 쥐란 놈이 먼저 와서 날름 먹는 것이었다.

"요런 방정맞은 쥐!"

아들이 손으로 딱 때리니 쥐가 죽어 버렸다. 그러자 어디서 다른 쥐 한 마리가 나타나 죽은 동료 쥐를 보더니 도로 들어가서는 담배꽁초만한 자막깍지를 입에 물고 나와 잣대질을 하는 것이었다. 그러자 죽은 쥐가 벌떡 일어나서 달아났다.

'아하, 저것 봐라!'

아들은 뭔지도 모르고 얼른 자막깍지를 빼앗았다. 그리고는 밥이 오면 두 쥐에게 나누어 주었다.

그렇게 또 며칠이 지난 어느 날 광 속에서 가만히 앉아 있는데, 밖에서 시끄러운 소리가 들리고 북새통이 난 것 같았다. 마침 어머니가 밥을 갖고 와서 하는 말이,

"아이고야, 큰일 났다."

"무슨 일인데요?"

"아, 네가 장가들겠다던 그 처녀가 방금 죽어 버렸어. 그래서 지금 집안이 발칵 뒤집혔어."

"그래요? 그럼 내가 살릴 수 있으니 그렇게 말해 주세요!"

"아, 이놈아. 네가 무슨 재주가 있어서!"

"아, 글쎄 살릴 수 있는 방도가 있으니까 이러는 거 아니우."

어머니가 주인한테 가서,

"광 속에 있는 우리 아들이 돌아가신 아기씨를 살려보겠답니다."

"어! 그럼 당장 데려오너라."

아들은 광 속에서 나오자 주인이 말했다.

"만약에 네가 내 딸을 살려 낸다면 너를 사위로 삼겠다."

"예! 살리지요. 그러면 제가 아가씨 방으로 들어가야 됩니다. 우선 아가씨 방에 병풍을 치고 사람들의 접근을 막아 주십시오."

총각은 처녀의 방에 들어가서 자막깍지를 놀려댔다. 쥐가 하는 식으로 하니 죽은 처녀가 벌떡 일어났다. 그리고는 낯선 총각이 방에 들어왔다고 소리를 지르고 야단이었다. 총각은 쫓기듯 문을 박차고 나왔다. 어찌 됐든 사람이 살아났으니 처녀의 아버지가 약속한 대로 아들은 사위가 될 수 있었다. 광에 갇히고 쥐에게 밥을 나눠 준 덕분으로 부잣집의 사위가 된 것이다.

얼마가 지난 후에 나라의 공주가 죽었는데, 그 부잣집 사위가 사람을 살릴 수 있다는 소문을 들은 임금은,

"당장 그 사람을 데려오너라!"

하고 영을 내렸다. 궁궐에 들어간 그는 역시 똑같은 방법으로 공주를 살려냈고 임금은 그를 사위로 삼았다. 이제 아내가 둘인 셈인데, 부잣집 딸은 본마누라이고 공주는 두 번째 아내가 된 것이다.

그 후 중국에서도 그런 사건이 일어나자,

"아, 조선의 부마가 용하다니 그를 데려와 살려보자."

라고 하여 중국 사신이 와서 부마를 모시고 갔다. 그리고 역시 중국

황제의 딸과도 인연을 맺게 되었다.

이제 마누라 셋을 곱게 데려다 놓고 이런 얘기를 했다.

"내 꿈 이야기를 들어보시오. 내가 옛날에 구걸해다 먹고 자고 할 적에도 나는 복을 타고났던 거요. 이마에서는 별이 돋고, 가슴에서는 달이 솟고, 배꼽에서는 해다 돋더라 이거요. 아마, 이마 위에서 반짝이던 별은 바로 당신, 첫째 부인이 아니겠소"

적선으로 잡은 명당

옛날 어느 지관이 죽을 시기에 임박하게 되었다. 아들이 아버지에게 묏자리를 어디로 하는 것이 좋은가 물었더니 아버지는,

"강원도 박 영감에게 물어봐라."

하고 죽었다. 아들이 강원도 박 영감을 찾아가 묻자, 박 영감은 남에게 은혜를 베풀어야만 묏자리를 잡을 수 있다고 했다. 집에 돌아온 아들이 아내에게 그 이야기를 하고 어떻게 하는 것이 좋은가를 물었더니, 아내는 방법이 있다고 했다.

"내가 나물을 뜯으러 다니다 보니 어느 산골에 문둥이 처녀가 사는데, 그 처녀는 남자를 모릅니다. 그러니 가서 남자를 알게 해 주면 은혜를 베푸는 것이 아니겠는지요."

아들은 문둥이 처녀의 집을 느지막이 찾아가 하루 묵어가기를 청했다. 이리하여 아들은 문둥이 처녀에게 보시할 수 있었다. 다음 날 아침 아들은 다시 오겠다고 약속하고 문둥이 처녀와 헤어져 다시 박 영감을 찾아갔다. 그러자 박 영감은 활은活恩했구나, 하며 묏자리를 잡아 주었다.

한편 문둥이 처녀는 그 아들을 기다리며 술을 빚었다. 시간이 흘러 술은 잘 익었는데 기다리는 남자가 오지 않자 문둥이 처녀는 그만 홧김에 술을 모두 마셔버렸다. 그러자 그것이 약이 되어 문둥병이 모두 나았다. 처녀가 마을로 그 남자를 찾아오니 집이 무척 가난했다. 원래 부잣집 딸이었던 처녀는 자기 집의 재산을 가지고 와 부유하게 함께 살았다. 그러니까 박 영감이 잡아준 묏자리가 명당은 명당이었던 것이다.

🥚 점 귀신 함 판수

● 옛날에 판수, 혹은 소경이란 눈 먼 장님을 가리킴이요, 동시에 점치는 일을 직업으로 삼는 맹인을 가리키는 말이다. 그만큼 앞 못 보는 사람의 대부분이 점쟁이였고 신통하게도 들어맞는 일이 많았다.

서울 양사골(지금의 충신동 근처)에 사는 판수 함순명도 이름난 점쟁이 중의 한 사람이었다. 어찌나 점을 잘 치는지 그 당시는 숫제 '점 귀신'이란 별명으로 통했다. 어느 때던가, 집에서 낳은 송아지를 사람처럼 속여 가지고 점을 치러온 사람이 있었다. 물론 함 판수를 골려주려는 장난이었다. 함 판수는 그런 줄 아는지 모르는지 낳은 날짜와 때를 가지고 한참 생각하더니 고개를 갸웃거리며 말했다.

"네 살 되는 해에 몸이 찢겨 죽을 운명이니, 이것은 필시 가축 중의 하나일 거요. 사람으로서 어린 나이에 이같이 참혹하게 죽음을 당할 리 있겠소?"

깜짝 놀란 그 사람은 잘못을 사과하고 돌아갔다. 그리고 4년 후 마침 혼인 잔치가 있어 그 소를 잡게 되자 더욱 탄복했다.

또 어떤 사람이 박을 심고 싹이 튼 때와 시를 적어 와 시침 떼고 물었다. 이때도 함 판수는 서슴지 않고 자신 있게 말했다.

"이것은 박이로구려. 그러나 이 박은 어느 달 어느 때 미처 열매를 맺지 못하고 죽을 것이오."

이 사람도 속으로 매우 놀랐다. 그러나 한편 의심도 생겼다. 박은 원래 저절로 잘 자라며 또 설혹 죽더라도 꼭 그날 그때 죽으리라고는 여겨지지 않았기 때문이다. 이런 생각으로 그 사람은 자연히 공들여 박을 가꾸게 되고, 박은 또 그만큼 튼튼하게 잘 자랐다. 여름이 되어 지붕을 덮다시피 한 박 덩굴에 꽃이 막 피기 시작했다.

그런데 어느 날 하인 하나가 비가 새는 지붕에 기와를 갈아 끼우려다가 그만 발이 미끄러져 아래로 떨어졌다. 그런데 떨어지면서 하필이면 담을 타고 올라간 박 덩굴 밑그루를 탁 꺾어 버렸던 것이다. 그 사람이 문득 날짜를 알아보니, 바로 함 판수가 말한 그날이었다.

함 판수에게는 백사 이항복이 어렸을 때 그의 장래를 예언한 것으로도 유명하지만, 또 한 가지 신기한 일이 있었다. 그가 경상도 안동 땅에 갔을 때 그곳 조 아무개란 선비가 과거 점을 치러왔다.

함 판수는,

"과거에는 합격하지만 가는 도중 자칫 호랑이에게 해를 입게 될 거요."

하고 점괘를 일러 주었다.

조 선비는 무서워하면서도 길을 서둘러 떠났다. 그러다가 어느 날 밤 깊은 산중에서 도둑을 만났다. 꼼짝 못하고 결박당한 조 선비는 노자와 옷을 모두 빼앗긴 후, 도둑의 칼 아래에 목숨을 바칠 상황에 놓이게 되었다.

"불쌍하지만 내 칼을 받아라!"

도둑이 칼을 번쩍 쳐들었다. 이미 죽음을 각오한 조 선비는 저도 모르게 한숨을 내쉬었다.

"조 아무개도 여기서 억울하게 죽게 되었구나."

그러자 갑자기 뜻하지 않은 일이 벌어졌다. 도둑이 칼을 내리고,

"앗, 조 진사 댁 서방님 아니십니까?"

하면서 서둘러 오라를 풀고 그 앞에 꿇어앉아 머리를 사뭇 조아리는

것이 아닌가. 알고 보니 도둑은 조 선비네 집에서 대대로 일하던 하인의 아들로 어려서부터 망나니로 지내다가 집을 뛰쳐나간 후 산적이 되었다는 것이다. 도둑은 그래도 주인의 은혜를 잊지 않고 조 선비를 살렸을 뿐 아니라,

"부디 저를 서방님 손으로 관가에 잡아가 주십시오. 벌을 받고 나온 후 다시 새 사람이 되겠습니다."

하고 스스로 죄를 뉘우치게 되었다. 그런데 신통한 것은, '호랑이'가 그 도둑의 별명이었던 것이다. 그러니 조 선비가 서울 과거에 급제한 것도 함 판수의 점이 맞았다고 볼 수 있다.

쥐의 사위 삼기

옛날 의좋은 쥐 내외가 살았다. 쥐 내외는 늙도록 자식을 두지 못해 쓸쓸해했다. 늘 소원하기를 아들이건 딸이건 자식 하나만 주십사 하늘에 빌었다. 그런 쥐 내외의 간절한 소원을 삼신할머니가 알았는지, 쥐 내외는 드디어 어여쁜 생쥐 딸을 낳게 되었다. 쥐 내외는 늦게 얻은 딸을 금이야 옥이야 세상에 없는 것처럼 길렀다.

생쥐는 자라서 시집갈 나이가 되었다. 쥐 내외는 큰 걱정이 생겼다. 저 어여쁜 딸을 시집보내고 어떻게 살 것인가, 한편 기쁘면서도 시집보낼 것을 생각하니 아깝기만 했다. 그러나 딸을 그대로 늙힐 수도 없는 노릇이었다. 쥐 내외는 의논한 끝에 세상에서 가장 어여쁜 딸이니 세상에서 가장 뛰어나고 위대하며 씩씩하고 잘난 이를 골라 사위로 삼기로 했다.

쥐 내외는 누구를 사윗감으로 택할 것인가, 오래오래 생각한 끝에 이 세상에서 제일 위대한, 온 세상을 비추는 해님을 사위로 삼기로 했다. 해는 높이 떠서 고루 세상을 비출 뿐 아니라 오직 하나밖에 없는 존재이니 무남독녀 생쥐의 사윗감으로 가장 적당하다고 생각했던 것이다. 쥐 내외는 쇠 지팡이에 짚신 한 죽을 삼아가지고 먼 길을 떠났다.

해님이 있는 곳까지의 길은 매우 멀었다. 아픈 다리를 달래며 3년 만에 해님 앞에 갈 수 있었다. 쥐 내외는 해님에게 찾아온 뜻을 말하고 사위가 되어줄 것을 간청했다.

이 세상에서 가장 위대한 당신을 사위로 삼기 위해 찾아왔다는 말을 듣고 해님은 당황했다. 쥐 내외의 심정은 알겠으니 생쥐에게 장가갈 수

는 없지 않은가. 해는 말하기를,

"이 세상에서 나를 가장 위대하다고 하나 나보다 더 위대하고 힘센 것이 있다. 그것은 구름이다. 내가 아무리 세상을 비추려 해도 구름이 와서 나를 막으면 나는 구름 속에 갇혀 아무 소용이 없는 존재가 된다. 그러니 구름이 나보다 더 위대하다."

라고 했다.

해님보다 위대한 것이 있다는 말에 쥐는 깜짝 놀랐으나, 이야기를 듣고 보니 그럴싸했다. 구름이 가로막으면 과연 태양은 볼 수가 없다. 쥐 내외는 다시 구름을 찾아갔다. 찾아온 뜻을 이야기하고 해님도 막을 수 있는 구름님이니 사위가 되어 달라고 부탁했다.

그러나 구름은,

"이 세상에는 나보다 더 위대한 것이 있다. 내가 아무리 해님을 막는다 해도 바람이 불어 날려 보내면 나는 어쩔 수 없이 밀려가고 만다. 그러니 나보다 더 센 것은 바람이다."

라고 말했다.

쥐 내외는 구름의 이야기도 일리가 있다고 생각되어 다시 바람을 찾아갔다. 바람을 만나 찾아온 뜻을 전하고 해님을 막는 구름을 쫓아버릴 수 있는 당신이 가장 위대하니 사위가 되어 달라고 청했다.

쥐 내외의 말을 듣고 바람은,

"내가 구름은 쫓을 힘은 있으나 내가 아무리 세차게 불어도 꿈쩍하지 않는 것이 있다. 그것은 바로 은진미륵이다."

바람이 아무리 불어도 까딱하지 않으니 은진미륵이야말로 가장 힘이 세다는 것이다. 그 말을 듣고 쥐 내외는 역시 일리가 있다고 생각하여 지상에 내려와 은진미륵을 찾아갔다.

은진미륵의 체구는 워낙 크고 단단해서 바람이 불어도 끄떡하지 않게 생겼다. 쥐 내외는 이만하면 사위삼아도 되겠다고 찾아온 뜻을 은진미륵에게 말했다. 은진미륵은 이야기를 다 듣고는 쥐 내외를 내려다보며 껄껄 웃었다.

"물론 바람이 아무리 거세게 분다 해도 내가 까딱할 리가 없다. 내가 그만큼 힘이 센 것은 사실이니. 그러나 내가 아무리 세도 나를 쓰러뜨릴 수 있는 것이 있다. 그것이 누군가 하면 바로 당신네들 쥐다. 쥐가 내 발 밑에 구멍을 파면 나는 쓰러지고 만다. 그러니 당신네 쥐는 나보다 위대한 힘을 가지고 있는 것이다."

은진미륵의 말을 듣고 나니 또 일리가 있는 것 같았다. 아무리 센 은진미륵도 쥐가 구멍을 뚫으면 별수 없을 것이다.

그러고 보니 쥐가 이 세상에서 가장 세고 위대한 존재인데 그것도 모르고 공연히 해님, 구름, 바람, 은진미륵을 찾아다닌 셈이다. 쥐 내외는 그때서야 부질없는 짓을 했다는 생각이 들었다. 결국 쥐 내외는 건넛마을에 사는 총각 쥐를 사위로 삼기로 했다.

🌀 지네와 두꺼비

🌑 옛날 어느 마을에 가난한 모녀가 살고 있었다. 너무나 가난하여 밥을 먹을 때보다 굶을 때가 더 많은 형편이었다. 그러던 어느 해, 오랜 장마가 계속되는 가운데 비가 몹시 내리는 날이었다. 두꺼비 한 마리가 비를 피해 부엌에 찾아들어 왔다. 딸은 징그러운 생각이 들어 두꺼비를 집어낼까 생각했으나, 미물이긴 했지만 딱한 생각이 들었다. 그래서 밥찌꺼기를 주어 길렀다. 매우 가난한 살림임에도 인색하지 않게 밥을 주는 것이 고마워서인지 두꺼비는 통 나가려 하지 않았다.

두꺼비는 나날이 잘 자랐다. 아침에 일어나 보면 밤사이 훨씬 커진 것이 눈에 띄었다. 조금만 더 크면 송아지만큼은 될 정도였다. 두꺼비가 커서 먹이를 많이 먹을수록 모녀의 밥은 몫이 적어졌으나, 모녀는 싫은 기색 없이 날마다 빠뜨리지 않고 밥을 주었다.

한편 모녀가 살고 있는 마을 뒷산에는 수천 년 묵은 큰 지네가 살고 있었다. 마을 사람들은 이 지네가 날을 가물게 하고 비를 부르는 등 조화를 부린다고 믿고 산에 당을 지어 지네에게 제사를 지냈다. 제사를 잘 지내야 풍년도 들고 산에 나무하러 가서도 짐승의 피해를 모면할 수 있다 여겼다.

1년에 한 번 있는 큰 제사 때에는 지네를 위로하기 위해 마을의 처녀를 제물로 바쳤는데, 당에 처녀를 데려다 놓으면 지네는 처녀를 아내로 삼고 이후 그 처녀는 다시 다른 곳으로 시집을 갈 수 없었다.

그해의 제사에 두꺼비를 먹이고 있는 처녀가 지네의 아내로 뽑히게 되었다. 처녀는 매우 슬펐다. 앞일이 캄캄했고 지네의 아내가 되어 일생을 고독하게 살 것을 생각하니 기가 막혔다. 그렇게 해야만 마을 사람들이 편안하게 살 수 있다 하니 거절할 수도, 떠날 수도 없는 노릇이었다. 처녀는 자기의 서러운 사정을 신세타령하듯 두꺼비에게 이야기했다. 두꺼비는 말 못하는 미물이었으나 슬픈 듯이 눈물을 글썽거렸다.

제삿날이 되었다. 마을 사람들이 제상을 차리고 농악을 울리고 하는 가운데 처녀는 당 안으로 들어갔다. 그런데 무심코 돌아보니 어느새 두꺼비가 옆에 따라와 있었다.

"두꺼비야, 이제 나는 어쩌면 좋겠니."

처녀는 두꺼비를 보자 설움이 복받쳐 울먹였다.

마을 사람들이 돌아가고 밤이 깊어갔다. 어둠과 불안과 공포에 휩싸인 처녀가 몸을 떨었다. 앞으로 일어날 일을 생각하면 숨조차 쉬기 힘든 지경이었으나 두꺼비가 옆에 있어 주는 것만으로도 두려운 마음을 조금은 달랠 수 있었다.

자정이 되었다. 어둠 속에서 음산한 바람이 일더니 길이가 수십 발이나 되는 지네가 문 앞에 나타났다. 처녀를 찾아온 것이다. 처녀는 몸이 오싹해지며 그대로 굳어 버렸다.

지네의 눈에서 파란 빛이 번쩍했다. 지네는 두꺼비를 보더니 멈칫했다. 지네의 눈에서 파란 빛이 뿜어져 나오는 가운데 두꺼비가 어슬렁어슬렁 나와 지네와 싸우기 시작했다. 지네도 독을 뿜고 두꺼비도 입에서 독기 있는 입김을 내뱉었다. 산이 울리고 바람이 이는 속에서 지네와 두꺼비는 맹렬하게 싸웠다. 처녀는 무서움에 떨다가 기절하고 말았다.

이튿날 당으로 모여든 마을 사람들은 이상한 광경에 어리둥절했다. 지네와 두꺼비는 서로 싸우다 독기를 마시고 죽어 있고 처녀는 기절해 있었던 것이다. 처녀는 곧 깨어났다.

두꺼비가 처녀의 은혜를 갚기 위해 지네와 싸우다 죽은 것을 안 마을 사람들은 두꺼비를 좋은 곳에 장사를 지내주었다. 지네는 불에 태웠는데, 시체는 석 달하고도 열흘 동안이나 탔으며 그 냄새와 연기가 하늘 끝까지 뻗었다고 한다.

오랫동안 마을 사람들을 괴롭히던 지네가 죽었으니 그 뒤로 마을에서 지네에게 제사 지내는 일도 없어졌고, 처녀의 희생을 강요하는 일도 없어졌다고 한다.

지렁이 장수

소백산의 험준한 산맥이 남으로 쭉 이어지다가 기암절벽과 함께 그 웅장함을 드러낸 속리산 문장대에서 잠시 동쪽으로 눈을 돌려 내려다보면 크고 작은 봉우리들이 점점이 그려져 있고, 그 봉우리들 속에 그리 크지 않은 아담한 성이 하나 있다. 허물어지고 풍우에 시달리며 천여 년을 말없이 이곳을 지켜온 이 성에는 다음과 같은 전설이 이곳 주민의 입에서 입으로 전해지고 있다.

언제부터인지는 알 수 없으나, 이곳에 자식도 없이 혼자가 된 여인이 살고 있었다. 그런데 어느 날 밤 깨끗하게 차려입고 허리에는 하얀 봇짐을 짊어진 준수한 중년 서생이 찾아와 하룻밤 묵어가기를 청했다. 혼자 사는 여인이라 선뜻 허락할 수 없는 입장이었으나, 밤이 깊고 또 민가라고는 없는 깊은 산중이므로 어쩔 수 없이 허락했다. 그런데 이 중년 서생은 다음 날도 찾아와 자고 가기를 청하더니, 다음 날도 또 그 다음 날도 그렇게 매일 밤 찾아와 잠을 자고 새벽녘에 아무 말 없이 떠나가는 것이었다.

세월이 흘러 여인에게 아이가 생기게 되었고, 여인은 아이의 아버지가 되는 중년 서생의 이름이나마 알기를 간청했으나 중년 서생은 도무지 한 마디 말이 없었다. 그러다 여인은 계집아이를 낳게 되었고, 아비의 근본도 모르는 자식을 만들 수 없다 하여 중년 서생에 대해 스스로 정체를 밝혀 보기로 결심하게 되었다. 그리고 어느덧 두 번째 아이를 임신하게 되었다.

어느 날 여인은 중년 서생이 늘 두르고 다니는 봇짐에다 명주실 꾸러미에 바늘을 꿰어 꽂아 놓았다. 그 실을 따라가 보면 정체를 알 수 있으리라는 생각에서였다. 그리하여 명주실이 늘어진 길을 따라가 보니 그 실은 어느 큰 바위 틈으로 들어가 있었고, 그곳에는 한 마리의 큰 지렁이가 허리띠(지렁이의 중간 부문의 흰 띠)에 바늘이 꽂힌 채 죽어 있었다.

얼마 뒤 여인은 사내아이를 낳았고, 남매는 무럭무럭 자랐다. 그런데 남매에게는 남다른 힘이 있어 매일 서로 힘자랑을 하곤 했다.

어느 날, 늙은 여인의 꿈속에 백발의 노인이 나타나 남매를 같이 키우게 되면 뒷날 서로를 죽이는 혈육상쟁의 비극을 일으킬 것이다 하고는 사라졌다.

남매가 워낙 남다른지라 백발노인의 충고를 흘려 넘길 수 없었던 여인은 고민 끝에 뒷날의 비극을 막기 위한 결단을 내리지 않을 수 없었다. 즉, 둘 중 하나는 죽일 수밖에 없다는 결론이었다. 그러나 어미로서 어찌 자식을 죽일 수 있으랴! 여인은 곰곰 생각 끝에 남매를 불러 놓고 시합을 하여 지는 쪽은 스스로 목숨을 끊기로 약속하게 되었다.

시합은 동이 틀 무렵에 딸은 문장대 맞은편 청화산에서 치마폭으로 돌을 주워 성을 쌓고, 남동생은 한 발 되는 나막신을 신고 목매기송아지(코를 뚫지 않은 송아지)를 끌고 다녀오기로 했다. 시합을 시켜 놓고 어머니는 마음을 졸이며 결과를 기다리고 있는데, 딸이 성문을 마지막으로 끝내자 문밖에서 송아지의 울음소리가 들려 결국 시합은 무승부로 끝나고 말았다. 난처해진 여인은 다시 시합을 하기로 했는데, 두 번째 시합은 뜨거운 죽을 쑤어서 먼저 먹는 쪽이 이기는 시합이었다.

그러나 어머니의 마음속에는 자기도 모르게 아들을 살리고 싶은 마음이 강렬하게 일고 있었다. 그래서 아들에게는 별로 뜨겁지 않은 죽을 주고 딸에게는 아주 뜨거운 죽을 주어 결국 딸은 약속대로 스스로 목숨을 끊었고, 아들은 후일 큰 장수가 되어 외적의 침입이 있을 때 승승장구 무찔렀다 한다.

그런데 이상한 것은 이 장수는 싸움을 하다가 지치면 강물에 뛰어들었다가 나오는데, 그리고 나면 다시 힘이 솟아나 용맹을 떨친다는 것이다. 이러한 사실을 알게 된 적장은 한창 싸움을 하다가 장수가 강물에 뛰어들기를 기다려 미리 준비해 둔 수십 가마의 소금을 강물에 풀어 넣었다. 그러자 장수는 그만 몸을 뒤틀면서 죽어 버렸는데, 시체는 곧 큰 지렁이로 변하더라는 것이다.

이 전설이 전하는 곳은 경상북도 상주군 화북면 장암리에 위치한 옛 성터인데, 지금은 성곽은 무너지고 잡초만 무성하나, 망루와 일부 성곽은 원형을 그대로 유지하고 있다.

🥚 지성이과 감천이

● 옛날 어떤 마을에 지성이와 감천이가 살았는데, 지성이는 앉은뱅이고 감천이는 봉사였다. 두 사람은 아주 사이가 좋았으니, 봉사 감천이가 눈이 성한 지성이를 업고 이 고을 저 고을 다니면서 살고 있었다. 어느 날 지성이와 감천이가 길을 가다가 목이 말라 마침 길 저편 샘가에 이르게 되었는데 눈이 성한 지성이가 샘물을 뜨기 위해 들여다보니 샘 가득 커다란 금덩이가 들어 있었다. 깜짝 놀란 지성이와 감천이는 그 금덩이를 끄집어내어 가지고 다시 길을 가면서 서로,

"너 가져라."

하며 양보했다. 그러나 아무도 가지려 하지 않고 서로 양보를 하느라 옥신각신 실랑이를 벌이다가 결국 샘에 도로 집어넣어 버렸다. 그리고 얼마를 가다가 마침 지나가는 사람에게 금덩이를 주었다가 도로 넣어둔 이야기를 하고 당신이 금덩이를 주워 가라고 말해 주었다. 그들의 애기를 들은 행인은 반신반의하는 마음으로 지성이와 감천이가 일러준 샘에 가 보았다. 그런데 샘 안에는 능구렁이가 샘 가득 똬리를 틀고 들어앉아 있었다. 너무 놀란 행인은 큰 돌을 샘 속에 집어 던지고 앞서 가던 지성이와 감천이에게 달려와 화를 버럭 내며 샘 안에 능구렁이가 있더라는 애기를 하고 가 버렸다. 지성이와 감천이는 행인의 말을 도저히 믿을 수 없어 도로 샘에 가 보았다. 조심조심 물속을 들여다보니 그 속에는 정말 희한하게도 꼭 둘로 쪼개진 금덩어리가 있었다. 한참 궁리하던 두 사람은 하나씩 나누어 가지고 다시 길을 갔다.

얼마쯤 가다가 이번에는 바랑을 맨 스님 한 분을 만났다. 그 스님은 절을 더 크게 짓게 되어 시주를 받으러 다니는 중이라고 했다. 이에 지성이와 감천이는 각자 가지고 있던 금덩이를 절 짓는 데 쓰라고 스님에게 주었다.

"정말 고맙습니다. 어디 사시는 분들인지 알려주십시오"

"아닙니다, 스님. 그런 걸 알아서 무엇하시겠습니까."

지성이와 감천이가 극구 사양했으나 스님은 이름만이라도 알려 달라고 자꾸 졸라대 하는 수 없이 이름을 말해 주었다.

수년간의 세월이 흐른 어느 날, 그날도 감천이가 지성이를 업고 길을 가는데 저만큼 떨어진 곳에 전에 못 보았던 커다란 절이 한 채 보이는 것이었다. 못 보던 절이라 한번 구경이나 하자고 절 가까이 가니 이상하게도 절 안에서 흘러나오는 염불소리가 마치 '지성이 감천이' 하는 것 같았다. 참으로 괴이한 일이라 생각하여 더욱 가까이 다가가 절간 문에 이르니 낭랑한 염불소리는 두 사람의 이름 바로 그것이었다. 두 사람이 막 절 문턱을 들어서는 것과 동시에 놀랍게도 앉은뱅이 지성이가 벌떡 서게 되었고, 봉사 감천이는 눈을 떠 세상을 보게 되었다. 너무도 놀랍고 기쁜 두 사람은 눈물을 흘리면서 저도 모르게 합장을 했다.

그때 염불하던 스님들 중에서 한 스님이 두 사람 가까이 다가오더니,

"두 분이 주신 금덩이를 자기고 이 절을 짓는 데 요긴히 보태 썼습니다. 그리하여 지금까지 수년간을 하루도 빠지지 않고 부처님 전에 두 분을 만나게 해달라고 지성으로 공을 들였습니다."

하고 말했다.

그로부터 성한 사람이 된 지성이와 감천이는 세상에 좋은 일을 많이 하면서 잘살았다.

🥚 지장보살의 유래

🔵 옛날 어떤 부자가 외동딸을 데리고 살았다. 그런데 딸이 보니 아버지가 너무 지독한 구두쇠였다. 어느 날 아버지 친구가 죽었다는 부고가 왔다. 아버지가 문상을 가려하자 딸이,

"가시거든 그 관 뚜껑을 열어 보십시오."

하고 말했다.

구두쇠는 초상집에 가서 친구 아들에게 얘기하고 관 뚜껑을 열어 보니 구렁이가 한 마리 들어 있는 것이 아닌가. 몹시 놀란 구두쇠는 집으로 돌아와 며칠간 밥도 못 먹고 시름에 잠겼다.

'돈이 아무리 많아야 무슨 소용 있나. 나도 죽으면 구렁이가 될 터인데.'

그러자 딸이 말했다.

"아버지, 지금이라도 늦지 않습니다. 사람들에게 자선을 베푸세요."

그래서 자기 재산을 모두 남에게 베풀기 시작했다. 그러다가 부자는 죽고, 딸이 아버지를 대신해 계속 자선을 베풀었다. 그리하여 모두 베풀고 이제는 입은 옷밖에 남은 것이 없게 되었다.

어느 날 여자 거지가 찾아왔다. 줄 것은 옷밖에 없고 하여 여자 거지에게 땅을 파라고 시킨 후 옷을 벗어 주고 자기는 땅 속에 누워 벗은 몸을 감추었다. 그래서 땅 지地 자, 감출 장藏 자 지장보살地藏菩薩이 생겼다고 한다.

진실한 친구

옛날 어느 마을에 아버지와 아들이 살았는데, 아버지는 아들에게 밥만 먹으면 친구를 사귀라고 성화였다. 이런 생활을 한 지 3년이 흐른 어느 날 아버지가 아들을 불렀다. 그리고는 아들에게 그동안 얼마나 많은 친구를 사귀었는지 물었다.

"거짓말 조금 보태서 수천 명의 친구를 사귀었습니다."

아들의 자신 있는 대답을 들은 아버지는,

"그러면 이제 네 친구가 얼마나 많은지 시험해 보겠다."

했다.

아버지는 큰 돼지를 잡아 가마니에 넣고 아들에게 지게 했다.

"네가 가장 친하다고 생각하는 친구에게 이걸 지고 가서 이만저만한 일로 사람을 죽였으니 이 송장과 나를 숨겨 달라고 해 보아라."

아들은 아버지가 시키는 대로 제일 친한 친구에게 가서 그 얘기를 했다. 그러자 친구는 몹시 당황하며 자기까지 큰일 난다고 빨리 나가라고 떠밀었다. 다른 친구들도 모두 마찬가지였다. 하는 수 없이 아들은 돼지를 짊어지고 집으로 터덜터덜 돌아왔다. 그것을 본 아버지는 돼지 시체 자루를 짊어지고는,

"그렇다면 이 아비를 한번 보아라."

하면서 친구를 찾아갔다.

아버지는 친구를 찾아가 아들과 똑같이 이런저런 일로 해서 사람을 죽이게 됐나고 하고 곰 숨겨달라고 했다. 그러자 친구는,

"아니, 어쩌다 그런 일을……, 하여튼 얼른 들어오게나."

하며 송장을 방구들 밑에다 파묻자고 했다.

이에 아들은 부끄러워 아무 말도 못했고, 아버지는 한 사람이라도 참다운 친구를 사귀라는 가르침을 주고 이름만 친구가 되지 말라고 충고했다.

짐승의 소리를 알아듣는 사람

옛날 어떤 사람이 소를 팔고 오다가 도적을 만나 돈도 빼앗기고 죽임까지 당했다. 한편 그 마을에는 날짐승의 소리를 알아듣는 사람과 병들어 죽은 고기 맛을 아는 사람이 있었다.

이 두 사람이 어느 날 장을 보러 가는데 소나무 위에서 까마귀가 울고 있었다. 그때 고기 맛을 아는 사람이 날짐승 소리를 알아듣는 사람에게 물었다.

"저 까마귀가 왜 저렇게 울지? 자넨 알 수 있지 않은가."

날짐승의 소리를 알아듣는 사람이 대답했다.

"저 소나무 밑에 괴기(고기)가 있어. 죽은 사람의 괴기가 있어."

두 사람이 나무 밑으로 가 보니 과연 사람이 죽어 있었다. 그런데 때마침 이곳을 지나던 관리들이 이들을 발견하고 사람을 죽인 도둑으로 오해해 임금 앞으로 끌고 갔다. 억울한 이들은 사실을 말했지만, 임금과 관리들은 믿으려 하지 않았다. 그리하여 임금은 퇴침 밑에 새끼 제비를 감춰두고 시험해 보기로 했다.

한참 후에 어미 제비가 와서 울었다. 임금과 관리들은 그들의 말이 거짓인지 사실인지를 알아보기 위해 물었다.

"저 소리가 무슨 소리냐?"

날짐승의 소리를 알아듣는 사람이 대답했다.

"퇴침 밑의 내 새끼를 내놓아라. 내 새끼를 내놓아라."

이 말에 임금과 관리들은 감탄하면서 그들을 풀어주었다 한다.

🏵 차천車泉의 오이

🔵 지금으로부터 8백 년 전 전라남도 화순 고을에 배裵씨 성을 가진 이방이 살고 있었다. 그에게는 자식이라고는 딸 하나가 있을 뿐이어서 그들 내외는 날이 갈수록 어여뻐지는 딸을 보는 것이 단 하나의 즐거움이었다.

그 딸의 나이 스무 살이 되던 해 겨울, 처녀는 아침 일찍 물동이를 이고 지금의 화순읍 남산 기슭에 있는 '차천車泉'이라는 우물로 물을 길러 갔다. 물을 길으려고 보니 우물 위에 뜻밖에도 오이 한 개가 떠 있었다. 몹시 추운 겨울에 때 아닌 오이가 있는 것을 이상히 생각하였으나 문득 먹고 싶단 생각에 그만 오이를 먹고 말았다.

그 후 몇 달이 지나자 처녀의 몸에 이상이 생겼다. 처녀는 부끄러워 누구에게도 말 못하고 혼자서 가슴만 태웠다. 그러던 어느 날 처녀의 어머니는 딸의 몸을 보고 깜짝 놀랐다.

배 이방 내외는 딸에게 사내가 있는 줄로만 생각하고 문초도 하고 달래도 보면서 진실을 캐 보았으나 딸은 '차천'으로 물을 길러 갔다가 오이를 먹고 아이를 잉태했다고 하면서 자기는 순결하다고 맹세했다.

처녀가 열 달 만에 옥동자를 낳자 배씨 내외는 처녀의 몸으로 아이를 낳은 것은 죄악이라며 사람들이 알기 전에 집을 따로 장만하여 거기서 아이를 기르도록 했다. 한 보름쯤 지나 그래도 안심할 수 없었던 배씨 내외는 밤중에 어린아이를 읍내 서남쪽으로 약 2리가량 떨어진 수풀 속 큰 정자나무 밑에 갖다 버리고 왔다.

사람들에게 알려질까 두려워 내다버리기는 했으나 며칠이 지나자 배 이방 내외는 귀여운 손자가 너무 보고 싶어졌다. 딸도 수풀 속에 내다 버린 다음 어떻게 되었는지 걱정이 되어 배씨 내외는 한밤중에 등불을 켜 들고 침침한 수풀 속을 헤치며 아이를 찾았다.

우거진 수풀 사이를 더듬어서 정자나무 밑에 이르렀는데, 희고 큰 이름 모를 새 한 마리가 한쪽 날개를 아기에게 깔아주고 또 한쪽 날개는 아이를 덮어서 보호하고 있었다. 그 후 여러 번 가 보았으나 역시 그러한 모습으로 아이는 무사히 살아있었다. 오이를 먹고 난 아기인데다 이런 신기한 일을 겪고 보니 범상치 않은 아이라 여겨진 배씨 내외는 다시 집으로 데리고 돌아왔다. 그러나 역시 사람들의 눈이 두려웠다. 그리하여 어떻게 하면 아이를 버젓이 기를 수 있을까 밤낮으로 생각하고 의논한 끝에 그들 내외가 능주綾州에 사는 친척집에 갔다 돌아오는 길에 수풀 속에서 어린아이를 주워 왔다고 꾸미기로 했다.

배씨 내외는 능주에 사는 친척집을 찾아갔다. 거기서 사나흘 묵은 다음 여러 사람들과 같이 화순으로 돌아오게 되었다. 그러던 중 어린아이가 있는 수풀 가까이 왔을 때 아무 소리도 들리지 않건만 수풀 속에서 아기 울음소리가 난다고 하여 사람들을 데리고 정자나무 밑으로 갔다. 그곳에는 지금까지 아기를 보호하고 있던 학은 날아가고 포대기에 싼 어린아이만이 남아 있었다. 이것을 본 여러 사람들은 크게 놀랐고 배 이방 내외도 놀라는 시늉을 하면서 어떤 몹쓸 사람이 이런 곳에 아기를 내다 버렸냐며,

"우리는 아들이 없으니 데려다가 길러야겠다."

하고 그 아기를 안았다. 여러 사람들 또한 그렇게 하는 것이 좋겠다고 찬성했다.

이리하여 배씨 내외는 아기를 데리고 와서 버젓이 기를 수 있게 되었

다. 또 그것으로써 아들 없는 쓸쓸한 마음을 위로받을 수 있었다.

그 뒤 아기가 열 살이 되었을 때였다. 하루는 보조국사라고 하는 중이 배 이방의 집에 시주를 하러왔다가 그 어린아이를 보고,

"댁에 있는 아이의 명命이 길지 못할 것입니다. 아이를 내게 주시면 액을 씻어 버리고 훌륭하게 글을 가르쳐 후일에 돌려보내 드리지요."

하면서 데리고 가기를 간청했다.

배 이방 내외는 아이의 명이 짧다는 말에 허락하지 않을 수 없었다.

보조국사는 배씨의 아들에게 그의 깊은 학식과 도술을 기울여 힘껏 가르치니 후일 국사가 되었다. 그분이 곧 진각국사眞覺國師라고 한다.

천관사天官寺

● 신라의 제일 공신 각간角干 김유신이 젊었을 때의 일이다. 한동안 유신은 친구들과 함께 술집을 드나든 일이 있었다. 유신의 어머니는 이일을 매우 걱정하여 하루는 아들을 불러 앉히고 엄하게 훈계했다.

"네가 성장하여 공명을 세워 임금과 어버이를 영화롭게 하기를 밤낮으로 바랐는데, 이제 천한 아이들과 더불어 천한 술집에서 놀아난단 말이냐. 이후부터 기생방 출입을 금하고 공부에 열중하여라. 그렇지 않으면 너는 내 자식이 아니다!"

유신은 비로소 미몽迷夢에서 깨어나 어머님께 다시는 그러한 일이 없겠다고 맹세했다.

며칠이 지난 뒤 유신은 어느 곳에 놀이를 갔다가 술에 취한 채 자신이 아끼는 말을 타고 집으로 돌아오게 되었다. 문득 말이 길을 멈추고는 푸드득거리니 유신은,

"벌써 집에 다 왔는가."

하고 정신을 가다듬었다. 그런데 그 집은 자기 집이 아니라 전날에 드나들었던 창녀 천관天官의 집이었다. 이는 말이 전날에 다니던 길이 익은 까닭에 창녀 천관의 집으로 잘못 들어갔던 것이다.

유신은 곧 말에서 내려 허리에 찼던 칼로 그토록 아끼고 사랑하는 말의 목을 쳐 죽이고 말안장도 내버린 채 천관의 집을 나왔다.

이 광경을 본 창녀 천관은 너무 놀라 까무러쳤다가 얼마 후에야 정신을 차리고 한없이 탄식하다가 유신을 원망하는 노래怨歌를 지었다고 하

는데, 그 노래는 지금 전하지 않는다.

그 뒤 천관이 죽으매 유신이 그 영혼은 달래기 위해 그 집 자리에 절을 지으니, 이름을 천관의 이름을 따서 '천관사天官寺'라 했다고 한다. 또한 아끼던 애마의 목을 친 그곳을 '참마항斬馬巷'이라 불렀는데, 뒷날 사람들은 참마항을 두고 이렇게 말했다 한다.

"김유신 장군의 삼국통일의 큰 업적은 이 참마항에서 싹텄다."

천안 삼거리

지금으로부터 수백여 년 전 이야기이다. 경상북도 안동 고을에 안동 김씨가 살았는데, 그에게 아들 하나가 있었으니 이름은 을동乙童이라 했다. 어느 해 김씨의 형님이 세상을 떠나자 형의 아들인 갑동을 데려와 아들 을동과 함께 기르게 되었다.

어느덧 세월이 흘러 갑동과 을동이 장성했는데, 을동은 얼굴이 잘생겨 사방에서 혼처가 들어왔다. 그리하여 을동은 충청도 천안 이 진사 딸에게 장가들기로 되었는데, 그때 마침 갑동이 과거를 보러 서울로 떠나게 되어 그들 사촌 형제는 안동을 떠나 며칠 뒤에 천안에 당도하게 되었다.

천안의 어떤 주막에 들어 밤을 쉬게 되었는데, 하룻밤을 자고 나면 을동은 천안서도 몇 십리 밖으로 더 들어가서 장가를 들 것이고, 또 갑동은 과거 보러 서울로 향하기로 되어 있었다. 그렇게 두 형제는 이런저런 이야기를 하다가 잠이 들었는데, 갑동이 아침에 일어나 보니 그의 머리맡에 을동의 편지 한 장이 놓여 있었다. 편지를 뜯어보니,

"동생이 되어서 형님을 두고 먼저 장가갈 수 없으니, 형님이 대신 장가를 가 주십시오. 저는 형님 대신 과거를 보겠습니다."

라는 사연이었다.

일이 이렇게 되자 갑동은 난처해졌다. 갑동은 생각 끝에 같은 주막에 묵고 있는 전라 감사의 아들에게 사정 이야기와 함께 후행後行을 서 달라고 간청했다. 전라 감사의 아들은 쾌히 승낙했다. 그리하여 갑동은 이 진사 딸과 성례를 했다. 그리고 그날 밤 늦도록 감사의 아들과 이런저러

이야기를 하다가 술이 취해 잠든 감사의 아들을 신부의 방에 집어넣고 자기는 슬쩍 몸을 빼 천안 주막으로 돌아와 버렸다.

감사의 아들이 아침에 눈을 떠 보니 신랑은 간 곳이 없고 자기가 신방에서 신부와 같이 한 이부자리에서 자고 있는 것이 아닌가. 천안 여관에 들어 있던 전라 감사는 이 말을 듣고,

"이것은 천생연분이니 하는 수 없다."

하고 응낙하자 두 남녀는 배필이 되었다.

이것이 또 인연이 되어 갑동은 전라 감사의 딸과 혼인을 하게 되었다. 그동안 을동은 서울서 과거를 보아 장원으로 급제하게 되었는데, 그때 시험관이 을동의 용모와 재주에 마음이 끌려 사위를 삼았다.

그 후 을동과 갑동, 감사 아들, 이 세 사람이 어느 날 천안에 모이게 되었는데, 그들은 천안을 잊을 수 없는 곳이라 하여 기념으로 천안 삼거리에 버드나무 한 그루씩을 심기로 했다. 그리하여 을동은 서울로 가는 길목에다 심고, 갑동은 경상도로 가는 길목에다 심고, 감사 아들은 전라도로 가는 길목에다 버드나무를 심었다고 한다.

최 부자네 개 무덤

경주 최씨의 증조부 중에 벼 만석꾼이 있었는데, 어느 여름 제삿날이 돌아와 비부婢夫와 마름들이 음식과 제물을 한참 장만하는데, 날이 너무 더워 최 대감이 열두 대문 밖으로 나오려고 거동하다 보니 고양이가 제사상의 제물을 먹고 있는 것이 아닌가. 괘씸해서 들고 있던 부채로,

"이놈의 고양이!"

하면서 머리를 톡 때리니 고양이가 데구루루 뒹굴더니 죽었다. 그런데 이 죽은 놈은 암놈이고, 수놈은 제사 후 어디론가 사라졌다.

몇 해 후 그 근방에 있는 절의 스님이 와서,

"소승 문안드립니다. 시주 좀 주십시오."

하니 최 대감은 그 자리에서 쌀 천 석을 문서로 써 주었다. 스님은 백 배 치하를 하고 나가다가 되돌아와 최 대감에게 관상과 점괘를 하나 풀어주었다.

"대감, 큰일 났습니다. 몇 해 전에 고양이 죽인 일이 있지요?"

"아니, 없는데……."

"아, 왜 있지 없다고 하십니까? 대감 부채에 맞아 죽은 놈은 암놈이고, 수놈은 집을 나가 남쪽 해남에서 원수를 갚으려고 십 년을 기운을 돋아 어느덧 소만해졌습니다. 이제 그놈이 올 터인데, 막을 방법이 하나 있습니다. 대감께서는 돈도 많고 하니 비부와 마름을 전국에 풀어 좋은 개 열두 마리를 구해 하루에 소 한 마리를 잡아 먹이시오. 그리고 모월 모시가 되면 열두 대문을 잠그되, 한 대문에 두 마리씩 개를 놓고 집안 식구들은

375

모두 숨으시오. 그리고 대감께서는 후미진 방 누다락 위 벽장에서 내다 보시오."

대감은 그제야 몇 해 전 고양이를 죽인 일이 생각나 스님의 말을 따르 겠노라고 했다. 그런데 스님이 다녀가고 며칠 지난 뒤에도 쌀을 가져 가지 않으므로 광을 열어 보니 쌀 천 석이 감쪽같이 없어져 있었다. 스님 의 신통력에 감탄한 최 대감은 즉시 개를 구해다가 하루에 소 한 마리를 먹였다. 그리고 스님이 말한 날에 열두 대문을 모두 잠그고 한 대문에 두 마리씩 개를 놓고 집안 식구들을 모두 숨겨 두었다.

시간이 되자 첫째 대문에서 개가 억세게 짖고 싸우는 소리가 들렸다. 그러다가 조용해지고 또 중간 대문에서 개 짖는 소리가 났다. 또 조용해 지더니 차츰차츰 개 짖는 소리가 마루에 가까워지더니 마침내 마지막 개 두 마리가 있는 마루에서 개 싸우는 소리와 엎치락뒤치락하는 소리가 들 려왔다. 싸우는 소리가 어찌나 처절한지 벽장에 숨어 있던 대감은 거의 까무러칠 지경이 되었다.

얼마 후 쾅하는 소리와 함께 개 짖는 소리가 세 마디 들리고 그런 뒤 에 조용해졌다. 두려움에 질린 최 대감은 벽장에서 가만히 숨죽이고 날 이 새기를 기다렸다.

얼마 후에 닭이 울고 날이 샜다. 밖에서 사람들 소리가 나고 시끄러워 지자 최 대감이 마루에 나가 보니 송아지만한 고양이가 쓰러져 있고, 개 열두 마리는 모두 죽어 있었다.

최 대감은 개들이 고맙고 안타까워 사람처럼 행상을 해서 무덤을 세웠 는데, 그것이 바로 최씨네 개 무덤이다.

출세한 옛날 종

조선조 중종 임금 때의 일이다. 서울 남산골에 신가 성을 가진 선비가 살고 있었다. 선비라 하지만 착하고 어진 선비가 아니라, 고약한 상사람 이상으로 천하고 인색한 인간이었다.

신가는 우선 얼굴 생김새부터가 괴상하기 짝이 없었다. 코가 칼날처럼 날카롭게 솟았기 때문에 '칼코 신'이라는 별명을 들었는데, 이것은 동시에 인색한 욕심쟁이라는 뜻이었다.

이 신가가 어느 날 밤 혼자 사랑방에 있을 때 마당에서 기침소리가 들려 얼른 미닫이를 열고 보니 의젓한 옷차림의 젊은이 네 명이 툇마루 아래에서 머리를 숙이고 있었다. 신가는 우선 의아스러웠다. 낯모르는 사람들이지만 모두 행세하는 집안의 사람임이 분명해 보이는데 마치 자기 집 종처럼 굽실거렸기 때문이다.

"죄송합니다. 긴히 말씀드릴 일이 있어 밤중에 이렇게 찾아뵈러 왔습니다."

그중에서 가장 나이가 많은 사람이 공손히 말했다.

신가는 네 사람을 방으로 청해 들였다. 젊은이들은 방에 들어와서도 무슨 죄라도 지은 사람처럼 윗목에 나란히 꿇어앉았다.

"대체 그대들은 누구며, 긴히 할 이야기란 또 무엇이오?"

"예, 제가 말씀드리겠습니다."

아까 그 사람이 아주 황송한 태도와 말투로 이렇게 말했다.

"저희 네 사람은 종형제 간입니다. 그리고 모두 이 댁 종의 자식들입니다. 저희가 어릴 때 부모가 몰래 댁을 뛰쳐나와 그 후 요행으로 장사에 성공하여 행세도 하게 되었습니다. 그러나 아직도 저희의 종문서가 댁에 남아 있기에 여러 가지로 떳떳치 못한 나날을 보내고 있습니다. 그래서 여럿이 의논한 결과 한 사람 앞에 1천 냥씩 도합 4천 냥으로 종문서를 팔아 주십사 청을 드리러 왔습니다."

말을 들은 신가는 갑자기 태도가 확 달라졌다. 동시에 괘씸한 마음보다 버릇인 그 욕심이 불처럼 일었다.

"흠, 그랬었구나. 그렇다면 종문서를 팔 수 있지만 한 사람 앞에 1만 냥을 내놓아야 한다."

신가는 한 번 말한 금액을 한사코 고집했다. 젊은이들은 애걸하다 지쳐서 그날은 일단 돌아갔다. 그리고 하루걸러 다시 찾아왔다.

"바로 말씀드리자면 저희의 신분을 아는 사람은 하나도 없습니다. 그리고 댁에 있는 종문서 역시 이미 세상을 떠난 저희 부모의 이름만 적혀 있을 뿐 저희의 이름은 없습니다. 따라서 종문서는 있으나 마나 합니다만, 그래도 옛 주인에 대한 은혜를 부모 대신 조금이라도 갚고 아울러 사죄하려는 진정 때문입니다. 그러니 1천 냥을 더 보태서 도합 5천 냥으로 팔아 주시면 감사하겠습니다."

마치 무슨 장사의 흥정 같았다. 그러나 신가는 고집을 버리지 않았다.

"1만 냥에서 엽전 한 닢 빠져도 안 된다."

그런데 여기서부터 묘한 일이 생겼다. 우선,

"그러시다면 할 수 없습니다."

하고 그중의 한 사람이 품 안에 손을 넣었다. 신가는 속으로,

"옳지."

하면서 일이 잘되는 줄 알았다. 그러나 다음 순간 젊은이들이 와락 달

려들더니 품에서 꺼낸 밧줄로 신가를 꽁꽁 묶어 버렸다. 뿐인가, 신가의 입 속에 커다란 찰떡 한 덩어리를 꽉 쑤셔 넣었다.

신가는 소리도 못 지르고 꼼짝도 못한 채 방구석에 쑤셔 박혔다. 젊은 이들은 벽장을 뒤지더니 신가가 간직한 자기 부모의 종문서를 찾아냈다. 그리고 화롯불에 얹어 깨끗이 태운 후 휑하니 가 버렸다.

신가의 그런 꼴은 이튿날 새벽, 글을 배우러 찾아온 이웃 어린이들에게 발견되었다. 하지만 신가는 몸이 풀린 후 아이들에게 입을 봉하라고 타일렀을 뿐, 그 이유는 말하지 않았다. 뜻하진 않은 봉변을 당했으나 남한테 이야기할 처지도 못 되었다. 그저 '만 냥 돈을 탐내다가 찰떡 한 덩어리 물었구나!' 하고 혼자 속으로 무척 후회하고 한탄할 뿐이었다. 그러나 신가는 결국 뒷날에 가서 뜻밖의 일로 그 젊은이들의 후한 보답을 받게 되었다.

이때 조정에는 반석평이라는 판서가 있었다. 그만한 벼슬자리에 있는 사람인 까닭에 학식과 덕망이 높았고, 또 나라에 공훈이 비길 바 없이 많았다. 그러나 실상 알고 보면 반석평은 원래 아무개 재상 집 종의 아들이었다. 그는 어려서부터 용모가 단정하고 지혜가 뛰어나 재상의 사랑을 끔찍이 받았다. 글재주 또한 비상하여 재상의 아들과 조카들과 함께 공부함에 있어서도 언제나 그들을 앞질렀다. 같이 공부하는 양반의 아들들에게도 미움이나 천대받지 않았고 오히려 분에 넘치는 우정과 존경을 받았다. 이 때문에 재상은 어린 반석평을 자식이나 조카처럼 아끼며 키우다가 시골 선비의 양자로 주선하여 보냈던 것이다. 말하자면 상사람이 양반이 된 것이다. 이 일을 아는 사람은 그 당시 주인이었던 재상과 본인 반석평, 그리고 반석평의 양아버지뿐이었다.

반석평은 언제나 청렴하고 근엄하여 종종 임금은 물론이거니와 온 나라 사람의 칭찬과 존경을 한 몸에 받았다.

바로 이럴 즈음 반석평의 은인인 그 재상이 세상을 떠났다. 그리고 재상의 집이 갑자기 몰락하기 시작했다. 게다가 재상의 숱한 아들과 조카들 어느 한 사람도 이렇다 할 벼슬을 얻지 못하고 더러는 길거리를 방황하게 되었다. 이 일을 물론 판서가 된 반석평이 모를 리가 없었다. 다만 반석평은 그들에게 알맞은 양식거리를 남몰래 보내줄 뿐 결코 벼슬자리는 주선하지 않았다. 그만한 지위라면 어떤 벼슬이라도 뜻대로 마련해 줄 수 있으련만, 역시 나라의 일과 사사로운 일을 섞지 않는 반석평다운 훌륭한 면이라고 할 수 있다. 그러한 사실을 모르는 재상의 자손들은 반석평의 도움을 받으면서도 그저,

"옛날 공신의 후손을 돕는 인정 많은 반 판서다."

하고 감사할 뿐 반 판서가 코흘리개 때 자기 집 종의 아들이라고는 꿈에도 생각하지 않았다.

반석평은 재상이 타는 훌륭한 가마에 올라앉아서 길을 가다가도 옛 주인의 아들과 조카들을 만나면 부랴부랴 내려 몸을 굽혔다. 한 나라의 재상이 초라한 젊은 선비를 마치 상전이나 되듯이 정중히 대하는 것이다. 보는 사람은 물론이고, 정작 인사를 받은 그들도 그저 어리둥절하고 황송해서 어쩔 줄 몰라 했다. 이럴 때 반 판서는 으레 인사만 공손히 할 뿐 다른 말은 한 마디도 하지 않고 다시 가마에 실려 가는 것이었다. 이런 일이 여러 번 계속되자 해괴한 소문이 저절로 퍼졌다. 그러자 반석평은 마침내 중종 임금께 스스로 나아가 자초지종을 숨김없이 고했다.

"이제는 벼슬보다도 옛 주인의 자제들이 제 힘으로 나랏일을 할 수 있을 때까지 전날의 종으로 돌아가 은혜의 백분의 일이라도 갚은 것이 도리인가 생각합니다. 그렇더라도 지금까지 상감마마와 여러 사람을 속인

결과가 되고 또 나라의 체통마저 어지럽힌 죄가 작지 아니합니다. 우선 법에 의해 형벌부터 내리시기 바랍니다."

중종 임금은 크게 감동했다. 나라의 법대로라면 비록 공훈이 많은 재상이지만 마땅히 관직을 빼앗고 또 무거운 벌을 내려야 한다.

그러나 영특한 중종 임금은 다른 말은 하지 않고,

"그대는 여전히 나랏일을 맡아 주고, 아무개 재상의 자손에게는 적당한 자리를 주도록 하오."

하고 특별한 처분을 내렸다.

이후 반석평이 옛 주인의 자손을 어떻게 대접했는가는 기록에 없으나, 앞서 말한 신가의 옛 종들은 이 일을 알게 되자 커다란 감명을 받았다.

"한 나라의 재상이 되고도 옛날의 신분을 숨기지 않고 옛 주인을 지성으로 위하는데 하물며 우리 같은 처지에서야!"

이렇게 탄복한 그들 네 형제는 바로 신가를 찾아갔다. 그리고 백배 사죄한 끝에 우선 돈 1만 냥을 바치고, 그 후에도 죽을 때까지 신가를 깍듯이 섬겼다고 한다.

충의단의 기적

충청도 한산 땅에 이경류라는 선비가 있었다. 이경류는 임진왜란 때 관가에서 의병을 징집하였는데, 이름이 잘못 적혀 형 대신 의병으로 뽑혀 가게 되었다.

그런 사실을 알게 된 형이,

"잘못 적힌 것이 분명한 이상 네가 갈 게 아니라 내가 가야 마땅하다."

라고 했지만 이경류는,

"제 이름이 적혔으니 잘잘못에 앞서 제가 가야 옳습니다."

하고 도무지 뜻을 굽히지 않았다.

이리하여 이경류는 젊은 하인과 함께 경상도의 싸움터로 달려갔다. 그런데 이경류가 가담했던 관군은 첫 번째 싸움에서 크게 패하여 상주 땅까지 후퇴하게 되었다. 새로운 진을 치고 다시 결전을 다짐한 두 번째 싸움은 전보다 더한 참패였다. 대장 윤섬, 박호 등이 모두 전사하고 살아난 사람은 공교롭게도 이경류와 그의 하인 단 두 명뿐이었다.

"이젠 댁으로 돌아가십시오."

하인이 울면서 말했다. 그러나 이경류는,

"아니다. 비겁하게 나 혼자만이 살아남을 수 없다. 너야말로 어서 고향에 돌아가 어머님과 형님을 잘 보살펴 도와드려라."

하고 편지 한 장을 써 주었다. 그래도 하인은,

"서방님을 이곳에 혼자 계시게 할 수 없습니다. 저 역시 한 목숨 걸고 끝까지 싸우겠습니다."

하고 꿋꿋이 말했다. 이경류는 무척 감동했다.

"참으로 갸륵한 생각이다. 그러면 너의 말대로 할 것이니 우선 어디든 가서 먹을 것이나 구해 오너라."

하인은 그제야 안심하고 음식을 얻으러 마을 쪽으로 뛰어갔다. 그 모습을 보고 있던 이경류는 하인이 멀어질 때를 기다렸다가 갑자기 앞쪽 왜적의 진을 향하여 쏜살같이 돌진했다. 무서운 기세였다. 이경류는 맨손으로 왜적을 십여 명이나 때려죽이고 마침내 참혹한 죽음을 당했다. 뒤늦게 돌아온 하인은 대경실색했다. 사방에 즐비한 시체를 다 헤치다시피 한 끝에 이경류의 시체를 거두었다. 그리고 서둘러 한 곳에 묻은 후 말을 달려 고향으로 돌아왔다.

이경류의 집에서는 편지에 적힌 날짜를 제삿날로 삼고 시체 없는 장례를 치렀다. 이날부터 음식을 전혀 들지 않던 하인은 며칠 후 세상을 떠났고, 말 역시 시름시름 앓다가 같은 날 숨을 거두었다.

이경류의 시체를 상주 고을 북문 밖에서 찾아와 고향 땅에 다시 안장한 것은 정조 임금 때의 일이다. 이때 그 하인과 말의 무덤도 조금 떨어진 곳에 함께 만들어 주었다. 나라에서는 이때에 비로소 '충의단'이라는 사당을 짓고, 묘지기로 하여금 때맞춰 제사를 지내게 했다.

이에 앞서 이경류의 초상을 마친 집안 식구들은 뜻밖의 일을 겪게 되었다. 뜻밖이라기보다 실은 괴상한 일이었다. 왜냐하면 부인 조씨 방에서 날마다 밤이면 죽은 이경류의 말소리와 웃음소리가 들렸던 것이다. 등잔불을 켤 무렵이면 소리 없이 나타난 경류가 마치 생시처럼 말하고 웃었는데, 또 부인도 산 사람을 대하듯이 이야기를 주고받았다. 심지어 술, 떡 같은 별식을 차려다 주면 입맛을 다시며 맛있게 먹고 마신 후 곧 히 누워 자곤 했다. 그러다가 첫닭이 울 때 갑자기 꺼지듯 사라지곤 하는 것이었다.

"대체 서방님의 몸은 지금 어느 곳에 있습니까?"

하고 조 부인이 물으면,

"나라를 위하여 죽어간 사람의 백골이 산처럼 쌓였는데 하필 나의 것만 찾아야 하오? 훗날 알 때까지 걱정 말고 버려두오."

하고 껄껄 웃었다 한다.

몇 해 후 어느 여름, 이경류의 늙은 어머니가 열병으로 갈증이 심했을 때다. 어느 날 허공에서 형을 부르는 소리가 났다. 그래서 형이 마루 끝에 나가 보았더니,

"중국 강남땅에서 귤을 구해 왔습니다. 어머님께 어서 드리십시오."

하는 소리와 함께 큼직한 귤 세 개가 땅에 떨어졌다. 이 귤을 먹은 어머니는 갈증은 물론이거니와 그토록 심했던 열병마저 씻은 듯이 나았다.

또 20년 후 그의 아들이 과거에 합격하여 광해군에게 배알했을 때 갑자기 허공에서,

"미거한 자식을 잘 부탁합니다."

하는 소리가 나서 모두들 놀란 일도 있었다.

'충의단' 사당에서의 제사 때는 제사상 음식은 아무런 흔적도 없었으나 정면에서 수저를 드는 소리와 입맛 다시는 소리가 반드시 들렸다.

어느 때인가 별안간,

"괘씸한지고! 제사 음식에 머리카락을 섞는 놈이 어디 있느냐?"

하는 호통소리가 들린 적이 있었다.

묘지기가 벌벌 떨며 살펴보니 과연 흰 떡 속에 머리카락 한 올이 섞여 있었다. 이로부터 제사 음식을 차릴 때는 더욱 정결히, 그리고 정성을 다했다고 한다.

침인연沈印淵

조선시대 때 어진 정승으로 유명했던 맹사성은 어떻게나 청렴했던지 정승의 지위에 있음에도 불구하고 집은 조그마한 오두막이었고, 옷은 무명옷에 검소한 생활을 했다고 한다.

어느 해 그가 종복 몇 사람을 데리고 고향인 충청도 온양에 성묘를 가는데, 초라한 행색으로 소를 타고 떠났다. 양성의 진위振威인 양원이 맹사성이 온다는 얘기를 듣고 통행을 금하고 길을 치워 놓고 장호원에서 기다리는데, 초라하게 차린 웬 늙은이가 소를 타고 오므로 양원의 아랫사람들이 그가 맹 정승인 줄 모르고,

"어떤 놈이 무례하게 정승이 지나가기도 전에 앞을 지나가느냐!"

하고 호령했다. 이 말을 들은 맹 정승은 태연히 소를 타고 가면서,

"맹 고불이 내 소를 타고 내 고향 온양으로 가오."

했다. 이 말은 들은 양원은 대경실색 허둥지둥 달아나다 물이 깊은 연못에 관인官印을 떨어뜨리고 말았다.

뒷날 사람들이 그 연못을 관인官印이 빠진 연못이라 하여 '침인연沈印淵'이라 했다 한다.

털투성이 난쟁이 이근

이근李謹은 조상 대대로 벼슬을 많이 한 문벌 좋은 집안의 자손이었다. 그는 태어날 때 고깃덩이 하나가 겨우 사람의 모습을 갖추었을 뿐, 털이 온몸을 덮어 마치 돼지 새끼와 같았다. 부모가 놀라고 또한 괴상히 여겨 처음에는 키우지 않으려고 포대기에 싸 동산 가운데 나무 밑에 두었더니 어린애 우는 소리를 듣고 까마귀 떼가 모여들었다.

부모는 이를 불쌍히 여겨 다시 거두어 길렀는데, 성인이 되어서도 키가 석 자를 넘지 못하였고 머리털이 땅까지 내려오고 수염이 한 자나 되었다. 걸음걸이는 휘청휘청하고 손발에도 모두 털투성이여서 참으로 난쟁이 중에도 난쟁이였다. 사람들은 이를 보고 해괴하게 여기지 않는 자가 없었다.

이근 자신도 자기가 병신인 줄을 알고 사람만 보면 문득 숨고 문밖에 나가지 않았다. 그러나 남들보다 총명함이 뛰어나 집에서 하는 공부였지만 경전이나 사기史記에 정통하지 않은 것이 없었고 글을 잘 짓고 글씨도 잘 썼으며 그중에서도 시詩에 가장 능했다. 그리고 노래를 잘 부르고 휘파람을 잘 불었으니 대개 그의 천성이 그러했던 것이다.

이근의 문족門族인 장계(長係: 장계 부원군의 약칭으로 봉호封號임) 황정욱이 그의 기이함을 소문으로 듣고는 그를 보러 왔다. 처음에는 몹시 해괴하게 여겼으나 시험 삼아 즉석에서 시를 읊게 했다. 이근은 황정욱이 운을 떼기가 무섭게 이내 시를 짓는데, 그 대구對句 채우는 것이 몹시 아름다웠다. 황정욱이 크게 칭찬하기를,

"이런 기이한 재주가 있는데 타고난 형상이 남과 다르니 어찌 아까운 일이 아니겠느냐."

하고 드디어 그의 부모에게 권하여 장가를 들이게 했다.

임진왜란 때 이근은 광주에 있는 선산 근처로 피난했다. 거기에서 졸지에 여러 왜적을 만났다. 왜적들은 그를 보고 크게 놀라 괴상한 짐승이라 여기고 우뚝 서서 감히 가까이 오지 못했다. 그러나 한동안 뜯어보고 난 뒤에 잡아가지고 서로 웃고 놀리더니 기화奇貨라고 여겨 그들의 대장에게 끌고 갔다. 왜적의 적장도 역시 놀라고 괴상히 여겨 사람인지 짐승인지 분별하지 못하여 혹은 먹을 것을 던지기도 하고 혹은 회초리로 때리기도 하여 우는가, 먹는가를 시험했다. 그러나 이근은 본래 뜻이 곧고 용기가 있어 조금도 두려워하는 빛이 없으므로 적장은 더욱 이상하게 여겼다.

어떤 늙은 왜인 하나가 와서 보고 말하기를,

"저 물건을 왜 빨리 죽이지 않느냐? 이것들이 바로 조선에서 편전片箭을 쏘는 것들이다."

하니 모든 왜인들이 모두 분이 나서 베려고 했다. 그러나 이때 적장이 말려 당장은 목숨을 부지할 수 있었지만, 밤이면 죽롱竹籠에 넣어서 도망가는 것을 막고, 왜승倭僧을 불러다가 그에 대해 점을 치라고 했다. 왜승이 옥산통算筒을 던져서 괘卦를 지어 말하기를,

"사로잡은 것은 곰도 아니요, 범도 아니며 이것은 바로 문왕文王이 여상(呂尙: 강태공)을 얻을 징조이니 어찌 이상한 물건을 얻은 것이 아니리까?"

했다. 적장은 크게 기뻐하며 조심히 더욱 정성껏 대접했다.

왜적이 진을 친 곳은 바로 한강 제천정濟川亭이었다. 이때는 마침 7월

보름이어서 달빛이 대낮과 같고, 강 물결은 마치 마전한 베와 같았다. 밤 기운은 쓸쓸하고 찍찍거리는데 가을벌레 소리는 사방에서 일어났다. 이 근은 잠들지 않고 홀로 앉아 있었는데 백 가지 생각이 가슴 속에서 일어 났다. 그리하여 죽롱 속에서 길게 휘파람을 부니 그 소리가 처량하여 사 람의 마음을 슬프게 했다. 왜병들은 놀라 일어나 눈물 흘리지 않는 자가 없었다. 적장도 이 소리를 듣고 떠나온 고향 생각을 이기지 못해 눈물을 흘렸다. 적장은 비로소 죽롱을 열고 이근을 내놓으면서 말하기를,

"무슨 괴물이 이리 기이한 재주가 있느냐! 지난번에 신승神僧이 점친 것이 헛말이 아니로구나."

했다. 이근은 스스로의 생각에,

'내가 나서는 이 세상의 이상한 물건이 되었고, 죽어서는 적에게 잡혀 가는 혼이 되겠으니, 사람이 이 지경이 되어 만 가지 일에 무엇을 관계하 겠느냐? 지금으로서는 내가 요행히 이곳을 벗어나 혼자 계신 어머님을 뵙는 것뿐이구나.'

하고 궁리했다. 그래서 마음 놓고 말하고 웃음을 웃으니 적장이 술을 주면서 마시라고 권했다. 이근은 주량도 또한 커서 병을 기울여 마음껏 마시고 술에 취했다. 그리고 길게 노래를 불렀다. 그 노래는 초사楚辭였 는데 온 진중陣中의 왜병들이 모두 감동하여 울었다. 노래가 끝나자 이 근은 일어나서 춤을 추었는데, 좌우로 돌면서 머리를 흔들고 눈망울을 굴리고 손뼉을 치고 발을 구르는 등 백 가지 모양을 다 하니 왜인들도 손뼉을 치며 크게 웃었다.

춤이 끝나자 이근은 눈물을 줄줄 흘리며 목 놓아 슬피 울었다. 왜인들 도 따라서 울었다. 적장은 묻기를,

"너는 무엇 때문에 그렇게 슬피 우느냐?"

했다. 이근은 붓과 종이를 청해 써서 보이기를,

"80세가 되신 늙은 어머니와 헤어진 지가 이미 오래되었는데, 죽었는지 살았는지조차 알 수가 없어 우는 것이오"

하니 적장도 이 말을 듣고 가엾게 여기며 감탄했다. 그리고 그의 필적을 보더니 혀를 차면서 여러 사람에게 말하기를,

"이 물건이 몹시 괴이하고 이상하더니 이제 그가 하는 짓을 보니 또한 심상치가 않다. 이 물건을 진중에 둔다면 반드시 요망한 일이 생겨 도리어 후회할 일이 생길 것이다. 두어두어도 유익할 것이 없고 죽이자니 차마 그럴 수도 없는, 차라리 놓아 보내는 것이 좋겠다."

하니 모든 왜병들도 동조했다. 적장이 이근에게 말했다.

"네가 지금 집에 돌아가기를 원하고 있으니 네 소원대로 해 주겠다."

이에 이근은 적장의 마음을 시험코자했다.

"지금 길이 막혔으니 내가 가고 싶어도 어디로 가겠소? 이 진중에 있게 해 주시오."

"아니다. 넌 이곳을 떠나야 한다. 하여튼 네가 가고 싶은 곳을 말해 보라."

적장이 타이르듯 물었다.

"강화로 가고 싶소."

이근의 말에 적장은 진중에 잡혀 있는 우리나라 사람 네다섯 명과 함께 조그만 배 한척에 양식까지 챙겨서 강화로 보내 주었다. 강화에 닿아 듣기로 그의 사촌 박경신이 해주 목사가 되었다고 하여 이근은 바로 해주로 찾아갔다.

이근의 어머니는 목사의 숙모이므로 해주 관사에서 머물고 있었다. 그래서 모자가 서로 만나게 되었다.

아! 난쟁이는 천지간의 병신인데, 그 천한 재주를 가지고 적의 소굴을 벗어나 늙은 어머니를 만날 수 있었고, 또 나이가 70이 가깝도록 살다가 죽었으며, 자손도 또한 많았으니 어찌 하늘이 시킨 일이 아니겠는가?

사람들은 누군가 병이 있고 혹은 약하고 어리석고 용렬한 것을 보면 반드시 비웃고 업신여긴다. 사람의 화복의 순환이란 미리 짐작할 수가 없는 것임을 알지 못하기 때문이다. 이근의 일만 보아도 그렇지 않은가?

감사 박경신은 자손들이나 아랫사람들에게 항상 이 말을 들려주었다고 한다.

토라진 삼형제

옛날 삼형제가 있었는데, 형제간에 어찌나 우애가 깊은지 하나가 못살면 하나가 보태 주고, 서로 도와가며 살았다.

그런데 동서들이 이들 형제들을 가만히 보고,

"정말로 형제간에 저렇게 정이 고르게 있는지 우리가 훼방을 놓아보지 않겠나. 형제간에 정을 한번 떼 보자."

라고 작정을 했다. 제일 막내 동서가,

"형님, 어떻게 해야 정을 뗍니까?"

"우리 집에서 익모초, 찰밥을 해서 먹을 테니 아주버님을 보내게. 아주버님이 와도 모른 척하면 그만 토라질 테니까."

라고 말했다. 어느 날 아침에 국도 끓이고 밥도 해서 잘 차려 먹는데 시동생이 찾아왔다. 그러자 큰집에서 급히 반기지도 않고 심드렁해서,

"오셨습니까."

라는 소리만 겨우 하고 본체만체했다. 시동생이 보니 한방에서 거창하게 차려 놓고 아침밥을 먹는데 먹어보라는 소리도 안 하니 시동생이 '형님이 전에는 안 저랬는데 어쩐 일인고?' 하며 집으로 돌아갔다.

"오늘 아침에 큰집에 갔는데 기분 나빠 죽겠소. 찰밥에 국에 술도 많이 걸러 놓고 닭을 뜯어먹으면서 들어오라 소리도 하지 않고 자기들끼리만 먹지 않겠소"

시동생이 부인에게 섭섭한 마음을 말했다. 그러자 부인이 동서끼리 의논한 대로,

"이상해라. 그럴 리가 있나. 우리도 그렇게 해 먹읍시다."

했다. 이튿날 이쪽 집도 또한 그렇게 했다. 시숙이 그날 아침에 일을 보러 가니, '아, 아주버니 나오십니까. 들어와서 아침 드세요.' 소리도 않고 본체만체하니 시숙의 심사가 좋지 않았다.

"거 이상하다. 오늘 아침에 작은집에 가니 일이 그러그러하더라."

"아이고, 뭐 답답합니까? 우리도 그렇게 먹으면 되지요."

이리하여 막내 시동생이 또 와서 보니 큰집이 그처럼 잘해 먹으면서도 친절하지 않으므로 자기 집에 가서 '우리도 해 먹자.' 하며 거듭하니 형제간에 서로 의를 상하게 되었다. 겉으로는 안 그런 척하였지만 안으로는 이미 토라져 있었다.

나중에는 형제끼리 서로,

"야, 이놈아. 그렇게 잘해 먹으면서 들어오라 소리도 안 하고 술도 한 잔 안 주냐? 관둬라. 형제고 뭐고 그만둬."

하며 반목하는 것이었다.

사태가 악화되자 동서들은 나중에는 다시 화해시키고 전과 같이 의좋은 형제로 만들었다. 형제간에 의가 있고 없고는 다 안사람 손에 달린 것이다.

토정土亭과 한음漢陰

● 〈토정비결〉 하면 예부터 그해 운수를 점치는 책으로 유명하다. 이 책을 지은이가 바로 '토정선생'이라 하는 조선조 명종 때의 철학자 이지함이다. 어느 날 토정의 조카 중에 이산해라는 사람이 사윗감을 고르느라고 애를 쓰다가 마침내 숙부한테 부탁하게 되었다.

얼마 후의 일이다. 토정은 길거리에서 우연히 어느 이삿짐을 만났다. 이사라지만, 지게에다가 솥, 냄비, 그릇 몇 개 지운 것이 전부였다. 곁을 따르는 어린 남자아이 또한 차림이 그지없이 초라했는데, 옆의 부모는 더욱 불쌍하기만 했다. 양반인 것은 틀림없으나 다 떨어진 의복에 초췌한 얼굴 모습만 보아도 그들이 몹시 고생하고 있다는 것을 알 수 있었다.

토정은 어린아이를 유심히 관찰했다. 그러다가 무슨 생각에선지 멀찌 감치 그 뒤를 따라갔다. 얼마 후 그들은 어느 유복해 보이는 선비의 집으로 들어갔다. 여기까지 본 토정은 집으로 돌아오기가 바쁘게 조카 이산해를 불렀다. 그리고 본 대로 말한 후,

"그 아이가 장래 큰 인물이 될 것이니 곧 찾아가서 일찌감치 청혼을 하여 두어라."

하고 권했다.

이산해가 그 집을 찾아가 이사 온 사람을 찾으니 집 주인이,

"시골 사는 친척인데 가난을 못 견디고 나를 의지해왔기에 우선 뒤꼍 방 하나를 비워 주었소."

하는 것이었다. 이산해는 주인에게,

"어떻게, 그 선비와 그의 어린 자제를 지금 곧 만날 수 없겠소?"

하고 청했다. 주인은 선뜻 승낙하고 하인에게 자기 옷을 챙겨 가져다 주게 했다. 아마도 남루한 옷차림으로 손을 만나게 하기가 어려웠던 모양이다. 좀 있으니 깨끗한 차림으로 아이의 부친이 사랑에 나왔다. 이산해는 첫인사를 한 후,

"실은 자제를 한번 보고 싶어서 왔으니 불러주시오."

하고 말했다.

곧 명색만인 옷을 입은 아이가 나왔다. 시키는 대로 아이는 예의 바르게 절을 하고 이산해 앞에 공손히 꿇어앉았다. 아이를 처음부터 자세히 살펴본 이산해는 혼자 속으로,

'과연 삼촌의 말이 옳다.'

하고 탄복했다. 물론 이산해도 어린아이의 장래를 내다볼 수 있었던 것이다. 이산해는 앉은 자리에서 청혼을 했다.

"아직 서로들 나이가 어리고 또 뜻밖의 일이라 혹시 농으로 여기실지 모르나 이것은 진심이니 우선 정혼을 해둡시다."

시골 선비는 어리벙벙하다가 쾌히 승낙했다.

이날 이산해는 삼촌 토정을 찾아갔다.

"숙부께서 말씀하신 대로 정혼하였습니다. 그런데 어느 때쯤 출세할는지 그것이 궁금합니다."

토정이 대답했다.

"지금 네 나이보다 조금 젊어서 재상에 앉을 것이니 두고 보아라."

토정의 말은 그대로 맞아 아이는 과연 나이 38세에 재상이 되었는데 그 재상이 바로 유명한 한음 문익공 이덕형이다.

통제사 유진항

조선 영조 임금 시절, 통제사 벼슬까지 지낸 유진항은 성격이 쾌활하고 의협심 강한 사람이었다. 젊어서 그는 선전관으로 대궐 안의 수직을 맡아본 일이 있었다. 그때 나라에서는 마침 금주령이 내려져 이를 범하는 자를 엄하게 다스리는 때였다. 그해는 흉년이 들어 먹을 것이 귀했기 때문에 귀한 양식으로 술을 빚지 못하게 한 것이다.

그런 어느 날 영조 임금이 유진항에게 칼 한 자루를 하사하며, 이렇게 분부했다.

"듣자하니 백성 가운데 아직도 술을 빚는 자가 적지 않은 모양이다. 그대는 은밀히 염탐하여 모조리 잡아들여라. 5일간의 기간을 주되 그동안 한 사람도 잡지 못하면 그대가 대신 이 칼 아래에 목숨을 잃을 것이니 명심하여라."

실로 어려운 일이며 또한 지엄한 분부였다. 유진항은 임금의 영을 어길 수 없어 한밤중 길거리를 이리저리 헤맸다. 하루 이틀이 헛수고로 지나가고 사흘째 되던 날 밤이었다. 이때 유진항은 남산골 막바지 근처에서 문득 수상한 집을 발견했다. 다 쓰러져 가는 오막살이 판자문이 삐거덕 열리더니, 한 여인이 살금살금 밖으로 나와 둘레를 살피더니 저쪽으로 가는 것이었다. 그 모습도 수상했거니와 여인이 앞치마로 가려 덮은 것이 조그마한 술 항아리처럼 보았다.

'옳지, 이 집에서 밀주를 파는구나!'

유진항이 대문을 박차고 들어가려는 순간 어디선지 책 읽는 소리가 났랑하게 들려왔다. 바로 그 집 대문 옆에 아무렇게나 뚫린 창문 안에서 들려왔다. 유진항은 멈칫하고 가만히 뚫린 구멍으로 방 안을 들여다보았다. 먼저 그득 쌓인 책이 눈에 띄고 안채로 향한 미닫이 옆에서 가물거리는 등잔불에 의지하여 열심히 책을 읽는 사나이가 보였다.

'허, 이상한지고.'

유진항은 발돋움했던 머리를 숙이고 고개를 갸웃거렸다.

'보아하니 과거 공부하는 가난한 선비 같은데 천한 상사람처럼 국법을 어기면서까지 술을 빚어 팔다니……'

유진항은 잠시 망설였으나 자기 눈으로 똑똑히 본 이상 그대로 돌아갈 수는 없었다. 그는 마음을 단단히 먹고, 대문 안으로 썩 들어섰다.

그러자 방 미닫이가 열리더니 책을 읽던 선비가 내다보았다. 아직 나이가 젊고 얼굴이 잘생긴 선비였다.

"이 밤중에 대체 뉘십니까?"

유진항은 도리어 위엄 있게 쏘아붙였다.

"국법을 위반하고 감히 술을 빚어 팔다니! 나는 상감의 어명으로 너를 잡으러 온 사람이다!"

순간 젊은 선비는 낯이 새파랗게 질려 한동안 아무 말도 못했다. 그러다가 결국 결심을 한 듯 조용히 말했다.

"죄송합니다. 이왕 이렇게 된 바에 변명은 않겠습니다. 다만, 이제 잡혀가면 다시는 돌아오지 못할 몸이니 부디 늙은 모친께 작별인사나 드리게 해 주십시오."

유진항은 그것마저 거절할 수 없어서,

"알았다. 그렇게 해라."

하고 허락했다.

젊은 선비가 안방으로 들어간 후 유진항은 귀를 기울여 동정을 살폈다. 곧,

"어머님!"

하는 소리가 들리고 이어,

"오, 너로구나. 늦은 밤까지 공부만 하다가 병이라도 나면 어떡하니? 그리고 갑자기 무슨 일이라도 생겼느냐? 왜 이리 낯빛이 달라졌느냐?"

하는 늙은 부인의 말소리가 들렸다.

"어머님, 전에 여러 번 차라리 굶어 죽을지언정 국법을 어기지 말자고 말씀드렸습니다. 이제 일이 탄로 나서 잡혀가게 되었으니 아마도 오늘이 마지막으로 뵙는 날인가 합니다."

"에구머니, 이것이 웬일이냐? 낸들 법을 어기고 싶었겠느냐만, 네가 너무 굶주리기에 죽이나마 쑤어줄 생각으로……, 아이고, 이 일을 어쩌면 좋으냐?"

하고 늙은 모친은 말보다 통곡이 앞섰다. 거기에 겹쳐 언제 돌아왔는지 선비의 아내인 듯한 젊은 여인의 울음소리도 들렸다.

"여보, 운다고 되는 일은 아니오. 이렇게 된 것도 모두 내가 용렬한 탓이니 누구를 원망하겠소. 다만 늙으신 어머님을 봉양할 사람이 없고, 아래로 집안을 이을 자식이 없어 죽어도 눈을 감지 못하겠소. 부디 나를 대신하여 어머님을 잘 돌봐 드리고 또 일가 중에서 양자를 구하여 뒷날 조상의 제사가 끊이지 않게 해 주오."

이렇게 신신당부하더니 젊은 선비는 울먹이면서 건넌방으로 돌아왔다. 그리고 옷매무새를 고치면서 이렇게 말했다.

"오래 기다리시게 하였습니다. 그러면 어서 나를 묶어 가십시오."

이때까지 그들의 이야기를 듣고 있던 유진항은 갑자기 측은한 생각이

들었다.

"그대의 자당께서는 올해 춘추가 몇인가?"

유진항이 물었다.

"올해 75세이십니다."

"그러면 형제는 몇이나 되나?"

"부끄러운 노릇이지만 3대째 내려오는 독자올시다."

"허, 참 딱한 사정이구나!"

유진항은 자기 일이나 되는 듯이 땅이 꺼져라 한숨을 지었다. 그리고
잠시 동안 무엇인가 혼자 생각에 잠기더니 이윽고 머리를 크게 끄덕였
다.

"여보게, 내 말을 좀 들어보게."

"예, 무슨 말씀입니까?"

"실은 상감께서 친히 영을 내리시어 5일 안에 술 빚는 사람을 잡아들
이지 못하면 내 목숨을 대신 바치라 하셨네. 오늘이 꼭 사흘째 되는 날이
네. 그러나 지금 차마 그대를 잡아갈 수 없네."

젊은 선비는 그 뜻을 얼핏 알아듣지 못하고 잠시 어리둥절해했다.

"그게 무슨 말씀이십니까? 나를 안 잡아가면 목숨을 잃을지도 모른다
하지 않았습니까?"

"그렇다네. 하지만 나는 자식을 둘이나 두었고 또 부모를 봉양하는 처
지도 아니니 숫제 내가 대신 죽음을 맞을 생각이네."

이토록 중대한 일인데 유진항은 매우 담담하게 말했다. 젊은 선비는
뜻밖의 말을 듣고 멍하니 유진항을 쳐다보았다. 어쩌면 심한 조롱을 받
는 것이 아닌가 싶은 표정으로도 보였다. 그런 눈치를 챘는지 유진항은,

"이것은 결코 농담이 아니네."

하고 한번 껄껄 웃어보였다.

"어쨌든 내 뜻은 이미 굳었으니 그 대신 한 가지 청만은 꼭 들어주게."

하고 이번에는 정말로 농담 비슷하게 말했다.

"대체 무슨 청입니까?"

"다를 게 있겠나. 그 술독을 모두 부숴버리는 것이네."

아직도 젊은 선비는 유진항의 뜻을 이해하지 못했다. 그러나 이 말을 안 따를 수가 없었다. 이리하여 유진항은 젊은 선비와 함께 벽장 깊숙이에서 꺼내온 술독을 뜰에다 놓고 부숴 버렸다. 그런 후 허리에 찼던 칼을 풀어주며,

"이 칼을 받게. 변변치 않지만 호박으로 장식한 나의 패검이니, 누구든 마땅한 사람에게 팔면 다소나마 가용에 보태 쓸 수 있을 것이네."

하더니 뒤도 돌아보지 않고 가 버렸다.

기겁을 하고 쫓아오는 선비를 유진항은 본체만체했을 뿐 아니라,

"제발, 성함만이라도 말씀해 주십시오."

하는 것을,

"그저 하찮은 선전관이라고만 알아두시오."

하고 어느 틈엔가 모습을 감춰버렸다.

이리하여 유진항은 결국 술을 빚어 파는 사람을 하나도 잡지 못했다. 약속된 5일의 기한을 넘긴 후 유진항은 죽음을 각오하고 영조 임금 앞에 엎드렸다. 그러나 영조는 차마 죽이지는 못하고 유진항을 멀리 제주도로 귀양 보냈다. 귀양살이를 한 지 3년이 지났을까, 그제야 영조는 노여움을 풀고 유진항을 경상도 초계 군수에 임명했다.

초계는 험한 산골, 가난한 고을이지만 귀양살이하던 몸으로는 뜻밖의 승진이었다. 그런데 유진항은 그때까지도 운수가 사나웠는지 고을에 부

임한 지 불과 1년 만에 또 임금의 노여움을 사게 되었다. 사실은 수하 관리들의 과실을 군수가 죄도 없이 뒤집어 쓴 것이다. 어쨌든 어제의 군수가 오늘 죄인으로 암행어사 앞에 꿇어앉게 된 것은 참말이지 이만저만한 낭패가 아니었다.

"그대는 군수의 몸으로 나라의 재산을 축냈다. 그것이 사실인지 바른 대로 고하라!"

높다랗게 앉은 암행어사는 호령했다.

그런데 이때 유진항은 암행어사의 목소리를 듣더니 갑자기 정신이 번쩍 들었다.

'저 목소리는 어디서 한번 들은 것 같다.'

유진항의 머릿속에 이러한 생각이 번개처럼 스쳤지만 감히 고개를 들지 못했다.

"왜 아무 말도 않는가?"

암행어사가 재차 꾸짖었다. 혹시나 하는 마음으로 유진항은 조심스레 암행어사의 얼굴을 쳐다보았다. 그리고는 깜짝 놀라,

"어사께서는 저를 몰라보십니까?"

하고 물었다. 암행어사로서는 뜻밖의 일이었다. 잠깐 의아한 눈초리로 유진항을 내려다 본 후,

"그대는 나를 알고 있단 말인가?"

하고 말했다.

"예, 어사께서는 혹시 전날 남산골 입구의 사신 일이 있으신지요?"

"음, 그런 일이 있었소"

"그러시다면 어느 날 밤 금주령에 얽힌 일로 사귀게 된 선전관을 기억하십니까?"

순간 어사는 깜짝 놀랐다.

"오!"

하고 눈을 크게 뜨더니,

"기억하다뿐이오?"

"실은 이 사람이 바로 그 선전관입니다."

말은 듣자 어사는 버선발로 섬돌 아래에 뛰어 내려왔다. 그리고 유진항의 손목을 덥석 잡았다.

"오, 이게 웬 일이오? 전날의 은혜를 갚고자 하루도 찾지 않은 날이 없었소. 이제 이렇게 은인과 만나게 되었으니 하늘의 도움인가 보오."

이후의 일은 적을 필요가 없을 것 같다. 유진항에겐 죄가 없었기 때문에 당장 풀려 나올 수가 있었을 것이다. 이 이야기는 훗날 임금에게 알려져 마침내 통제사를 지내게 되었다. 물론 임금이 유진항의 의로움을 크게 칭찬하여 중한 벼슬을 내린 것이다.

퇴계 선생의 외조부

경상도 함창 고을에 한 부자 노인이 살고 있었다. 원래 덕망 높은 집안으로 더구나 노인은 인정이 많아 군자님이라는 칭호마저 받고 있었다.

어느 겨울 눈보라 치는 날이었다. 노인이 사랑에 있는데 갑자기 대문 쪽이 시끌시끌했다. 무슨 일인가 하고 내다보니, 어떤 거지가 처량한 소리로 구걸하며 들어오고 있었다. 그런데 이 거지는 정말이지 세상에 둘도 없는 추한 여자 거지였다. 걸레 같은 옷은 그렇다 치고, 그 틈으로 드러난 살이나 얼굴이 온통 부르트고 곪아 터지고 해서 차마 눈 뜨고 볼 수가 없을 지경이었다.

"아이, 이 고약한 냄새. 어서 나가, 이 문둥이야."

하인들은 감히 가까이 가지도 못하고 멀찌감치 서서 소리만 질러댔다. 이때 노인은 더 참지 못했는지,

"여봐라, 행랑 부엌에라도 쉬어가게 하여라. 병을 앓는 몸으로 얼어 죽기라도 하면 되겠느냐."

하고 하인들에게 말했다.

하인들은 할 수 없이 헛간 같은 부엌 한구석에 데려다 앉혔다. 그리고 코를 틀어막으며 밥을 갖다 주었다.

이윽고 밤이 되자 거지는 다시 추워서 못 견디겠다고 소리를 질렀다. 주인은 거지를 사랑방으로 불러들여 아랫목에 눕게 하고 자기는 윗목에 손수 이불을 깔고 잤다. 종기의 썩은 냄새가 온 방 안에 풍겼다. 노인은

그저 꾹 참고 다만 불쌍한 거지가 편히 자는 것을 다행으로 여길 뿐이었다. 이튿날 새벽, 노인이 잠깐 붙였던 눈을 떠 보니 거지는 온데간데없이 사라져 버렸다. 그리고 그날 밤 거지 여인이 전날보다 더 흉하고 끔찍한 모습으로 또 다시 찾아왔다. 노인은 어제처럼 사랑방에 들여 아랫목을 내주었다. 이튿날 여인이 새벽녘에 사라진 것은 어제와 같았다.

또 그날 밤, 세 번째로 찾아왔을 때는 정말이지 온몸이 썩어 문드러진 것 같고, 냄새도 비길 바 없이 지독했다. 그러나 그 이튿날 새벽이 되어 노인이 문득 보니 뜻밖의 일이 일어났다. 거지는 전처럼 사라지긴 했으나 어디서 나타났는지 선녀와도 같은 여인이 대신 앉아 있었던 것이다. 노인은 '어!' 하면서 벌떡 일어나 앉았다. 이만저만 놀란 것이 아니었다.

그러자 아름다운 여인이 구슬 같은 목소리로 이렇게 말했다.

"나는 원래 하늘의 선녀이옵니다. 뜻하는 바 있어 그대를 시험하였음인데 깊이 감동하였습니다. 나는 이제 하늘로 올라갈 것인즉, 내가 떠나면 그대는 뒤뜰에 해산하는 방을 정결히 지어 놓되 그대와 성이 같은 여인이 아이를 낳을 때만 쓰도록 하십시오. 이것은 하늘이 내리시는 명령이니 부디 잊지 마십시오."

노인은 어리둥절하면서 그 말을 똑똑히 들었다. 노인이 무슨 말을 미처 묻기도 전에 선녀는 어느 틈엔가 연기처럼 사라져 버렸다. 노인은 마치 꿈속의 일처럼 생각되었다. 그렇지만 방 안에 가득 고인 그윽한 향기가 인간 세상의 것 같지가 않았다.

노인은 비로소 일이 심상치 않음을 깨닫고 부랴부랴 뒤뜰에다 정결한 해산방을 지어 놓았다. 당장 아이를 가진 사람은 없었지만, 선녀의 말을 믿고 우선 때를 기다리기로 한 것이다.

그 후 노인의 큰 며느리가 임신을 하게 되었다. 마침 해산방에 들어간 며느리는 이름 모를 병에 걸려 고생만 몹시 했다. 뿐인가, 다음에 아이를 가진 조카며느리도 여러 날 고생을 겪었다. 이상한 일이었다.

"선녀도 거짓말을 한단 말인가. 그렇지 않으면 다른 까닭이 또 있음인가."

차츰 수상한 생각이 짙어졌다. 그즈음 이씨 성 가진 집안에 시집을 보냈던 딸이 산달이 되어 해산을 하기 위해 친정에 왔다. 노인은 그제야 한 가지 일을 떠올렸다.

"그랬구나. 나와 같은 성을 가진 여자라면 내 딸밖에 더 있느냐."

딸은 과연 그 해산방에서 옥 같은 사내아기를 순산했다. 이 아기가 바로 훗날의 퇴계 이황 선생이다.

퇴계 선생에 관해서 새삼 더 소개할 필요는 없을 것이다. 다만 그의 출생에 관한 신기한 이야기를 소개해 보았다. 외할아버지의 성명이 전해지지 않은 것은 실로 유감이다.

한석봉과 기름장수

● 한석봉이 어머니 덕분으로 꾸준히 공부하여 처음으로 이름을 떨치기 시작한 어느 날의 일이다. 한석봉은 큰 저잣거리를 걷고 있었다. 어느 기름가게 앞을 지나려는데 기름병을 든 한 소년이,

"참기름 닷 돈 어치만 주어요!"

하고 외쳤다.

한석봉은 저도 모르게 발걸음을 멈추었다. 기름을 사려면 의당 가게 안에 들어가야 할 텐데 소년은 밖에서 기름집 높은 다락을 쳐다보며 소리를 질렀기 때문이다. 그러자 다락 창문이 열리더니 주인의 얼굴이 쑥 나타났다.

"알았다. 하지만 지금은 바쁘니 거기서 받아다오."

기름집 주인은 어지간히 커다란 기름 항아리를 바깥쪽으로 번쩍 쳐들었다.

'대체 어쩔 요량일까?'

한석봉은 호기심이 솟아 소년과 다락 위의 주인을 번갈아 쳐다보았다. 이윽고 주인이 항아리를 기울이자 소년은 기름병을 떠 받쳤다. 다음 순간 세상에도 보기 드문 광경이 벌어졌다. 높이가 세 길이나 되는 다락 위의 항아리 주둥이에서 흘러 쏟아지는 기름이 마치 한 올의 실처럼 되어 곧장 좁다란 기름병 주둥이 속에 빨려들듯이 들어가는 것이었다. 그뿐인가, 기름병에 거의 찼을 무렵, 그것이 가위로 자른 듯이 뚝 끊어졌는데 놀랍게도 기름은 한 방울도 흘러 떨어지지 않았다.

405

위에서 주인이,

"이젠 됐다. 가거라."

하면서 모습을 감추고, 아래서는 소년이,

"기름 값은 외상이어요."

하더니 쪼르르 달려갔다.

한석봉은 눈이 휘둥그레진 채 한동안 입을 다물지 못했다. 무슨 요술이라도 구경한 듯한 기분이었다.

'하 참, 놀라운 솜씨다. 그 높은 곳에서 기름 한 방울 흘리지 않다니! 이만저만한 연습이 아니고서는 도저히 엄두도 못 낼 일이다. 아, 저 주인에 비하면 나는 아직 멀었구나.'

한석봉은 이 같은 생각이 계속 머릿속에 맴돌았다. 한낱 기름장수의 일이지만, 이 정도의 경지에 이를 때까지 얼마나 많은 공을 들였겠는가하고 자신의 글솜씨를 새삼 미숙하게 여겼던 것이다.

이날부터 한석봉은 문을 닫고 들어앉아 다시 글씨 공부를 시작했다. 소년 시절보다 몇 곱 되는 결심과 노력이었다.

뒷날 한석봉이 마침내 천하의 명필로 이름을 떨친 것은 어머니의 덕과 이 기름장수에게서 얻은 깨달음이 큰 밑거름이 되어 이룬 것이 아닌가한다.

어떤 이는 한석봉이 후에 어느 신선을 만나 글 쓰는 법과 신통한 붓을 얻었다고 하지만 이것은 아마도 꾸며낸 이야기일 것이다.

🥚 함정에 빠진 호랑이

🔵 옛날 어느 산골 마을 근처에 큰 고개가 있었는데 이 고개에는 호랑이가 많이 있어 사람들이 마음 놓고 살 수가 없었다. 그래서 하루는 마을 사람들이 모여 의논을 했다. 자주 다니는 길목에 큰 함정을 파 호랑이를 잡자는 것이었다. 의논이 모아지자 사람들은 여러 군데에 함정을 파 놓았다.

어느 날 한 나그네가 고개를 넘는데 어디선가 이상한 소리가 들려 주위를 살펴보니 큰 호랑이가 함정에 빠져 밖으로 나오려고 애를 쓰고 있었다. 호랑이는 나그네를 보더니 살려만 주면 은혜는 잊지 않겠다고 애원했다. 나그네는 큰 나무토막을 함정에 넣어 나오게 했다.

호랑이는 밖으로 나오자,

"살려줘서 고맙긴 하지만, 너 같은 사람들이 이렇게 만들었으니 너를 잡아먹어야겠다."

하고 으르렁거렸다. 나그네는 어이가 없었으나 일단 정신을 차리고 호랑이에게 말했다.

"아니, 이런 경우가 어디 있나. 억울하다. 내가 판 함정도 아닌데. 이럴 것이 아니라 우리 황소한테 누가 옳은지 한번 물어나 보자. 그래야 내가 억울하지 않을 테니까."

황소를 찾아간 호랑이와 나그네는 황소에게 사정을 말하고 판결을 내려 달라고 했다. 그러자 황소가 하는 말이,

"아, 그야 사람 잘못이지. 우리에게 실컷 일 시켜먹고 또 잡아서 고기

도 먹는, 사람 잘못이지."

했다. 그러나 나그네는 황소만으로는 억울하다며 소나무에게 다시 묻기로 하고 호랑이를 데리고 소나무에게로 갔다.

사실을 얘기하고 판결을 부탁하니 소나무는,

"사람 잘못이지요. 우리를 베어서 쓰질 않나, 때지를 않나, 인정머리 없는 사람 잘못이지요."

했다. 이에 호랑이는 신이 나서 막 나그네를 덮치려는데 마침 저쪽에서 토끼가 뛰어왔다. 나그네가 다급히 토끼에게 판결을 청했다. 그러자 토끼는 고개를 갸웃거리더니,

"어떤 상황이었는지 잘 이해가 가지 않는군요. 호랑이가 그 함정에 가서 어떻게 빠져 있었는지 한번 보여 주세요."

라고 말했다.

호랑이는 신이 나서 함정으로 펄쩍 뛰어 들어갔다. 그러자 토끼가 나그네를 돌아보며 말했다.

"당신은 이제 갈 길을 가시오."

🥚 해님 달님

🔵 옛날 어떤 집에 아버지, 어머니, 아들, 딸, 그리고 어린아이, 이렇게 다섯 식구가 살았다. 어느 날 어머니는 열두 고개 너머에 있는 마을로 길쌈을 하러 갔다. 날이 저물어도 어머니가 오시질 않자 아이들은 문을 닫아걸고 어머니를 기다렸다.

한편, 길쌈을 마친 어머니가 삯으로 떡을 받아 머리에 이고 오는데 한 고개를 올라가니 호랑이가 웅크리고 앉아서,

"할멈, 그 떡 하나 주면 안 잡아먹지."

했다.

떡을 한 개 집어 주고 또 한 고개를 올라가니 또 호랑이가,

"할멈, 그 떡 하나 주면 안 잡아먹지."

하는 것이었다.

또 한 개를 집어주고 또 한 고개를 올라가니 또 호랑이가 같은 말을 되풀이했다. 그런 끝에 이제 떡이 한 개밖에 남지 않았다. 다시 고개를 올라가니 호랑이가 또 나와서 마지막 남을 떡을 주었다. 다음 고개에서 호랑이는,

"할멈, 팔 하나 떼어주면 안 잡아먹지."

하는 것이었다. 집에서 기다리고 있을 아이들 생각에 어머니는 호랑이에게 팔을 하나 떼어주고 또 한 고개에 올라 나머지 팔 하나를 떼어줬다. 또 한 고개를 올라가 다리 하나를 떼어주고 또 한 고개를 넘어 남은 다리마저 떼어주었다.

다음 고개에서 호랑이는 어머니를 잡아먹고는 어머니의 옷으로 갈아 입었다. 그리고 아이들이 있는 집으로 가 문을 두드렸다.

"애들아, 문 열어다오."

아이들은,

"우리 엄마 목소리가 아닌데?"

했다. 호랑이는,

"고개 너머 갔다가 감기가 들어서 그렇단다."

하니 아이들이,

"그럼 손을 내밀어 보세요."

했다. 호랑이가 손을 내밀어 보이자 아이들이 그것을 보고는,

"털이 있는 것을 보니 우리 어머니 손이 아닌데."

하고 말했다. 호랑이는 길쌈을 해서 그러니 어서 문을 열라고 했다.

드디어 아이들이 문을 열어 주었다. 호랑이는 방으로 냉큼 뛰어 들어 가서 어린아이의 손을 오도독 오도독 깨물어 먹으니, 다른 아이들이 그 소리를 듣고,

"엄마 뭐 먹어?"

하고 물었다. 그러자 호랑이는,

"뒷집에서 콩 볶아 준 것은 먹는단다."

했다. 그때서야 아이들은 어머니가 아닌 줄 알아채고 무서움에 떨었 다. 그러다가 계집아이가 꾀를 냈다.

"엄마, 똥 마려."

"요강에 누렴."

"아버지가 들어오셔서 꾸중하시게?"

"그럼, 이 새끼줄 매고 마당에 나가 누렴."

그래서 새끼줄을 허리에 동여매고 한 끝을 호랑이한테 주고 아들과 딸은 마당에 나와 똥을 누는 것처럼 하다가 새끼줄을 절구통에 매놓고 빠져나가 우물가에 있는 버드나무 위로 올라갔다.

호랑이는 기다리다가 새끼줄을 당겨 보니 끌리지가 않았다. 이상해서 나와 보니 아이들은 간 곳이 없고 새끼 끝은 절구통에 매어져 있었다. 이곳저곳을 찾아다니다 우물 속을 들여다보니 그 속에 아이들이 있었다. 호랑이는 당장 우물 안으로 들어가려 했다. 이것을 본 아이들이 깔깔대고 웃었다. 웃음소리에 나무 꼭대기를 쳐다본 호랑이는 나무 위로 올라가려고 애를 썼으나 올라갈 수가 없었다.

"애들아, 너희들 어떻게 올라갔니?"

"뒷집에서 참기름을 얻어다 바르고 올라왔지."

아이들 대답에 호랑이는 뒷집에서 참기름을 얻어다 바르고 올라가려니 미끄러워서 도무지 올라갈 수가 없었다. 호랑이는 또 아이들에게 물었다.

"어떻게 올라갔니?"

"뒷집에서 도끼를 얻어다 찍으면서 올라왔지."

했다. 호랑이는 도끼를 얻어다 찍으면서 나무 위의 아이들 가까이 올라왔다. 아이들은 무서워서 하늘을 바라보고,

"하느님, 하느님, 저희를 살려 주시려거든 새 동아줄을 내려주시고, 저희를 죽이시려거든 썩은 동아줄을 내려 주세요."

하고 소원하니 새 동아줄이 내려와 타고 하늘로 올라갔다.

호랑이도,

"하느님, 하느님, 나를 살려 주시려거든 새 동아줄을 내려주시고, 나를 죽이시려거든 썩은 동아줄을 내려 주십쇼."

하니 새 동아줄이 내려와 좋아하며 타고 올라갔다. 그런데 이 동아줄은 새것처럼 보이나 썩은 동아줄이었기 때문에 호랑이는 반쯤 올라가다가 줄이 끊어져 수수밭에 떨어져 죽었다. 그래서 수숫대에 피가 묻어 빨개졌다.

아이들은 하늘에 올라가 남자아이는 해가 되고, 여자아이는 달이 됐다. 그런데 여자아이가 밤에 다니기 무섭다고 하여 여자는 해가 되고 남자는 달이 됐다고 한다.

행운의 사람까치

성종 임금은 손수 백성의 형편을 살피러 다니는 일이 많았다. 다행히도 여러 대신들은 맡은 바 제 구실을 올바르고 충성되게 해 주고 있었다. 그러나 성종 임금은,

'좀 더 백성을 복되게 해줄 수는 없을까? 궁벽한 곳에 파묻혀 고생하는 인재는 없나?'

하는 생각을 언제나 가지고 있었다. 이렇게 불쑥 생각이 날 때는 변복하고 밤을 기다려 혼자서 살짝 대궐을 빠져나가곤 했다.

그날도 성종은 밤이 깊어 미복을 하고 동대문 밖 으슥한 길을 걸었다. 마침 대낮처럼 밝은 달을 쳐다보며 길가의 오막살이 외딴 집 근처에 왔을 때다. 성종은 지나쳐 가려다가 무심코 발을 멈췄다. 쥐 죽은 듯이 고요하던 그 집 사립문이 갑자기 삐거덕 열렸던 것이었다. 기척을 들은 성종은 버릇대로 냉큼 그늘로 숨었다. 그리고 달빛이 비치는 그 집을 가만히 살펴보았다. 반쯤 열린 사립문으로 한 노파가 살금살금 밖으로 나왔다. 주위를 살피는 모습이 마치 누구에게 들킬까 겁내는 것 같았다.

'이 집 안주인임이 분명한데, 왜 저럴까?'

그런데 정작 수상한 일은 그 다음부터 일어났다. 사립문 옆 큼직한 감나무 위에서 별안간,

"까악, 깍!"

하고 까치 울음소리가 났다. 그러자 노파가 위를 쳐다보며 '까악!' 하니 위에서 또 그 소리가 들려왔다. 이러기를 몇 번이나 되풀이했을까?

성종은 수상해서 숫제 입을 딱 벌린 채 멍하니 보고만 있었다. 세상에서 보기 드문 광경이 언제 그칠 줄 모르게 계속되자 마침내 성종은 참지 못하고,

"에헴!"

하고 큰 기침을 했다.

순간 노파가 기겁하면서 안으로 도망해 들어갔다. 곧이어 나무 위에서 한 사람이 허겁지겁 내려오더니 노파의 뒤를 따라 허겁지겁 들어갔다.

"허, 별 일을 다 보겠구나. 아무래도 무슨 까닭이 있는가 보다."

성종은 막 닫히려는 사립문으로 달려가 몸으로 밀다시피 하여 들어섰다. 저만큼 처마 밑에서 늙은 내외가 오들거리며 서 있었다.

성종은,

"놀라게 해서 미안하오. 그러나 댁에 무슨 곡절이 있을 듯하여 이렇게 체면 불고하고 들어왔소."

하고 점잖게 물었다.

늙은 내외는 머리를 가슴까지 푹 숙인 채 대답이 없었다. 태도로 보아 그들은 부끄러워 어쩔 줄 몰라 하는 것 같았다. 그러다가 무슨 결심을 했는지,

"뵙자하니 여느 분 같지 않아 솔직히 말씀드리겠으니 누추하지만 방에 잠시 드십시오."

하고 노인이 머리를 깊숙이 숙였다.

성종이 사양치 않고 주인을 따라 윗방에 들어가니 거기에는 깨진 기름잔에 심지불이 가물거리고 둘레에는 책이 산처럼 쌓여 있었다.

'허, 이 사람은 늙은 몸으로 공부를 많이 하는구나!'

성종은 속으로 감탄했다. 인사를 나눈 노인은 다음과 같은 이야기를

했다.

"나는 원래 가난한 선비로 어려서부터 과거에 뜻을 두고 열심히 공부해왔으나 운이 없는지 나이 50이 넘도록 번번이 낙방만 거듭해 왔습니다. 어느 해던가 지나가던 중이 '문 앞 나무에 까치집이 생기면 틀림없이 과거에 합격할 것이오.' 하는 것입니다. 한낱 미신에 불과하지만, 워낙 초조한 때라서 그렇게라도 믿어 볼 생각이 들었습니다. 그래서 일부러 감나무를 한 그루 심어놓고, 또 그것을 키워가며 까치가 와 주기를 고대하였습니다. 하지만 나무를 심은 지 십 년이 훨씬 지나도 까치집은커녕 한 번 날아와 앉지도 않았답니다. 내일 모레면 또 큰 과거가 있는데, 기다리는 까치는 여전히 오지 않습니다. 그래서 생각다 못하여 늙은 내외가 이렇게 까치 흉내를 내고 있었습니다. 그 모양을 그만 보여 드리게 되었으니 부끄러운 마음 측량키 어렵습니다."

늙은 선비는 눈물마저 글썽이며 얼굴을 푹 숙였다. 상대가 성종 임금인 줄 몰랐기에 망정이지 만약 알았다면 아마도 입도 벙긋하지 못했을 것이다.

한동안 깊은 생각에 잠겼던 성종은,

"참으로 딱한 사정이구려. 그런 줄 모르고 나로 말미암아 공연한 훼방을 당했으니 내가 오히려 미안하오."

하고 한껏 위로했다. 그리고는,

"염려 마시오. 아무한테도 발설치 않으리다."

하고 안심시켜 놓은 후 일어섰다. 늙은 선비는 돌아가는 사람에게 인사할 경황도 없이 멍하니 앉아 있었다.

그런 지 며칠 후 과거 시험은 열렸다. 글제가 나붙었다. 다름 아닌 '까치'였다. 쉬운 듯하시민 어떻게 다루어야 할지 모르는 제목이었다. 물론

이와 같은 일은 처음이었고, 선비들은 모두 어리둥절했다. 그들이 여태까지 재주와 노력을 다해 공부한 방향과는 너무도 달랐기 때문에 정말 어디서부터 붓을 대야 옳을지 엄두가 나지 않았던 것이다. 그러나 이 숱한 선비들 중에서 오직 한 사람만은 그 뜻을 얼핏 알 수 있었다. 알다 뿐인가, 그 사람은 눈에 눈물이 그득 고여,

'아마도 엊그제 그분이 성종 임금이신가 보다. 그렇다면 이보다 더 황송한 일이 또 어디 있겠는가!'

하고 잠시 동안 엎드린 자리에서 일어나지 못했다.

그날 밤 까치 울음 흉내를 내다가 성종에게 발견된 늙은 선비는 감격이 컸던 만큼 글이 저절로 나올 수밖에 없었다. 다른 선비들이 미처 생각도 다듬지 못하는 동안 단숨에 써 낸 글을 또 제일 먼저 바치게 되었다.

늙은 선비의 글이 시험관에 의해 합격되었다는 보고를 받은 성종은,

"그는 과연 까치의 영험을 어떻게 생각할까?"

하고 혼잣말을 하며 빙그레 웃었다.

허 부자와 객실지

신라시대 때 각북에 아주 묘하게 부자가 된 허 부자라는 사람이 있었는데, 허 부자는 그의 어머니 때문에 부자가 되었다. 그의 어머니는 수수깡 움막집에서 남편도 없이 혼자 자식들을 거느리며 살았는데 생활이 말이 아니었다. 그래서 남의 방아품도 들고 등겨나 시래기 같은 것을 얻어다가 연명해 나갔는데, 자식들이 커갈수록 더욱 쪼들리게 되어 결국은 개가를 생각하게 되었다.

그리하여 약간의 먹을 식량을 마련해 놓고 야밤에 떠나려는데, 자식들이 치맛자락에 매달리며,

"엄마, 어디 가?"

하며 울었다. 가슴이 미어진 어머니는 차마 떠날 수가 없었다. 별 수 없이 몇 달을 더 살다가 이듬해 봄이 되어 다시금 마음먹고 마침내 집을 나서서 십 리쯤 갔을 때였다. 밤중에 웅성웅성 사람소리가 들려왔다. 어머니는 가만히 숨어 동정을 살피다가 그들이 떠난 후 무슨 일인가 싶어 그곳에 가보았다. 땅을 판 흔적 같은 것이 있어 어머니는 손으로 파보았다. 그런데 그곳에는 돈이 수북했다.

"됐다. 이것만 있으면 팔자 고치러 안 가도 되겠다."

어머니는 밤새도록 그곳에서 멀지 않은 곳에 땅을 파고 치마폭으로 돈을 갖다 날랐다. 이렇게 하여 허씨는 부자가 된 것이다.

부자가 되자 허씨의 집에는 너무나 많은 과객이 찾아들었다. 많은 하인으로도 매일 손이 모자랄 지경이었다. 생각다 못한 허 부자는 그와 친

분이 있는 천황사의 주지를 찾아가 해결책을 강구하기에 이르렀다.

"스님, 우리 집에 과객이 너무 많이 들어 못살겠습니다. 이 일을 어찌하면 되겠습니까?"

"그것은 어려운 문제가 아닙니다. 아주 쉬운 일이지요."

"방법을 일러 주십시오."

"저기다가 못을 두 개 파면 과객도 적게 들고 평안하실 겁니다."

이리하여 허 부자는 하인들과 소작인들을 시켜 못을 파게 했다. 못을 두 개 팠는데, 서쪽 못에서 누런 송아지가 튀어나와 객실로 뛰어 들어갔다. 송아지가 뛰어 들어간 후 부자가 없던 그 마을에도 부자가 생겼다고 한다. 그리고 동쪽 못에서는 검정 송아지가 나와 객실 반대 방향으로 뛰어갔다. 이런 일이 있은 후 허 부자는 망하기 시작했다. 집안사람이 자꾸 병이 들고 불이 나는 등 횡액이 겹쳤으나 허 부자에게는 관심 밖이었다. 그저 천황사 주지와 바둑 두는 데에만 정신이 팔려 있었다. 이러는 사이 허 부자는 쫄딱 망하게 되었다. 허 부자의 망함과 동시에 천황사도 망했다.

절이 망하게 된 데는 붕어산이라고 불리는 산, 그러니까 붕어로 치면 입이 되는 곳에 있는 큰 웅덩이에 사는 용이 중을 잡아먹어서 망한 것이라는 이야기가 전해진다.

호랑이 가죽 벗기는 법

봄날이 되어 날씨가 따뜻해지면 지난겨울에 담가 두었던 김장이 쉬기 쉬운데, 그땐 먹을 수도 없고 버리려니 아깝고 하여 독에 물을 부어 담가 놓았다가 신 맛이 우러나오면 꺼내어 총총 썰어 비벼 먹기도 하고 무쳐 먹기도 한다.

그런데 산속의 범이란 놈이 먹이를 찾아 어슬렁어슬렁 민가로 내려와 먹이를 찾는데, 마땅한 것이 없었다. 이리저리 찾는 중에 부엌의 독 안에서 군내가 폴폴 풍겨 나왔다.

호랑이는,

"할 수 없다. 이거라도 먹어야지."

하고 덥석 한 입 베어 무니 어찌나 시던지 두 눈을 딱 감고 고개를 절레절레 흔들었다. 그때를 기다려 뒤로 재빨리 가서 꼬리를 밟고 망치로 뒤통수를 때리면 범이 깜짝 놀라 훌쩍 뛰는데, 알맹이만 빠져나가고 가죽은 남는다. 총으로 잡아도 되지만 가죽에 흠 하나 없이 벗기는 방법으로는 이게 제일 좋은 방법이다.

🍃 호랑이와 곶감

🔵 산중에 사는 늙은 호랑이가 오랫동안 먹지 못하여 시장기를 면하려고 밤에 마을로 내려갔다. 그런데 그 마을에는 개를 기르는 집이 없었다. 사방이 조용한 가운데 호랑이는 어린아이를 잡아먹으려고 어느 집 안으로 들어갔다. 창문 아래 숨어서 방 안을 엿보고 있으려니 마침 방 안에서 어린아이가 울고 있었다.

아이 어머니가 아무리 달래도 아이는 울음을 그치지 않았다. 그러자 어머니는,

"에비, 호랑이 온다."

하고 말했으나 아이는 여전히 울었다. 호랑이는 가만 숨을 죽이고 창 밑에 쭈그리고 있었다. 계속해서 아이가 우니 이번에는,

"옜다. 곶감이다."

하자 놀랍게도 아이는 울음을 뚝 그쳤다. 호랑이는 속으로,

'이키, 곶감이란 놈은 호랑이인 나보다 더 무서운 놈인가 보다.'

라고 생각하고 방에 있는 아이 대신 외양간의 소를 잡아먹기로 했다. 그때 외양간에는 마침 소도둑이 들어와 있었다. 어둠 속의 도둑은 움직이는 것이 소인 줄 알고 호랑이의 등에 올라타 발로 엉덩이를 차면서 밖으로 나가기를 재촉했다. 호랑이는 갑자기 자신의 등에 올라타고 엉덩이를 차는 것으로 보아 사람이면 감히 이런 짓을 할 수 없으니 필경 곶감일 것이라 생각하고 뛰어 달아났다.

등에 탄 소도둑은 호랑이가 뛰는 바람에 떨어지지 않으려고 호랑이의

두 귀를 꼭 잡고 멈추라고 소리쳤으나 그럴수록 호랑이는 더욱 뛰었다.

얼마나 뛰었는지 동쪽 하늘이 환히 밝기 시작했다. 소도둑이 문득 보니 자기가 타고 있는 것이 소가 아니라 호랑이였다. 얼마나 놀랐는지 엉겁결에 뒤로 뛰어내렸다. 호랑이는 호랑이대로 이제 곶감도 떨어졌으니 살았다는 생각에 뒤도 돌아보지 않고 산속으로 도망쳤다고 한다.

🦪 호랑이 모성애

🔴 어느 깊은 산골짜기로 동네 아낙네들이 나물을 캐러 갔다. 나물을 캐다 보니 귀엽게 생긴 고양이 같은 게 올망졸망 놀고 있었다. 노는 모양이 귀여워 한 아낙네가,

"그놈, 데려가 길렀으면 꼭 좋겠다."

하니까 산꼭대기에 있던 어미 호랑이가,

"흐흐응……."

하고 좋아했다. 조금 후 걸걸하게 생긴 아낙이,

"고놈, 몽둥이로 톡 때려죽였으면 좋겠다."

하니까 호랑이가,

"어흐응!"

하며 막 쫓아왔다.

나물 캐던 사람들은 걸음아 날 살려라 하며 칼이며 바구니를 다 내버리고 도망을 왔다.

이튿날 일어나 보니 데려다 길렀으면 했던 아낙네 집에는 바구니와 앞치마가 고이 놓여 있었고 때려죽였으면 좋겠다던 아낙네의 집엔 바구니와 앞치마가 부서지고 갈기갈기 찢겨진 채 놓여 있었다.

이를 본 사람들은 짐승이라도 함부로 말하지 말아야 한다며 호랑이가 아니라 산신령님일 것이라고 말했다.

호랑이 팔촌

어느 마을에 문씨 노인이 소를 키우며 살아가고 있었다. 그 마을에는 밤마다 호랑이가 나타나 가축들을 잡아가고 있어 동네 사람들은 항상 불안에 싸여 있었다. 문씨 노인도 호랑이를 잡지 않으면 자기의 소를 잃을까 두려워 외양간 문고리에 쇠를 끼워 쇠창을 만들어 놓았다.

그런데 그날 밤 산천이 무너지는 소리와 함께 호랑이가 나타나 노인의 소를 몰고 달아나고 말았다. 노인은 있는 힘을 다해 호랑이를 뒤쫓았다. 그러자 호랑이는 몰고 가던 소를 방죽거리에 놓고 할뫼봉(궁산)으로 도망쳤다. 노인은 호랑이를 잡겠다는 일념으로 궁산에 올라가 호랑이와 싸우게 되었으나 힘이 부쳐 얼굴을 할퀴고 팔뚝을 물리는 등 부상을 입고 집으로 돌아올 수밖에 없었다.

다음 날 노인은 된장으로 팔뚝을 싸매고 호랑이를 찾으러 산으로 올라갔다. 그리하여 마침 삼성굴에서 졸고 있는 호랑이를 발견하게 되었다. 노인은 살그머니 다가가서 호랑이를 끌어안고서,

"너 죽고 나 죽자."

하고 장도칼로 배를 찔렀으나, 자기의 팔뚝과 호랑이 가죽이 함께 찔리게 되었다.

"내가 너를 죽이매 나와 너의 피가 통했으니 팔촌이 되었구나."

노인은 말끝을 흐렸다. 그 뒤 사람들은 호랑이와 사람 피가 통해서 '호랑이 팔촌'이 되었다고 하는 이야기가 전해지고 있다.

🥚 호원사虎願寺

● 신라 제38대 임금 원성왕 때의 일이다. 신라 풍속에 해마다 음력 3월 초파일부터 15일까지 여러 남녀가 경주 흥륜사에 모여 전탑을 돌면서 복회福會를 한다.

어느 해 음력 3월 초파일이 되어 김현이라는 한 청년이 밤이 깊도록 혼자 전탑을 돌고 있었다. 그런데 어느 순간 뒤에서 아름다운 처녀가 염불하면서 같이 탑을 돌고 있음을 보고 감동하여 눈짓하다가 어느새 서로 사랑하는 사이가 되었다. 시간이 지나 처녀가 돌아갈 때 김현이 따라 가고자 하니 처녀는 사양하여 거절했으나 김현이 듣지 않고 억지로 따라갔다. 처녀의 집에 이르러 보니, 그곳은 서쪽 독산獨山의 한 모퉁이였다.

초가 안에는 처녀의 어머니로 보이는 한 노파가 있을 뿐이었다. 노파는 남자를 바라보며 처녀에게,

"따라온 이가 누구냐?"

하고 물었다. 처녀가 사실대로 사정을 말하니 노파는,

"비록 좋은 일이나 없는 이만 같지 못하다. 그러나 이미 저지른 일, 하는 수 없다. 너의 형과 아우의 악함이 두려우니 아직은 남모르는 곳에 숨겨 두어야 할 것이다."

하고 김현을 눈에 띄지 않는 곳에 숨겨 두었다.

조금 있으니 문 앞에 세 마리의 호랑이가 으르렁거리며 와서 사람의 소리로,

"아! 무슨 비린내야! 요기하기 좋겠구나!"

하고 말했다. 그러자 노파와 처녀는,

"그게 무슨 미친 소리냐. 너희는 코가 막혔느냐?"

하고 꾸짖었다. 그런데 그때 마침 하늘에서 부르기를,

"너희가 물건과 생명을 해치는 것이 날로 더하니 마땅히 한 놈을 죽여 징계하겠다."

하는 소리가 들려왔고, 이에 세 호랑이들이 모두 두려워했다.

"오빠들은 모두 멀리 피해 가서 스스로 징계하시오. 그러면 내가 그 벌을 대신하여 받겠소."

처녀의 말에 세 호랑이는 머리를 끄덕이며 어디론지 달아나 버리고 말 았다. 처녀가 들어와 김현에게 말하기를,

"낭군이 우리 집에 오시는 것이 욕되고 또한 부끄러워 거절하였으나 이제는 무엇을 숨기겠습니까? 제가 비록 유類는 다를지라도 낭군에게 하룻저녁 사랑의 즐거움을 얻고 의를 맺어 중하기는 하나 오빠들의 악행 에 하늘이 이미 노하시매 집안의 재앙을 막고자 하오니 다른 사람의 손 보다는 낭군의 칼 아래에 죽어 덕을 갚고자 하옵니다. 제가 내일 저자에 나가 물건과 사람들을 해치면 왕이 반드시 높을 벼슬을 주어 저를 잡고 자 할 것이니, 그때 낭군은 겁내지 말고 저를 쫓아 이 숲속으로 오시면 제가 기다리고 있겠습니다."

했다. 김현이 이 말을 듣고 처녀에게 이르기를,

"사람이 사람을 사귐은 사람이 지켜야 할 떳떳한 도리요, 다른 유와 사귐은 대개 복이니, 벼슬과 봉급을 얻고자 사랑하는 이의 죽음을 팔 수 는 없소."

했다.

"낭군은 그런 말씀을 하지 마시어요. 이제 저의 목숨은 천부의 명령이

요, 저의 소원이오며, 낭군의 경사입니다. 우리 겨레의 복이매 나라 사람의 기쁨입니다. 제가 죽으면 이 다섯 가지 이로움이 갖출 것이니 어찌 어기겠습니까? 제가 죽은 뒤에 다만 저를 위하여 절을 세워 진전眞詮을 강하여 승복勝服에 도움이 되면 낭군의 은혜가 이보다 더 큰 것이 없겠습니다."

처녀는 울면서 작별했다. 이튿날 과연 한 마리의 사나운 호랑이가 성안에 들어와 사람과 물건을 해치니 왕이 이를 듣고 호랑이를 잡는 이에게는 벼슬 2급을 준다는 영을 내렸다.

김현이 허리에 칼을 차고 성 북쪽 숲으로 들어가니, 과연 호랑이는 처녀로 변하여 얼굴에 기쁜 빛을 띠고 반갑게 맞아 하는 말이,

"어젯밤, 낭군과 함께 나눈 말을 부디 잊지 마소서. 오늘 저의 발톱에 할퀴어 상한 사람은 모두 흥륜사의 장을 바르고 그 절의 나팔소리를 듣게 하면 나을 것입니다."

라고 말하고는 김현이 차고 있던 칼을 빼 스스로 목을 찔렀다. 숨이 끊어지자 지금까지의 아름다운 자태가 변하여 한 마리의 호랑이가 되었다.

김현은 호랑이를 잡았다고 외치고는 처녀가 알려준 대로 상처 난 사람들을 치료하였다. 김현이 호랑이를 잡은 공에 의해 등용이 되자 서천 냇가에 절을 지어 '호원사虎願寺'라 이름하고 항상 범강경梵網經을 외워 그 범의 명복을 빌었다고 한다.

호조판서 정홍순

● 예부터 '청렴결백'이란 말이 있다. 이것은 말할 것도 없이 선비, 혹은 벼슬아치들의 욕심 없고 깨끗한 몸가짐을 두고 하는 말이다. 엄격하게 따진다면 벼슬아치는 특히 신분의 높고 낮음이나 귀천을 가리지 않고 으레 모두 그래야 옳다. 그럼에도 이런 사람을 굳이 청렴결백하다고 존경하는 것을 보면 역시 실제로는 대단히 어려운 일임이 분명하다. 다시 말해서 당연한 일을 하여 새삼 칭찬받는 것은 반대로 당연한 일을 하지 않는 사람이 더 많다는 뜻도 된다. 이리하여 청렴결백이란 말이 하나의 교훈이 된 모양이다. 그러나 청렴결백이 모두 나랏일에 도움이 되는 것은 아니다. 청렴하되 정당하고 장래성 있는 계획으로 활용하도록 노력하는 일이 더 중요하다 하겠다.

조선 후기 문신 정홍순이 딸의 혼례를 눈앞에 두게 되었다. 이즈음 정홍순은 호조판서, 지금에 비유하면 재무부 장관쯤 되는 대신으로서 나랏일이나 가정살림에 무엇하나 부끄러울 데가 없었다. 따라서 누구나 귀여운 외동딸의 혼례는 그야말로 화려하고 성대하게 치르려니 생각하고 있었다. 그중에서도 정홍순의 부인은 약혼 때부터 이것저것 궁리가 많았다.

그런데 정작 정홍순은 숫제 딸의 혼사를 잊거나 한 듯이 도무지 천하태평이었다.

'설마 잊지는 않았겠지.'

부인은 속으로 걱정하면서도 한 가닥 희망을 가지고 있었다. 하지만 날이 가도 혼수를 장만하자는 눈치는 전혀 보이지 않았다.

"대감, 우리 아기의 혼례를 혹시 남들이 선사하는 것으로 때울 생각이신가요?"

참다못한 부인이 이런 말까지 하며 재촉하자 그제야 정홍순은,

"그게 될 말이오!"

하며 펄쩍 뛰었다. 말로만 그런 것이 아니라 실제로 한 가지씩 들어오는 혼수용 선사품을 그때마다 모조리 돌려보냈다. 뿐만 아니라 자기 부하가 선사품을 가지고 온 경우에는 공개적으로 면박하며 크게 꾸짖었다.

"사람이란 누구나 제 할 바를 제가 격대로 장만하는 법이다. 호조판서인 내가 그런 일로 남의 신세를 져야 된단 말이냐!"

그리고는 언성을 조금 낮추어 타일렀다.

"윗사람이 분에 넘치는 선물을 받으면 아랫사람은 그만큼 괴로움을 받게 되는 것이다."

혼례 날짜는 하루하루 다가왔다. 그럴수록 부인의 조바심은 더욱 커져만 갔다.

"대감께서 수고로우면 제가 마련하겠으니, 비용이나 넉넉히 주십시오."

정홍순도 이 말은 어기지 못했다.

"그러면 좋소. 대체 얼마나 필요하오?"

"적게 잡아도 6백 냥은 있어야지요."

부인은 아무렇지도 않게 말했다. 정홍순은 눈이 휘둥그레져서,

"6백 냥이라고?"

하며 고개를 설레설레 흔들었다.

"제대로 하자면 천 냥은 들 것입니다."

"흠, 할 수 없군. 그러면 체면상 한 8백 냥으로 하겠으니, 어서 목록이나 써 주오."

하고 정홍순은 갑자기 싹싹하게 일러놓았다. 부인이 좋아하며 혼인 채비 목록을 적어준 것은 물론이다. 그런데 정홍순은 혼례식 날이 코앞으로 다가왔어도 물건 하나 사들이지 않았다. 바로 혼인 전날까지도 감감소식이었다.

부인은 초조한 끝에 사랑에 나왔다.

"대체 어쩌자는 셈입니까?"

그제야 정홍순은 정신이 번쩍 든 모양인지,

"아뿔싸, 큰일 났구려. 부인이 적어준 대로 백방 사람을 놓았는데, 이 사람들이 왜 이리 꾸물대는지 한번 혼을 내야겠군!"

하며 애꿎은 남들만 탓했다. 실상 자기는 가만히 있었던 것이다.

이제 와서 부인도 더는 어쩔 수가 없었다. 기가 막혀 멍하니 허공만 쳐다보니 눈에는 안타까운 눈물만 글썽글썽했다.

"자, 부인. 운다고 될 일이 아니오. 이왕 이렇게 된 바에는 별 수가 없소. 혼례는 안 지낼 수 없으니 부인이 안종을 시켜 명색만이라도 음식을 차리구려. 대단히 섭섭하겠지만 모두 내 잘못이니 용서하오."

정홍순은 부인 앞에 머리까지 숙였다.

달리 도리가 없는 부인은 부랴부랴 음식을 장만하고 혼수도 간신히 마련했다. 그러니 모든 것이 격에 맞추기보다는 임시로 적당히 때울 수밖에 없었다. 혼례복이라야 집에 두었던 나들이 옷이고, 음식도 그저 여느 때 손님 몫만큼 분량을 늘렸을 뿐이었다. 어쨌든 명색뿐인 혼례식은 정홍순의 부인이 고개를 쳐들지 못할 정도였고, 모인 손님들도 모두 어리둥절했다. 더군다나 신랑의 실망은 대단했다. 이러한 일이 남의 입에 오르내릴 때마다 신랑은 마치 거지 대우를 받은 듯이 모욕감마저 느꼈다. 당시 신랑의 집은 가문만 좋았지, 집안 형편은 말이 아니었다.

그러나 정홍순은 호조판서 딸이 빨래한 옷을 입고 시집갔다는 소문이 나돌아도 들었는지 못 들었는지 전과 다름없이 태연했다. 이것만으로도 신랑 된 사람은 견디기 어려웠다. 그런데 이보다 더한 일이 또 있었다. 그 후 가끔 처가에 찾아가도 정 판서는 별로 반기지 않았고, 때가 아니면 숫제 식사도 얻어먹지 못했던 것이다.

"허 참, 왜 온다고 진작 통지를 안 했나. 우리 식구의 밥만 끓였으니 어서 집에 돌아가게."

이렇듯 매정하게 내쫓김을 당할 적에는 무안하고 또 분했다. 그렇지만 할 수 없는 일이다. 장인은 세도가 당당한 호조판서이고, 자기는 한낱 하급 관리일 뿐이니 그저 분함을 참고 돌아와 아내에게 화풀이할 뿐이었다.

"난 앞으로 죽어도 처가 문지방은 타지 않겠소!"

그러고는 한 3년 동안 처가 문전에 얼씬도 안 했다.

그렇게 세월이 흘러 어느 날 딸 내외는 정홍순으로부터 부름을 받았다. 사위는 물론 처가에 갈 생각이 없었다. 그때 그의 부친이,

"사위도 반 아들이라고 했다. 장인이 아무리 너를 괄시해도 너는 마땅히 도리를 다해야 하느니라. 어서 가 뵈어라."

해서 마지못해 찾아갔다.

정홍순은 사위와 딸을 보더니 아무 말 없이 밖으로 데리고 나갔다. 그리고 새로 지은 큼직한 기와집을 가리키며,

"자, 어떠냐? 이만하면 너희 내외는 물론 한 여남은 식구가 편히 살 수 있겠지."

하면서 무엇이 그리 좋은지 혼자서 싱글벙글했다.

사위는 그 뜻을 얼핏 알아채지 못하면서도,

"예."

하고 장인의 뒤를 따라 안으로 들어갔다.

그 집은 바깥 모습도 깔끔하였지만 안은 더욱 깨끗했다. 게다가 또 방마다 세간이 짜임새 있게 들어섰고, 뒤쪽 곳간에는 양식도 제법 많이 쌓여 있었다. 사위와 딸은 눈이 휘둥그레졌다. 그런 모습을 즐겁게 바라본 정홍순은 껄껄 웃으며 딸의 등을 어루만졌다.

"보았느냐? 이곳은 오늘부터 너희가 살 집이다. 애초 너희 혼례에 쓰고자 생각한 8백 냥을 간간이 이용하여 천 냥을 넘었기에 이렇게 너희의 살림을 장만한 것이다. 그간 섭섭했겠지만 한때의 체면만 생각하고 그 돈을 없었던들 오늘 이 열매가 맺었겠느냐. 사사로운 일 뿐 아니라 나라 살림도 마찬가지로 낭비를 피하고 장래를 위한 저축에 힘써야 하느니라."

이때 딸 내외가 얼마나 감격했는지는 상상할 만한 일이다. 다만 그 후 사위가 이날의 감동을 바탕삼아 역시 호조의 관리로 나라의 부를 이룩했다는데, 그 이름이 전해지지 않아 유감이다.

역시 정홍순이 호조판서로 있을 때의 일이다.

호조의 어느 수하 관리로 김모라는 근직한 젊은이가 있었다. 그러나 김모는 가난에 쪼들려 의관도 꾀죄죄하게 차리고 언제나 생기가 없었다. 정홍순은 전부터 눈여겨 오던 터라,

'쓸모가 많은 사람인데 어째서일까?'

라고 생각하고 어느 날 까닭을 물었다.

"그대는 나라의 봉록으로도 살림이 펴지지 않느냐?"

"아니옵니다. 봉록은 넉넉하오나 군식구가 스무 명이나 되어 도무지 헤어날 수가 없습니다."

정홍순은 약간 놀랐다.

"그것은 처음 듣는다. 그래, 너희 식구는 몇 명이냐?"

"여섯 명이올시다."

"그 나머지가 모두 군식구란 말이냐?"

"예."

"그러면 그 군식구를 모두 내쫓으면 되지 않느냐. 그렇지 않고서는 네 말대로 가난에서 헤어나지 못하고, 또 자칫 나랏일에도 실수를 범하기 쉽다."

"저도 같은 생각이오나 모두 저를 의지하는 가난한 일가친척인지라 차마 그럴 수가 없습니다."

"정 그렇다면 너를 내일부로 해직하겠다. 그래도 못 내쫓겠느냐?"

"예, 죽는 한이 있더라도 못하겠습니다."

"알았다. 그러면 내일부터 나오지 말거라!"

해직 이유 치고는 너무도 억울한 이유였다. 그러나 정홍순은 무정하게도 이 불쌍한 김모를 정말로 해직하여 버렸다. 그 후 1년이 지났다. 정홍순은 생각이 난 듯이 김모를 불렀다. 김모는 전보다 더 초라한 모습으로 호조에 들어섰다. 그렇지만 전보다 홀가분한 기색이 얼굴에 엿보였다.

정홍순은 짐작하는 바가 있는지 고개를 끄덕이며,

"지금도 군식구를 기르느냐?"

하고 다정히 물었다.

"아닙니다. 대감께 해직을 당하자 모두 하나둘씩 나가더니 이제는 저희 식구만 남았습니다."

"하하하, 그것 참 잘되었다."

정홍순은 그것보란 듯이 유쾌하게 웃었다. 그리고 어리둥절해하는 김모에게 이렇게 말했다.

"그러면 내일부터 다시 호조에 나와 일을 보아라. 너는 그동안 야속했겠지만 너무 보기에 딱하여 네 대신 군식구를 없애준 것이다. 자, 여기 너의 1년 치 봉록이 있다. 네가 휴직하는 동안 나라에서 지급된 액수를 내가 모아둔 것이다. 부디 나의 지나친 참견을 이해하고, 앞으로 나랏일이나 개인의 살림에 한 치의 군짓이 없도록 힘써라."

김모가 그로부터 가정을 즐겁게 꾸리며 나랏일을 열심히 한 것은 말할 필요도 없다.

🥚 홍의장군과 부인의 내조

🔵 홍의장군으로 알려진 곽재우의 호는 망우당으로, 현풍에서 황해 감사를 지낸 월의 아들로 태어났다. 인물 됨됨이가 어려서부터 호협하여 부친의 사랑을 받았는데, 소싯적 그의 부친을 따라 중국에 갔을 때 한 관상가가 그를 보고 장차 큰 인물이 되어 천하에 이름을 떨칠 것이라고 한 적이 있었다.

그러나 나이 마흔이 될 때까지 과거에 뜻이 없어 시골에 묻혀 지냈는데, 일찍이 상처하고 적적히 지내다가 모씨 부인과 재혼을 했다. 모씨 부인은 기운이 활달한 장부의 기질을 가졌으며, 부덕婦德 또한 뛰어나 곽재우는 부인을 중히 여겼다. 곽재우가 임진왜란 때 의병장으로 이름을 떨친 데는 부인의 내조의 공이 컸다.

하루는 부인이 시어머니에게서 벼 서른 섬, 노비 다섯 명, 소 세 마리를 받아 종들에게,

"이것을 가지고 전라도 무주의 깊은 산중에 가서 집을 짓고 밭을 갈아 곡식을 거두고 때를 기다리도록 하여라."

하고 분부했으나 그 뜻을 아는 이가 없었다.

또 하루는 부인이 곽 장군에게,

"대장부가 수중에 돈 한 푼 없이 무슨 일을 경영하오리까?"

하니 장군이,

"나에게 아무런 꾀가 없으니 어떻게 돈을 벌 수 있겠소?"

하고 대답했다.

"들으니 이웃 이 생원이 도박으로 수만금의 재물을 모았는데, 바둑으로 자기를 이기면 벼 천 석을 준다고 합니다. 가서 승부를 겨루어 보시지요."

"그는 천하에 국수라고 소문난 자인데 나 같은 졸수拙手가 어찌 당할 수 있겠소?"

이에 부인이 곧 바둑판을 가져오게 하여 바둑의 비결을 풀이하니 곽재우는 한나절 만에 정밀하고 자세한 비결을 깨닫게 되었다. 이튿날 곽재우가 이 생원을 찾아가 바둑으로 이 생원을 이기고 벼 천 석을 받아오니 부인은 인근의 인물을 전부 모아 잔치를 베풀었다. 뒤에도 잔치는 계속되어 1년 만에 벼 천 석이 다 떨어졌다. 인근 사람들이 이상히 여겼으나 부인의 심중을 헤아릴 수는 없었다.

또 부인은 매년 넓은 밭에다 박을 심고 그것을 수확해 속을 파내 뒤웅박을 만들어 저장했다. 이 역시 아무도 부인의 뜻을 헤아리는 사람이 없었다.

그런데 임진년에 이르러 갑자기 왜구가 침공해 왔다. 이에 부인이 곽재우에게,

"평시에 당신에게 호걸을 사귀게 한 것은 이때를 기다린 것이니, 즉시 일어나 인물을 모아 나라를 구하십시오. 가족들은 무주에 피난할 곳을 마련해 두었고, 군량은 소첩이 책임질 것이오니 염려마소서."

하고 격려하니 곽재우는 분연히 일어나 구국의 명분을 걸고 군사를 모았다. 평소에 사귀었던 걸출한 인물들을 비롯하여 원근의 장정들 수천 명이 곽 장군에게로 구름같이 모여들었다.

첫 싸움에 임하여 장군은 부인의 당부대로 창고에 저장해 둔 뒤웅박을 모든 군사에게 차게 하고 출전했다. 적을 만나자 쇠로 만든 뒤웅박을 몇

개 버려두고 후퇴하는 척하니 왜군이 쫓아오다가 뒤웅박을 들어보고는,

"이런 무거운 것을 차고 싸우는 것을 보니 조선군은 모두 장사들임이 분명하다. 그런데 후퇴하다니, 이는 적의 계략이다."

하고 지레 겁먹고 도망쳤다. 이때 곽 장군이 도망하는 적을 쫓아 크게 쳐부수니 군사의 사기가 하늘을 찌를 듯했다. 이후로 장군이 신출귀몰한 전술로 왜적을 무찌른 것은 배후의 부인의 도움이 컸으며, 한 여인으로 남편을 입신시키고 나라를 구한 것은 고래로부터 드물고 귀한 일이라 할 수 있다.

활로 새 잡기

옛날 어느 마을에 집이 몹시 가난해 근심걱정 속에 살아가는 한 사나이가 있었다. 하루는 사나이가 길을 가는데 길가의 관상쟁이가 불렀다. 관상쟁이는 사나이를 한참 훑어본 후에 새를 그물로 잡아 새 장사를 하라고 했다.

"덧붙여 한 가지 주의할 것은, 그 새들을 전부 송곳으로 눈이나 배에 구멍을 뚫어야 하오. 그리고 활을 메고 서울 장안을 돌아다니며 '새 사려!' 하고 외치시오. 마치 그물이 아니라 활을 쏘아 새를 잡은 것처럼 해야 하오. 그러면 틀림없이 좋은 수가 생겨 팔자를 고칠 것이오"

사나이는 관상쟁이가 말한 대로 서울 장안에서 새를 팔러 다녔다. 그러나 별로 팔리지가 않았다. 그만 둘까 싶은 생각도 들었지만 팔자를 고칠 수 있다는 관상쟁이의 말을 믿기로 하고 계속 '새 사려!'를 외치고 다녔다.

어느 날 큰 기와집 앞에 당도해 '새 사려!'를 외치는데 갑자기 집 주인이 불쑥 나타나 이 새들을 손수 활로 잡은 것이냐고 물었다. 사나이는 관상쟁이가 시킨 대로 등에 진 활로 잡았다 하니 집주인이 감탄하며 정말 활을 잘 쏘느냐고 물었다. 사나이는 그렇게 잘은 못 쏘지만 맞추기는 제법 잘한다고 했다. 그러자 집주인은 돈은 얼마든지 줄 테니 소원 하나 들어달라고 애원했다. 사나이는 주인이 이끄는 대로 집 안으로 들어갔다.

저녁상을 물리자 주인이 사정 이야기를 했다.

매일 자정이 되면 큰 새가 지붕에 앉아 우는데 이 새가 세 번 울면 자신의 무남독녀가 까무러친다는 것이다. 그러니 제발 그 새를 잡아달라며 애원했다. 활을 조금도 못 쏘는 사나이였지만, 이왕 내친걸음이니 한번 해 보겠다는 결심으로 꾀를 한 가지 짜냈다.

자정이 가까워지자 사나이는 벌거벗고 지붕에 올라가 반듯이 누워 손을 벌리고 있었다. 조금 후 과연 큰 새가 날아와 그의 오른쪽 손에 앉았다. 새는 북쪽을 향해 크게 두 번 울고 세 번째 울려는 순간 그는 힘껏 새를 움켜잡았다. 그리고 잽싸게 화살을 새의 눈에 찔러 두고는 내려와 잠을 잤다. 다음 날, 주인이 일어나 지붕을 쳐다보니 큰 새가 눈에 화살을 맞은 채 나자빠져 있었다. 주인은 몹시 기뻐하며, 사나이에게 많은 돈을 주었다. 그리하여 사나이는 팔자를 고치고 잘살게 되었다고 한다.

◖황보 장군과 용마자국

● 영천시 소재지에서 동쪽으로 약 2킬로미터쯤 가면 성재라고 하는 곳이 있는데, 이 재를 중심으로 하여 동쪽으로는 용천골이란 깊은 골짜기가 있고 남쪽으로는 근처에서 가장 높은 용암등이란 산이 있다. 그 산의 높은 등(둔덕)에는 말발굽이 찍혀 있다 하여 이름 붙여진 용마바위가 있는데, 옛날 황보 장군이 용천골에 와서 용마를 얻었다고 한다.

당시는 평온한 시절이라 장군은 별로 할 일이 없었다.

나라에서 써 주지 않으므로 성재란 재를 쌓고 그 안에서 군사를 거느리고 웅거하면서 듬산(절벽을 낀 산) 밑으로 난 길로 나라에 바치는 세금이나 조곡 같은 것을 싣고 가면 절벽 위에서 큰 낚시 같은 기구를 이용해 약탈하여 먹고살았다.

한 번은 황보 장군이 용마가 얼마나 빠른지 시험하기 위해 용암등 꼭대기에서 북쪽을 향해 활을 쏘아 놓고 말을 타고 달려갔다. 그렇게 얼마만큼 가서 보니 화살은 보이지 않았다. 화가 난 장군은 칼을 빼 용마의 목을 쳐버렸다. 그 순간 뒤미처 날아온 화살이 용마의 궁둥이에 박혔다. 장군은 용마를 애석하게 여기고 그곳에 말을 묻어주었다.

용마바위의 측면에는 엄지손가락 자국이 새겨져 있는데, 황보 장군의 손가락 자국일 것이라는 얘기도 전해지고 있으며, 지금은 마모되어 희미하게 남아 있는 말발굽 부분은 3분의 2정도만 확실히 나타나 있는 정도이다. 용암등 주위 산들의 중턱에는 아직도 희미하게나마 황보 장군이 말을 달렸다는 평퍼짐한 길들이 남아 있다.

🥚 효부로 변한 불효부

● 옛날 어느 마을에 홀로 된 아버지를 모시고 사는 젊은 부부가 있었다. 그런데 며느리는 시아버지를 미워해 구박이 대단했다. 그것을 안 아들은 이래서는 도저히 안 되겠다 싶은 생각에 하루는 꾀를 내어 부인을 불러 앉히고는 말했다.

"하, 여보, 오늘 별일을 다 보았소."

"별일이라니 무얼 봤단 말이오?"

"어떤 이가 살이 허옇게 통통 오른 영감을 내다 파는데 아, 글쎄 돈을 엄청 많이 받더라고."

"아, 그게 정말이오?"

"그렇다니까. 아버지도 잘 좀 먹여서 장에 내다 팔면 꽤 비싸게 팔 수 있을 텐데 말이야."

며느리는 솔깃해하며 좋아했다.

"그러니 이제부터라도 식사를 잘해 먹이는 게 어떻겠소."

"염려 마오."

이후부터 며느리는 시아버지 음식에 대단한 정성을 들이며 신경을 쓰기 시작했고, 한편으로는 살이 내릴까 걱정하여 힘든 일은 못하게 하는 등 시아버지의 살 올릴 궁리만 했다.

며느리의 이러한 행동이 하루가 지나고 달이 바뀌어도 변함없이 계속되자 시아버지도 그동안 가졌던 며느리에 대한 섭섭함을 풀고 동네 구석구석을 돌아다니며 며느리 자랑에 해가 가는 줄 모르게 되었다.

아무개의 며느리가 효부 중의 효부라는 소문이 날로 퍼져가자, 동네 빨래터에 빨래를 갔던 며느리의 귀에도 소문이 들어가게 되었다.

"아니, 자네 시아버지가 그렇게 칭찬을 하고 다니시던데 자네가 정말 그렇게 잘하나? 그 비결이 대체 뭔가? 부럽네."

동네 아낙들의 칭찬이 계속되자 며느리는 그동안 시아버지에게 못되게 대한 일을 부끄럽게 여기고 진정으로 효성을 다하게 되었다. 그렇게 지내다 보니 이제는 시아버지는 며느리가 없으면 못살고, 며느리는 시아버지가 없으면 살지 못할 정도로 사이가 가까워지고 정이 두터워졌다.

아들은 이제는 되었구나 싶어 하루는 저녁상을 물리고 새끼를 꼬기 시작했다. 잠시 후 며느리가 다가와 물었다.

"아니, 무엇을 그리 열심히 꼽니까?"

"허, 이 사람. 잊었소?"

"잊긴 내가 뭘 잊었단 말이에요?"

"아, 내일이 장날이 아닌가. 아버님도 그 정도로 살이 쪘으니 이제는 내다가 팔아야지."

이 말에 며느리는 울면서 어찌 아버님을 팔 수 있느냐며 남편을 원망하는 것이었다. 그제야,

"흠, 내가 그 말이 듣고 싶었다오. 어찌 아버님을 팔 수 있겠소"

하며 아들은 흐뭇한 미소를 지었다고 한다.

🔵 효성에 감동한 호랑이

🔴 옛날 어느 산골에 어려서 아버지를 여읜 아들과 홀어머니가 살고 있었다. 아버지가 돌아가신 후 궁색하게 된 아들은 나무 장사를 하여 그날그날 끼니를 이으며 힘들게 살아가고 있었다. 아들은 없는 돈으로나마 늙은 어머니에게 끼니때마다 갖은 반찬을 대접하는 효성이 지극한 청년이었다.

한겨울 어느 날 어머니는 딸기가 먹고 싶다고 했다. 효성 깊은 아들은 딸기를 찾아 눈보라 치는 산등성이를 헤매 다녔다. 결국 찾지 못하고 안타까운 마음으로 지쳐 돌아오려는데, 문득 널따란 곳에 온갖 꽃이 피어 있는 곳이 눈에 들어왔다. 그 가운데 빨간 딸기도 열려 있었다. 아들은 그 딸기를 따다가 어머니에게 드렸다.

그 후 어머니는 무거운 병에 걸려 눕게 되었는데, 산 호랑이 눈썹이라야 약이 된다고 했다. 아들은 산 호랑이의 눈썹을 구할 도리가 없어서 고심했다. 어머니의 병세가 점점 위독해져 가자 아들은 호랑이를 찾아 깊은 산에 올랐다. 마침내 호랑이를 만나게 되었으나 호랑이는 잡아먹기 위해 눈을 부릅뜨고 달려들었다. 아들은 넙죽 엎드려 빌고 빌며 사정 이야기를 했다. 호랑이도 감동을 받았는지 눈물을 흘리며 아들을 등에 업고 집으로 데려다 주었다. 그런데 어머니는 아들이 돌아오지 않자 걱정되어 아들을 찾아 밖에 나왔다가 호랑이 등에 업혀오는 아들을 보고 놀라 기절하여 죽고 말았다.

아들은 호랑이와 함께 삼년상을 치르고 무릉도원과 같은 곳으로 가 사는데, 하루는 호랑이가 장가를 가라며 어느 혼례식장에서 신부를 업어왔다. 겨우 숨만 남은 색시를 살려낸 아들은 신부를 아내로 맞아 아들딸 삼형제를 낳고 살았다.

어느 날 호랑이가 이제는 처갓집에 가야 하지 않겠냐면서 모두 등에 태우고 몇 백 리 길을 눈 깜짝할 사이에 달려 처갓집에 데려다 주었다.

고래 등 같은 대감댁에서는 죽은 줄만 알았던 딸과 새 사위를 보고는 기뻐서 어쩔 줄 몰라 했다. 그 후 그는 부인에게 열심히 글을 배워 이조 판서까지 지내게 되었고 먼 곳을 다닐 때면 언제나 호랑이를 타고 다녔다.

그런데 어느 시점에 이르러 서울 장안에 밤낮없이 호랑이가 나타나 백성이 공포에 떨고 있으므로 호랑이를 잡으라는 영이 전국에 내려졌다.

때를 같이하여 호랑이가 대감에게 말하길,

"죽을 때가 되었기에 사람이 많은 곳에 나타나면 나를 잡아 죽일 줄 알았더니 잡지는 못하고 오히려 나를 보고 기절하여 죽는 사람이 많으니 이를 용서하시고 내일 대궐 앞에서 날 죽이시오."

했다. 이튿날 대감은 애통해하면서 호랑이를 죽이고, 이후 벼슬도 높아지고 90세가 넘도록 잘살았다고 한다.

◨ 편저 권 순 우 ◧

┃ (고대·중세·근세·근대 4세대로 구분된) 서양 고사성어로의 여행
┃ (중국 대표 사상가들에의해 쓰여진) 중국 사상으로의 여행
┃ (중국의 문화를 한권으로 알 수 있는) 중국 고사성어로의 여행
┃ 손자병법
┃ 평생 활용하는 철학의 지혜(황금 열매)
┃ 한국 민담 지식 지혜 라이브러리
┃ 한국 속담 지식 지혜 라이브러리

한국 민담 지식 지혜 라이브러리

초판 1쇄 인쇄 2021년 9월 20일
초판 1쇄 발행 2021년 9월 25일

편 저 권순우
발행인 김현호
발행처 법문북스 (법문사)
공급처 법률미디어

주소 서울 구로구 경인로 54길4(구로동 636-62)
전화 02)2636-2911~2, 팩스 02)2636-3012
홈페이지 www.lawb.co.kr

등록일자 1979년 8월 27일
등록번호 제5-22호

ISBN 978-89-7535-964-4 [13910]

정가 28,000원